COLLECTION

FOLIO/HISTOIRE

Gérard Monnier

L'art et ses institutions en France

De la Révolution à nos jours

Gallimard

Pourquoi accorde-t-on tant d'attention aux moindres détails de tel ou tel peintre ou peinture, alors qu'il existe si peu de travaux de recherche sur la structure et le fonctionnement du monde de l'art considéré dans son ensemble ?

Harrison et Cynthia White, 1965

Gérard Monnier est professeur d'histoire de l'art contemporain à l'Université de Paris-I (Panthéon-Sorbonne).

INTRODUCTION

Cet ouvrage se propose de réunir les informations qui ont pour objet l'histoire des institutions de l'art et des pratiques sociales du monde des arts en France depuis la Révolution. Une telle démarche a une identité scientifique brouillée : est-ce de l'histoire administrative ? de l'histoire sociale ? est-ce de l'histoire de l'art ? est-ce *encore* de l'histoire de l'art ? Ce statut indécis explique-t-il que l'on n'ait pas disposé jusqu'à présent d'une publication d'ensemble consacrée à une histoire des rapports de l'organisation politique et sociale avec la production artistique ? Ou est-ce l'effet — inquiétant et déplorable — des limites que les auteurs spécialisés et les éditeurs se sont trop souvent imposées, en France, ces derniers temps, dans le nécessaire effort de diffusion et de renouvellement des connaissances ?

Cette histoire, alimentée par de nombreux témoignages d'artistes, d'administrateurs et de marchands, et par toutes sortes de documents administratifs, a déjà fait l'objet, pour l'essentiel, d'un nombre impressionnant d'articles et de quelques ouvrages savants reconnus ; Léon Rosenthal adoptait dès 1914, dans *Du romantisme au réalisme,* ouvrage pionnier récemment et heureusement réédité, le point de vue d'une histoire sociale des arts pour observer la peinture ; Jacques Lethève a livré beaucoup d'informations dans la forme agréable de sa *Vie quotidienne des artistes français au* XIX*e siècle* (paru en 1968, et depuis longtemps épuisé) ; enfin, Harrison et Cynthia White, dans *Canvases and Careers*, en 1965 (dont on a attendu une édition en français pendant vingt-six ans), ont proposé une ferme et inédite lecture des causes de la transformation qui voit, au XIXe siècle, le marché succéder à l'Académie comme structure dominante. Dans la dernière période, deux thèses, celle de Pierre Vaisse, *La IIIe République et les Peintres. Recherches sur les rapports des pouvoirs publics et de la peinture en France de 1870 à 1914* (Université Paris-IV, 1980, restée inédite), et celle de Marie-Claude Genet-Delacroix, *Art et Etat sous la IIIe République, 1870-1940* (Université Paris-I, 1988, publiée en 1992), ont saisi l'histoire des institutions républicaines dans leurs rapports avec les artistes. Tous ces travaux, qui portent surtout sur le XIXe siècle, justifient que l'on aborde aussi le XXe siècle, y compris la période récente, avec le nouvel angle de vue.

Un double point de départ pour cette entreprise : satisfaire à la demande de ceux qui, s'estimant non initiés, sont rebutés par une approche formaliste des arts ; donner des éléments de réponse à ceux qui s'interrogent sur l'origine et la légitimité de la référence implicite à la façon de penser du collectionneur, qui domine le discours sur l'art. Mais l'auteur veut croire maintenant que son travail, au-delà de la satisfaction de ces malheureux infirmes et de ces tristes inquiets, sera utile à quelques autres.

Compenser un déficit général d'informations sur les institutions et mettre en place les principaux repères qui éclairent la typologie des institutions artistiques : soit les institutions proprement dites, avec une officialité, des règles du jeu, une stabilité qui les caractérisent, et les institutions de fait, par exemple le marché, la critique, la collection et le collectionneur, l'entreprise de travaux d'art, dont les formes sont temporaires, et le renouvellement constant. Montrer la relation étroite des institutions entre elles, soit par proximité, soit par contamination des pratiques, individuelles et sociales — ce que d'importantes études ont déjà mis en valeur, avec le couple marchand-critique, l'institution (publique) et le marché, le musée et sa contribution à la valeur de l'œuvre —, et désigner tout ce qui, dans le jeu social, participe de façon définitive à la complexité des faits artistiques et de leur histoire. Sans négliger de présenter les hypothèses qui essaient de rendre compte de la transformation des structures de la vie artistique : voilà en bref les buts de cet ouvrage. Mais aussi ses limites : cette compilation des travaux qui traitent de la question n'entend pas proposer une étude exhaustive du sujet, qui relèverait d'un ouvrage collectif, à mener d'ailleurs dans un cadre européen puisque pour beaucoup d'aspects l'internationalisation des pratiques et, dans une moindre mesure, la relation entre institutions s'imposent au XXe siècle.

Tel quel, ce projet butait sur plusieurs difficultés : celle de réunir et de sélectionner des informations dispersées, et il ne reste plus qu'à espérer que la gravité des lacunes ne sera pas telle qu'elle ruine l'édifice ; celle de la délimitation du champ d'observation, car les choix étaient inévitables. Si les institutions publiques ont pour la plupart un caractère général, les documents et les études accessibles privilégient la peinture, puisque c'est autour d'elle que gravite l'activité des arts, et que c'est donc à elle que se trouve souvent ramenée l'attention érudite. Cependant, lorsque les informations disponibles le permettaient, il a été tenu compte, au moins de façon ponctuelle, de la sculpture et des autres techniques des arts figuratifs, ainsi que des arts décoratifs, tout au moins sous l'aspect des « arts industriels », au sens où on les entendait au XIXe siècle.

Mais toutes sortes d'autres pistes n'ont pu être suivies comme elles le méritaient, par exemple celles de la gravure, de la photographie, qui impliqueraient des compilations spécialisées ; des techniques plus ou moins neuves, comme les arts graphiques, la bande dessinée, le design, la publicité visuelle, n'ont pas, ou très peu, été abordées. Il faut prendre acte du fait, sans l'approuver pour autant, que la connaissance institutionnelle de ces « arts industriels », contemporains, tout au moins dans notre pays, ne coïncide ni avec le domaine des beaux-arts ni, malgré quelques indices récents en sens contraire, avec celui des arts plastiques. Bref, les limites du territoire observé correspondent à celles du champ d'intervention du ministère de la Culture dans les arts visuels. L'architecture est donc volontairement laissée de côté : ses institutions et son inscription dans la société imposent une approche spécifique, qui n'avait pas sa place ici. La grande question de la critique d'art, dont le rôle, qui dépasse la formation de l'opinion, est essentiel dans la transformation des pratiques, et, au-delà, la question de l'édition ne pouvaient pas être traitées ici de façon complète ; il faut renvoyer à leur propos le lecteur aux études spécialisées disponibles, et en particulier aux récents et excellents ouvrages dirigés par Jean-Paul Bouillon : *La Critique d'art en France, 1850-1900* (Saint-Etienne, 1989) et *La Promenade du critique influent, Anthologie de la critique d'art en France, 1850-1900* (Paris, 1990). Le projet devait rencontrer aussi un obstacle résistant : la connaissance très incomplète, pour le XXe siècle, du marché de l'art, et en particulier de tout le versant que représentent les collections et les collectionneurs, moins bien documenté que le monde des marchands.

Le découpage chronologique était un problème ; la solution a été trouvée dans la mise en évidence des phases principales de l'histoire des structures organisées des arts. Le découpage de ces phases, s'il coïncide à peu près avec les dates majeures de l'histoire politique, n'a pas beaucoup à voir avec les découpages traditionnels d'une histoire stylistique de la peinture. Ainsi, ni le début de l'impressionnisme ni celui du cubisme ne conviennent ; en revanche la coupure de 1880-1881 et celle de 1959, qui n'appartiennent pas à l'histoire des formes, ont leur place dans une histoire des institutions.

Publiée en 1991, la première édition de ce livre, sous le titre *Des beaux-arts aux arts plastiques*, a été rapidement épuisée. Le présent ouvrage se présente sous un titre moins allusif, qui cherche à rendre compte de manière explicite de son programme didactique. Le texte initial a fait l'objet des corrections et mises au point indispensables, et surtout des additions et des compléments nécessités par les nombreuses publications récentes, que l'intense intérêt scientifique pour ces questions suscite maintenant chez les spécialistes et dans les institutions culturelles. Aux publications des sociologues, avec en particulier l'ouvrage magistral de Raymonde Moulin, *L'Artiste, l'Institution et le Marché* (1992), s'ajoutent celles des historiens, avec les travaux de Dominique Poulot sur l'histoire des musées, avec ceux réunis par Laurence Bertrand-Dorléac dans *Le Commerce de l'art* (1992) et avec sa nouvelle et importante étude, *L'Art de la défaite* (1993). Les historiens de l'art donnent des ouvrages de référence, comme ceux de Bernard Comment, *Le XIXe Siècle des panoramas* (1993), ou d'Yves Chèvrefils-Desbiolles, *Les Revues d'art à Paris 1905-1940* (1993). Les expositions consacrées à « la jeunesse des musées » (musée d'Orsay, 1993) ou à « Jeanne Bucher » (musées de Strasbourg, 1994) ont donné une nouvelle étendue, sur le territoire même des musées, aux récents points de vue. Ces derniers sont aussi nourris par les nombreux témoignages qu'apportent les proches des événements, comme ceux d'Yves Michaud, *Les Artistes et le Commissaire* (1989), et de Catherine Millet, *Conversations avec Denise René* (1991). Notons au passage que, dans une phase où se pose la question des rapports de l'histoire des arts avec l'histoire, toutes ces enquêtes, en poussant les feux d'un renouvellement des disciplines et en croisant les apports de méthodes diverses, échappent heureusement aux limites figées une fois pour toutes par des doctrines professionnelles obsolètes.

Les jeunes chercheurs de la formation doctorale de Paris-I, par leurs travaux, contribuent à un élargissement rapide des informations disponibles, qui seront, le moment venu, on l'espère, l'objet de publications importantes. Sont ainsi en chantier l'histoire de l'enseignement des arts appliqués (Stéphane Laurent) et de l'histoire de l'art (Lyne Therrien), celle des Salons du second Empire (Karine Huguenaud) et des copistes du Luxembourg (Caroline Edde), des études approfondies portant sur le statut de l'image photographique au XIXe siècle (Mathieu Ducoudray), la présence des artistes suédois à Paris (Frank Claustrat), le rôle des conservateurs influents, Jean Cassou (Sandra Persuy) ou François Mathey (Marion Lemerle).

L'auteur doit beaucoup à ceux de ses collègues et amis qui ont été attentifs à son travail, et qui l'ont aidé de leurs remarques et de leurs encouragements. Ses remerciements vont particulièrement à Laurence Bertrand-Dorléac, à Jean-Philippe Chimot, à Philippe Dagen, à Eric Darragon, à Nicole Dubreuil-Blondin, à Serge Guilbaut, à Geneviève Lacambre, à Marc Le Bot, à Christine Mengin, à Yves Michaud, à Fanette Roche et à José Vovelle. Ses pensées vont enfin à tous ceux de ses étudiants qui, dans un amphi ou dans un autre, auront peut-être besoin de ce livre, qui est d'abord écrit pour eux.

Octobre 1994.

Première partie

LA LONGUE AGONIE DU SYSTÈME MONARCHIQUE DES ARTS

(1789-1880)

I

Les institutions de l'art, de la Révolution au second Empire

Avec la suppression révolutionnaire des institutions monarchiques, la période s'ouvre par le bouleversement de tous les dispositifs de l'administration royale des arts. De la Restauration au second Empire, les péripéties politiques, tout en rétablissant plusieurs des prérogatives d'un pouvoir personnel sur les arts, laissent en place une large partie des constructions acquises au nom de la liberté des artistes ; dès la monarchie de Juillet, le partage de l'action sur les arts entre ce qui relève de la Couronne et ce qui relève d'un ministère, et donc d'une administration, est irréversible.

LA RÉVOLUTION ET L'ORGANISATION DES ARTS

La Révolution bouleverse l'organisation traditionnelle des arts, elle donne naissance à des institutions nouvelles, à des pratiques artistiques différentes, à un nouveau rapport des artistes avec le public. Les événements de la période révolutionnaire impliquent la disparition de la clientèle aristocratique, la mise en question des institutions monarchiques; les enjeux politiques font participer les arts à la construction idéologique du mouvement révolutionnaire; le débat sur l'organisation de la société pose la question de la fonction des arts dans la vie sociale et celle de la responsabilité de l'Etat dans le développement des arts.

Si l'intérêt et la portée des œuvres d'art, prises dans leur ensemble, qui sont produites dans la période révolutionnaire, restent l'objet d'une réflexion critique ouverte, le nombre et la dimension des changements apportés aux institutions et aux pratiques des arts ont une importance historique indiscutable. On ne perd pas de vue que la Révolution survient alors qu'est déjà en cours la transformation du produit artistique, alors que la valeur d'usage de l'œuvre d'art commence à être remplacée par sa valeur d'échange : au « mécène » et au « prince » succèdent les « clients », les « amateurs » et les « collectionneurs ». Dans une période où la transformation du rapport de l'artiste avec ses partenaires coïncide avec les intérêts philosophiques, avec la réflexion des théoriciens et avec la conjoncture politique, la Révolution est de ce point de vue un moment productif exceptionnel; dans la France des XIXe et XXe siècles, aucune autre situation de crise politique et de transformation sociale n'a mis à ce point l'accent sur l'organisation des arts. Ce qui s'explique aussi par une exceptionnelle interpénétration des compétences, que jamais les qualifications des hommes n'ont aussi bien mis en évidence : double héritage des Lumières, jamais des artistes de premier plan ne participent à ce point à la culture civique et politique (Boullée, Ledoux, David), jamais les théoriciens et les savants ne sont à ce point munis d'un savoir-faire acquis dans les ateliers (Quatremère, Emeric-David, le comte de Forbin).

Que ce soit par la définition instrumentale des arts comme moyens conjoncturels d'une relation à la société (la fête de la Fédération, l'entrée des œuvres d'art saisies à l'étranger) ou comme outils de l'Instruction publique (les arts régénérés informent le citoyen), que ce soit par l'application des principes politiques nouveaux aux institutions artistiques (la représentation des artistes), ou que ce soit par l'expérimentation et les réalisations concrètes (les concours d'artistes), la Révolution ouvre dans le domaine des arts, entre 1789 et 1800, une phase nouvelle ; la nouvelle organisation des pratiques exprime l'idéologie révolutionnaire, et, dans la mesure où elle remplace un système de privilèges par la « rivalité des talents », elle donne satisfaction aux artistes.

Non seulement elle répond à l'actualité et à la conjoncture, mais elle fonctionne aussi comme un laboratoire, où se trouvent préfigurés bien des dispositifs ultérieurs. Dans cette période en effet, non seulement se mettent au point les institutions publiques de premier plan, le Musée, l'Ecole des beaux-arts, et une instance officielle, l'Institut, qui joueront un rôle structurel particulièrement durable, mais aussi s'élabore le nouveau rapport que l'Etat entretiendra avec les artistes, que ce soit dans leur formation, dans l'organisation du Salon ou dans l'accès à la commande publique par concours. Se multiplient aussi les expériences ponctuelles sur le rôle de l'artiste dans la vie sociale, sous la forme de sa participation à un art monumental commémoratif, aux fêtes et aux célébrations ; d'autres expériences posent en termes neufs le problème du statut économique de l'artiste, comme l'exposition individuelle payante d'œuvres récentes, premier essai en vue de fonder l'indépendance de l'artiste sur sa fonction économique et sur son intervention sur le marché de l'événement.

L'abondance des faits et la qualité de leur dynamisme ouvert ne doivent pas dissimuler les principaux enjeux de la transformation révolutionnaire : la demande institutionnelle n'est pas unique. On peut distinguer trois catégories de demandes, qui ne sont pas au même niveau et qui peuvent entrer en conflit.

Le personnel politique jacobin demande à l'art une valeur d'usage civique, pour lui les arts relèvent de la responsabilité de l'Etat, impliquent l'affirmation du pouvoir politique sur les institutions artistiques, définies comme des instruments de l'Instruction publique. Les théoriciens demandent une structure où les « connaisseurs » et les « savants » participent aux responsabilités. Pour les artistes, la revendication de la liberté est essentielle, car elle est le moyen d'accéder à une nouvelle reconnaissance sociale et, au-delà, à l'affirmation d'une autonomie dans le corps social, qui débouche sur la reconnaissance de la valeur d'échange des produits de l'art et sur la compétition économique. D'où, à partir du Directoire, les tentatives qui affirment l'indépendance économique de l'artiste (elles étaient prématurées) et qui délimitent un nouveau territoire institutionnel de l'art (elles devaient réussir), construit sur la base de l'alliance des intellectuels et des artistes.

Peut-on affirmer, comme on le propose pour la communauté scientifique française, que l'organisation contemporaine des arts soit née de la Révolution ? La réponse doit distinguer ce qui relève de la politique et des institutions du patrimoine, et le reste. Pour les musées et l'ensemble du patrimoine, la période révolutionnaire apporte des résultats durables ; pour le reste, les institutions de la période n'encadrent pas les pratiques vivantes au-delà de la fin du XIXe siècle : la sanction publique par le Salon et les relations entre le nouveau système académique et le pouvoir dominent, mais tant que le marché de l'art reste marginal. Et dès que celui-ci s'affirme, le succès exclusif de la valeur d'échange rend désuètes les institutions qui l'ignoraient. Mais peut-être faudra-t-il, le moment venu, s'interroger sur ce que les institutions culturelles de la Ve République doivent aujourd'hui encore aux objectifs et aux dispositifs de l'organisation des arts de la Révolution.

Le sort des institutions de l'Ancien Régime

A partir de 1789, les nouveaux principes d'égalité et l'abolition des privilèges trouvent rapidement à s'appliquer dans les institutions artistiques ; est d'abord mise en cause la hiérarchie des membres de l'Académie, organisée suivant un système de grades, où seuls les « officiers » disposent du pouvoir de délibérer, dont les simples « académiciens » sont écartés.

Ceux-ci, David en tête, préparent le projet, présenté en 1790 à l'Assemblée nationale constituante, d'une nouvelle académie, composée de membres disposant tous de la voix délibérative et réunissant les deux sections de peinture et de sculpture d'une part, d'architecture d'autre part. Ce projet d'une nouvelle académie met l'accent sur le statut d'école pour les différents domaines artistiques ; il prévoit un système d'enseignement étoffé, avec des professeurs spécialisés pour chacun des différents domaines techniques, pour la peinture, la sculpture et la gravure.

Ce projet est violemment attaqué par Quatremère de Quincy (1755-1849), un archéologue et un théoricien, qui a été longtemps proche des artistes néoclassiques et de David, et qui est élu en septembre 1791 député à l'Assemblée législative. Sa démarche s'appuie sur une analyse théorique, qui est essentielle pour comprendre le destin de l'institution académique dans la période. Son approche est celle d'un pessimiste lucide : dans ses *Considérations sur les arts du dessin*, Quatremère de Quincy s'attache à démontrer qu'en France des institutions fortes doivent compenser des conditions naturelles défavorables aux arts. Pour lui, si la Grèce était autrefois la source de tous les arts, c'est que l'imitation de la nature y était favorisée par des raisons climatiques et physiques ; il en déduit qu'en France les arts sont « des fruits étrangers à son sol, mais qu'on ne saurait cependant désespérer de cultiver par des moyens artificiels ». Il présente donc, dans le cadre de l'organisation de l'Instruction publique, le projet d'une école nationale qui rassemble et unifie « les arts du dessin », la peinture, la sculpture, l'architecture, qui, pour préserver « la concordance qui leur est naturelle [fond] ensemble les divers enseignements [et présente] les leçons aux élèves dans un même lieu, sous des lois communes [1] ».

Ce débat, bien centré sur le choix entre une approche technique de la formation des artistes (David) et une approche plus théorique (Quatremère), ne sera pas tranché dans la période révolutionnaire, mais plus tard ; il implique cependant comme préalable la suppression de l'Académie royale. Lorsque le Comité de l'instruction publique présente à la Convention nationale, en juillet 1793, un projet de décret portant sur l'enseignement des sciences et des arts, l'intervention de David, député de Paris, est décisive. Il attaque violemment le fonctionnement arbitraire et injuste de l'Académie royale. Académicien lui-même, il met en évidence les abus récents et le despotisme des acadé-

1. Quatremère de Quincy, *Considérations sur les arts du dessin en France, suivies d'un plan d'académie ou d'école publique et d'un système d'encouragements*, Paris, Desenne, 1791, p. 39.

miciens, et il dénonce une formation dispersée, dans l'ancienne école de l'Académie, entre les mains de chacun des « professeurs du mois » :

> Douze professeurs par année, c'est-à-dire un pour chaque mois (observez qu'ils étaient inamovibles) s'empressent à l'envie de détruire les premiers principes qu'un jeune artiste a reçus et reçoit journellement de son maître, chacun de ces douze professeurs ne trouvant bon (comme vous l'imaginez bien) que ses principes, le pauvre jeune homme, pour leur complaire alternativement, est obligé de changer douze fois l'année de manière de voir et de faire ; et pour avoir appris douze fois l'art, finit par ne rien savoir, parce qu'il ne sait à quoi s'en tenir ; mais surmonte-t-il, par les rares dispositions qu'il a reçues du ciel, cette mauvaise instruction, oh, c'est alors que l'enfant de tant de pères, et qui n'en peut compter aucun directement, excite la basse jalousie de tous ses maîtres réunis pour le perdre[1].

David enfin propose la suppression de toutes les académies :

> Au nom de l'humanité, au nom de la justice, pour l'amour de l'art et surtout par votre amour pour la jeunesse, détruisons, anéantissons les trop funestes académies, qui ne peuvent plus subsister sous un régime libre. Académicien, j'ai fait mon devoir, prononcez.

La Convention suit l'argumentation de David et adopte un texte lapidaire : « Toutes les académies et sociétés littéraires patentées ou dotées par la Nation sont supprimées. » Toutefois, sont maintenus les dispositifs qui conservent le patrimoine scientifique, artistique et littéraire, « les cabinets, muséum, biblio-

1. *Discours du citoyen David sur la nécessité de supprimer les Académies*, Convention nationale, séance du 8 août 1793, pp. 2-3.

thèques et autres monuments des sciences et des arts attachés aux académies et sociétés supprimées ».

Après la suppression de l'Académie royale et sous la pression des élèves et des artistes, la Convention, à propos « des écoles dépendantes des académies supprimées », accepte en septembre 1793 de les « conserver provisoirement jusqu'à l'organisation d'un nouvel ordre d'enseignement ». Les écoles installées au Louvre restant ouvertes, la pérennité du dispositif d'enseignement est assurée, mais aussi s'esquisse dans les faits, et par défaut, le profil d'une institution d'enseignement indépendante.

La nouvelle représentation des artistes

Première organisation révolutionnaire des artistes, la « Commune des arts qui ont le dessin pour base » se constitue à l'automne de 1789 ; forte de trois cents artistes, animée par des peintres membres de l'Académie, David et Restout, elle mène la bataille contre les privilèges de l'Académie, à commencer par l'organisation du Salon. La « Commune des arts », qui sera, en particulier après la suppression des académies, l'organisme représentatif des artistes, est transformée en octobre 1793 en « Société républicaine des arts ». Celle-ci compte alors 642 membres, dont 333 peintres, 114 architectes, 99 graveurs, 97 sculpteurs [1]. Ce qui est nouveau est la dimension de ce rassemblement. D'octobre 1793 à octobre 1795, l'administration des arts relève du Comité de l'instruction publique, puis, lorsque la Constitution de l'an III entre en vigueur, du ministère de l'Intérieur.

1. Ces chiffres sont mentionnés, ainsi que d'autres indications sur la période, par Udolpho Van de Sandt, « Institutions et concours », dans l'ouvrage collectif dirigé par Philippe Bordes et Régis Michel, *Aux armes et aux arts !*, Paris, Adam Biro, 1988.

Les Salons de la période révolutionnaire

L'organisation du Salon de 1789, qui s'ouvre à la fin du mois d'août, n'a pas été mise en question par les événements de juillet ; il n'en est pas de même pour le Salon suivant, et en 1791 l'organisation du Salon est l'occasion d'une pétition, présentée à l'Assemblée nationale, au nom de l'égalité des droits et de l'abolition des privilèges, par les artistes de la « Commune des arts », David en tête, appuyés par des théoriciens comme Quatremère de Quincy ; ils réclament la disparition du privilège académique d'exposer au Salon, qui était jusqu'alors réservé aux membres de l'ancienne Académie royale de peinture et de sculpture et aux artistes agréés. Le rapporteur, Barère de Vieuzac, montre que l'égalité des citoyens pour exposer leur pensée permet à « tout artiste d'exposer son ouvrage : son tableau, c'est sa pensée ; son exposition publique, c'est sa permission d'imprimer. Le salon du Louvre est la presse pour les tableaux ». On notera cette assimilation de l'artiste à l'écrivain et au journaliste, et celle de l'art à une forme de pensée.

Le décret du 21 août 1791 donne satisfaction à « tous les artistes français ou étrangers, membres ou non de l'Académie de peinture et de sculpture, [qui] seront également admis à exposer ». Organisé par le directoire du département de Paris, et sous l'autorité du ministre de l'Intérieur, le premier « Salon de la Liberté » s'ouvre le 8 septembre 1791. Il accueille plus du double des ouvrages des Salons antérieurs (615 peintures contre 220 en 1789, 129 sculptures contre 108) et il remporte un grand succès auprès du public. Le 17 septembre, l'Assemblée nationale décide d'accorder 100000 livres, pour « travaux d'encouragement », à des artistes représentés à l'exposition, sur proposition d'un jury ; les artistes chargés de ces travaux d'encouragement seront libres du choix des sujets. Les œuvres correspondantes seront présentées aux Salons suivants.

Si au Salon de 1793 le nombre des envois est encore en hausse (687 tableaux, 196 sculptures), les Salons suivants, en 1795, 1796, 1798 et 1799, enregistrent une sensible et constante décrue (de 534 à 384 tableaux, de 89 à 43 sculptures). Les causes sont à chercher dans les difficultés que rencontrent les artistes (le nombre des envois diminue plus vite que l'effectif des artistes), dans un moindre intérêt du public, découragé par la médiocrité de beaucoup d'envois (que dénonce la critique). Il est hors de doute qu'une des causes de cette crise est dans la mise à l'écart ou la disparition d'une couche sociale, les aristocrates et les financiers, qui constituaient à la fin de l'Ancien Régime une partie de la clientèle traditionnelle du marché des tableaux ; la partie de la population artistique qui leur était proche s'est mise à l'écart : plusieurs artistes en vue dans les dernières années du règne de Louis XVI ont suivi leurs protecteurs et ont émigré (Mme Vigée-Lebrun, par exemple).

Dans ces salons, très peu de tableaux d'histoire répondent à l'idéal artistique révolutionnaire, exprimé par les autorités qui appellent les artistes à peindre « notre héroïsme ». Par contre, les paysages et les portraits sont nombreux. Les peintres de paysage, qui pour la plupart n'étaient pas autorisés à exposer dans l'ancien Salon, sont maintenant présents : pratiquement, dans les Salons de 1791 à 1795, plus d'un tableau sur cinq est un paysage ; les portraits viennent ensuite. Au Salon de 1795, sur un total de 534 numéros, on trouve 23 tableaux « historiques », 113 portraits, 138 paysages.

Dans ce sens, ces Salons confirment et amplifient les orientations antérieures à 1789 : la peinture savante, à référence historique, est le fait d'une minorité d'artistes ; les thèmes profanes du portrait et du paysage consacrent l'individualisme de la plupart des artistes et les nouveaux goûts de la clientèle.

Après un essai sans lendemain de Salon annuel en 1796, à l'initiative du ministre de l'Intérieur Bénézech, la périodicité ancienne est rétablie en 1798, avec le contrôle des œuvres par un jury (on veut écarter les artistes les plus médiocres), puis abandonnée de nouveau par le ministre Neufchâteau, qui organise le Salon de 1799, puis de 1800, de nouveau sans jury. Ces atermoiements ne renforcent pas l'image du Salon, « plus utile au génie des jeunes artistes qu'à celui des maîtres de l'art » (Emeric-David, en 1795).

Cette désaffection se vérifie avec l'initiative de Louis David, qui organise en 1799 la présentation de son grand tableau *L'Enlèvement des Sabines* à l'écart du Salon ; il lui donne en effet la forme d'une exposition particulière, organisée dans son atelier du Louvre, avec l'autorisation du gouvernement, et avec une entrée payante (1,80 F). C'est un événement, un coup d'éclat et un scandale. Un scandale, car la nudité vraie qu'a choisie David pour ses héroïnes est d'abord celle de jeunes mondaines connues, qui, bien que Delécluze affirme le contraire, semblent s'être dévouées dans cette entreprise. Un coup d'éclat, car le peintre justifie avec hauteur, dans un livret vendu avec le billet d'entrée, cette innovation de l'exposition payante ; il affirme que l'art doit « se soutenir par ses seules ressources », fait référence à ce qui était admis chez les anciens Grecs, à ce qui avait été introduit par Van Dyck en Angleterre. Un événement, puisque David revendique pour la peinture le droit à l'existence économique et à l'échange, comme on l'admet pour l'art dramatique et pour l'art musical.

Cette « exhibition », qui dure cinq ans, rencontre un grand succès, puisque la recette totale s'élève à 65 000 francs, ce qui est une somme supérieure au prix d'une commande de cette importance ; d'autres peintres voudront suivre cette voie, en associant l'investissement capitaliste à cet essai d'un nouveau marché du spectacle artistique. Gérard, Girodet, Guérin et Sirangéli s'associent avec le banquier Perrégaux pour monter une exposition de peintures, payées par une souscription de cinq cents actions, les profits de l'exposition payante devant être répartis entre les actionnaires, les toiles, après tirage au sort, devenant propriété des actionnaires. Mais l'exposition n'eut jamais lieu, et on ne passa pas à l'acte. On peut interpréter ces percées précoces de l'entrepreneur sur le terrain de la spéculation artistique comme une réaction à la carence du marché induit par les Salons de la période révolutionnaire, sans doute largement vidés de leur potentiel économique, du fait de la disparition de la partie la plus éclairée des acheteurs.

Concours publics, récompenses et commandes

Une des premières revendications de la « Commune des arts » est de demander, dès 1791, que chaque commande publique soit précédée d'un concours « jugé en public et d'après l'opinion publique ». Plutôt que les « travaux d'encouragement » décidés en 1791, et qui n'ont pas été reconduits au Salon de 1793, l'organisation d'un concours permet au pouvoir révolutionnaire de stimuler l'engagement des artistes dans la voie d'un art « régénéré », libéré des pressions des « tyrans » et des « corporations despotiques », et qui doit parler au peuple tout entier. Pour les artistes, la prise en charge de travaux importants par la nation devient une urgence, pour relayer une clientèle privée amputée de la couche aristocratique. En 1794, sous la Terreur, le Comité de salut public, en réponse à une demande de la Société républicaine des arts, décide d'organiser un ensemble de concours distincts pour les architectes, les sculpteurs et les peintres, qui portent sur des projets de monuments publics et d'édifices républicains, des statues allégoriques, et des toiles évoquant « les époques les plus glorieuses de la Révolution française » ; les envois à ces concours nationaux seront exposés au Louvre et jugés par un jury nommé par les représentants du peuple, parce que

> abandonner aux artistes seuls le jugement des productions du génie, ce serait les laisser dans l'ornière de la routine, où ils se sont traînés devant le despotisme qu'ils encensaient. C'est aux âmes fortes, qui ont le sentiment du vrai, du grand, que donne l'étude de la nature, à donner une impulsion nouvelle aux arts, en les ramenant aux principes du vrai beau [1].

Beaucoup d'artistes participent à ce concours de l'an II, qui restera célèbre : une trentaine d'architectes, autant de sculpteurs, une centaine de peintres font envoi de maquettes, de dessins et d'esquisses. Malgré la chute de Robespierre, survenue entre-temps, un jury démocratique est élu en décembre 1794 (par les artistes participant au concours parmi leurs confrères qui n'ont pas fait d'envoi), et il prononce l'attribution de 108 prix, pour une somme de 442 000 livres, qui seront entérinés par la Convention le 14 fructidor an III (31 août 1795). Pour la peinture, le premier grand prix est attribué à François Gérard, pour *Le peuple français*

1. Louis David, *Rapport à la Convention nationale sur le jury des arts*, 1793.

demandant la destitution du tyran à la journée du 10 août; pour la sculpture à Moitte, pour le projet de *Statue à Jean-Jacques Rousseau*; pour l'architecture à Durand et Thibault, pour le projet de *Temple de l'Egalité.* Il est à noter que les prix récompensent l'élaboration du projet et que, répartis en trois niveaux, les deux premiers rangs de récompenses sont suivis, dans l'ordre décroissant, de la commande d'un « monument national », ou de la commande d'une œuvre; en fait les commandes des monuments nationaux seront sans suite, le paiement des prix retardé de plus de quatre ans, au point, compte tenu de l'inflation, de perdre toute valeur. L'intérêt est ici dans la tentative de démocratisation et d'égalité dans l'accès à la commande, en dehors de tout privilège professionnel (plusieurs ingénieurs envoient par exemple des projets d'architecture), et dans l'amorce d'une réflexion sur la procédure du concours public, ce que confirment d'ailleurs les attendus du jury qui, pour les critiquer, met bien en évidence dans son rapport les vices ou les défauts de plusieurs des programmes proposés aux sculpteurs. Mais on note aussi que pour le pouvoir politique le principe du concours est dans la stimulation des artistes à suivre une « direction morale », dont le ministre de l'Intérieur, François de Neufchâteau, se plaint qu'elle soit insuffisante : « Les artistes, depuis la Révolution, qui a tant fait pour eux, n'ont presque rien fait pour elle[1]. »

Exposés à la Convention, puis au Louvre, les projets de ce concours de l'an II forment « la plus formidable exposition à teneur révolutionnaire, le Salon Civique par excellence » (Van de Sandt). Mais la minceur des récompenses et des commandes n'est pas en mesure

1. Lettre du ministre de l'Intérieur au jury des arts, an VII, mentionnée par W. Szambien, *Les Projets de l'an II*, Paris, 1986, p. 46.

d'effacer les difficultés que rencontrent alors les artistes, dont l'activité courante n'a plus de base sociale, dont la clientèle pour l'essentiel a disparu.

Dès 1795, après Thermidor, la critique des concours publics ouverts à tous les artistes se fait entendre, on les juge démagogiques et responsables d'écarter les talents. Cela n'empêche pas les artistes de demander à nouveau une aide du gouvernement, qui organise, en nivôse an VII (décembre 1798), un « nouveau concours solennel de l'an II », destiné à récompenser les œuvres déjà réalisées depuis l'an II. L'objectif n'est plus de stimuler un art révolutionnaire, mais de distinguer les meilleurs artistes, et en particulier ceux dont le gouvernement a besoin pour fixer le souvenir des batailles, devenues, comme l'indique le ministre de l'Intérieur, « les plus belles pages de l'histoire de la gloire française ». Le Consulat et l'Empire se chargeront de développer ces commandes de tableaux à sujets militaires. David, en 1803, reçoit la commande du *Sacre* de Napoléon, de *La Distribution des aigles.* Pour le *Sacre,* ce tableau énorme (9,31 x 6,10 m), qui sera exposé au Salon de 1808, le peintre reçoit 60 000 francs, pour la *Distribution,* 52 000.

La création du Muséum des arts et la question du patrimoine national

Préparée par les Lumières, la création du musée incarne le « Républicanisme des arts » : le musée idéal doit donner à tous le plaisir d'accéder aux beaux ouvrages et fournir aux artistes les références utiles [1]. A la société nouvelle, composée d'hommes égaux en

1. Voir la mise au point de Dominique Poulot, in *Aux armes et aux arts !, op. cit.*, pp. 201 et suiv.

droit, déliés de la vanité des souvenirs et des aïeux, on attend du musée qu'il apporte la « vérité de l'histoire » (Puthod de Maison-Rouge). La régénération nationale, enfin, qui passe par la régénération des arts, exige une sélection exemplaire des œuvres de référence, qui écarte les images du despotisme.

Dans la pratique, la suite des événements politiques fait que les œuvres constitutives de tout projet de musée deviennent massivement disponibles. C'est tout d'abord la décision de la Constituante, le 2 novembre 1789, qui, en mettant les biens du clergé à la disposition de la nation, pose le problème du statut de vastes collections d'œuvres et d'innombrables édifices, qui, en perdant leur caractère sacré, sont à la merci de l'intervention économique, avec pour résultat la dispersion et la disparition. L'Assemblée nationale, en octobre 1790, fait un choix décisif : elle identifie ces biens à un patrimoine artistique national, engage la constitution des collections publiques et amorce le travail d'inventaire, confié à une « Commission des monuments ». Le rapport présenté par Bréquigny, président de la commission, prévoit l'ouverture dans chaque département d'un musée, installé dans « quelque église du nombre de celles qui seraient supprimées et qui sans cela demeureraient d'une inutilité absolue ». Pour Paris, on organise le dépôt des œuvres aux Petits-Augustins.

C'est ensuite, à partir de la destitution du roi, le 10 août 1792, le projet du Muséum central, qui est préparé par une commission chargée de regrouper les œuvres issues des résidences royales, dans un rassemblement qui doit maintenant attester la force de la République. Au moment où les événements de l'été 1792 posent le problème de la suppression de tout « monument public qui rappelle le règne du despotisme » s'ouvre le débat qui affirme en regard le statut privilégié du « monument édifié par les arts ».

Entre août 1792 et décembre 1793, la question du patrimoine et de l'héritage artistique passe d'une orientation destructrice et iconoclaste (décret du 14 août 1792 sur la destruction des « signes de la royauté » et des monuments édifiés « à la tyrannie ») à la protection des œuvres d'art, « appui à la liberté et à l'égalité », et en reconnaissance de « ce que les arts ont fait pour amener le règne de la liberté[1] ». Ce faisant, comme le montre Edouard Pommier, « la Révolution n'a pas pour mission de créer une nouvelle culture, mais de reconnaître le rôle révolutionnaire de la culture [...]. Les arts réintègrent la cité et leur histoire est assumée[2] ».

La commission des monuments est supprimée en décembre 1793 et remplacée par une Commission temporaire des arts ; celle-ci prépare et diffuse, sous l'autorité du Comité de l'instruction publique de la Convention nationale, la circulaire *Instruction sur la manière d'inventorier et de conserver, dans toute l'étendue de la République, tous les objets qui peuvent servir aux arts, aux sciences et à l'enseignement* ; ce texte fondateur a une dimension non seulement scientifique, technique et administrative, mais aussi politique, puisqu'il affirme le caractère national du patrimoine artistique :

> Tous ces objets précieux qu'on tenait loin du peuple, ou qu'on ne lui montrait que pour le frapper d'étonnement et de respect, toutes ces richesses lui appartiennent.

1. Discours de Mathieu, président du Comité de l'instruction publique, à la Convention, le 28 frimaire an II (18 décembre 1793).
2. Edouard Pommier, « La théorie des arts », in *Aux armes et aux arts !*, *op. cit.*, pp. 182-183.

Le Muséum des arts

La création effective du système des musées est une application majeure de la politique culturelle de la Révolution, et en tout cas la plus durable. Par le décret du 27 juillet 1793, la Convention invite le ministre de l'Intérieur à ouvrir le musée de la République « le 10 août prochain, dans la galerie qui joint le Louvre au Palais national » ; à y faire transporter

> les tableaux, statues, vases, meubles précieux, marbres déposés dans la maison des Petits-Augustins, dans les maisons ci-devant royales, tous autres monuments publics et dépôts nationaux, excepté ce que renferment actuellement le château de Versailles, ses jardins, les deux Trianons [...], les peintures et statues, bustes antiques, qui se trouveront dans toutes les maisons ci-devant royales, châteaux, jardins, parcs d'émigrés et autres monuments nationaux ;

et à

> faire acheter dans les ventes particulières les tableaux ou statues qu'il importera à la République de ne pas laisser passer en pays étrangers et qui seront déposés au Musée, sur la demande de la Commission des monuments [1].

Le 10 août 1793, date symbolique puisqu'elle commémore le premier anniversaire de la destitution du roi, la Convention, dans le palais du Louvre, affecté aux « monuments des arts et des sciences », ouvre le « Muséum des arts ». Placé sous le contrôle de la Commission de l'instruction publique, le musée a une fonction d'éducation et de transformation du goût,

1. D'après Y. Cantarel-Besson, *La Naissance du musée du Louvre*, Paris, Réunion des musées nationaux, 1981, p. XVII.

« en vue de régénérer les arts » (David), autant que de conservation. Mais la fonction affirmée avec le plus de force est celle de la formation libre et indépendante des artistes :

> Chacun doit pouvoir placer son chevalet devant tel tableau ou telle statue, les dessiner, peindre ou modeler à son gré. Ce monument sera national et il ne sera pas un individu qui n'ait le droit d'en jouir[1].

En définissant le musée comme un espace de liberté, Roland, et David à sa suite, ont la volonté de mettre ce puissant obstacle du musée au service de la lutte contre toute renaissance de l'autorité corporative et académique. Ce n'est pas le point de vue des experts de la Commission du Muséum, qui ont plutôt réuni, lors de l'ouverture du musée, une exposition des dépouilles. David obtient la suppression de la Commission du Muséum et, le 27 nivôse an II (16 janvier 1794), il confie la direction du musée à un conservatoire de dix membres, où l'emportent les artistes, et il affirme la mission pédagogique des collections :

> Le Muséum n'est point un vain rassemblement d'objets de luxe ou de frivolité, qui ne doivent servir qu'à satisfaire la curiosité. Il faut qu'il devienne une école importante. Les instituteurs y conduiront leurs jeunes élèves ; le père y mènera son fils.

Ecole d'édification politique (démontrer que le progrès des arts dépend dans l'histoire du degré de liberté des peuples) et école de formation technique des artistes libres, la voie du musée jacobin est tracée. Mais pour peu de temps, puisqu'au lendemain de

1. Lettre de Roland, ministre de l'Intérieur, à David, le 17 octobre 1792.

Thermidor, la révision est brutale : les membres du conservatoire sont destitués et remplacés, puis, le 10 germinal an II (30 mars 1795), est nommé un nouveau conservatoire de cinq membres, parmi lesquels Hubert Robert et Fragonard, finalement remplacé, le 3 pluviôse an III (22 janvier 1797), par un conseil d'administration du musée central des Arts, où deux administrateurs sont assistés d'un « conseil d'artistes ».

Mais l'essentiel est dès lors dans l'intense utilisation politique du musée, où le pouvoir rassemble et exhibe les œuvres d'art conquises à la suite des victoires des armées de la République ; ce sont d'abord les Van Dyck et les Rubens, à la suite de l'annexion de la Belgique en 1795, puis la statuaire et les tableaux venus d'Italie, après la paix de Tolentino (19 février 1797). L'arrivée des convois qui transportent les chefs-d'œuvre de Rome, de Venise et de l'Italie du Nord, les 9 et 10 thermidor an VI (27 et 28 juillet 1798), est au centre de grandioses cérémonies publiques au Champ-de-Mars. Cette façon de célébrer à la fois les grandes dates anniversaires de la Révolution (y compris Thermidor) et les victoires de Bonaparte est une habile façon d'associer dans une manifestation de l'unité culturelle la plus large, qui répond à la demande d'une « Fête de l'art et des artistes », la valeur des résultats de la politique du Directoire et d'un commandement militaire. Le ministre de l'Intérieur, François de Neufchâteau, ne manque pas de mettre en évidence le chemin parcouru depuis Thermidor et depuis le « vandalisme passager » de 1792. Accomplissement par la République du projet de musée universel, légitime concentration des chefs-d'œuvre dans la patrie de la liberté, justification de l'effort de la nation victorieuse, mais aussi forte démonstration de la puissance de l'institution muséale et de ses agents, l'opération fait participer la nouvelle institution du musée à l'actualité politique et militaire, et donne à ses collections une dimension européenne et historique sans précédent. Ce « rapatriement », comme le désigne Edouard Pommier, est un produit direct de l'idéologie révolutionnaire, telle que la formule l'abbé Grégoire dans un discours à la Convention le 14 fructidor an II (31 août 1794) :

> Les chefs-d'œuvre des républiques grecques doivent-ils décorer le pays des esclaves ? La République française devrait être leur dernier domicile [1].

Ce rapatriement est l'occasion d'un débat théorique et idéologique majeur ; dans ses *Lettres à Miranda*, publiées en juillet 1794, Quatremère de Quincy s'oppose violemment aux concepts de cette capture des œuvres d'art et à l'emprise du musée sur le patrimoine artistique ; rescapé de la Terreur, entré dans l'opposition politique au Directoire, Quatremère réfute les arguments patriotiques et militaires (« la volonté de conquête dans une république est contraire à l'esprit de liberté »), nationalistes (« les arts appartiennent à toute l'Europe et ne sont plus la propriété exclusive d'une nation ») et culturels (« l'art est inséparable de son contexte »)[2]. Les artistes sont manifestement divisés : une pétition d'artistes en vue (dont David, Hubert Robert), le 29 thermidor an IV (16 août 1796), rédigée en termes modérés, demande la réunion d'une commission qui associerait l'Institut national à l'étude du principe de « rapatriement » ; une contre-pétition, le 12 vendémiaire an V (3 octobre 1796), signée par

1. Cité par J. Guillaume, « Grégoire et le vandalisme », in *La Révolution française*, Paris, 1901, pp. 266-267.
2. Voir la réédition, avec une introduction et des notes d'Edouard Pommier, de l'ouvrage de Quatremère de Quincy, *Lettres à Miranda sur le déplacement des monuments de l'art de l'Italie*, Paris, 1989.

Isabey, Lenoir et trente-cinq autres artistes, appuie au contraire le projet, au nom de la sécurité que les chefs-d'œuvre trouveront en France, seul pays capable de leur offrir « un asile inviolable ». Mais l'unité de la pensée culturelle révolutionnaire, de 1792 au Consulat, est forte, comme le montre Edouard Pommier, et l'opportunité d'une fête spectaculaire des arts tranche le débat.

Le musée des Monuments français

A Paris, les œuvres, médiévales et modernes, en provenance des biens du clergé sont réunies dans l'ancien couvent des Petits-Augustins (l'actuelle Ecole des beaux-arts de la rue Bonaparte), où elles forment un « dépôt provisoire » dont est nommé garde, le 6 juin 1791, Alexandre Lenoir (1761-1839), un ancien élève du peintre Doyen. Lenoir, qui participe activement à l'inventaire des œuvres conservées dans les établissements religieux supprimés, parvient à réunir dans le dépôt des Petits-Augustins un important ensemble de sculptures, où les monuments funéraires sont particulièrement bien représentés. Après avoir publié en 1793 la liste des pièces conservées, Lenoir est nommé conservateur du dépôt des Petits-Augustins, qu'il décide d'ouvrir au public (1er septembre 1795). Ce dépôt, où Lenoir se propose de réunir « toutes les statues du Moyen Age propres à la chronologie de l'art », devient, le 29 vendémiaire an IV (21 octobre 1795), le musée des Monuments français. On y trouve combinés à la fois de nouveaux principes scientifiques, comme la reconnaissance de l'art du Moyen Age et le classement chronologique, et un sens artistique de la mise en scène, avec des reconstitutions peu scrupuleuses et même l'invention de monuments fictifs, comme la chapelle d'Héloïse et d'Abélard ; à partir du

Directoire, son enquête s'étend à la province (portique du château de Gaillon et fragments du château d'Anet). Complété par une mise en scène inspirée, sinon géniale, celle du « Jardin Elysée », où une quarantaine de tombeaux sont dispersés parmi les peupliers et les cyprès, le musée des Monuments français, le premier à prendre en compte la qualité de l'évocation imaginaire dans la présentation d'une collection, soulève l'enthousiasme des contemporains. De 1796 à 1815, sont publiées onze éditions de la *Description historique et chronologique des monumens de sculpture réunis au musée des monumens français,* plus une en anglais ; les historiens, Augustin Thierry et Michelet, témoigneront de leur émotion à la visite de ces salles, et de nombreux artistes, peintres et graveurs, en donneront des images sensibles. Mais les transformations du contexte historique, comme le Concordat, qui amène le clergé à exiger des restitutions, et surtout les attaques violentes des théoriciens, avec au premier rang Quatremère de Quincy, qui demande la réintégration des monuments dans les églises d'origine et qui nie l'existence d'un art national au Moyen Age, ont finalement raison, sous la Restauration, du musée des Monuments français. Deux ordonnances de Louis XVIII rendent les monuments aux églises et aux familles (24 avril 1816), et les bâtiments des Petits-Augustins sont affectés à la nouvelle Ecole royale des beaux-arts[1].

L'activité de Lenoir suscite en province des émules, ainsi Alexandre du Mège (1780-1862), qui, à Toulouse et dans le Sud-Ouest, devient le sauveteur des « monuments du Moyen Age [devenus], grâce au vandalisme révolutionnaire et à l'ignorance des acquéreurs des

1. Voir la note d'Alain Erlande-Brandenbourg, « Alexandre Lenoir et le musée des Monuments français », in *Le Gothique retrouvé,* catalogue de l'exposition, hôtel de Sully, Paris, 1979, pp. 75-78.

domaines nationaux, d'une rareté extraordinaire[1] ».

Malgré l'opposition de ceux qui souhaitent, à la suite de Quatremère, le maintien des vestiges sur place, il obtient la création d'un musée des Antiques à Toulouse, dont il devient le conservateur en 1832.

Les musées des départements

Après le rapport de Bréquigny de 1790, qui tendait à créer un musée au chef-lieu de chaque département, la Convention arrête le principe d'une répartition équitable des collections nationales, après inventaire, entre le Muséum central et les musées des départements. Lié au principe de proximité fonctionnelle du musée avec l'Ecole centrale (le futur Lycée), le dispositif devait répondre à la fois au besoin pédagogique (la formation des élites), et à l'affirmation de richesses artistiques locales, « source du bonheur à laquelle tout citoyen français a le droit de puiser[2] ». En 1797, à Rouen, à Grenoble, on réclame, au profit d'un musée départemental, une part des trésors artistiques saisis par les armées de la Révolution en Italie, si bien que le ministre de l'Intérieur, sans attendre de réunir les conditions d'une attribution systématique, consent à l'envoi d'un dépôt provisoire dans plusieurs villes, qui s'ajoute aux œuvres confisquées. Entre 1792 et 1799, à Dijon, à Grenoble, à Lille, à Reims, à Rouen, s'ouvrent ainsi des musées de fait, qui résultent des initiatives locales, sans attendre la décision législative de la création. Après le rapport du député Heurtaut-La Merville, le 6 frimaire an VII (26 novembre 1798), qui

1. M. Durliat, « Alexandre du Mège et le Moyen Age à Toulouse », in *Le gothique retrouvé, op. cit.*, pp. 85-86.

2. Arrêté du directoire du département de la Meurthe, le 16 mai 1793, mentionné par Edouard Pommier, « Naissance des musées de province », in *Les Lieux de mémoire*, Paris, Gallimard, 1987, t. II, pp. 451-495.

propose de restreindre la création des musées en l'associant à celle de cinq écoles des beaux-arts, c'est enfin sur le rapport de Chaptal, ministre de l'Intérieur, que le Consulat crée, le 14 fructidor an IX (18 août 1801), un musée dans quinze grandes villes[1]. On y déposera les tableaux qui seront choisis par une commission dans les musées de Paris et de Versailles. On y déposera aussi, notamment en 1811 (envoi de 1 058 tableaux), des œuvres enlevées dans les pays conquis, des « prises de guerre » qui pour la plupart resteront sur place après la chute de l'Empire.

Pourquoi des collections publiques de tableaux dans ces villes ? Parce qu'elles constituent le patrimoine *national* et parce que les tableaux sont indispensables à l'instruction artistique ; modèles d'un haut savoir technique, ces tableaux sont estimés nécessaires localement au progrès des arts. Voici en quels termes Félix Desportes, commissaire du Directoire auprès de la municipalité de Genève (la ville de Genève a voté, le 26 avril 1798, la réunion à la République française), réclame quarante tableaux et explique ce besoin de références :

> Ce n'est point dans le paysage que les Genevois ont besoin de modèles ; la nature, si riche dans leurs environs en sites harmonieux et pittoresques, leur enseigne journellement elle-même ce qu'aucun autre peintre ne saurait leur apprendre. Mais des sujets d'histoire, des études humaines, traitées par les grands maîtres, seraient pour eux d'une utilité inappréciable. Bientôt, l'esprit d'imitation, qui les distingue, leur ferait obtenir cette correction du dessin, ce brillant coloris qui leur manquent, et, vraiment, alors, la fabrique de Genève excellerait dans tous les genres.

1. Ces quinze « villes françaises » sont : Bordeaux, Bruxelles, Caen, Dijon, Genève, Lille, Lyon, Marseille, Mayence, Nantes, Nancy, Reims, Rouen, Strasbourg, Toulouse.

L'année suivante, un peintre genevois, Saint-Omer, écarte la peinture religieuse, peu souhaitable en terre calviniste :

> Il serait superflu que nous eussions de ces chefs-d'œuvre qui faisaient l'ornement des temples ; [il préfère] une cinquantaine de beaux tableaux de moyenne grandeur, partie en beaux portraits variés de sexe et d'âge, quelques tableaux d'histoire d'une composition plus agréable que forte, quelques beaux paysages, des animaux différents, et surtout des tableaux hollandais, dont le fini et les beaux accessoires inspireront nos artistes, et enfin des fleurs de différents maîtres[1].

L'ÉTAT, L'ADMINISTRATION ET LES ARTS

Dans l'administration des arts, les conséquences de la Révolution ne se limitent pas, avec la création de l'Institut, au renouvellement de l'institution académique. Après avoir ébranlé les liens noués entre le pouvoir et les arts sous l'Ancien Régime, elles mettent en cause, en profondeur et dans la longue durée, aussi bien l'articulation générale du politique et de l'administration avec le monde artistique, que la relation entre le centre et le reste du territoire. De la Révolution à la IIIe République, et sans répit, les transformations du système de l'Etat et de l'exercice du pouvoir renouvellent les dispositifs pratiques de l'organisation de la vie artistique, modifient sans cesse l'organi-

1. D'après Jean Boyer, « Le Directoire et la création des musées des départements », *Bulletin de la Société d'histoire de l'art français*, 1972, pp. 325-330.

gramme d'une administration spécialisée, renouvellent les responsables. Mais sans pour autant tout abolir, et c'est ainsi qu'ici ou là subsistent des dispositifs relativement stables, comme les manufactures.

L'Institut de France et les arts

La Constitution de l'an III, en 1795, crée l'Institut national. Le premier effet pratique de cette création est le rétablissement du concours du prix de Rome, dont les résultats sont jugés par les membres de l'Institut.

L'Institut n'est pas un rhabillage de l'institution académique de la monarchie. A terme, les différences structurelles sont bien évidentes. Ainsi, les membres de l'Institut, qui dans un premier temps sont nommés, sont ensuite renouvelés par cooptation, un système qui amorce une indépendance totale de l'Institut par rapport à l'Etat, à la différence des anciennes académies royales. Ce système rompt aussi avec la procédure d'une reconnaissance progressive des académiciens, et à ce titre il a des conséquences sur la composition de la population en question ; dans l'ancienne Académie royale, la procédure d'admission comportait l'« agrément », qui était souvent obtenu assez tôt dans la carrière de l'artiste, suivi d'une « réception », jugée sur pièce (le morceau de réception). Lui succède, pour l'admission à l'Institut, la procédure d'une élection, qui n'écarte pas les votes surprises. En outre, le nombre beaucoup plus réduit d'académiciens, alors que la population artistique est en forte croissance, tend à reculer l'âge de l'élection.

En 1803, la réforme de l'Institut par Bonaparte distingue quatre classes, dont celle des beaux-arts ; la classe des beaux-arts comporte soixante membres, toutes disciplines confondues, architecture et musique comprises. En 1816, les classes seront transformées en académies par Louis XVIII. Dans la nouvelle Académie des beaux-arts, il devient possible de coopter des personnalités qui ne sont pas des artistes. La voie est ainsi ouverte pour une Académie des beaux-arts organisée sur la base d'un consensus social, sinon mondain, plus que sur la base d'une réunion des compétences techniques ; deviennent possibles les fructueux rapprochements d'artistes académiciens avec des écrivains, des théoriciens ou des fonctionnaires de l'administration des beaux-arts.

C'est dans cette phase, sous la Restauration, et dans des conditions sociales nouvelles, que la nouvelle Académie des beaux-arts développe son autorité sur l'ensemble de l'activité artistique, sous l'influence du théoricien Quatremère de Quincy, déjà en charge de l'Intendance générale des arts et des bâtiments, comme on l'a vu, et qui est élu secrétaire perpétuel de l'Académie des beaux-arts. A la tutelle de fait de l'Ecole des beaux-arts, au contrôle étroit du prix de Rome s'ajoute le rôle de l'Académie dans la sélection des œuvres admises au Salon, dont en pratique elle constitue le jury jusqu'en 1847.

Dans les deux premiers tiers du XIXe siècle, l'institution académique est pratiquement autonome, et elle dispose d'un pouvoir considérable. Elle a le premier rôle dans la reconnaissance sociale des artistes. Après les Salons de la Restauration, où l'administration des beaux-arts, relativement libérale, équilibre, par ses achats au Salon, l'étroitesse des positions néoclassiques de l'Académie, l'autorité des académiciens, sous la monarchie de Juillet (1830-1847), a des effets particulièrement sectaires. Un classicisme intransigeant, souvent celui des médiocres, conduit à écarter les artistes romantiques, les paysagistes. Il n'est pas rare que l'Académie des beaux-arts sanctionne un artiste qui vient d'obtenir une commande de l'Etat ; ainsi, l'envoi de Chassériau est refusé au Salon de 1847, alors que l'administration vient de lui passer commande du décor d'une chapelle.

Les critiques seront sévères ; Lagrange, sous le second Empire, insiste, et non sans raison, sur le fait que le nouveau système académique laisse vides les centres provinciaux, dans lesquels rien ne remplace les académies de l'Ancien Régime. Et pour lui, l'Académie des beaux-arts « devient un corps plus tyrannique que la maîtrise, un foyer de doctrines éteintes, une récompense en quelque sorte posthume pour le génie fatigué ».

L'administration des arts

De 1789 à 1880 environ, le territoire formé par le système de l'Etat, l'administration et les arts est un ensemble mouvant, dont l'instabilité a de grandes conséquences sur l'organisation de la vie artistique et sur les œuvres. Dans cette période se succèdent et alternent en effet deux conceptions politiques différentes et tranchées des rapports de l'Etat et de l'art : d'une part celle d'un régime monarchique, où l'action sur les arts est centrée sur la volonté personnelle du souverain et sur une administration qui la met en œuvre ; d'autre part celle d'un Etat républicain, plus structuré, où l'administration et les pouvoirs politiques articulent et équilibrent leurs forces, orientent l'action, tout en exprimant les demandes ou en résistant aux intérêts d'une société complexe. Dans chacune des phases de l'histoire politique, et en relation avec ces conceptions successives, se met en place une organisation caractérisée ; mais il se produit aussi une importante sédimentation, le dispositif le plus récent s'articulant avec le reliquat de l'organisation précédente, et la résultante est une combinaison originale mais complexe. Mais tenter la représentation de ces transformations implique qu'on fasse une place aux hommes, aux principaux responsables politiques, et dans l'administration aux interprètes et aux experts, dont le rôle s'impose avec force dans cette période.

De la Convention à l'Empire

En 1791 et en 1792, l'administration des arts, y compris l'administration des palais nationaux, est réunie au sein du ministère de l'Intérieur. Pour la Convention, les objectifs artistiques sont communs avec ceux de la formation intellectuelle et avec l'acquisition des langages ; l'organisation des arts dépend dès lors du Comité de l'instruction publique, qui constitue de façon durable le système des musées, système national du patrimoine, et qui veille à la formation artistique.

L'organisation de nombreux concours illustre les rapports de l'administration avec les artistes fondés sur le mérite, avec des finalités qui sont le bien public, l'embellissement de la Cité, la reconnaissance des valeurs collectives des Lumières. Il est délicat, et peut-être impropre, de mesurer les nouveaux principes et la nouvelle organisation de cette phase au nombre et à la qualité des commandes artistiques et des réalisations durables. Beaucoup d'efforts se consument en effet dans la mise en œuvre de cérémonies et dans la mise en scène des espaces nécessaires à la vie politique du nouveau régime. A partir de 1795, l'administration des arts, avec l'instruction publique, est placée de nouveau sous l'autorité du ministre de l'Intérieur.

Le premier Empire, en créant un ministère de l'Instruction publique, maintient les beaux-arts et les théâtres sous l'autorité du ministre de l'Intérieur, mais le musée des Arts est attaché à la maison de l'empereur. La réhabilitation de la vie de cour rapproche les fonctions artistiques de la personne du souverain ; les fastes du régime impérial redonnent à l'œuvre d'art des fonctions célébratives et la pérennité ; viennent la commande de grandes œuvres, l'élaboration de projets monumentaux directement liés au régime, comme les arcs de triomphe, le palais du roi de Rome, la liaison du Louvre et des Tuileries ; David et Fontaine, chacun dans leur domaine, et toujours en rapport étroit avec l'Empereur et ses proches, illustrent bien ce renouveau des fonctions célébratives de l'art. Si le ministère de l'Intérieur a la charge de l'administration des arts, c'est l'Empereur en personne qui distribue au Salon les « croix » aux artistes, et le système des musées devient une institution forte et permanente, sous l'autorité de Vivant denon.

La Restauration et la monarchie de Juillet

Sous la Restauration et la monarchie de Juillet, le retour à une organisation monarchique du pouvoir et de l'Etat compose un paysage original, puisque en même temps s'affirment la nouvelle institution académique et le rôle personnel du souverain. Les initiatives du roi marquent souvent une nette distance avec les options d'un Institut marqué par ses pesanteurs corporatives. Dans le cadre du ministère de l'Intérieur, la deuxième direction, dirigée par un intendant général, réunit les services des arts ; cette charge d'intendant général des arts et monuments publics est confiée en 1816 à un théoricien intransigeant de l'action institutionnelle, Quatremère de Quincy, qui inspire le renouveau du système académique.

Par l'ordonnance du 22 juillet 1816, Louis XVIII

marque le retour à l'organisation monarchique des arts :

> L'administration des Musées Royaux a pour objet : 1) la conservation des ouvrages d'art tant anciens que modernes, en peinture, sculpture et gravure, qui appartiennent à la Couronne ; 2) l'encouragement des artistes, la direction et la surveillance des travaux qu'on leur a confiés, soit à titre de libéralité royale, soit pour le service de la Couronne.

Le directeur des musées cumule donc la responsabilité des collections et de la direction des artistes qui travaillent pour la Couronne, et à ce titre il organise le Salon des artistes vivants ; le Conseil des musées royaux, composé d'artistes et d'amateurs, la plupart étant académiciens, se constitue en jury du Salon. Tel qu'il se réunit la première fois le 10 février 1816, le Conseil ordinaire des musées royaux comporte en effet : les peintres Girodet, Gérard, Guérin, Gros, le sculpteur Lemot, tous membres de l'Académie des beaux-arts, et, au titre des amateurs, Quatremère, secrétaire perpétuel de l'Académie, et Castellane ; les deux membres de droit, Fontaine, architecte du palais du Louvre, et le comte de Forbin, directeur des musées royaux, sont eux aussi membres de l'Académie.

Sous la monarchie de Juillet, l'administration des arts est confiée au ministère du Commerce et des Travaux publics jusqu'en 1834, puis au ministère de l'Intérieur. Mais les musées et les grandes manufactures (les Gobelins, Beauvais, Sèvres) sont rattachés de nouveau à la Couronne et relèvent donc de la liste civile, c'est-à-dire de la partie du budget attribuée à la Maison du roi. A propos de la discussion du budget et des attributions de la liste civile, les débats de la Chambre des députés, les 4 et 5 janvier 1832, confirment la division des affaires artistiques entre ce qui relève directement du roi et ce qui relève de l'administration des beaux-arts (pour cette période rattachée au ministère du Commerce et des Travaux publics), et donc d'un budget contrôlé par les députés.

Au Salon de 1831, comme le rapporte *Le Moniteur*, la visite de Louis-Philippe donne toute son importance sociale à une cérémonie qui n'est pas de pure forme : on y procède à la lecture du palmarès et de la liste des acquisitions et des commandes, le roi décore de la Légion d'honneur trois artistes, et il annonce la nouvelle périodicité annuelle du Salon, qui sera effective en 1833. Le rôle personnel de Louis-Philippe envers les arts est bien mis en valeur par Léon Rosenthal, qui montre comment le roi, qui est surtout sensible dans les arts plastiques à la représentation historique, manifeste un libéralisme attentif et généreux envers les novateurs, ce qui met son action à l'écart des influences de l'Institut. La monarchie de Juillet établit ainsi déjà l'enjeu que représente la décision dans les affaires artistiques et qu'implique le parlementarisme au pouvoir : à l'intransigeance de l'Institut (jamais le jury du Salon ne fut plus sévère) répondent et le mécénat éclairé du roi et les pressions qu'exercent sur l'administration les députés, soucieux d'obtenir des résultats tangibles auprès de leurs électeurs. Les œuvres marquantes de la période sont ainsi souvent distribuées dans les musées de province en raison d'interventions directes du personnel politique : à l'initiative de Thiers, un spectaculaire tableau d'Ingres, *Jupiter et Thétis*, est donné par l'Etat à la ville d'Aix, et Guizot fait donner à Lisieux *Le Christ et les Enfants* d'Hippolyte Flandrin, qui souhaitait son dépôt à Lyon.

La révolution de 1848 et la IIe République

Dans le vaste mouvement de revendication sociale et politique qui suit la proclamation de la IIe République, le 24 février 1848, les artistes parisiens prennent position ; la volonté démocratique inspire une pétition préparée par Barye, Couture et Diaz, qui réclament l'élection par une assemblée générale des artistes de tous les fonctionnaires qui « exercent une action immédiate et directe sur les beaux-arts ». Cette pression est d'abord canalisée vers une organisation plus libérale du Salon ; un arrêté du 29 février décide l'admission de toutes les œuvres présentées et confie l'accrochage à une commission de placement, formée après la réunion des artistes, convoqués par le ministre le 5 mars. Le Salon s'ouvre le 15 mars, avec le nombre record de 5 180 ouvrages. Pour le Salon de 1849, qui sera déplacé aux Tuileries, l'administration charge de la sélection un jury élu par les artistes.

Tout en introduisant ces règles de fonctionnement démocratique dans les institutions, la IIe République réorganise l'administration des arts sur un principe d'unité et de centralité. Par un arrêté du 18 mars 1848, le gouvernement provisoire décide le rattachement des « musées du Louvre, du Luxembourg, de Versailles, [des] galeries des anciennes résidences royales et palais du gouvernement » au ministère de l'Intérieur, où la Direction des musées et la Direction des beaux-arts constituent une division. Cette unification comporte cependant une exception : les trois manufactures (Sèvres, Gobelins et Beauvais), qui relevaient de la liste civile du souverain, sont placées sous l'autorité du ministre de l'Agriculture et du Commerce.

Le directeur des musées est le peintre Etienne Jeanron, un républicain, qui doit sa nomination à

Ledru-Rollin, ministre de l'Intérieur; on verra plus loin son action vigoureuse en faveur du musée du Louvre et de ses collections. Jeanron, entouré de peintres, comme Boissard de Boisdenier, et de critiques républicains, comme Thoré-Burger, d'intellectuels amis des peintres, comme Sensier, est aussi un conseiller écouté de Ledru-Rollin. Il a sans doute l'initiative de la suppression du jury pour le Salon de 1848, le dernier organisé dans le cadre du musée national du Louvre.

Le directeur des beaux-arts, Charles Blanc (1813-1882), frère de Louis Blanc, est en fonction d'avril 1848 à mars 1850. Il incarne bien, avec sa dimension intellectuelle et son idéalisme, le projet d'une politique républicaine des arts. Dans un premier temps, il doit faire face à la demande des artistes, qui se réunissent le 21 avril 1848 en assemblée générale; ils procèdent à l'élection d'un comité de soixante-douze membres et demandent qu'il participe « à toutes les circonstances où les intérêts des arts et des artistes sont en jeu ». La solution qu'impose Charles Blanc est en retrait : il institue auprès du directeur des beaux-arts une commission permanente des beaux-arts, qui est consultée pour ce qui relève de l'organisation des institutions, du Salon, de l'enseignement des arts, mais qui n'intervient pas dans ce qui relève de la commande; le nouveau règlement du Salon de 1849 est issu des délibérations de cette commission consultative, qui préfigure le Conseil supérieur des beaux-arts de la IIIe République.

Dans une seconde phase, Charles Blanc tente d'orienter l'action de l'Etat vers des voies nouvelles; en octobre 1848, dans son rapport au ministre de l'Intérieur, il demande un budget identique à celui de l'ancienne liste civile (500 000 francs), proclame la primauté de « l'art public » (une notion d'avenir) sur l'art des tableaux de chevalet, « fruits de l'individualisme[1] ».

Mais le temps lui a manqué, et l'essentiel de l'action de Charles Blanc se limite à l'organisation du concours décidé par Ledru-Rollin en mars 1848 pour la représentation peinte, sculptée et gravée de la République, et à la commande à Chenavard de peintures décoratives pour le Panthéon. Assez éloigné des « artistes à barbe », romantiques ou réalistes militants, qui font la révolution de février, Charles Blanc est un bon représentant de l'attitude des intellectuels de sa génération à l'égard des arts : son *Histoire des peintres français au XIXe siècle,* publiée en 1845, a attiré l'attention ; érudit, il sera chargé en 1859, par Arsène Houssaye, de la rédaction en chef de la *Gazette des beaux-arts.* Mais médiocre expert, il est plutôt l'homme des systèmes esthétiques et pédagogiques, et sa *Grammaire des arts du dessin* est bien celle d'un « grammairien », comme le dira plus tard, et méchamment, Chennevières. Fasciné par l'Académie, pour les traditions qu'elle incarne, et par les hommes de pouvoir, Charles Blanc suit jusqu'à l'absurde la voie déjà tracée par Thiers, pour qui le grand dessein artistique se confond avec les copies de l'art ancien et qui avait commandé à Sigalon (1787-1837), pour l'Ecole des beaux-arts, la copie des peintures de Michel-Ange à la chapelle Sixtine, reprenant une ancienne idée du comte de Forbin, qui, dès 1819, avait imaginé de faire la copie des peintures de la Sixtine, « placée au Salon [et] ensuite dans l'église Notre-Dame à Paris, dont elle deviendrait un des plus utiles, des plus nobles et des plus beaux ornements[2] ».

1. Rapport publié dans *Le Moniteur universel* du 10 octobre 1848.
2. Lettre du comte de Forbin au ministre de la Maison du roi, le 9 mars 1819, dans Pierre Angrand, *Le Comte de Forbin et le Louvre en 1819,* Lausanne-Paris, Bibliothèque des arts, 1972, pp. 75-77.

Dès 1849, dans ce sens, Charles Blanc propose la création d'un vaste musée de copies, un « musée, non pas seulement Européen, mais Universel », un projet qu'il reprendra dans les premières années de la IIIe République.

Sur quelques axes, la politique artistique de la IIe République pose cependant des jalons significatifs : ainsi la tentative de revenir à la notion d'un réseau de musées départementaux, coiffés par le musée central, et la création, laborieuse, de l'Inspection des musées de province ; ainsi l'effort en direction des manufactures nationales, qui sont pourvues en 1848 d'une commission supérieure de perfectionnement, en vigueur du 30 mars 1848 au 18 novembre 1851 ; les produits des manufactures font l'objet en 1850 d'une exposition, organisée au Palais-National (ancien Palais-Royal), destinée à mieux faire connaître à l'industrie privée les possibilités d'intervention des artistes, un problème d'avenir. Mais dans son intervention à l'Assemblée nationale, le 2 juillet 1850, le député Victor Schoelcher critique la sclérose des manufactures, dont il affirme que le rôle historique est terminé. Parce que les produits des manufactures de Sèvres, des Gobelins et de Beauvais ne peuvent plus s'écouler sur le marché, et alors que l'Assemblée s'apprête à adopter un projet de loi qui consiste à autoriser le président de la République à en disposer, sur proposition du ministre de l'Industrie et du Commerce, comme « présents diplomatiques », « témoignages de reconnaissance pour services rendus à l'Etat », ou « attribués aux départements et aux communes [...] pour le décor de tous édifices publics et religieux », Schoelcher s'oppose à ce projet. Il demande « la suppression des fabriques nationales [...] parce que je [les] considère comme ayant accompli leur œuvre, comme n'étant plus utiles, comme étant nuisibles ». Il souligne la désuétude d'une production artistique, dont il critique avec pertinence les principes :

> Quant aux Gobelins, qui nous coûtent 300 à 350 000 F par an [...], on y fait en trois ou quatre ans, au prix de 20 à 25 000 F une copie ou l'âme d'un tableau de musée. Cet établissement consacre toutes ses forces, toute l'incontestable étendue de sa science que je ne nie pas, à lutter avec de la laine contre les couleurs à l'huile. Aussi les ouvriers, si extraordinaires soient leur habileté et leur adresse, sont-ils toujours vaincus dans ce combat véritablement insensé[1].

Le rôle dominant des doctrines de l'imitation et la faveur qu'accorde personnellement Charles Blanc aux copies des œuvres consacrées auront raison de cette lucidité critique.

Dans l'ensemble, et à la différence de 1789, la question des institutions artistiques reste bornée au cercle des artistes, et on remarque que ce cercle est, en l'occurence, limité aux artistes parisiens. En dehors d'eux, le sort des institutions ne suscite pas de grands débats ; les principaux enjeux culturels de la révolution de 1848 ne sont plus du côté des arts, ils se sont déplacés vers les questions de la liberté de la presse, dans ce temps où l'homme de lettres devient journaliste ; et dans sa dernière phase conservatrice, la courte histoire de la IIe République donne, déjà, plus d'importance à la question scolaire qu'à la question des arts, avec le vote de la loi Falloux (15 mars 1850) qui institue un double régime d'écoles publiques et privées.

Il reste que, si les artistes ont curieusement négligé, comme le remarque Pierre Vaisse, d'utiliser les nouvelles possibilités offertes par le droit d'association, ils ont par contre beaucoup misé sur l'administration des

1. *Le Moniteur universel*, 3 juillet 1850.

arts. Plusieurs ont trouvé dans les éphémères dispositions nouvelles le point d'appui pour un essor personnel, comme Courbet et son succès officiel au Salon de 1849 (l'achat par l'Etat d'*Une après-dînée à Ornans*); pour Millet, le succès de son *Vanneur* au Salon de 1848 lui attire l'intérêt que lui prêtent dès lors, après Sensier, plusieurs des hommes politiques de premier plan du nouveau régime, dont Ledru-Rollin, qui visite l'atelier de Millet en avril 1848, et qui, à titre personnel, lui achète le tableau du *Vanneur* au prix de 500 francs, un prix dix fois supérieur aux prix que Millet pratique alors. Mais pour Millet, dont Delacroix écrivait qu'il « est bien de la pléiade ou de l'escouade des artistes à barbe qui ont fait la révolution de 1848, ou qui y ont applaudi, croyant apparemment qu'il y aurait égalité des talents, comme celle des fortunes », la durée de la révolution est trop brève, remarquait Julien Cain, pour qu'il devienne un artiste officiel [1].

Au-delà de l'intensité satirique et pamphlétaire de l'œuvre de Daumier, qu'elle explique souvent, la force de l'actualité politique et sociale de cette période, enfin, a pris sa part, pour une durée qui excède de beaucoup la brièveté de la phase progressiste de la IIe République, dans les choix thématiques de nombreux artistes : après 1848 les œuvres ne sont pas rares qui mettent l'accent sur la représentation du monde du travail et de la réalité urbaine, et sur l'affirmation critique d'une question sociale.

Le second Empire

En rapport avec une restitution, menée avec éclat, de la vie de cour, le second Empire pour une dernière fois recompose le schéma de l'autorité directe du souverain

1. Julien Cain, introduction au catalogue de l'exposition « La révolution de 1848 », Paris, Bibliothèque nationale, 1948, p. 18.

sur les arts, regroupés en 1863 dans un ministère de la Maison de l'empereur. Dans ce ministère, un surintendant, le comte de Nieuwerkerke, est chargé de mettre en œuvre les dépenses artistiques imputées sur le budget de la liste civile, soit 100 000 francs par an ; comme sous la IIe République, une Commission des beaux-arts est créée le 22 mars 1862, avec un rôle consultatif auprès du surintendant, mais elle se réunit peu. Sur ses fonds propres, Napoléon III achète en outre des œuvres au Salon. Le surintendant, le comte de Nieuwerkerke (1811-1892), est un personnage hors du commun, un mélange d'aristocrate et d'artiste (il se pique d'être un sculpteur), et enfin un courtisan, appuyé par la princesse Mathilde.

Napoléon III, qui a manifesté d'abord une attitude réservée, en souvenir de l'accueil hostile que les artistes, favorables en général aux « républicains », avaient ménagé au prince-président au Salon de 1849, prend de plus en plus de part à la vie artistique. Et d'abord par ses acquisitions au Salon, qui passent des tableaux « bretons » d'Adolphe Leleux à des œuvres spectaculaires, sinon hardies, en particulier après l'Exposition universelle de 1855 ; l'empereur achète ainsi une *Vue de Marcoussis* de Corot et, en 1855, la *Nymphe enlevée par un faune* de Cabanel ; en 1863, tandis que l'impératrice achète *La Perle et la Vague*, de Baudry, l'empereur choisit la *Naissance de Vénus*, la *Sainte Famille* de Bouguereau, et au Salon de 1866 le fameux tableau de Landelle, *La Femme fellah*, plus tard des tableaux de Meissonier. La commande de portraits de l'empereur, à partir de 1863, à Flandrin, puis à Cabanel, en 1865, donne lieu à chaque fois à une présentation au Salon ; les portraits de l'impératrice de leur côté, régulièrement confiés au peintre Winterhalter à partir de 1855, justifient ce qu'on prend alors pour une émulation, une rivalité d'amateurs, de collectionneurs. En réalité la cour impériale semble avoir joué envers les artistes la carte d'une attitude plus mondaine que vraiment engagée : on invite Couture à Compiègne, on flatte Carpeaux, mais la Maison de l'empereur ne leur confie ni commande ni chantiers.

Pour Chennevières, la cause de cette carence de la commande est dans le partage des initiatives artistiques entre la Maison de l'empereur d'une part, et l'administration des bâtiments civils, en charge des grands travaux (l'agrandissement du Louvre, le Palais de Justice, le palais de l'Industrie), et dont les architectes contrôlent les travaux artistiques :

> C'est à ses ministres qu'il faut s'en prendre de l'organisation administrative qui a compromis la valeur et l'accord de la décoration peinte et sculptée avec les édifices eux-mêmes, en ne laissant pas entre les mains du surintendant créé par l'Empereur l'unité et la responsabilité des commandes des peintures et des sculptures, que la hauteur même de son titre, écartant toute partialité, l'eût obligé à confier aux plus dignes. Aussi voyons-nous, durant tout l'Empire, la gestion des décorations monumentales se maintenir beaucoup plus brillante et plus haute en ses choix dans les bureaux de la Ville de Paris que dans ceux de l'Etat, qui ne sut employer ni Ingres, ni Delacroix, ni Flandrin, mais seulement quelques habiles hommes recommandés par l'amitié des architectes, maîtres indépendants et quasi sans contrôle des travaux magnifiques de peinture et de sculpture applicables aux plus fameux palais nationaux. La perpétuelle jalousie qui anima successivement contre M. de Nieuwerkerke les ministres de qui il relevait [...] fut nuisible à l'Empereur et à l'éclat que la merveilleuse légion d'artistes dont on disposait alors pouvait assurer à son règne, en annulant les grands services que l'on devait attendre de la surintendance[1].

1. Philippe de Chennevières, *Souvenirs d'un directeur des beaux-arts*, Paris, Arthéna, 1979 (initialement publié dans *L'Artiste* de 1883 à 1889), vol. II, p. 11.

On notera cette référence à l'efficacité de la gestion de la commande par le service des beaux-arts de la Ville de Paris, qui servira aussi de modèle au début de la IIIe République. Par ailleurs cette unité de l'administration des arts est tardivement réalisée sous l'Empire dans un éphémère ministère des Arts, des Lettres et des Sciences, créé le 2 janvier 1870.

La Commune

Pendant la Commune, la question des arts est abordée par les artistes, qui, en avril 1871, se réunissent dans une commission provisoire, dont font partie Courbet et Dalou. Cette commission propose une définition nouvelle de l'artiste, qui, au nom de l'égalité, cesse d'être placé sous la tutelle gouvernementale, et d'appartenir ainsi à la partie privilégiée de la société ; producteur, l'artiste interviendra dans le cadre d'une socialisation nouvelle des objectifs et des pratiques artistiques. Organisée sur des bases nouvelles et démocratiques, la vie professionnelle et sociale des artistes sera sous l'autorité d'un « Comité des artistes », élu par eux. Ce comité sera chargé des fonctions d'arbitrage sur « toutes les contestations litigieuses relatives aux arts » ; il aura en charge les questions qui concernent la défense matérielle et morale des artistes, et jouera ainsi un rôle syndical ; le comité stimulera enfin l'activité artistique :

> Il concourra à notre régénération, à l'inauguration du luxe communal et aux splendeurs de l'avenir et à la République Universelle.

Dans le Comité des artistes, dont l'élection a lieu le 17 avril 1871 au Louvre, on trouve les peintres Corot, Daumier, Courbet, Manet, Millet, le sculpteur Dalou, l'architecte Boileau fils, le graveur Bracquemond et des « artistes industriels ». Le comité prépare un rapport sur la réforme de l'administration des beaux-arts, qui est présenté le 9 mai au délégué à l'instruction publique de la Commune, Edouard Vaillant. L'essentiel des mesures proposées porte sur la suppression de la tutelle des artistes par une administration qui a représenté l'arbitraire et sur une nouvelle approche de l'enseignement des arts :

> 1° la suppression des budgets des services incompatibles avec l'inauguration d'un service de liberté ; 2° l'augmentation des budgets des services de l'enseignement communal ; 3° la suppression des budgets de secours et encouragements officiels, faisant rentrer ainsi les artistes dans le droit commun et les affranchissant de toute tutelle gouvernementale ; 4° la diminution du budget du service architectural par la décentralisation absolue.

Ces propositions témoignent du refus de la soumission imposée par un statut d'assistance octroyée ; mais, en affirmant la volonté de construire l'activité artistique en dehors de tout régime de protection, ne débouchent-elles pas sur la libre compétition d'entrepreneurs individuels ?

Pour l'enseignement, la démarche est originale et tend à poser de façon claire le problème nouveau de l'instauration de la liberté de l'artiste dans une instance de formation. La solution part d'une définition de l'art incompatible avec toute direction imposée à l'exercice de l'individualité. L'art et son enseignement sont en dehors de l'autorité de l'opinion majoritaire :

> L'art étant l'expression libre et originale de la pensée, il en résulte du point de vue de l'enseignement : que toute direction officielle imprimée au jugement de l'élève est fatale et condamnée. Qu'elle ne peut appartenir à une majorité artistique ; puisque, admettant même cette

direction comme bonne, elle tend néanmoins à détruire l'individualité.

Et puisqu'il s'agit de construire un système rationnel, est affirmé le partage entre les compétences techniques et l'expression :

> L'enseignement rationnel de l'art nous semble complété lorsque l'aspirant a acquis la somme de connaissances élémentaires qui lui permettent de traduire sûrement ses sensations.

En découlent les limites et les obligations des partenaires dans la formation des artistes :

> En vertu du principe d'égalité, la Commune doit à chacun de ses membres l'enseignement gratuit à tous les degrés, le plus élevé de tous ces degrés ayant pour limites : le point où l'enseignement sort du domaine des faits acquis pour entrer dans celui des doctrines autoritaires. En deux mots : la Commune doit à l'élève l'outillage, l'artiste doit l'œuvre. La commission conclut donc à la suppression des budgets : de l'ancienne école des Beaux-Arts, de l'Ecole de Rome et d'Athènes, et de la section des Beaux-Arts de l'Institut, et émet le vœu que les bâtiments de l'Ecole soient affectés à des cours de sciences appliqués à l'art[1].

Le radicalisme de ces solutions, qui relève alors d'un projet révolutionnaire, fera école et leur rationalité hantera pour longtemps la pensée des réformateurs, par exemple de Malraux, qui, en novembre 1968, en tant que ministre de la Culture, admettra lui aussi la perspective de la suppression de l'Ecole des beaux-arts.

1. Cité par Bernard Noël, *Dictionnaire de la Commune,* Paris, Flammarion, 1978, pp. 269-270.

Les débuts de la IIIe République

Avec la IIIe République, on revient à la conception d'une Direction des beaux-arts, qui, au lieu d'être confiée au ministre de l'Intérieur, est cette fois intégrée au ministère de l'Instruction publique et des Beaux-Arts. C'était la solution préconisée déjà par Chennevières en 1848. Créée sous une première forme par l'arrêté du 27 décembre 1873, une Commission des beaux-arts de douze membres joue un rôle consultatif auprès du ministre ; définie par Philippe de Chennevières, cette commission a une composition restreinte : six députés, cinq fonctionnaires des beaux-arts, qui représentent les services, et deux amateurs. Cette « commission fort éclairée [...] laissait les artistes à leurs ateliers [1] ».

Dans une seconde version, le Conseil supérieur des beaux-arts, créé par le ministre Henri Wallon (arrêté du 22 mai 1875), a une composition, bien différente, de trente-deux membres, dont douze artistes ; proche du modèle académique, ce conseil comporte comme lui des artistes éminents, des peintres, des sculpteurs, des graveurs, des architectes et des musiciens, mais les plasticiens sont en majorité. Toujours limité à un rôle consultatif, ce conseil a compétence pour donner des avis dans tous les domaines artistiques qui relèvent du ministre de l'Instruction publique : enseignement du dessin, écoles d'art, musées, expositions, manufactures, théâtres, monuments historiques. Seule une conception de l'administration des beaux-arts restée fidèle à l'unité des arts justifie l'irréalisme de cette volonté de confondre les compétences.

L'ampleur de cette confusion a deux conséquences :

1. Ph. de Chennevières, *Souvenirs d'un directeur des beaux-arts, op. cit.*, vol. II, pp. 56-58.

pour rendre efficace le fonctionnement de cette structure consultative, on cherche une issue par l'augmentation du nombre des membres du conseil, et une autre par la création de sous-commissions. Dans les deux cas, constatons que de multiples possibilités s'offrent dès lors aux parlementaires et aux notables pour participer à la distribution des crédits et aux interventions de l'administration dans le monde si flatteur des arts et des spectacles. Le personnel politique de la République, prompt à critiquer formellement les fastes du second Empire et qui se pose un temps la question de savoir s'il convient d'achever la construction de l'Opéra de Paris, n'hésite finalement pas vraiment sur cette intégration aux beaux-arts de notables dévoués.

Quoiqu'il reprenne un dispositif de 1848, le fait institutionnel véritablement neuf, en raison de l'étendue de ses conséquences dans le temps, est que la présidence de la République, et pour une très longue période, est dorénavant privée de toute intervention directe dans le domaine des arts. Il arrive que le chef de l'Etat ne paraisse plus au Salon :

> La peinture et la sculpture ne touchaient guère le Maréchal [de Mac-Mahon], et la République n'avait rien prévu dans le budget présidentiel qui fit un devoir au chef de l'Etat de détourner vers les artistes une part quelconque de ses très patriotiques, très droites, très dignes et très honnêtes préoccupations[1].

Les premiers directeurs des beaux-arts de la IIIe République sont alors Charles Blanc, de 1870 à 1873, puis Philippe de Chennevières. Charles Blanc poursuit son projet chimérique de musée universel, réunit des

1. *Ibid.*, p. 70.

copies, en commande d'autres, et prétend par là poursuivre la politique de... Colbert, lorsque celui-ci ordonnait à Errard, le directeur de l'Académie de France à Rome en 1669 : « Faites faire aux peintres les copies de tout ce qu'il y a de beau dans Rome. » Installé en 1873 dans le palais de l'Industrie, sur les Champs-Elysées, le musée des Copies suscite beaucoup de critiques : ce « musée des horreurs » (pour A. Wolff, dans *Le Figaro*) vient trop tard, à un moment où l'œuvre d'art ne peut plus se réduire à une relation à l'art de la Renaissance, ni le musée à une somme encyclopédique sur la tradition classique ; sa suppression, neuf mois après son ouverture, est un tournant significatif dans l'histoire des institutions et de leur confrontation à la modernité[1]. Une fois remplacé, Charles Blanc tentera encore de justifier son entreprise par l'efficacité didactique :

> L'intention était de multiplier, en quelque sorte, les prix de Rome [...]. La réunion de ces copies, exécutées dans les proportions mêmes de l'original, devait avoir ce double avantage : présenter au public le spectacle historique des œuvres d'art les plus belles qui soient en Europe, et rappeler aux artistes les exemples qu'ont laissé leurs ancêtres. Mais pour qu'une pareille exhibition portât ses fruits, il importait qu'elle se fît dans le palais même affecté aux expositions annuelles [i.e. le Salon] ; il fallait que nos jeunes peintres eussent à subir le voisinage imposant et redoutable, sinon des grands maîtres, au moins de leur image, ou, si l'on veut, de leur ombre [...]. De cette manière, les visiteurs d'un côté, de l'autre les artistes, en passant comme d'un temple à un bazar, auraient senti la différence[1].

1. Voir Albert Boime, « Le musée des Copies », *Gazette des beaux-arts*, 1964, vol. LXIV, pp. 237-247.

2. Charles Blanc, « De l'état des beaux-arts en France à la veille du Salon de 1874 », *Le Temps*, 7 avril 1874.

Charles Blanc, fidèle à son projet de 1848, est de nouveau l'homme des institutions centrales ; en 1871, les Gobelins, Beauvais et Sèvres redeviennent des manufactures nationales, administrées directement par l'Etat ; surtout, il rend en 1871 à l'Institut, comme on l'a vu, son pouvoir entier sur le concours du prix de Rome et, au-delà, sur l'Ecole des beaux-arts. Charles Blanc cède-t-il alors au prestige traditionnel de l'institution académique ? Il s'agit plutôt, pour une République d'abord conservatrice, d'une mesure politique, destinée à rassurer l'Académie, échaudée par les tentatives de réforme du second Empire, et d'un essai pour appuyer par surcroît le nouveau régime sur une élite sociale.

Son successeur, Philippe de Chennevières (1820-1899), est directeur des beaux-arts de 1874 à 1878. C'est une personnalité expérimentée, qui depuis 1846 occupe des fonctions dans l'administration des musées, où il est successivement chargé de l'organisation du Salon et de la préparation de son catalogue, de 1852 à 1869, puis conservateur du musée du Luxembourg de 1861 à 1870. Connaisseur et collectionneur, attentif à une approche scientifique, il fonde en 1851 la publication des *Archives de l'art français* ; il est aussi, dans l'appareil de l'Etat, un bon connaisseur des artistes vivants, et le premier à proposer une réflexion moderne sur l'étendue et les limites des initiatives de l'Etat dans le domaine artistique ; conservateur du musée du Luxembourg, il en organise l'extension. Directeur des beaux-arts, il met l'accent sur la commande publique :

> Mon but, durant toute ma direction, fut surtout de remettre en honneur le principe de la grande décoration monumentale, et d'y préparer ou d'y exercer les peintres

de quelque renom [...] une cause trop négligée depuis le commencement du siècle [1].

Il fonde en 1874 le prix du Salon, sur lequel nous reviendrons. Il choisit et dirige avec énergie les artistes chargés du décor du palais de la Légion d'honneur, constitue une équipe ouverte et éclectique pour le décor du Panthéon (on y trouve l'association étonnante de Puvis de Chavannes, de Meissonier, de Millet, de Gérôme, de Gustave Moreau, de Chenavard, de Bonnat, etc.). Il réactive les Gobelins, impose l'interprétation de tableaux modernes : *L'Apothéose d'Homère* d'Ingres et *La Justice de Trajan* de Delacroix (non exécutée), lance le premier « Inventaire général des richesses de la France » (que ses successeurs laisseront péricliter) et soutient la création du musée des Arts décoratifs. L'étendue de ses intérêts culturels et sa conscience des limites de l'action artistique de l'Etat face à la revendication latente des artistes en faveur d'un libéralisme font de Philippe de Chennevières une figure marquante de l'histoire des institutions artistiques du XIXe siècle.

LA FORMATION DES ARTISTES

La question de la formation artistique au XIXe siècle dépasse de beaucoup le cadre de l'enseignement dispensé par l'Ecole des beaux-arts. Pour l'essentiel, l'objet de la formation artistique n'est pas alors l'art de la peinture, mais le « savoir dessiner », qui est com-

1. Ph. de Chennevières, *Souvenirs d'un directeur des beaux-arts, op. cit.*, vol. I, p. 99.

mun à toutes sortes de filières de formation, du dessinateur de l'ornement textile au praticien sculpteur et à l'artiste peintre ; s'il est indéniable que la hiérarchie de ce savoir est organisée en fonction des domaines de la représentation et que celle-ci comporte au sommet le dessin du corps humain, élément de base de tout art plastique narratif, tableau ou sculpture, les autres champs du « savoir dessiner » ne doivent pas être ignorés ; ils impliquent des institutions nombreuses : les écoles municipales de dessin, les écoles de beaux-arts dans les départements, les écoles d'art industriel à la fin du siècle. Dans la pratique, ces « écoles » participent à la formation artistique, et c'est l'ensemble de ce réseau qu'il faut présenter ici.

L'Ecole des beaux-arts

Après la longue suite d'épisodes transitoires qui suit la disparition des Académies et la création de l'Institut, sous la Restauration l'Ecole des beaux-arts quitte le palais des Quatre-Nations, devenu palais des Beaux-Arts, qu'elle partageait depuis 1805 avec l'Institut, pour s'installer en 1816 dans l'ancien couvent des Petits-Augustins, qui avait abrité, depuis la Révolution, le musée des Monuments français [1].

L'Ecole des beaux-arts est enfin dotée sinon d'un statut, tout au moins d'un règlement, approuvé en 1819 par une ordonnance royale. L'Ecole royale et spéciale des beaux-arts, gérée par un conseil d'administration, est composée de deux sections, peinture et sculpture d'une part, architecture d'autre part. La cooptation des professeurs, pratiquement nommés à vie et assurés d'un traitement annuel, est maintenue ; la légèreté du dispositif d'enseignement marque bien

1. Pour cette partie, nous suivons l'ouvrage de Jeanne Laurent, *A propos de l'Ecole des beaux-arts*, Paris, 1987.

la volonté de maintenir les « anciens usages », qui faisaient de la formation académique un système complémentaire d'une formation technique et pratique reçue ailleurs, dans l'atelier d'un artiste (autrefois dans les corporations).

En peinture et en sculpture, l'enseignement pratique se limite au dessin de la figure, sous forme d'exercices journaliers, tandis que l'enseignement pratique d'architecture est inexistant. On notera que ces exercices journaliers sont dirigés et corrigés par roulement, chaque professeur étant en charge d'un mois. Ce système, qui avait été violemment critiqué par David, est préféré pour des raisons qui ne sont pas seulement liées aux intérêts des élèves, puisque son plus clair avantage est d'alléger le service des professeurs, en les libérant, en dehors de leur mois de service, d'une présence régulière.

La pierre de touche du dispositif est la préparation et l'organisation des grands concours annuels, et la reconnaissance pour les lauréats du « droit » au séjour à Rome. Les sujets des concours sont fournis par l'Académie, et les concours jugés par elle. Les professeurs sont pratiquement tous membres de l'Académie des beaux-arts ; celle-ci, qui n'est plus elle-même autre chose qu'une sorte de club corporatif, coopté, dispose, avec l'organisation de l'Ecole des beaux-arts, d'un efficace dispositif de reproduction d'une élite artistique et sociale.

Les études

Passons sur la médiocrité d'un enseignement de l'architecture qui sera longtemps incomplet et qui, jusqu'à l'ouverture d'un atelier d'architecture dans l'Ecole, restera totalement tributaire d'une formation pratique acquise en dehors. De jeunes architectes, comme Viollet-le-Duc, s'écartent avec lucidité de cet enseignement formel. Pour les peintres et les sculpteurs, l'Ecole des beaux-arts offre la séance quotidienne de dessin, corrigée par le professeur « du mois », et quelques cours. Dans toutes les disciplines règne de façon absolue le dessin de la figure humaine, clef de tout l'idéal artistique académique, instrument de tout projet qui a pour objet la représentation des actions et des pensées humaines. On imagine difficilement aujourd'hui cette unité monolithique de la formation académique, qui trouve ici, notons-le au passage, dans le dessin du corps nu, sa définition artistique. Cette formation donne au sculpteur comme au peintre la maîtrise, par le dessin du corps, de tous les thèmes admis, c'est-à-dire de tous les thèmes qui ont l'histoire (ancienne) et l'histoire religieuse (chrétienne) pour objet. Les contemporains ont jugé quelquefois très sévèrement ces principes et les pratiques qui en découlent ; voici l'avis, en 1861, de Ludovic Vitet, l'historien érudit de l'Académie royale :

> [...] l'étude du modèle, telle qu'on la pratique depuis plus de deux siècles, a certainement rendu plus de mauvais services que de bons. La plupart des défauts du style académique en dérivent directement. Ces poses combinées, ces attitudes convenues, une fois entrées dans la mémoire des jeunes gens, s'y fixent et s'y gravent en traits souvent ineffaçables ; tel peintre qui, pendant sa vie, croit avoir mis au monde des milliers de personnages divers, n'a fait, la plupart du temps, qu'habiller de costumes plus ou moins variés ce mannequin de chair humaine devant lequel on lui enseigna jadis à dessiner le nu, et dont sa main, par habitude, reproduit les gestes hébétés et les insignifiants contours [1].

1. Ludovic Vitet, *L'Académie royale de peinture et de sculpture*, Paris, Michel Lévy frères, 1861, p. 71.

On ne soupçonne pas non plus les limites techniques de la formation artistique qu'offre alors l'Ecole. Les professeurs les plus dogmatiques, comme Ingres, croient possible de justifier l'absence dans l'enseignement des procédés techniques de la peinture :

> L'Ecole des Beaux-Arts, il est vrai, n'a pas d'école de peinture proprement dite, elle n'enseigne que le dessin ; mais le dessin est tout, c'est l'art tout entier. Les procédés matériels de la peinture sont très faciles et peuvent être appris en huit jours [1].

Ce sont surtout les innombrables concours d'émulation qui forment la véritable structure pédagogique, soumise aux jugements collectifs d'un jury, formé des professeurs de la section. On distingue le « concours de composition historique », le « concours de figure » (peinte ou modelée), le « concours de paysage historique » ; le concours de composition historique, institué en 1816, est d'abord commun aux peintres et aux sculpteurs ; à partir de 1842, il a lieu quatre fois par an. Le concours est toujours un concours d'esquisses, sur une toile de format réduit (32 x 40 cm pour le concours de composition historique), quelquefois suivi d'un concours d'exécution [2].

Tout un système, qui est celui de nos « prérequis », est mis en place. Une « première médaille » à un concours d'émulation confère le titre d'élève de l'Ecole, une récompense obtenue en perspective est nécessaire pour se présenter au concours de composition, les « médailles » obtenues aux principaux concours dispensent l'élève avancé, le moment venu,

1. D. Ingres, *Réponse au rapport sur l'Ecole impériale des beaux-arts adressée au maréchal Vaillant*, Paris, Didier, 1863.
2. Philippe Grunchec, *Les Concours d'esquisses peintes 1816-1863*, Paris, Ecole nationale supérieure des beaux-arts, 1986.

des épreuves éliminatoires du concours de Rome, etc. La pression de ces concours d'émulation assure et la stimulation des élèves et le contrôle de l'homogénéité des résultats par le corps des professeurs. Un tel système, s'il garantit la cohésion des critères de jugement, exclut l'originalité et l'innovation.

Il encourage aussi la mise à la disposition des jeunes artistes, en dehors de l'Ecole, d'ateliers privés, organisés sur une base commerciale. Le premier en date est ouvert au début de la Restauration par un ancien modèle, Suisse, qui donne son nom à un atelier où, moyennant une redevance mensuelle, les artistes peuvent librement dessiner le modèle vivant.

Le plus connu, l'atelier Julian, du nom de son fondateur, le peintre Rodolphe Julian, ouvre en 1868, d'abord dans un local situé passage des Panoramas ; il offre deux séances de modèle par jour, matin et soir, et des peintres en vue, souvent professeurs aux Beaux-Arts, comme Bouguereau, viennent donner des corrections. Sous le nom d'académie Julian, cet ensemble connaît un grand développement (il accueille à la fin du siècle six cents artistes), et d'autres ateliers s'ouvrent, rue Fromentin, et enfin rue du Dragon, à Saint-Germain-des-Prés, et rue de Berri, près des Champs-Elysées, où plusieurs ateliers sont réservés aux jeunes femmes, qui, soit dit en passant, ne sont pas admises à l'Ecole des beaux-arts. L'atelier Julian, de tous les ateliers privés, est celui qui a joué le plus grand rôle. En marge de l'enseignement officiel des beaux-arts, s'il ne délivre pas de diplômes et s'il ne conduit pas au prix de Rome, il accueille les artistes sans limite d'âge, et sans formalité particulière les étrangers, à la différence de l'Ecole des beaux-arts ; il est à la fois libéral, puisqu'il autorise la réunion d'artistes partageant les mêmes buts, par exemple les nabis, et à la fois proche de la formation académique, puisqu'il est souvent la première étape dans un itinéraire artistique qui conduit à l'Ecole des beaux-arts et que, à certains moments, ses professeurs les plus connus ont été influents aussi à l'Ecole. Son rayonnement artistique est réel à la fin du XIXe siècle, et la tolérance de son système pragmatique d'enseignement, qui équilibre l'étroitesse de la formation de l'Ecole des beaux-arts, a peut-être contribué à rendre celle-ci plus facilement acceptable.

Le concours annuel du prix de Rome

Placé sous la direction de l'Académie des beaux-arts, le concours pour le grand prix de Rome est ouvert aux candidats français âgés de moins de trente ans. Il est organisé sur le principe d'une sélection progressive des candidats, par des épreuves qui portent sur la représentation de la figure d'après le modèle vivant et sur des thèmes imposés, toujours inspirés de l'histoire antique ou de la mythologie, et proposés par l'Académie des beaux-arts ; le premier concours d'essai, en peinture, comporte une épreuve d'une durée de douze heures, pendant laquelle les candidats produisent une esquisse peinte, sur toile de 0,40 x 0,32 m, sur un thème fixé par l'Académie et traité sans documents. Puis pour les candidats admis, un second concours d'essai porte sur une nouvelle esquisse, d'une durée de vingt-quatre heures, sur une toile de 0,81 x 0,65 m, puis une épreuve d'après le modèle vivant, de quatre séances de sept heures, sur une toile de format identique.

Les candidats admis à concourir pour l'épreuve finale (concours définitif) « entrent en loge », c'est-à-dire qu'ils occupent individuellement un des petits ateliers d'un bâtiment conçu à cet effet. La première partie de l'épreuve définitive est une nouvelle esquisse, en temps limité (trente-six heures), suivie de l'exécution de l'œuvre, peinture ou sculpture, en soixante-dix jours. Avant le jugement, effectué par l'Académie des beaux-arts siégeant au complet, suivi d'une proclamation solennelle des résultats dans l'hémicycle de l'Ecole, les œuvres sont exposées publiquement pendant trois jours[1].

Toutes ces épreuves sont définies et organisées avec un grand luxe de précautions, à partir d'un règlement écrit qui fixe de façon rigoureuse les procédures, pour le concours et pour son jugement, dans le but de garantir le secret sur le programme des épreuves et l'authenticité du travail des candidats. La lourdeur des épreuves, l'investissement de temps, la participation physique des membres de l'Académie, qui apportent personnellement les épreuves et les dictent, tout donne au concours et à son contrôle une solennité qui est celle de l'officialité.

Bien que pour une part tributaire de l'autorité personnelle mais aussi sociale du « patron » avec lequel l'élève a travaillé, le prix de Rome produit durablement dans le monde de l'art une référence à la morale des concours, à leur aptitude à fixer dans les formes d'une compétition la reconnaissance des mérites artistiques par un jury. Il justifie et couronne le système des concours d'émulation sur lequel repose l'enseignement. Mais, en fixant à trente ans la limite d'âge, le prix de Rome permet un itinéraire plus long que dans les autres formations, ce qui a pour conséquence d'augmenter artificiellement le nombre des élèves. On remarque d'ailleurs, dans les années 1850, une augmentation sensible de l'âge des lauréats, qui, plus fréquemment qu'auparavant, ont entre vingt-cinq et trente ans.

1. D'après P. Dupré et G. Ollendorf, *Traité de l'administration des beaux-arts*, Paris, 1885, pp. 242-255.

Héritage d'une politique d'Etat, qui cherche au XVIIe siècle à dégager une élite nationale par la promotion des meilleurs, le prix de Rome, pour ce qui concerne sa fonction dans la reconnaissance des talents, fait au XIXe siècle double emploi avec le système du Salon, qui est beaucoup plus à même d'enregistrer les variations de l'actualité et de stimuler l'invention artistique, en particulier dans le domaine de la peinture. On note que pour les sculpteurs, beaucoup plus dépendants de la commande publique, cette désuétude du prix de Rome joue beaucoup moins, et le concours attire longtemps des sculpteurs majeurs, qui ne trouvent pas dans le Salon une institution appropriée à la reconnaissance, par les instances publiques, des efforts et des compétences spécifiques qu'implique un art monumental. Le prix de Rome, qui ne joue plus son rôle en peinture à partir du milieu du XIXe siècle, ne doit sa survie qu'à sa place dans un mécanisme corporatif puissant et pratiquement délié de tout contrôle ou impulsion de l'Etat.

Le séjour à Rome

Héritage de la politique artistique de Colbert, le séjour d'un jeune artiste à Rome aux frais de l'Etat a pour objet de mettre l'élite des jeunes artistes au contact des chefs-d'œuvre de l'art du passé, en échange de l'obligation d'envois annuels, dont les inévitables copies d'œuvres anciennes, dans le double but de vérifier l'activité de l'artiste et d'enrichir les collections publiques. La dernière année, l'envoi consiste en une œuvre originale, de sujet historique, la notion d'histoire se confondant ici étroitement avec l'histoire ancienne. Le pensionnaire de la villa Médicis, pendant cinq années, est censé limiter ses intérêts aux ressources romaines et italiennes ; aucun séjour en france n'est admis. Il faut attendre 1845 pour que les élèves architectes obtiennent l'autorisation de compléter leur séjour par un séjour en Grèce.

Ces restrictions limitent l'intérêt d'un séjour, d'ailleurs trop long, à Rome, qui isole le jeune artiste de la vie culturelle parisienne. La réforme de 1863 apportera des corrections utiles, en limitant le séjour à Rome à quatre années et en autorisant l'artiste à quitter Rome pendant la deuxième et la troisième année pour un voyage à l'étranger.

La réforme de 1863

Conseillé par Prosper Mérimée et par Viollet-le-Duc, Napoléon III inspire une réforme de l'Ecole impériale et spéciale des beaux-arts qui modernise de façon réaliste l'enseignement et qui supprime la tutelle de fait de l'Académie des beaux-arts. Préparée par l'administration des beaux-arts, la réforme établit des règles de fonctionnement conformes au statut administratif général et substitue l'autorité de l'Etat à celle de l'Académie des beaux-arts pour les points essentiels (nomination du directeur, recrutement et nomination des professeurs, jugement du prix de Rome). Dans l'enseignement, les disciplines théoriques sont renforcées, et surtout des activités d'atelier, diversifiées et techniques, sont introduites, dans des formes qui permettent une souplesse nouvelle.

L'institution des ateliers, confiés à des « artistes » nommés professeurs chefs d'atelier, est conçue pour permettre un renouvellement des pratiques. Le conseil d'enseignement, composé d'artistes qui peuvent être des personnalités prises en dehors de l'Ecole et nommées par le ministre, est chargé des programmes de concours du prix de Rome, et le jury devient indépendant de l'Académie.

L'orientation de cette réforme ne fait aucun doute. Elle détache le système de formation des artistes de l'Académie des beaux-arts, quitte à ce que celle-ci perde toute fonction et devienne inutile : « Pour être logique, il faudrait, après avoir réformé l'Ecole des Beaux-Arts, supprimer l'Académie », écrit Mérimée à Viollet-le-Duc en 1864 [1]. Ces derniers, inspirateurs très informés, intellectuels souvent « critiques », connaissent parfaitement les blocages administratifs et les pesanteurs sociales et corporatives dont souffre l'Ecole ; pour eux, la réforme doit « rendre à l'enseignement des arts et par suite aux artistes la liberté sans laquelle les travaux de l'intelligence périssent ». La réforme prend en compte la réalité technique de la formation de l'artiste, dans sa diversité. Elle ne réduit pas la formation à un système factice de concours permanent. Elle ouvre la possibilité de faire appel à des enseignants extérieurs. En abaissant à vingt-cinq ans l'âge limite de l'élève et du candidat au concours de Rome, elle bat en brèche le maintien prolongé à l'excès d'artistes dans le système scolaire.

Mais comme le sort de cette réforme dépend des institutions et des hommes chargés de la mettre en œuvre, elle se heurte évidemment à la toute-puissance de l'Académie des beaux-arts, qui mobilise toutes ses forces, Ingres en tête, pour préserver son rôle dans la formation des artistes. Le conflit, d'une rare violence, ravage pendant cinq mois l'Ecole des beaux-arts, et les prises de position polémiques occupent la presse pendant toute l'année 1864. Philippe de Chennevières témoigne :

1. Prosper Mérimée, *Œuvres complètes. Lettres à Viollet-le-Duc 1839-1870*, Paris, 1927, p. 102, mentionné par J. Laurent, *A propos de l'Ecole des beaux-arts*, *op. cit.*, p. 129. Sur le débat sur la réforme de l'Ecole des beaux-arts et sur ses enjeux, consulter la réédition par Bruno Foucart des textes de Vitet et de Viollet-le-Duc, réunis dans *A propos de l'enseignement des arts et du dessin*, Paris, 1984.

> Jamais, je le répète, on n'avait vu dans le monde des arts pareille agitation, insurrection pareille, pugilat semblable, semblable hourvari. Tout ce qui à ce moment — maîtres et docteurs, amateurs et journalistes — se piquait de quelque crédit, en matière d'art, s'engagea dans la querelle avec une passion et une violence inouïe[1].

Le surintendant des beaux-arts, Nieuwerkerke, qui préside le premier conseil d'enseignement de la nouvelle Ecole, dont il n'a pas su écarter les adversaires de la réforme, admet, dans le nouveau règlement publié en janvier 1864, des mesures qui restaurent le système des concours. Le laminage de la plupart des aspects novateurs se poursuit avec le retour à la limite d'âge de trente ans en 1870 et, sous la IIIe République, par le retour en force de l'Académie des beaux-arts, chargée de nouveau, par le décret du 13 novembre 1871, des programmes et du jugement du prix de Rome.

Cette réforme et sa mise en œuvre mettent en évidence les enjeux que représente à cette période ce qu'on pourrait nommer « la question des beaux-arts ». Enjeu corporatif, le contrôle de l'enseignement justifie toute la hiérarchie des artistes professionnels, avec à son sommet le dispositif académique et ses pouvoirs pratiquement absolus dans la reproduction de l'élite sociale qui monopolise les emplois et les fonctions; enjeu dans la gestion éclairée des affaires de l'Etat, l'autonomie de l'Ecole des beaux-arts provoque le pouvoir impérial, qui ne peut souffrir « un Etat dans l'Etat », selon l'expression de Charles Giraud, ancien ministre de l'Instruction publique. Enjeu culturel et artistique enfin, qui, selon les inspirateurs de la réforme, doit remplacer une formation où la compéti-

1. Ph. de Chennevières, *Souvenirs d'un directeur des beaux-arts, op. cit.*, vol. II, p. 96.

tion en vase clos est devenue une fin en soi par un enseignement plus réaliste, plus ouvert aux influences extérieures et, finalement, plus ambitieux et plus exigeant.

Parce qu'elle recherche le soutien des institutions en place, la IIIe République restitue rapidement ses pouvoirs à l'Académie des beaux-arts. Cette décision, qui est une démission, contribue à écarter, pour une longue période, la question des beaux-arts du champ des affaires publiques, puisque l'Institut exercera sans interruption sa tutelle sur l'Ecole des beaux-arts jusqu'en 1970.

La formation artistique : art et technique

Le besoin du « savoir dessiner », héritage de la période antérieure, n'est pas disqualifié, tout au contraire, par la révolution industrielle, lorsque la division des tâches dans la construction de plus en plus complexe et rigoureuse des objets banalise l'usage de la représentation graphique à des fins techniques. Cet enseignement technique est représenté partout, à Paris par l'Ecole de dessin (la « petite école », par référence à l'Ecole des beaux-arts, et qui deviendra plus tard l'Ecole des arts décoratifs), héritière de l'Ecole royale de dessin et de mécanique, et en province par des écoles de dessin, en général municipales.

Un réseau d'institutions

Cet enseignement du dessin, comme base de la formation technique, n'est pas séparable, au XIXe siècle, de la formation artistique, ne serait-ce que parce que la limite entre dessin technique et dessin artistique est floue. Cet objectif du savoir dessiner est commun en effet, non seulement aux futurs artistes et praticiens, mais aussi aux architectes, aux ornemanistes, ainsi qu'à de nombreux artisans et industriels. Les méthodes, fondées sur l'imitation de modèles en deux dimensions (gravure), de difficulté croissante, sont identiques. D'ailleurs, dans les écoles de dessin, un « cours supérieur », ici ou là, propose des objectifs qui dépassent le niveau d'une utilité élémentaire et qui attirent un public d'artistes.

L'enseignement du dessin — du dessin d'imitation au dessin d'art — est ensuite présent dans les établissements d'enseignement secondaire publics et privés, où il est confié à un artiste local. Dans un nombre limité de villes, une école des beaux-arts propose des ateliers plus élaborés, où des techniques précises sont enseignées, comme la sculpture, souvent avec comme objectif la formation de praticiens. Enfin, il est fréquent qu'un artiste accueille quelques élèves dans son atelier. En général, c'est par la combinaison de plusieurs de ces possibilités que le jeune artiste élabore sa formation, étant entendu que les ressources sont évidemment plus nombreuses à Paris, où, comme on l'a vu, seule l'Ecole des beaux-arts prépare aux concours du prix de Rome.

Plusieurs cas attestent l'importance culturelle et sociale de ce réseau diffus d'enseignement artistique. Ici, les débuts d'un artiste ont été stimulés par ces rudiments et ces contacts : à quatorze ans, Courbet est initié à la peinture au collège d'Ornans par Baud, un ancien élève de Gros. Là, un pédagogue remarquable, Lecoq de Boisbaudran (1802-1897), directeur de l'Ecole de dessin, met au point une méthode d'enseignement du dessin d'observation, fondée, pour reprendre le titre de l'ouvrage qu'il publie en 1848, sur l'*Education de la mémoire pittoresque*, qu'il enseigne à des élèves dont plusieurs seront célèbres (Dalou, Carpeaux, Rodin, Fantin-Latour). Mais l'enseignement académique parvient, malgré l'évidence de ses résultats, à ignorer dans les faits cette méthode.

Pour la province, voici la situation de l'enseignement artistique à Metz, à Arras et à Marseille. A Metz, à la suite des travaux de Christine Peltre, on sait que l'école municipale gratuite de dessin, ouverte en 1814, accueille quarante élèves en 1817. Installée dans un premier temps dans un ancien couvent, pauvrement dotée, elle est « dépourvue d'objets d'art », comme le notera plus tard un ancien élève. Elle est dirigée d'abord par Nicolas Madot, puis de 1815 à 1853 par Robert Dupuy, un dessinateur et lithographe assez besogneux, secondé de 1824 à 1832 par Jean-François Blanc, qui deviendra un animateur de la presse régionale. C'est ensuite Auguste Migette (1802-1884), un ancien élève de Dupuy, qui a aussi fréquenté des ateliers parisiens, qui dirige l'école municipale de 1848 à 1864 ; si l'on en croit la brochure qu'il publie en 1864, *Essai sur l'enseignement du dessin appliqué surtout à l'industrie,* ses préoccupations principales de pédagogue voulaient tenir compte des besoins réels d'une population scolaire plus proche des métiers que de l'art. D'orientation plus nettement artistique, une éphémère école départementale de peinture est ouverte à Metz par le conseil général, de 1820 à 1824 ; la formation de peintre est dispensée par un bon portraitiste qui a commencé sa carrière sous l'Ancien Régime, le peintre Jean-Baptiste Desoria (1758-1832). Accueillant gratuitement dix élèves, cette école de peinture, installée dans la bibliothèque municipale, applique les formules académiques, ou tout au moins leurs rudiments : elle utilise les services d'un modèle, et chaque année un jury distribue des prix. En fait, une telle école a des moyens trop limités pour faire face à une véritable formation d'artistes : ceux-ci préfèrent le séjour à Paris.

A Arras, l'école communale de dessin, qui est dotée à partir de 1825 d'habiles pédagogues, a un rôle social et culturel qui dépasse les objectifs d'une formation académique, mais qui restera incomplète (le conseil municipal ne suivant pas la proposition, jugée trop choquante, d'ouvrir un atelier de dessin d'après modèle vivant). Un peintre, Auguste Demory (1802-1872), qui y enseigne une cinquantaine d'années, contribue à introduire le goût moderne de la peinture de paysage. L'enseignement dispensé par cette école semble avoir été la seule formation de type scolaire reçue par un des précurseurs de l'architecture néo-gothique, l'architecte Grigny (1815-1867), qui a fréquenté les cours d'un pédagogue remarquable, Auguste Bourgois (1801-1877), professeur pendant quarante-cinq ans à l'école communale de dessin d'Arras.

A Marseille, en 1845, lorsqu'il devient directeur de l'école des beaux-arts, Emile Loubon (1809-1863), lui aussi, donne toute son importance au thème profane du paysage, et il sera le fondateur et l'animateur très actif de la Société des amis des arts, qui sous son impulsion organise en 1846 et en 1847 des expositions qui font connaître l'actualité de la peinture parisienne pour la première fois à Marseille.

Les municipalités sont attentives à entretenir l'émulation dans les écoles dont elles ont la charge ; soucieuses de participer à la promotion d'un artiste, peut-être d'une future gloire locale, il arrive qu'elles se mobilisent pour aider tel ou tel élève. Plusieurs accordent des bourses pour permettre à de jeunes artistes méritants de compléter leur formation à Paris. David d'Angers, à Paris en 1807, reçoit de sa ville natale 600 francs par an. A Metz, de 1818 à 1825, la municipalité offre tous les trois ans une bourse de 1 000 francs pour aider le meilleur élève de l'école de dessin à séjourner à

Paris. Grâce à une bourse de la ville de Cherbourg, Millet gagne Paris en 1837 et entre dans l'atelier de Delaroche. La ville du Havre, en 1851, accorde à Eugène Boudin (1824-1898), soutenu par la Société des amis des arts, une pension annuelle de 1 200 francs pour séjourner à Paris pendant trois ans. A Arras, à partir de 1835, les élèves les plus brillants de l'école municipale de dessin reçoivent une aide ; avec une bourse de 500 francs par an, Charles Demory entre à l'Ecole des beaux-arts de Paris en 1855, et chaque année, pendant trois ans, il envoie à Arras une copie faite au Louvre, dont, en 1857, une réduction (2,45 x 3,57 m) du *Radeau de la Méduse.*

Le dynamisme de ces établissements et leurs efforts sont incontestables. Mais on ne peut s'empêcher de remarquer que leur intensité semble être quelquefois en raison inverse de son rapport au statut académique. Cette activité est plutôt la marque du succès social de la peinture, du prestige de l'art et de l'artiste dans la société française dans cette période, et on peut considérer la variation dans le temps des modalités de l'enseignement comme un indice de l'affaiblissement de la norme académique, qui, si elle inspire confusément toutes les opérations qui ont l'art pour objet, ne les contrôle plus directement. Au début du siècle, l'aide apportée à un artiste, par exemple à David d'Angers, est clairement en rapport avec une formation académique précise ; à partir de 1850, comme c'est le cas pour Eugène Boudin, elle peut prendre la forme d'un soutien au séjour de l'artiste « à Paris », sans que soit mentionné le passage par l'Ecole des beaux-arts.

L'enseignement du dessin au lycée

Prévu dans les écoles centrales de la période révolutionnaire, l'enseignement du dessin a d'abord un statut instrumental ; il se situe dans le prolongement de l'apprentissage de l'écriture et débouche sur la pratique du dessin d'imitation, c'est-à-dire d'après des modèles en deux dimensions. Sous l'Empire et sous la Restauration, la mention des « arts d'agrément » dans les règlements précise la place de ces pratiques et leurs objectifs, dans la dépendance des beaux-arts. La prescription, en 1843, de deux heures d'enseignement par semaine dans toutes les classes du secondaire est peu appliquée, et le recrutement des maîtres, qui reste confié aux chefs d'établissement, ne peut que reproduire dans l'Instruction publique les résultats du pragmatisme des Beaux-Arts. Ces dispositions sont très critiquées sous le second Empire. La prise de conscience réformatrice découle de l'Exposition universelle de Londres en 1851 ; elle s'appuie sur les besoins de la formation aux « beaux-arts appliqués à l'industrie ».

En 1853, un programme pour l'enseignement du dessin au lycée, élaboré par une commission présidée par Félix Ravaisson, représentant virulent de la pensée académique, ne débouche pas sur des résultats nouveaux, faute de mesures nouvelles pour le recrutement des maîtres. L'accent est mis par les réformateurs sur le projet du dessin « écriture de l'industrie », selon la belle formule de Victor Duruy, qui jette les bases, en 1867, d'une réforme de fond. Le champion des idées nouvelles est le sculpteur Eugène Guillaume, ancien prix de Rome devenu professeur à l'Ecole des beaux-arts en 1863, alors sous le coup de la réforme fondamentale menée par Viollet-le-Duc. C'est dans le cadre du grand chantier scolaire ouvert par la IIIe République, et au nom de la double volonté d'intégration culturelle des citoyens et de formation des producteurs, que les mesures essentielles seront prises.

L'enseignement des arts décoratifs

Depuis la suppression des corporations, en 1791, la formation dans le domaine des arts appliqués aux métiers fait problème. Les compétences artistiques exigées par le développement industriel et par la nouvelle division du travail ne sont pas fournies par le système des beaux-arts, et le problème, longtemps négligé par les pouvoirs publics, trouve ici ou là des solutions ponctuelles, ainsi à Lyon, où, pour faire face aux besoins de l'industrie de la soie, est créée l'école de la Martinière. Fondée en 1845, la Société de l'art industriel, animée par Amédée Couderc et Ernest Guichard, puis la Société d'encouragement à l'industrie sollicitent l'intervention de l'Etat. Rédigé sous la IIe République, le rapport de Jules Klagmann, membre de la Société de l'art industriel, demande la création d'un musée, d'une école centrale et d'une exposition publique d'arts appliqués à l'industrie.

Sous le second Empire, l'avance prise par l'Angleterre, où le South Kensington Museum ouvre en 1852 le Department of Practical Art, stimule en France les critiques, dont celles de Mérimée. En 1856, la question de la formation artistique nécessaire au développement des industries d'art est exposée avec force dans le rapport de Léon de Laborde sur l'Exposition universelle de Londres en 1851, qui affirme que « l'industrie devrait recruter ses artistes en elle-même [1] ». Il voit la solution dans « l'enseignement général du dessin dans les écoles de l'enfance, continué dans l'apprentissage, [qui] rendra à l'industrie sa véritable place dans le domaine de l'art [2] ».

1. Léon de Laborde, *L'Union de l'art et de l'industrie*, Paris, 1856, vol. II, p. 234.
2. *Ibid.*, p. 244.

Devant l'absence d'intervention des autorités publiques, les industriels prennent l'initiative, et organisent, comme l'avait proposé Klagmann, deux expositions successives des « beaux-arts appliqués à l'industrie ». Ces deux manifestations, en 1861 et en 1863, sont organisées par la « Caisse de secours des inventeurs et artistes industriels », un organisme fondé par le baron Taylor ; le succès de ces expositions est tel que les industriels membres de la commission d'organisation de l'exposition de 1863 décident de créer l'Union centrale des beaux-arts appliqués à l'industrie. Afin de les mettre à la disposition de ses membres, et en s'appuyant sur leurs cotisations, l'Union centrale, fondée en 1864, se donne pour but d'ouvrir un musée et une bibliothèque spécialisés, d'assurer des cours et des conférences, d'organiser des concours entre artistes et écoles de dessin, ainsi que des expositions des « beaux-arts appliqués à l'industrie ». En septembre 1864, l'Union centrale ouvre son musée et sa bibliothèque au cœur du quartier des métiers d'art parisiens, place des Vosges (à l'époque place Royale). Les expositions organisées par l'Union centrale, en 1863, 1865 et 1869, rencontrent un grand succès, ainsi que les concours ouverts entre écoles de dessin ; le concours de 1863, gagné par l'école des beaux-arts de Toulouse, établit le progrès des méthodes de l'enseignement du dessin, où la représentation de modèles en relief tend à supplanter la méthode plus élémentaire de la copie de dessins. Devenue l'Union centrale des arts décoratifs, installée au Louvre dans le pavillon de Marsan, l'institution y ouvre en 1884 le musée des Arts décoratifs. La réussite est certaine, mais elle est relative : menée à l'écart de la formation des artistes, encouragée mais peu aidée par les pouvoirs publics, bornée par les intérêts immédiats de secteurs à la fois puissants et peu novateurs (l'orfèvrerie, le meuble), la formation aux arts appliqués reste, à Paris à la fin du XIXe siècle, inadaptée ; ce handicap explique les difficultés que les métiers d'art parisiens rencontrent pour participer à l'Art nouveau, inspiré surtout par des créateurs venus de l'extérieur (Gallé, Grasset).

LES MUSÉES

Reprenons la formule de Germain Bazin : le XIXe siècle est le « temps des Musées ». Les principales formes du musée, lieu où est conservée une collection publique, se fondent et se développent à ce moment. Le phénomène, on l'a vu avec la création « révolutionnaire » du musée du Louvre, n'est indépendant ni de l'idéologie ni de l'histoire politique. Partout la notion d'un patrimoine public, artistique et scientifique tend à succéder à celle des collections aristocratiques et monarchiques, à la tradition des « trésors » royaux ou ecclésiastiques.

Le phénomène est en effet européen : tout au long du siècle se développent, à travers l'institution des grands musées publics, des fonctions complexes où s'accumulent, sous la richesse apparente des collections, la science historique, la réflexion muséographique et la puissance politique des Etats. A Londres, avec le British Museum (le premier grand musée, ouvert en 1753), qui présente les sculptures du Parthénon apportées par lord Elgin entre 1803 et 1807, et avec la National Gallery, construite à Trafalgar Square, la première pinacothèque, ou musée de peinture, établie en Angleterre. A Berlin, où toute une île, au confluent de la Sprée, est affectée, à partir de 1824, à un grandiose complexe muséographique. A Saint-Pétersbourg, avec le Nouvel Ermitage, édifié de 1840 à 1849 à l'initiative du tsar Nicolas Ier. Aux musées des beaux-arts, héritiers de la vocation « généraliste » des collections royales, s'ajoutent des musées spécialisés, dont les plus remarquables sont les musées des artistes vivants, ancêtres de nos musées d'art contemporain : le musée du Luxembourg à Paris, créé en 1818, la Neue Pinakothek à Munich en 1853, la Tate Gallery à Londres en 1897.

Le musée du Louvre

Les bouleversements de l'histoire, après la période révolutionnaire, ne mettent aucunement en question la nécessité d'un grand musée national ; au contraire, l'institution centrale du système des musées sort renforcée des changements de régime successifs.

Le Muséum central des arts, qui est d'abord dirigé par Vivant Denon, nommé le 22 novembre 1802, devient en 1803 le musée Napoléon. Confirmé dans ses fonctions pendant la première Restauration, Vivant Denon doit rapidement présenter sa démission, à la suite de la campagne d'hostilité des ultra-royalistes. Le musée pouvait alors être mis en question : le retour de la monarchie et des émigrés ainsi que les nombreuses demandes de restitution pouvaient conduire à la dispersion des collections. Il n'en est rien, puisque l'ordonnance royale du 22 juillet 1816 reconnaît et confirme, non sans solennité, le musée :

> Voulant, à l'exemple de nos prédécesseurs, faire fleurir les beaux-arts qui sont la gloire des nations, particulièrement la peinture et la sculpture dont l'éclat fut si brillant en France [...] nous avons résolu de maintenir l'établissement du Musée Royal actuellement formé dans notre Château du Louvre.

Le musée, stabilisé par la Restauration, devient dès lors irréversible.

Un authentique amateur d'art, le comte de Forbin (1777-1841), ancien élève de David et ancien officier des armées impériales, qui vient d'être élu membre libre de l'Académie des beaux-arts, est nommé directeur des musées royaux le 16 juin 1816. S'appuyant sur le Conseil des musées royaux, où sont majoritaires les membres de l'Académie des beaux-arts, le comte de Forbin impose une décision politique : l'autonomie du musée doit l'emporter sur les pressions du pouvoir et sur les aléas de la conjoncture ; aux demandes de restitution il répond souvent par des copies, et il sait aussi résister aux demandes du ministre de l'Intérieur, le comte Decazes, enclin à considérer le musée comme un dépôt dans lequel on peut puiser pour répondre aux sollicitations du haut clergé et des notables. Les collections d'art ancien du musée sont augmentées par des acquisitions, discrètement menées dans les ventes publiques par l'intermédiaire de bénévoles, auxquels le musée achète ensuite les œuvres. La production des artistes contemporains a sa place, et à des niveaux de prix élevés, dans les achats du musée. L'action la plus révélatrice du statut d'autonomie que Forbin accorde à l'art contemporain est l'entrée des principaux chefs-d'œuvre de David, alors émigré en Belgique, dans les réserves du musée. Les obstacles d'ordre politique sont considérables (on n'oublie pas le rôle de David pendant la Révolution et l'Empire). Avec l'accord du roi, en décembre 1819, Forbin parvient à régler une transaction secrète, menée par le truchement d'un avoué parisien qui représente David. Entrent alors dans les réserves du Louvre le *Sacre* de Napoléon et *La Distribution des aigles,* deux tableaux que le peintre avait mis à l'abri en 1814, et deux tableaux moins compromettants, *Les Sabines* et le *Léonidas*, payés à David 100 000 francs, en trois ans[1].

Sous la Restauration, le palais du Louvre se partage donc entre l'espace du musée, le palais du souverain, les services des ministères. Le musée est progressivement mis au point, à partir du salon Carré et de la Grande Galerie, ainsi que des locaux autrefois occupés par l'Académie royale.

Sous Louis-Philippe, la collection qui va constituer la Galerie espagnole est réunie au terme d'une mission menée en Espagne en 1836 et 1837 par le baron Taylor, Dauzats, Blanchard ; la Galerie est ouverte au public le 7 janvier 1838 et elle fait le bonheur des copistes[2]. L'organisation d'un classement scientifique des collections se précise lentement, par leur distribution en salles distinctes : salles de la sculpture française en 1824, de l'art égyptien en 1826, des antiquités assyriennes en 1847, des objets d'art en 1852.

Pendant la IIe République, le nouveau directeur des musées, Jeanron, prend plusieurs mesures qui confortent l'autonomie et la spécificité du musée du Louvre. En 1849, il obtient que l'exposition annuelle, le fameux Salon, dont l'organisation perturbait la présentation des collections, quitte définitivement le musée. Il redistribue l'accrochage des tableaux dans la Grande Galerie, entreprend la publication d'un catalogue des tableaux et fonde la première bibliothèque du musée. Préoccupé par le laxisme qui autorisait jusqu'alors trop souvent l'administration à emprunter dans les collections des œuvres pour décorer les palais administratifs, ou qui permettait aux manufactures des Gobelins ou de Beauvais de s'y procurer des modèles,

1. Voir P. Angrand, *Le Comte de Forbin et le Louvre en 1819*, *op. cit.*, pp. 113-125.
2. Elle sera restituée au souverain déchu par la IIe République.

Jeanron intervient pour limiter ces pratiques souvent désastreuses pour la conservation des tableaux. Il entreprend enfin des travaux de décoration peinte dans le Grand Salon, dans la salle des Sept-Cheminées, et restaure la galerie d'Apollon.

Sous le second Empire, les travaux d'extension du Louvre, menés en deux campagnes, en 1852-1857 et 1865-1870, permettent à Napoléon III d'affirmer le caractère monarchique du musée, en créant en 1852 le « musée des Souverains », qui a pour objet de montrer la suite des dynasties, des Carolingiens jusqu'aux Napoléonides. Les nouveaux aménagements des salles, par Duban, Visconti et Lefuel, insistent à la fois sur le traitement monumental et décoratif de l'espace, et sur l'éclairage zénithal, propice aux tableaux. Le développement des collections se poursuit, en particulier par l'achat par le Louvre de la collection Campana en 1861, et par d'importants dons et legs, qui marquent la progressive reconnaissance de l'institution par les élites sociales.

A cette époque les tableaux occupent la première place, s'accumulent sur toute paroi disponible, accrochés bord à bord, les formats les plus grands en haut, les plus petits en bas, complétés de place en place par des statues sur leur socle. Les salles de peinture, que parcourt un public clairsemé, sont surtout un lieu de travail. Pour les copistes d'abord, en raison de l'important marché des copies, et pour les jeunes peintres ensuite, qui trouvent dans la copie des tableaux des maîtres une initiation fondamentale, qui complète l'enseignement académique, dominé par la pratique du dessin. Ce travail des copistes dans les salles du Louvre fait l'objet d'un règlement méticuleux, qui prévoit la liste des bénéficiaires de la carte d'étude, exigée des copistes, et qui organise une inscription à tour de rôle pour la copie des tableaux les plus sollicités[1].

Voici à ce sujet le témoignage d'Emile Zola, dans une lettre à Paul Cézanne, le 3 mars 1860 :

> Certainement qu'ici, comme partout ailleurs, on peut travailler, la volonté y étant. Paris t'offre, en outre, un avantage que tu ne saurais trouver autre part, celui des musées où tu peux étudier d'après les maîtres, depuis onze heures jusqu'à quatre heures. Voici comment tu pourras diviser ton temps. De six à onze tu iras dans un atelier peindre d'après un modèle vivant ; tu déjeuneras, puis de midi à quatre tu copieras, soit au Louvre, soit au Luxembourg, le chef-d'œuvre qui te plaira. Ce qui fera neuf heures de travail ; je crois que cela suffit et que tu ne peux tarder, avec un tel régime, de bien faire [...]. D'autre part, tu pourras te créer ici quelques ressources par toi-même. Les études faites dans les ateliers, surtout les copies prises au Louvre, se vendent très bien ; et quand tu n'en ferais qu'une par mois, cela grossirait gentiment la somme pour les menus plaisirs[2].

L'ouverture aux artistes des collections publiques bouleverse plus qu'on le pense généralement le travail artistique proprement dit ; alors qu'au XVIIIe siècle un peintre comme Watteau devait à la position sociale de son protecteur, Audran, l'accès aux Rubens du Luxembourg, le peintre du XIXe siècle dispose, à travers les collections publiques, d'un champ de références élargi. De Courbet à Manet, de Couture à Matisse, qui ont amplement pratiqué la copie dans les musées, toute une partie de la production artistique doit être interprétée en fonction de cette nouvelle possibilité.

1. Voir le règlement en vigueur au début des années 1880, dans P. Dupré et G. Ollendorf, *Traité de l'administration des beaux-arts, op. cit.*, pp. 23-25.
2. J. Rewald, *Paul Cézanne. Correspondance*, Paris, Grasset, 1978, pp. 67-69.

Les donateurs

A partir de la Restauration, et progressivement, les dons aux collections publiques constituent une source importante de l'enrichissement des musées, à commencer par le musée du Louvre. Parmi les donateurs, on trouve les modèles des portraits et leurs descendants, qui cherchent dans le musée un lieu privilégié, capable, plus que tout autre, de protéger efficacement l'image du modèle de l'oubli. Il est remarquable que les descendants soient pratiquement quatre fois plus nombreux que les modèles, comme si à la réserve des modèles dans l'affirmation de leur effigie au musée répondaient, pour leurs descendants, et au terme d'un temps plus long, et une piété active et un sentiment plus fort de l'œuvre [1].

Les artistes ou leurs héritiers multiplient les legs et les dons aux musées, en particulier dans la seconde moitié du XIXe siècle ; ces dons portent un témoignage très concret sur la première place que l'institution des musées a prise dans la représentation et dans la consécration des œuvres d'art. Si les dons des artistes sont très inégalement pratiqués, ceux des héritiers, et notamment de leurs veuves, sont plus fréquents. Ils prennent souvent des proportions importantes : beaucoup d'œuvres majeures, restées dans l'atelier à la mort de l'artiste, ont ainsi pris le chemin du musée à l'initiative de ses descendants ; la veuve d'Hubert Robert lègue au Louvre, en 1822, les deux grands tableaux de *L'Arc de triomphe d'Orange* et de *La Maison Carrée de Nîmes*, et en 1887 Juliette Courbet donne au Louvre l'*Enterrement à Ornans*.

1. Sur la question des donateurs, voir les informations contenues dans le catalogue de l'exposition « Les donateurs du Louvre », Paris, musée du Louvre, 1989.

Mais les dons les plus importants proviennent des collectionneurs. Dans le domaine de l'art ancien, le don de la collection Sauvageot au musée du Louvre, en 1856, inaugure le temps des grandes collections données par des collectionneurs passionnés. Modèle du *Cousin Pons* de Balzac, Alexandre Charles Sauvageot (1781-1860), violon à l'Opéra et fonctionnaire des douanes, avait accumulé une immense collection d'objets et d'art décoratif de la Renaissance. Louis La Caze (1798-1869), autre « chineur » acharné, fait don au Louvre d'une collection de cinq cent quatre-vingt-deux tableaux. Avec His de La Salle (1795-1878), collectionneur passionné de dessins, dont il fait don à l'Ecole des beaux-arts et au Louvre, ils représentent bien la première strate du « collectionnisme », celle des amateurs peu fortunés, célèbres pour leur désintéressement.

Mais rapidement, cette catégorie disparaît, et, à partir du second Empire, les grands donateurs sont des collectionneurs qui disposent de solides fortunes : en 1862, le duc de Luynes lègue une importante collection au cabinet des Médailles ; en 1906, Alfred Chauchard (1821-1909), dont les Grands Magasins du Louvre ont fait la richesse, léguera par testament au musée du Louvre une importante collection de peintures et de sculptures du XIXe siècle (dont le célèbre *Angélus* de Millet).

L'ampleur de ces dons et la générosité des donateurs consacrent l'intégration exceptionnelle de l'institution du musée dans la culture des élites sociales de la seconde moitié du XIXe siècle, qui y rencontrent en échange une consécration nominale, acte de reconnaissance symbolique mais gratifiante.

Le musée du Luxembourg

L'intérêt d'un musée réservé aux artistes vivants est mis en avant pour la première fois par Toussaint Emeric-David, avec son projet de *Musée olympique de l'Ecole vivante des beaux-arts,* un mémoire présenté à l'Institut en l'an IV ; pour que la République dispose d'institutions qui encouragent l'émulation des artistes, Emeric-David propose la création d'un « Musée olympique », « temple de la Gloire » où seraient conservés et exposés les chefs-d'œuvre, payés par le gouvernement, « de chaque artiste jugé digne d'être compté au rang des maîtres ». Sur un principe identique, la « Galerie royale du Luxembourg destinée aux artistes vivants » est créée par Louis XVIII en 1818, à la suite du transfert au musée du Louvre des tableaux de Rubens qui s'y trouvaient depuis le XVIIe siècle :

> Sa Majesté a voulu les remplacer par les ouvrages des artistes français. On devra à son goût éclairé pour les Beaux-Arts un établissement aussi intéressant pour le public qu'il est avantageux pour la gloire de l'école française.

Aboutissement de la consécration d'un artiste vivant, le musée du Luxembourg est un « intermédiaire entre le Salon, où l'élève se place à côté du Maître, et le Musée Royal (le Louvre), où la France accueille les chefs-d'œuvre des grands maîtres du Monde entier, lorsqu'après leur mort l'opinion universelle a consolidé leur gloire [1] ».

S'il est donc la destination normale des achats de

1. *Le Moniteur universel,* 7 juin 1818, cité par Geneviève Lacambre dans l'introduction du catalogue de l'exposition « Le musée du Luxembourg en 1874 », Paris, 1974.

l'Etat aux artistes vivants, le musée du Luxembourg n'a pas cependant l'exclusivité de ces dépôts. Il semble que bien des œuvres intéressantes, avant de parvenir dans les salles du Luxembourg, servent longtemps de décor aux appartements des ministres ; Chennevières, qui fut conservateur adjoint, puis conservateur du Luxembourg, de 1861 à 1870, montre que des tableaux de Diaz, de Rousseau et des sculptures de Barye ont longtemps orné l'appartement du ministre de l'Intérieur, place Beauvau, que d'autres, des Daubigny et les fameux *Pèlerins de La Mecque* de Belly, ont dû faire l'objet d'une « rafle », en août 1863, dans les appartements du comte Walewski : « Mais, écrit-il en 1885, je vous le dis, la mine n'est pas épuisée, et si vous cherchez bien encore, vous y rencontrerez de l'excellent, même du J.-Fr. Millet[1]. »

A sa création, le musée du Luxembourg présente 74 tableaux d'artistes français ; régulièrement augmentée par des achats effectués au Salon, diminuée par le transfert au Louvre des tableaux majeurs, à la mort de l'artiste, et aussi par des dépôts de l'Etat dans les musées de province, la collection comporte, en 1848, 149 tableaux, plus de 200 sous le second Empire. Encore partiellement représentatives à ce moment des « chefs-d'œuvre officiels de l'art contemporain », comme l'affirme le *Guide parisien* en 1863, les collections reflètent l'évolution du goût, maintiennent la balance égale entre Ingres et Delacroix, mais révèlent des distorsions, dues en partie au fait que chaque année peu de tableaux nouveaux sont admis (environ 10 à 20 % de l'ensemble des achats de l'Etat), et au fait que des catégories entières, comme les portraits ou les tableaux d'histoire militaire, destinés au musée histo-

1. Ph. de Chennevières, *Souvenirs d'un directeur des beaux-arts, op. cit.*, vol. II, p. 36.

rique de Versailles, sont écartées. Par ailleurs, plusieurs des artistes sélectionnés doivent leur entrée au musée à une faveur de la cour impériale. Enfin, notons qu'à la différence de la conception actuelle d'un musée d'art contemporain, les œuvres exposées représentent surtout des artistes français (à quelques exceptions près, et il s'agit d'artistes secondaires, vivant et exposant à Paris).

La situation, à partir des années 1870, ne cesse de se dégrader. Si, au début de son histoire, les acquisitions du musée du Luxembourg suggèrent une bonne distance avec les critères académiques et une réelle reconnaissance de l'art contemporain (dès 1822, Ingres et Delacroix sont représentés au Luxembourg), la marge de manœuvre diminue par la suite. Les lacunes et les exclusives l'emportent : en 1874, il n'y a au musée du Luxembourg aucun tableau de Millet, aucun de Courbet, ni bien sûr de tableau de Manet, de Monet, de Pissarro. En fait, dès 1870, Philippe de Chennevières a conscience de la nécessité de développer les collections, et il est le premier à demander au ministre la transformation du Luxembourg en « Palais de l'art contemporain [1] ».

Les musées des beaux-arts dans les départements

Au XIXe siècle, la collection publique et le musée deviennent un équipement urbain normal de la ville moyenne. L'accès à une collection de référence était auparavant une exception : à Besançon, une collection était ouverte au public depuis 1694. A la création des quinze musées dus à l'initiative de Chaptal en 1801 répondent ensuite, tout au long du siècle, les décisions

1. *Ibid.*, cf. la lettre à Jules Simon, du 17 octobre 1870.

locales : acquisition de collections, legs et dons, installation dans des locaux existants réaménagés, construction de nouveaux bâtiments. A ces aspects matériels s'ajoutent le recrutement des conservateurs et l'amélioration continue du service public : catalogage, présentation des œuvres, plus grande ouverture du musée au public. Aux fonctions primitives du musée, tourné surtout vers la formation des artistes, s'ajoutent la volonté didactique, les fonctions historiques, scientifiques et civiques. Krzysztof Pomian a résumé cet effort par un bilan quantitatif : « La croissance du nombre des musées français se laisse décrire par quatre coupes temporelles : vers 1815, ils étaient une trentaine ; vers 1870, environ 200, vers 1890, environ 300, vers 1914, environ 550[1]. » Cette croissance tient beaucoup à la transformation des pratiques sociales qui ont le musée pour appui.

Au départ, le musée est souvent associé de façon étroite aux besoins des artistes : lieu d'étude des jeunes artistes, atelier pour le copiste professionnel. Ainsi, vers 1830, le musée d'Aix, « n'est guère ouvert qu'aux élèves, et on le considère comme une salle destinée à renfermer des modèles à l'usage des jeunes dessinateurs[2] ». Puis le musée, lorsqu'il devient le lieu où aboutissent les collections privées les plus importantes, trouve chez les amateurs éclairés et les notables un autre sens et une autre portée, ceux d'une manifestation culturelle et savante, que peuvent appuyer les activités d'une Société des amis des arts, ou les acquisitions d'une municipalité.

En province, les dons ou les acquisitions de collections privées constituées ont joué un rôle central dans cette évolution : à Avignon, le legs Calvet (1810) ; à

1. Krzysztof Pomian, *La Jeunesse des musées*, « Conclusion. Musées français, musées européens », pp. 351-364.
2. J.-P. Porte, *Aix ancien et moderne*, 1833, pp. 185-186.

Montpellier les legs Fabre (1825 et 1837), Valedeau (1836), Bruyas (1868). A Dijon, seuls les donateurs participent à l'accroissement des collections. Le cas du musée de Quimper est exemplaire, puisque c'est le legs, en 1864, de la collection Silguy à la ville (un millier de tableaux, des dessins, sept mille volumes), sous condition de l'édification d'un musée, qui entraîne en 1865 la décision du conseil municipal de bâtir le musée, sur les plans de l'architecte Bigot, qui achève l'édifice en 1872.

Le musée, enjeu de la vie locale

En province, les musées départementaux créés sous la Convention par l'arrêté du 14 fructidor an VIII ont montré la voie ; la création de musées municipaux des beaux-arts relève des initiatives locales, souvent stimulées par l'activité de telle ou telle « Société des amis des arts », ou par la perspective de constituer une collection en s'appuyant sur les largesses de l'Etat, dont les « envois » et les « dépôts » constituent une manne souvent fort convoitée. Sous le second Empire, et plus encore sous la IIIe République, ces « dépôts de l'Etat » alimentent bien des nouveaux musées. En particulier en 1872 et 1874, lorsqu'on entreprend de disperser en province les réserves du Louvre, les élus locaux sont des solliciteurs empressés. Philippe de Chennevières admet qu'il a favorisé, lorsqu'il était directeur des beaux-arts, la Normandie :

> Je l'ai servie de mon mieux, et tant que j'ai pu. Et ses musées et ses églises me doivent quelques centaines de tableaux. A partir de 1874, ce fut un effronté débordement [...] j'en voudrais donner la liste complète [...]. Tout au plus pourrais-je énumérer les mairies et les paroisses normandes qui furent à cette époque gratifiées de bon ou

de mauvais gré. Oui certes, il faisait bon, entre 1874 et 1878, être église, musée, hôtel de ville de Normandie[1].

A Quimper, l'accumulation des initiatives donne du poids aux interventions des élus ; après le « musée des Mœurs et des Coutumes », fondé en 1871 par la Société départementale d'archéologie, la donation de l'importante collection d'art ancien du comte de Silguy, en 1864, conduit à la création d'un double musée, départemental pour l'archéologie, municipal pour le musée des Beaux-Arts, inauguré en 1872. Louis Hémon, député de Quimper de 1876 à 1885, s'appuie sur ces premiers résultats pour demander un effort particulier au ministre :

> Le musée de Quimper semble donc tout naturellement désigné pour y concentrer une série de toiles représentant sous ses plus admirables aspects la nature bretonne... Notre conviction est que cette collection sera de nature, non seulement à aider dans leur tâche les artistes eux-mêmes, mais à former le goût et à développer la vocation artistique dans nos populations [...]. Rendre l'art populaire et l'enseigner par les yeux est une idée à laquelle ne pouvait manquer votre approbation[2].

En mettant aussi en avant l'existence de véritables « colonies d'artistes » dans la région, les interventions du député procureront au musée de Quimper la prospérité, en particulier autour de 1889, grâce au frère de Louis Hémon, chef de cabinet du ministre Fallières.

Les départements comptent ainsi au XIXe siècle des musées quelquefois importants et actifs. Au Havre, on commence en 1845 par l'édification d'un musée, de

1. Ph. de Chennevières, *Souvenirs d'un directeur des beaux-arts, op. cit.*, vol. I, p. 17.

2. Lettre au sous-secrétaire d'Etat Turquet, le 13 mai 1879, mentionnée par P. Angrand, *Histoire des musées de province au XIXe siècle*, t. I, Les Sables-d'Olonne, 1984, p 68

style néo-classique, qui abrite une collection d'œuvres prêtées par un amateur, Stevens, et un peintre local, Couveley ; Charles Blanc, directeur des beaux-arts, fait l'envoi de quelques peintures ; le musée cherche une spécialisation dans le domaine des marines, puis un nouvel élan vient, après 1870, d'Alsaciens réfugiés au Havre, comme Jules Siegfried, un républicain, rapidement devenu adjoint au maire. A Nantes, où le musée initial est créé par la Convention, et le fonds primitif constitué d'envois de l'Etat en 1804 et 1809, une politique d'acquisition voit le jour dès 1810, avec l'achat par la ville de la collection Cacault, suivi par l'achat de la collection Fournier en 1814 ; d'importantes donations, en 1852 (donation Clarke de Feltre) et en 1854 (donation Urvoy de Saint-Bedan), font entrer l'art du XIXe siècle, et sous le second Empire les acquisitions d'art contemporain sont quelquefois remarquables : ainsi *Les Cribleuses de blé* de Courbet, achetées en 1861. Ces collections font l'objet d'une installation nouvelle, à partir de 1900, dans le vaste musée des Beaux-Arts, que construit entre 1893 et 1900, sur un projet municipal, l'architecte Josso.

Ailleurs, dans la France profonde, d'autres musées restent longtemps insignifiants, sinon caricaturaux, jusqu'à ce que la faveur administrative les touche. C'est le cas du musée de Cahors, un musée départemental créé sur le papier en 1833 et dont la chronique savoureuse aurait pu alimenter la verve caustique d'un Jules Romains. En effet, il ne comporte longtemps qu'un seul et unique tableau (encore qu'il ait été rapidement récupéré par la préfecture), une *Vue d'Avignon* peinte par Paul Huet, un envoi de l'Etat en 1834. En 1872, à la demande du libraire Calmette, le directeur des beaux-arts expédie à Cahors cinq tableaux extraits des réserves du Louvre ou du Luxembourg, suivis en 1874 d'un autre envoi de deux tableaux. Le musée à cette époque n'est ouvert que le dimanche, de 14 heures à 16 heures; son budget annuel est de 200 francs. Puis vient l'embellie, lorsqu'un ancien élève du lycée de Cahors, Gustave Larroumet, devenu agrégé de lettres et de grammaire, est à partir de 1883 en poste au ministère, où il occupe, de 1888 à 1891, les fonctions de directeur des beaux-arts; les envois de l'Etat affluent alors, de 1883 à 1892, mais, avec le départ de Larroumet du ministère, ils cessent aussi brusquement qu'ils avaient commencé.

La construction de nouveaux musées forme, avec celle des bibliothèques, la première strate de ce qui va devenir l'équipement culturel des centres urbains. Les premiers musées sont souvent des édifices mixtes; à Besançon, édifié entre 1832 et 1842, le musée des Beaux-Arts est combiné avec un marché couvert; au Havre, le musée des Beaux-Arts (1841-1845), combiné avec la bibliothèque, inaugure une association plusieurs fois reprise, comme à Grenoble (1862-1872) ou à Rouen (1876-1888). A Marseille, le musée des Beaux-Arts est couplé avec le musée d'Histoire naturelle (1862-1869). La plupart du temps, et surtout sous le second Empire, ces édifices, traités de façon monumentale, participent à une volonté d'embellissement (Marseille) et d'officialité très marquée (Grenoble). Bruno Foucart a récemment souligné la place que prend alors le musée dans le « compagnonnage des pouvoirs » : le musée de Grenoble est, sur la place d'Armes, voisin de la préfecture, comme à celui d'Amiens (1855-1862) ou celui du Puy (1868)[1].

Outre sa fonction didactique spécifique, on attend du musée qu'il fournisse un attrait local supplémen-

1. Voir Bruno Foucart, « Le musée du XIXe siècle, temple, palais, basilique », in Chantal Georgel (dir.) *La Jeunesse des musées*, Paris, Musée d'Orsay, 1994, pp. 122-135, avec, en annexe, une utile chronologie.

taire et des retombées économiques. Ainsi, parmi les buts qui justifient la création d'un musée des beaux-arts à Amiens, on met en avant l'intérêt de l'implantation d'une sorte d'annexe du Louvre, au carrefour de plusieurs itinéraires d'Europe du Nord, vers l'Angleterre, la Belgique, les Pays-Bas. En attribuant au musée une fonction non seulement locale, mais aussi nationale, on le considère comme une réponse à la récente ouverture du musée de Dresde ; une vision nationaliste ? ou une vision anticipatrice des enjeux de la distribution des équipements culturels dans un territoire qui devient le territoire privilégié des transports ferroviaires ?

Le traitement architectural du musée des beaux-arts reproduit en général l'échelle, les formes et le luxe d'un palais urbain, l'escalier monumental celui d'une résidence princière. Un programme de peintures décoratives accompagne fréquemment l'ampleur un peu nue des espaces intérieurs, complète souvent la fonction informative, sinon édifiante, du musée (peintures de Puvis de Chavannes au musée de Marseille, au musée de Lyon). Au musée d'Amiens, le décor peint, dont la conception s'étend de 1861 à 1882, et les thèmes adoptés par Puvis de Chavannes montrent une évolution significative. Dans une première phase, de 1861 à 1865, le peintre élabore un ensemble symbolique qui n'a pas d'actualité immédiate : *La Paix et le Travail.* La lecture de Michelet inspire ensuite à Puvis l'image d'une réalité historique et régionale, *Ave Picardia Nutrix.* Après la défaite de 1870, l'achèvement du « cycle d'Amiens » marque un infléchissement vers une fonction conjoncturelle, puisque l'Etat passe commande le 12 juillet 1880 à Puvis de Chavannes d'une peinture murale représentant des *Jeunes Picards s'exerçant à la lance.* La peinture définitive, exposée au Salon de 1882, a pour titre *Pro Patria ludus* (« Jeu pour la patrie »), et elle est mise en place en 1888 dans l'escalier du musée d'Amiens. Claire allusion à la « revanche », cette peinture fait l'objet d'un commentaire de Jean Macé qui justifie ainsi sa portée politique :

> L'important c'est de décrire tout de suite et de donner aux campagnes de France le spectacle de leurs enfants se préparant dès l'école à défendre le sol et la patrie si jamais l'ennemi essayait de venir le fouler[1]

Ailleurs, le musée occupe un édifice historique, souvent un édifice religieux désaffecté, plus ou moins bien aménagé. C'est le cas à Angers, à Dijon, à Aix-en-Provence, à Lyon, à Montpellier, à Toulouse, à Tours. Ici ou là, mais cela reste l'exception, pour répondre à une situation précise, s'ouvre, dans le cadre du musée des Beaux-Arts, un musée spécialisé ; à Angers, le musée David-d'Angers (1788-1856), inauguré en 1863, accueille les modèles ou moulages que l'artiste, depuis 1811, confiait à sa ville natale.

Dans plusieurs villes, le musée devient la base d'une relation à l'art contemporain. C'est le cas avec le musée de Montpellier. Inauguré en 1828, il porte le nom du peintre François-Xavier Fabre (1766-1837), après la donation par celui-ci à la ville de Montpellier de sa collection de tableaux italiens du XVIe et du XVIIe siècle. Malgré l'orientation initiale exclusivement classique donnée par Fabre, ancien élève de David et premier conservateur du musée, après sa mort le musée est le lieu où se manifeste un intérêt pour l'actualité artistique, surtout par l'entremise de la Société des amis des arts, fondée en 1845, qui organise des expositions, où le collectionneur Bruyas montre ses

1. Voir le catalogue de l'exposition « Puvis de Chavannes », Petit Palais, Paris, novembre 1976-février 1977.

portraits successifs réalisés par de jeunes peintres, comme Glaize, et par un prix de Rome, Cabanel.

Autres musées

A côté des musées des beaux-arts, où domine la fonction de conservation d'un patrimoine artistique, il faut mentionner les musées didactiques, qui ont des fonctions scientifiques ; seul rescapé des projets de musée de copies qui hantent les théoriciens du XIXe siècle, le musée de Sculpture comparée est créé par Jules Ferry le 4 novembre 1879 ; ouvert au public le 28 mai 1882, ce musée, qui deviendra le musée des Monuments français, est installé dans le palais du Trocadéro, au lendemain de l'Exposition de 1878. Projeté par Viollet-le-Duc, qui envoie le 11 juin 1879 un rapport au ministre de l'Intérieur, il donne au musée l'organisation comparative qui met en évidence ce que Focillon nommera plus tard la « vie des formes » : la sculpture, dans chaque civilisation, suit une succession d'états, mais aussi, « au moyen d'un choix assez restreint de moulages, il s'agirait de donner une idée complète de notre sculpture française[1] ».

D'autres musées ont des fonctions de formation des professionnels du décor en relation avec les industries correspondantes : le musée des Arts décoratifs, à Paris, créé à l'initiative de l'Union centrale des arts décoratifs en 1882 ; le musée d'Art et d'Industrie, à Saint-Etienne. Ces musées suivent des modèles étrangers, comme le Victoria and Albert Museum, à Londres, issu du Department of Practical Art, créé en 1852 après l'Exposition universelle de Londres, ou, pour le musée

1. Rapport cité par G. Bazin, « Viollet-le-Duc et la science de l'art », in *Actes du colloque international Viollet-le-Duc*, Paris, 1980 et 1982, pp. 127-130.

de Saint-Etienne, les musées allemands d'art et d'industrie, connus au terme d'une mission officielle menée par Marius Vachon en Europe, et notamment en Allemagne, en 1885 et en 1886[1].

Les musées d'histoire illustrent souvent le projet de la recherche d'un « consensus » politique : ainsi le musée d'Histoire de Versailles, créé par Louis-Philippe en 1837, est dédié « à toutes les gloires de la France », depuis les croisades, et il se propose d'instaurer un imaginaire collectif. Il joue un rôle de premier plan dans la production de la peinture d'histoire de la période, puisque son programme implique d'innombrables commandes de l'Etat aux peintres capables de recréer sur toile les épisodes et les figures de l'histoire nationale. Le programme s'étend à la représentation des épisodes contemporains, à la conquête de l'Algérie et aux barricades de 1830. Sous le second Empire, le programme se poursuit avec les peintures commémoratives des campagnes de Crimée et d'Italie.

Le musée des Antiquités nationales, à Saint-Germain-en-Laye, créé en 1862 (inauguré en 1867), qui regroupe les vestiges découverts dans les sites archéologiques gallo-romains, est une initiative personnelle de Napoléon III, en relation avec son intérêt pour les fouilles d'Alésia. Il répond au niveau de l'Etat aux nombreux musées lapidaires créés localement à l'initiative de sociétés archéologiques, à Rouen en 1831, à Toulouse en 1832, etc.

Plus généralement, le musée d'histoire associe la conservation du patrimoine historique à celle du patrimoine archéologique ; à Paris, le musée de Cluny, créé en 1844, consacré au Moyen Age, prend la relève du musée des Monuments français, et un musée d'histoire

1. Marius Vachon, *Rapports sur les musées et les écoles d'art industriel et sur la situation des industries artistiques en Suisse et en Prusse rhénane*, Paris, 1886.

locale, le musée Carnavalet, créé en 1863 (ouvert en 1880), répond à la transformation urbaine accélérée de Paris sous le second Empire. A Arles, le Museon Arlaten, bon exemple de la première formule du musée ethnographique régional, est fondé par Frédéric Mistral en 1896.

Les conservateurs de musée

Longtemps après l'institution du musée, la fonction de conservateur, responsable des collections, reste mal définie. Cette occupation distinguée est en général attribuée à un notable local, mais il arrive que la charge soit confiée à un praticien, à un peintre, dont on attend qu'il participe à la « restauration » des tableaux en mauvais état[1]. C'est sous la IIe République qu'Etienne Jeanron, directeur des Musées nationaux, élabore les principes d'organisation que doit mettre en œuvre un responsable de collection publique : « 1° inventorier, 2° conserver, 3° décrire, 4° classer, 5° communiquer, 6° exhiber[2]. » Cette définition implique le profil souhaitable du conservateur, comme savant et professionnel ; mais, en dehors des musées nationaux, il faudra attendre la IIIe République pour que soit mise en place une réglementation nationale de la fonction.

Si le travail d'inventaire et de catalogage, mené avec

1. Il en est ainsi à Besançon, où le conservateur, Joseph Lancrenon (1794-1874) est un peintre, en fonction au musée de 1834 à 1872. L'étude menée par Valérie Chorvat sur les conservateurs du musée de Besançon montre quel saut qualitatif intervient dans la production du catalogue des collections avec la nomination d'un chartiste, Auguste Castan (1833-1892), en fonction en 1889-1890 (mémoire de D.E.A., Université Paris-I, 1994).

2. Mentionné par Chantal Georgel, *La Jeunesse des musées, op. cit.*, p. 293 ; nous empruntons beaucoup des informations suivantes à cet ouvrage.

rigueur, est effectif dès l'Empire ou la Restauration dans les musées des principales villes de France (Toulouse, Rouen, Marseille, Lille, Nantes, Dijon, etc.), il porte ailleurs longtemps, lorsqu'il existe, les traces de l'amateurisme. Pour le musée du Louvre, c'est encore Jeanron qui lance, en 1848, la préparation de catalogues par départements reposant sur « l'état de la science » ; pour le département des peintures, son nouveau conservateur, Frédéric Villot, mène à bien l'application du catalogage systématique, avec un classement par écoles, dont il a défini les rubriques, et qui deviendra un modèle de référence pour les autres musées.

Pour ce qui est des acquisitions, le conservateur d'un musée municipal doit composer avec les avis d'une commission municipale, ou plus souvent extra-municipale, qui réunit les compétences locales, et avec le maire lui-même. Il arrive que le rôle de cette « commission du musée » implique la tutelle de fait du conservateur, réduit alors à une fonction de surveillant des collections (à Agen, à Vienne). A l'opposé, à Lille, Edouard Reynart, conservateur du musée des Beaux-Arts de 1841 à 1879, fait assez bon ménage avec la commission qui le flanque, et parvient à mener une politique d'achat ambitieuse.

II

Les territoires et les pratiques

CULTURE ET REPRÉSENTATIONS

La Révolution, les événements politiques et militaires de l'Empire, la Restauration et l'actualité internationale contribuent, avec leurs modalités propres, à bouleverser le rapport culturel à l'espace et au temps. Les pratiques, par exemple celles du musée, montrent une assimilation élargie des éléments d'une culture révolutionnaire, de cet intérêt pour l'inventaire des richesses d'un art universel. Ici ou là, et en pleine Restauration, se produisent des conséquences culturelles inattendues, comme l'intérêt pour la réalité pathétique dans la peinture espagnole. De leur côté, le développement des sciences historiques accumulent de nouveaux savoirs, tandis qu'une économie capitaliste dynamique repousse les limites des territoires de la civilisation européenne, et que les transformations technologiques imposent aux arts la notion de progrès. Ces nouvelles réalités orientent la culture artistique dans des voies nouvelles.

L'histoire

Notion complexe, dont la place dans la culture européenne au XIXe siècle est remarquable, avec des effets politiques, par exemple en Allemagne, où le goût du Moyen Age alimente le nationalisme. En France, l'histoire est présente dans la culture sous plusieurs formes.

C'est d'abord une nouvelle « science du passé » qui aura un grand essor tout au long du siècle ; avec les « antiquaires », ou archéologues, débute en effet l'étude des vestiges archéologiques du passé national. A cette nouvelle approche objective et scientifique de l'histoire répond une vision philosophique, qui mesure le progrès d'une « civilisation [dont] la puissance et la hauteur permettent maintenant une étude complète et sans préjugé du passé[1] ». La protection des « Monuments de l'art et de l'histoire », « biens de la nation tout entière », comme l'a proclamé la Convention, est à l'origine d'un courant d'idées durable en faveur de la conservation du patrimoine. Après un premier recensement des monuments, mené par le ministère de l'Intérieur en 1810, une seconde enquête, en 1818, est menée avec le concours de l'Académie des inscriptions et belles-lettres. Sous l'impulsion de Vitet, de Guizot, de Mérimée, de Viollet-le-Duc est créée en 1837 la « Commission des monuments historiques », dont l'activité, tardivement élargie et légitimée par le vote de la loi sur les monuments historiques en 1887, est à la base de la protection actuelle du patrimoine. L'exploitation des archives amorce l'application de la méthode historique au domaine de l'histoire de France, avec Augus-

1. Préface de Le Prévost au *Cours d'Antiquités monumentales* d'Arcisse de Caumont, 1830.

tin Thierry (1795-1856) et Jules Michelet (1798-1874).

Mais l'histoire, c'est aussi « l'imagination du passé », dont on peut ici énumérer les principaux aspects. Dans les formes littéraires, la re-création romanesque ou dramatique de situations historiques, avec des références à des périodes et à des lieux qui ne sont plus seulement ceux de la culture antique méditerranéenne ; le Moyen Age, pendant toute la période romantique, inspire les poètes et les auteurs de théâtre ou d'opéra (*Robert le Diable,* de Meyerbeer, est créé en 1831 à l'Opéra de Paris).

Le goût de l'histoire conduit à l'utilisation frappante, dans l'édition, des images des vestiges du passé. Mettant en œuvre la nouvelle technique de la lithographie, les albums illustrés des *Voyages pittoresques et romantiques dans l'ancienne France,* de Charles Nodier et du baron Taylor, proposent à partir de 1820 un inventaire nostalgique des monuments du Moyen Age, source de bien des attitudes romantiques : « Vivons donc sur le passé, nous qui aimons l'art et ne pouvons avoir un art à nous [1]. »

Dans ces albums, dont le succès a été considérable, l'interprétation des vestiges dans un système d'images très moderne met en scène les édifices en précisant des situations émouvantes :

> L'atmosphère du lieu importe autant que l'édifice lui-même, atmosphère souvent dramatique, ténébreuse ou tourmentée, mais parfois aussi transparente et claire ; c'est la lumière qui fait l'image. [...] à côté de scènes inspirées de la vie quotidienne, on trouve des scènes inspirées par la littérature. Celle du promeneur s'arrêtant un instant pour méditer devant des ruines existait déjà, mais d'autres sont nouvelles : enterrements clandestins et nocturnes à la lueur de la lune ou d'une

1. A. Allier, préface à *L'Ancien Bourbonnais,* Moulins, 1833.

> lanterne, prisonniers gardés dans des tours inaccessibles, moines au visage caché par leur capuchon, personnages en costumes médiévaux[1].

Science, représentation et imagination du passé, l'histoire inspire de larges secteurs de l'activité artistique. A partir de 1830, dans l'architecture, le goût de l'histoire conduit à l'imitation des formes du Moyen Age. Plusieurs édifices sont des pastiches : à Paris l'église Sainte-Clotilde, à Marseille l'église Saint-Vincent-de-Paul, toutes deux de style gothique. Plus durablement, le goût et la connaissance des architectures du passé fonde l'éclectisme, où l'histoire apparaît comme le grand magasin de tous les styles disponibles. Pour la peinture et la sculpture, le Moyen Age, et dans une moindre mesure la Renaissance et les Temps modernes, sont des mines de sujets neufs. Il s'ensuit un important renouvellement des thèmes de la peinture d'histoire, de la peinture narrative, et même des scènes de genre. Bien des œuvres majeures, et réparties sur une longue période, l'attestent : *L'Entrée des croisés à Constantinople* de Delacroix comme *Les Bourgeois de Calais* de Rodin font référence à l'histoire médiévale. Tous les artistes n'éviteront pas les pièges de l'imagerie, que ce soit Paul Delaroche (1797-1856) ou Jean-Paul Laurens (1838-1921). Après 1860 et la vogue des antiquités nationales, consécutives aux fouilles d'Alésia encouragées par Napoléon III, le domaine de l'imaginaire pictural s'étend à l'histoire de la Gaule. L'histoire incite enfin à d'extravagants étalages de documentation : la référence historique, combinée avec le goût du réalisme et du détail authentique, ou qui se donne pour tel, se confond avec un art de la

1. E. Vergnolle, « Les voyages pittoresques », in *Le Gothique retrouvé, op. cit.*, pp. 105-109.

reconstitution : les tableaux, par leur didactisme, deviennent quelquefois des leçons de choses historiques que relève Taine en 1867 :

> Une telle poursuite du détail authentique devrait mettre l'œuvre parmi les documents de la science et conduire l'auteur à l'Académie des Inscriptions.

L'inventaire du réel et de l'actualité

Au projet d'une culture édifiante, hérité du XVIIIe siècle, et au nouveau matériel historique disponible, l'actualité des décennies qui suivent la Révolution française ajoute, et constamment, de nouveaux territoires, de nouveaux thèmes, de nouveaux objets ; le nouveau siècle, qui s'ouvre sur l'aventure militaire en Orient et en Europe (les armées françaises en Egypte, en Espagne, en Italie, en Autriche et en Russie), se poursuit par l'expansion continue du nouveau monde industriel et commercial : les « bourgeois conquérants » de la révolution industrielle (Charles Morazé) ne s'approprient pas seulement le pouvoir économique et politique, mais aussi de nouveaux territoires. Avant même que le progrès technique les favorise par de nouveaux instruments de transport, le chemin de fer, le bateau à vapeur, le XIXe siècle est le siècle des voyages, dans le cadre européen, mais aussi dans l'ensemble du bassin méditerranéen, en Afrique, en Asie. Marchands, ingénieurs, mais aussi artistes, parcourent le monde.

Dans une première phase, les événements dramatiques de l'actualité, mis en scène avec exaltation, ont servi de point d'appui à la générosité de l'artiste romantique, chez Gros (*La Bataille d'Eylau,* 1807), puis chez Géricault (*Le Radeau de la Méduse,* 1819), puis chez Delacroix (les *Scènes des massacres de Scio,* 1824, et *La Liberté guidant le peuple,* 1831).

Dans une seconde phase, après 1830, la vie extérieure et la vie sociale, à un niveau souvent plus prosaïque, sollicitent davantage les artistes et les écrivains. L'inventaire des paysages français et européens, amorcé au milieu du XVIIIe siècle (Joseph Vernet et ses vues des ports de France, Hubert Robert et ses images des monuments archéologiques), devient l'affaire de très nombreux peintres ; des sites nouveaux, grandioses (les Alpes vues par Turner) ou plus souvent familiers (les paysages ruraux de l'Ile-de-France vus par Corot), sont pris en compte. L'Orient, avec ses paysages et ses mœurs, est exploré avec un point de vue d'ethnographe ; Coste, architecte et dessinateur marseillais, voyage à partir de 1817, le crayon à la main, en Egypte et en Perse. Le voyage en Orient a aussi pour but d'apercevoir, derrière le pittoresque des comportements et des apparences, quelque chose de la tradition antique ; après son voyage au Maroc en 1832, Delacroix affirme : « Les Grecs et les Romains sont là, à notre portée. »

Avec ces nombreuses représentations d'un temps et d'un espace autres, l'art maintient, sinon renforce, sa fonction traditionnelle d'information par l'image, par l'évocation figurée ; cet élargissement des curiosités répond à une demande du public, ou des publics. On le voit avec des inventaires spécialisés qui se justifient par l'existence d'un débouché commercial précis ; ainsi, le peintre François Bonhommé devient le spécialiste, à partir de 1838, de la représentation des sites et des ateliers du nouveau monde industriel, pour une clientèle de maîtres de forges. Bien avant Millet, des peintres entreprennent l'inventaire des figures du monde rural ; Adolphe Leleux (1812-1891) se fait remarquer par ses envois au Salon : *Porchers* (1837),

Braconniers (1839), *Cantonniers* (1844). Contemporains des romans de George Sand, ces thèmes attirent l'attention sur la notion de « réalisme » (le critique Théophile Gautier emploie ce terme à l'occasion du Salon de 1844), au moment où, grâce à la lithographie, les représentations du monde réel se multiplient dans la presse, les revues, les livres illustrés. Les critiques croient bon de se lamenter sur l'absence de politique artistique : « Aucune impulsion forte qui vienne de la société ou du pouvoir[1]. »

Mais leur répond un élargissement sans précédent des observations, des références à un monde imaginaire plus complet qu'auparavant. Cependant, l'accumulation des thèmes concrets suggère que l'art ne se nourrit plus seulement des rapports « classiques » entre les sources littéraires traditionnelles et la culture artistique, une extension qu'explique l'accès de nouvelles couches sociales à l'art, sans le truchement, justement, des références littéraires. Marc Le Bot a bien montré le nouveau « droit de regard » de la culture européenne, cette « appropriation » par l'art de nouvelles réalités :

> La représentation de l'homme à lui-même demeure [au XIXe siècle] la fin de l'activité esthétique ; plus généralement celle du monde tel que la conscience humaine le perçoit comme spontanément dans ses agencements et structures immédiatement visibles. Mais l'universalisme des valeurs culturelles ne se fonde plus seulement sur certaines constantes formelles prétendues idéales, à quoi les épigones du néo-classicisme continuent de se référer pendant tout le XIXe siècle [...]. La vocation de la culture européenne à l'universalité, c'est davantage une sorte de droit de regard, qui l'autorise à interpréter, en fonction d'elle-même, l'ensemble des cultures présentes et pas-

1. Ch. Blanc, *Histoire des peintres français*, Paris, 1845.

> sées. Cet ensemble est d'abord nouvellement défini dans le temps : un savoir historique rigoureux inventorie le passé de l'Europe et fournit la peinture d'histoire en sujets anecdotiques. Il l'est aussi dans l'espace géographique : Courbet proteste contre l'imagerie à la mode, qui fait le peintre méconnaître son propre « pays », et décrire des pays lointains en termes de pittoresque et d'exotisme ; curiosité directement liée à la colonisation en pays arabes, que peintres et écrivains désignent du terme générique d'Orient. L'imaginaire pictural ne renonce donc à aucune des références livresques et mythiques de la civilisation classique. Il y surajoute, par une démarche d'appropriation extensive que répète celle du musée, un autre jeu de références, de légendes, de récits ou fables puisés aux sources des cultures étrangères méconnues, exclues jusqu'alors comme barbares. Surtout, il est progressivement conduit par la logique de sa démarche à tenter d'intégrer sous une forme acceptable [...] non seulement l'étrangeté pittoresque, mais l'ensemble des aspects actuels de la pratique sociale — y compris les conditions matérielles du travail social — dans leurs rapports d'exclusion ou d'inclusion réciproques avec le domaine de la culture [1].

Ce « droit de regard » a aussi une signification concrète : dans une société où l'urbanisation crée les conditions d'une culture de masse inédite, les instruments de la culture visuelle restent, et cela tant que la diffusion massive de l'image imprimée n'a pas pris le relais (par la photogravure, après 1870), tributaires des perfectionnements apportés aux techniques traditionnelles, la peinture, la gravure et la sculpture, seuls outils de cette représentation et de cette appropriation. D'où, dans l'ordre de l'entreprise du spectacle, les étonnantes innovations techniques de la peinture des panoramas et des musées de cire. D'où, dans l'ordre

1. Marc Le Bot, *Peinture et machinisme,* Paris, 1973, pp. 78-79.

des institutions publiques, le développement du musée et du Salon.

L'art comme spectacle : panoramas et musées de cire

Le panorama, ou représentation circulaire d'un paysage, qui procure au spectateur une forte impression d'espace, a un grand succès auprès du public dans le Paris du XIXe siècle, où l'Américain Robert Fulton l'introduit en 1799[1]. La vue aérienne des villes et l'actualité des événements militaires procurent les thèmes, qu'interprètent des équipes de spécialistes. Pierre Prévost (1764-1823), d'abord pour le compte de Fulton, puis pour le sien propre, peint ainsi une *Vue de Paris depuis les Tuileries* (1799) et *L'Evacuation de Toulon par les Anglais en 1793* (1800), montrées au public, contre paiement d'un droit d'entrée, dans des rotondes de dimensions modestes construites boulevard Montmartre. Sous l'Empire, les thèmes de la propagande militaire et diplomatique l'emportent, avec le panorama *Boulogne et la flotille destinée à l'envahissement de l'Angleterre* (1806). A partir de 1808, de nouveaux panoramas sont installés par Prévost boulevard des Capucines, dans un cirque désaffecté : *Vue de la rencontre entre les empereurs français et russe à Tilsitt* (1809), *Bataille de Wagram* (1810) ; leur impact politique attire l'attention de Napoléon, qui envisage la construction sur les Champs-Elysées de sept rotondes, où seraient exposées des vues de bataille. Sous la Restauration, après plusieurs séjours en Orient, Prévost remporte de grands succès avec un *Panorama de Jérusalem* (1819) et avec un *Panorama d'Athènes* (1821).

1. Le premier panorama est conçu et mis au point à Edimbourg en 1787 par le peintre Robert Barker (1739-1806). Nous utilisons pour cette partie les informations réunies dans l'ouvrage de Bernard Comment, *Le XIXe Siècle des panoramas*, Paris, Adam Biro, 1993.

En 1831, avec la grande rotonde (38 mètres de diamètre) édifiée par Jean-Charles Langlois (1789-1870) dans le faubourg du Temple, le succès des panoramas se renouvelle. Ancien officier de l'armée impériale, Langlois a appris le métier chez Horace Vernet, et les panoramas qu'il met au point s'imposent par leur qualité picturale, par la mise au point de leur éclairage, par l'ingéniosité de leur présentation illusionniste. Pour sa *Bataille de Navarin* (1831), Langlois place le spectateur sur le pont d'une frégate, reconstituée avec son gréement ; suivent une *Bataille d'Alger* (1833), une *Bataille de la Moskowa* (1834). Les innovations techniques de Langlois soulèvent l'enthousiasme des artistes : « Ce tour de force de l'art et d'une ingénieuse industrie pour arriver au maximum d'illusion fut couronné d'un succès qui fera époque » (Hittorff). Ce succès est à l'origine de l'appui donné par Louis-Philippe à la construction par l'architecte Hittorff (1792-1862) d'une nouvelle rotonde, sur les Champs-Elysées (1839). Avec ses 40 mètres de diamètre, son élévation soignée, elle met en valeur la qualité des spectacles proposés : *L'Incendie de Moscou* (1839), *La Bataille d'Eylau* (1843), *La Bataille des pyramides* (1853). Sous le second Empire, une nouvelle rotonde (aujourd'hui le théâtre du Rond-Point), construite en 1860 par l'architecte Davioud, avec l'appui de Delacroix, remplace la précédente, détruite en 1855. Sur une circonférence de 120 mètres sont successivement présentés *Le Siège de Sébastopol* (1860), et *La Bataille de Solférino* (1865), des thèmes qui en disent long sur l'opportunisme politique et commercial de Langlois.

Après la guerre de 1870, l'exploitation des souvenirs des batailles et de l'invasion entraîne un ultime essor des panoramas à Paris, qui culmine avec l'Exposition universelle de 1889, essor qui mobilise une nouvelle génération d'artistes et des entrepreneurs nombreux.

Les rotondes se multiplient, et font alors de Paris la « capitale des panoramas » (Bernard Comment). Les thèmes héroïques et militaires l'emportent encore : *Le Siège de Paris* (1873), de Félix Phillipoteaux (1815-1884), *La Bataille de Champigny* (1882), de Edouard Detaille (1848-1912) et Alphonse de Neuville (1835-1885), où des figures de cire sont installées dans l'espace intermédiaire entre les spectateurs et la toile peinte. *La Bataille de Buzenval* (1882), de Théophile Poilpot, inaugure la rotonde occupée aujourd'hui par le théâtre Marigny. Mais le panorama, concurrencé pour les événements d'actualité par la presse illustrée, cherche maintenant sa voie dans les représentations historiques, et devient le « spectacle de l'histoire » (François Robichon), un thème qu'illustrent *Paris à travers les âges* (1885) d'Hoffbauer, *Jérusalem au temps d'Hérode* (1887) d'Olivier Pichat, et surtout, pour l'Exposition de 1889, *L'Histoire du siècle* d'Alfred Stevens (1823-1906) et Henri Gervex (1852-1929), à la tête de toute une équipe d'assistants, un panorama auquel fait pendant une édifiante *Vie de Jeanne d'Arc* de Pierre Carrier-Belleuse et ses élèves.

Traité avec condescendance par les peintres académiques, qui se trouvent dépossédés, « par le goût de la multitude », de leur pouvoir de juger, apprécié par David et Delacroix, le panorama participe aux ruptures du siècle. Bernard Comment montre justement que « ce phénomène populaire menace les élites et leur confiscation de la pratique artistique, d'autant plus que très vite les panoramistes vont s'aventurer sur la chasse gardée par excellence des académies, celle des batailles, de la guerre, qu'on peut assimiler de près et de loin à la peinture d'histoire[1] ».

Restent les étonnantes entreprises des musées de

1. *Ibid.*, p. 60.

cire. Ouvert en 1882, le musée Grévin n'est pas une entreprise extérieure à la vie artistique, tout au contraire. Comme son homologue londonien, le musée Tussaud, il est à la fois l'aboutissement de l'imitation en sculpture — et à ce titre il mobilise des artistes, le dessinateur Alfred Grévin et les sculpteurs Frammont, puis Bernstamm — et un condensé artistique et didactique de la ville, « un précipité de la société tout entière », qui entretient des rapports avec le théâtre [1]. A ce titre, comme le panorama, il témoigne de la fascination qu'exerce le spectacle sur les artistes plasticiens.

Le progrès et les arts

> Le concept de progrès est omniprésent au XIXe siècle dans les représentations, en particulier pendant le second Empire, et il prend sa place aussi dans la culture artistique : à côté du progrès des lettres, on parle du progrès des arts. Le perfectionnement rapide et spectaculaire de plusieurs techniques de la représentation artistique (la gravure, la photographie) le justifie, la relation des artistes au merveilleux de l'industrie et à la production de masse l'explique. Les Expositions universelles, qui font une place importante aux expositions d'œuvres d'art, les entourent de tous les produits d'un « art industriel », que les qualités d'exécution placent souvent au-dessus des productions du passé.

Le progrès des arts est aussi dans la conscience du fait que les bénéficiaires du luxe et de l'art sont devenus beaucoup plus nombreux ; la multiplication des « consommateurs d'art » justifie l'exécution industrielle, l'imitation des œuvres du passé et le pastiche.

1. Voir Catherine Chevillot, « Réalisme optique et progrès esthétique : la fin d'un rêve », *Revue de l'art*, n° 104, 1994, pp. 22-29.

L'éclectisme est dans ce sens une méthode pour étendre la portée du modèle à des objets nouveaux, à de nouvelles étendues, à des matières contemporaines. Le progrès des arts est dans le renouvellement des techniques disponibles pour produire à meilleur marché des objets et des formes qui font image, qui font semblant : la galvanoplastie au lieu de l'orfèvrerie, le verre au lieu du diamant, la photographie au lieu de la gravure. Le progrès des arts est la réponse à ce formidable désir, sinon de participer aux choses de l'art, mais d'atteindre leur représentation. Au « droit de regard » du grand bourgeois conquérant répond, pour la petite bourgeoisie, le droit de posséder la forme de l'art.

A la fin du siècle, la conscience du progrès des arts est stimulée par la relation de plus en plus vive avec les autres cultures ; la découverte de l'art de l'Extrême-Orient pose le problème de son assimilation dans de nouvelles techniques. Cette assimilation est favorisée par l'élargissement de la demande sociale artistique en dehors des formes consacrées du tableau et de la statue. La gravure, l'illustration et l'affiche, l'art du décor domestique, l'art des objets forment, à partir de 1880 environ, de nouveaux territoires artistiques, bien adaptés à une demande privée, en relation avec la demande d'innovation telle qu'elle peut se formuler dans les couches de la moyenne bourgeoisie. En 1892, à l'occasion du Salon de la Nationale, Edmond de Goncourt donne à ce propos des indications précieuses :

> L'art industriel français, sous le coup de fouet de l'art japonais de la vie intime, est en train de tuer le grand art. La cruche d'étain de Baffier, les vases en terre à amours et à femmes mythologiques de Joseph Chéret, la commode aux hortensias de Montesquiou-Fézensac : c'est là le véritable art original de cette exposition [1].

1. Edmond de Goncourt, *Journal*, 13 mai 1892.

Ce qui meurt, c'est tout ce qui est dans le champ des pratiques commandées par le précepte académique de l'unité de l'art, tandis que surgissent, dans le mouvement du progrès des arts, les formes issues du renouvellement des programmes et des techniques.

LE SALON

Dès la deuxième page de *La Vie artistique au temps de Baudelaire,* Adolphe Tabarant ouvre sa célèbre chronique par un tableau saisissant de la préparation du Salon annuel de 1840, « ce Salon à quoi tout se ramène, satisfactions d'amour-propre, considération, notoriété, fortune, et le pain quotidien[1] ». C'est que, depuis la Révolution, le Salon des artistes vivants est au premier plan des constituants de l'activité artistique. D'abord parce que le succès et l'échec de l'artiste au Salon, d'Ingres à Courbet, de Corot à Manet, inscrivent des repères évidents dans la vie professionnelle et sociale de l'artiste. Ensuite parce que les enjeux du Salon débordent largement ceux de l'exposition des œuvres, puisque le Salon révèle, avec la périodicité d'un événement régulier, l'action de l'Etat sur les arts, le poids de l'Institut. La critique et la presse donnent des indices de l'attention que porte au Salon un vaste public hétérogène de connaisseurs, d'amateurs et de curieux, qui le consacrent comme une manifestation essentielle de la nouvelle culture urbaine en formation. Enfin parce que l'autorité du Salon s'exerce bien au-delà des limites nationales.

1. Adolphe Tabarant, *La Vie artistique au temps de Baudelaire,* Paris, Mercure de France, 1942, (rééd. 1963), p. 12.

Le salon est une manifestation devenue rapidement et étroitement articulée avec la vie sociale parisienne, articulation dont la littérature contemporaine donne plusieurs témoignages spectaculaires. Balzac nous fait voir, dans un Salon du début du siècle, la « foule immense » qui se presse devant les tableaux qui représentent le petit monde de la « Maison du chat-qui-pelote » : « On s'y tua, comme disent les femmes[1]. » Cinquante ans plus tard, Zola, dans *L'Œuvre,* donne encore des représentations vigoureuses du public et du Salon. La presse donne aux comptes rendus du Salon la forme de feuilletons, et pour les humoristes le Salon est, très tôt, une mine inépuisable de situations propices à une production satirique, qui va de la publication de la *Critique du Salon, ou les Tableaux en vaudevilles* (Salon de 1800) aux caricatures de Bertall, sous le second Empire, de Cham et de Caran d'Ache plus tard.

Si l'on se propose d'aller au-delà de la chronique, ce que représente alors le Salon est bien difficile à restituer aujourd'hui. Il est en effet une institution centrale et dominante, dont l'équivalent n'existe plus, tout au moins dans le domaine des arts plastiques. Peut-être, dans l'activité d'une industrie culturelle d'aujourd'hui, un festival de cinéma, comme celui de Cannes, avec son jury, sa critique, sa place dans les médias, son mélange de vie mondaine et de négociations économiques, est-il, toutes différences admises par hypothèse, un équivalent approché.

1. Honoré de Balzac, *La Maison du chat-qui-pelote* (1830), in *La Comédie humaine,* Paris, Gallimard, Bibliothèque de la Pléiade, 1956, vol. I, pp. 32-33.

L'organisation du Salon

Fréquence et durée

Le Salon, devenu annuel en 1796, est de nouveau bisannuel à partir de 1798, annuel de 1833 à 1851, de nouveau bisannuel de 1853 à 1863 ; au lendemain du fameux « Salon des refusés », le rétablissement, par décret de Napoléon III, du Salon annuel, à partir de 1864, est une mesure libérale, perçue par les artistes comme une victoire[1].

La durée du Salon est inégale. Elle varie au début du siècle de quelques semaines à plusieurs mois. D'abord ouvert en été, le Salon, à partir de la monarchie de Juillet, se tient au printemps, de mars à juin. A cette époque, l'entrée est gratuite les dimanche, mardi, mercredi, jeudi et vendredi, de 10 heures à 16 heures ; le samedi, l'entrée est payante ; le lundi est le jour de fermeture.

Emplacement

Comme au XVIIIe siècle, le Salon, jusqu'en 1848, se tient dans le salon Carré du palais du Louvre (d'où son nom), où l'accrochage des tableaux couvre les murs en hauteur. Rapidement il déborde le salon Carré et envahit les espaces voisins, et surtout la Grande Galerie, au fur et à mesure que le nombre des tableaux exposés augmente. Jusqu'en 1831, les tableaux du musée sont décrochés pendant le Salon, puis les « tableaux de l'exposition » sont suspendus à des parois provisoires de bois, qui cachent quatre mois

1. Voir A. Tabarant, *La Vie artistique au temps de Baudelaire, op. cit.*, p. 316.

durant les tableaux des collections permanentes. Cette situation donne des arguments à Jeanron, le directeur des musées, qui déplace en 1849 le Salon aux Tuileries, puis en 1850 au Palais-National (le Palais-Royal) ; enfin le Salon se transporte sur les Champs-Elysées, dans le palais de l'Industrie construit pour l'Exposition universelle de 1855 (détruit en 1897, il sera remplacé en 1900 par l'actuel Grand Palais).

Le Salon, l'Etat et l'Académie des beaux-arts

Si une administration publique, successivement la Direction des musées et la Direction des beaux-arts, a officiellement la charge de l'organisation du Salon, l'histoire du Salon montre que l'Etat a constamment délégué tout ou partie de son pouvoir de contrôle des admissions et de l'attribution des récompenses à l'Académie des beaux-arts. Ce fut la source constante de conflits entre « un petit groupe aux idées étroites » (Lethève) et de nombreux artistes, qui aspiraient à l'élargissement des critères de jugement. Sous le second Empire, en 1863, la tension devient telle que Napoléon III, après avoir vu personnellement les tableaux écartés par le jury, autorise l'ouverture d'un « Salon des refusés », afin de permettre au public de se faire une opinion sur les protestations des artistes. Dès lors, les fonctionnaires qui ont la charge de l'organisation du Salon constatent que l'administration doit se dégager de cette responsabilité. Ainsi Philippe de Chennevières écrit-il au ministre de l'Instruction publique Jules Simon en 1870 :

> [Cette question] soulève tant d'animosités dans le monde des Arts, animosités qui retombent fatalement sur l'administration et s'en détourneraient à jamais le jour où un ministre franchement libéral dirait aux

> artistes : faites vous-mêmes vos affaires ; je n'ai charge aux yeux du pays que de faciliter votre éducation, d'acquérir vos meilleurs ouvrages, et de décorer les monuments dont la nation a besoin. Je n'ai point à me mêler inutilement à vos querelles et à vos rivalités d'écoles [1].

Tout au long des années 1870, la situation va se tendre, entre l'Etat et les artistes ; plus que les aspects liés aux tendances artistiques, c'est le nombre croissant des envois qui est le moteur de cette crise. En effet, après le Salon de 1870, où un jury élu par tous les anciens exposants admet 4 229 œuvres, dont plus de 3 000 tableaux, Charles Blanc, directeur des beaux-arts, est fondé à réclamer au ministre le rétablissement d'un jury sévère « dans l'intérêt de l'art ». Après avoir différé le Salon de 1871, l'administration met au point un règlement sophistiqué pour le Salon de 1872 : le jury est composé en majorité d'artistes (quinze pour la peinture), élus par un collège restreint d'artistes français médaillés ou titulaires du prix de Rome ; à ces élus s'ajoutent quatre représentants de l'administration. Le nombre d'envois étant par ailleurs limité à deux par artiste, le résultat cherché est obtenu : le nombre de tableaux exposés au Salon de 1872 chute à 1 536. L'année suivante, la manipulation de la définition du jury et la variation du nombre des envois par artiste entraînent une nouvelle diminution des tableaux admis : 1 491. Malgré l'organisation d'un « Salon des refusés » en 1873, la comparaison avec les derniers Salons de l'Empire met en valeur leur libéralisme relatif.

Philippe de Chennevières, qui succède à Charles Blanc en 1873, tente d'atténuer ce bilan, et de 1874 à

1. Ph. de Chennevières, *Souvenirs d'un directeur des beaux-arts, op. cit.*, pp. 11-41.

1878 le nombre des tableaux admis passe de 1 852 à 2 330. La marge de manœuvre reste cependant étroite, puisque la capacité du palais de l'Industrie ne dépasse pas 2 500 toiles.

Le jury du Salon et son rôle

Mis à part les Salons de la période révolutionnaire, l'admission au Salon des œuvres d'un artiste est soumise à la décision du jury. De 1798 à 1814, le jury est nommé par le gouvernement ; sous la Restauration, le jury est constitué par des membres de l'Académie des beaux-arts réunis autour du directeur des musées ; puis, de 1831 à 1847, et de 1857 à 1863, le jury est composé par l'Académie des beaux-arts. De nombreux projets de réforme libérale du jury voient le jour, sans effet, pendant la monarchie de Juillet ; pour sa part, le sculpteur David d'Angers, dès 1848, réclamait la suppression du jury. La révolution de 1848 bouleverse dans un sens libéral la règle du jeu ; la proclamation de la République, le 24 février 1848, survient pendant les préparatifs du Salon, alors que le jury avait commencé ses jugements ; obligé à intervenir d'urgence, le nouveau ministre de l'Intérieur, Ledru-Rollin, réorganise le Salon par un arrêté du 29 février :

> [Le ministre] charge le Directeur du Musée national du Louvre d'ouvrir l'exposition de 1848 sous le délai de 15 jours. Tous les ouvrages envoyés cette année seront reçus sans exception. Tous les artistes sont convoqués à l'Ecole nationale des Beaux-Arts, le 5 mars 1848 à midi, pour nommer une commission de 40 membres, savoir : 15 peintres, 11 sculpteurs, 5 graveurs, 5 architectes et 4 lithographes, chargés avec le concours de l'administration du Musée national du placement des ouvrages à exposer.

Entre 1849 et 1855, et de nouveau après 1863, diverses modalités permettent la présence d'artistes non académiciens dans le jury. Sont dispensés de soumettre leurs travaux au jury : les artistes membres de l'Académie (un véritable privilège) et les « artistes médaillés », récompensés antérieurement par le jury. Ainsi Courbet, médaillé au Salon de 1849, est-il dispensé par la suite de soumettre ses tableaux au jury (tout au moins jusqu'à la réforme de 1863). Au lendemain de l'Exposition universelle de 1889, cette question des « hors concours » divise profondément les artistes ; les uns, avec Meissonier, proposent que les artistes médaillés à l'Exposition universelle soient admis « hors concours » pour les prochains Salons, les autres, avec Bouguereau, s'y opposent, le jury de l'Exposition ayant été nommé par l'Etat, et le nombre des médaillés risquant de limiter les admissions nouvelles. Minoritaires, les opposants quitteront la Société des artistes français et provoqueront la scission.

Les récompenses, sous forme de médailles, sont attribuées aussi par le jury. Elles constituent des références très recherchées, largement exhibées par les artistes dans leurs démarches auprès de leurs clients. Ces récompenses sont aussi les étapes d'une sorte de *cursus honorum* dans la carrière d'un peintre ; mais Corot, médaillé de troisième classe dès 1833, n'obtiendra jamais la médaille d'honneur. Il arrive aussi que l'attribution des médailles au Salon conditionne la promotion de l'artiste dans l'ordre de la Légion d'honneur.

Les fonctions du Salon

Au début du XIXe siècle, dans la phase où se mettent en forme les nouvelles pratiques sociales de la société urbaine française, où la Cour et l'aristocratie ne sont plus du tout en mesure d'assurer seules les fonctions de stimulation et de consécration de la vie culturelle, le Salon fait une sorte de synthèse entre la libéralisation de son rôle technique initial, renforcé par la Révolution, et les besoins d'une relation directe, « démocratique », avec le public, érigé, théoriquement, sinon en juge, tout au moins en témoin de la pertinence du choix des juges.

Le Salon, par son origine académique, se définit comme le lieu où on peut à la fois montrer le travail des artistes, sans contrôle autre que celui d'un jury d'artistes, et rencontrer un public. De cette tradition académique et monarchique, il conserve cette fonction passive, démonstrative, mais corrigée par une sorte de corporatisme équitable, héritage de la période révolutionnaire. Dans ce sens, un peu idéal, c'est à la fois « le pouvoir aux artistes » et la « sanction du public », comme on le voit avec le sort du Salon sous l'éphémère IIe République.

Mais la réalité montre que le Salon au XIXe siècle est aussi, et surtout, le lieu où l'artiste établit sa relation avec le pouvoir, avec le pouvoir administratif, avec le pouvoir académique, avec le pouvoir économique. A partir du statut de vitrine, démonstrative de réalités opérant ailleurs, le Salon se transforme en lieu de confrontation et de compétition, en lieu de vente, en lieu déterminant du degré d'existence sociale de l'artiste.

Le Salon est enfin l'espace central de l'économie de l'art. C'est au Salon, alors que le marché de l'art est encore peu développé, que l'artiste entre en contact avec ses partenaires économiques. D'abord avec les représentants de l'Etat, qui est le principal acheteur, et qui achète souvent plus de tableaux exposés au Salon qu'il ne passe de commandes. Ensuite avec la masse des acheteurs dispersés dans la société civile, que le Salon permet de rassembler, de stimuler et ensuite de persuader.

Avec le recul, le Salon, entre l'Empire et les débuts de la IIIe République, apparaît comme le dispositif pertinent d'une période de transition, entre une société monarchique et ses mécènes aristocratiques d'une part, et d'autre part une société marchande, dotée d'un marché spéculatif de l'art, puissant et structuré. Il correspond au temps que prend la substitution complète de la valeur d'échange de l'œuvre d'art à sa valeur d'usage. De ce statut et de cette position historique intermédiaire, le Salon du XIXe siècle tient des dispositifs contradictoires et d'efficacité précaire. Par exemple, en pleine phase d'expansion et de diversification de la culture artistique dans la société française, le fonctionnement du Salon, inspiré de très près du fonctionnement des Salons de l'ancienne Académie royale, s'appuie sur le mythe, essentiel, de l'unité de l'art, et donc tend à imposer l'homogénéité des critères du goût et de la valeur artistique. Découlent de cette situation des tensions constantes dans le fonctionnement de la manifestation, tant dans son contrôle que dans l'expression des tendances artistiques, puisque de la stabilité et de l'homogénéité des jugements dépendent la stabilité économique des artistes et la pérennité de leur notoriété. Instrument voué à la reproduction sociale, le Salon doit une part de son succès, dans une période de mobilité et de concurrence, au retard du marché à mobiliser, à l'échelle internationale, les concepts, les instruments et les capitaux nécessaires à une exploitation commerciale de la fin de l'unité de l'art.

Le Salon et la reconnaissance sociale de l'artiste

L'admission au Salon consacre l'artiste comme professionnel. Lorsque l'artiste a été formé à l'Ecole des beaux-arts, il trouve dans le Salon le lieu où il rencontrera la société civile, des clients, les commandes de l'Etat. Ainsi Bouguereau, titulaire du prix de Rome, expose sans attendre, pendant son séjour à la villa Médicis, ses envois de Rome aux Salons de 1852, 1853 et 1854 ; présent ensuite à tous les Salons, en général avec deux ou trois tableaux, il reçoit la médaille de première classe en 1857. Lorsque l'artiste a eu une formation indépendante, l'exposition d'une œuvre au Salon est la première étape de la reconnaissance sociale, souvent péniblement franchie. Pour les artistes étrangers, l'admission au Salon de Paris donne une référence recherchée. Quelques artistes, après avoir établi leur succès au Salon, ont pu se dispenser de le fréquenter régulièrement : Ingres, après 1834, Couture, après 1850. Pierre Vaisse mentionne des peintres moins en vue, surchargés de commandes, qui ont eu une présence épisodique au Salon : Galland, qui n'expose qu'une fois, en 1842, Roybet, qui, après avoir exposé de 1865 à 1868, suspend ses envois jusqu'en 1892. Mais quels furent dans leur cas les dispositifs de substitution ?

L'admission met souvent en valeur le caractère arbitraire des critères de sélection. Les Salons de la monarchie de Juillet sont restés célèbres pour la sévérité du jury ; Rosenthal l'a montré : elle fut « absurde et féroce », n'épargnant ni les maîtres (Delacroix, Chassériau, Couture), ni les élèves des membres de l'Institut, ni bien sûr les paysagistes (Rousseau, Corot), qui font massivement les frais des rapports de force qui animent le jury[1]. Dans celui-ci, en effet, Rosenthal a distingué un groupe intransigeant, composé de peintres âgés, de second ordre (autour de Bidauld, Couder et Granet), qui imposent leur loi, excluent tout écart dans le métier et le style. En évinçant des artistes bénéficiaires de commandes, ils règlent par surcroît leurs comptes avec l'administration et le mécénat royal. Il est clair que les autres membres du jury (Ingres, Delaroche, Horace Vernet) ne s'opposent pas vraiment à ces intransigeants gardiens du métier, qu'ils laissent faire, mais, excédés, plusieurs vont dans cette période jusqu'à cesser de participer aux réunions du jury.

De 1839 à 1847, quatre envois de Millet sur dix sont acceptés. De 1827 à 1847, une partie seulement des envois de Corot sont reçus au Salon, et, « comme par charité, placés aux recoins les plus obscurs » (G. Geffroy). De 1841 à 1848, trois envois de Courbet sur vingt-deux sont acceptés : un tableau en 1844, un autre en 1846, et tel portrait, *Le Violoncelliste,* refusé en 1847, est admis en 1848. Si la médaille d'or lui est attribuée au Salon de 1849 pour *Une après-dînée à Ornans,* et si elle met Courbet « hors concours » pour les Salons suivants, cette dispense du jury ne s'applique pas aux envois à l'Exposition universelle de 1855, qui remplace cette année-là le Salon, et dont le jury refuse son grand *Atelier.*

Le Salon et l'assimilation sociale de l'artiste

Le Salon est le point de passage obligé pour le succès public de l'artiste, il commande l'accès à une éventuelle carrière, aux honneurs, à l'accrochage au musée

1. Voir Léon Rosenthal, *Du romantisme au réalisme* (1914), Paris, Macula, 1987, p. 39.

du Luxembourg. Par la sélection et la compétition, le Salon intègre l'artiste (et l'art) aux mécanismes et aux valeurs d'une société fortement hiérarchisée. Une institution si forte détermine les comportements individuels : on en a un indice avec ces tableaux signés avec ostentation, dans des dimensions, ou même une couleur, qui cherchent à garantir l'identification de l'artiste par le public, même dans le cas d'un médiocre accrochage. Par le mécanisme de la sélection individuelle et de la récompense, le Salon interdit de fait les groupes d'artistes, interdit toute manifestation d'une organisation collective (en dehors de l'Académie). Pratiquement, tous les artistes, jusqu'aux années 1870, tolèrent plus ou moins bien cette situation, qui a, pour ceux qui réussissent, des avantages substantiels. Un peintre aussi manifestement rebelle à toute compromission sociale que Courbet met tous ses soins dans ses envois au Salon, et Manet refuse de participer à l'exposition de ceux qui vont devenir les « impressionnistes » parce que c'est contradictoire avec son désir d'une réussite au Salon. Un échec au Salon est non seulement un échec professionnel, mais aussi un échec social, qui conduit le cas échéant l'artiste au désespoir et au suicide.

Le Salon et son public

Dans les conditions pratiques du Salon, le succès et l'échec ont des dimensions spécifiques, qu'aucune institution de l'époque n'égale : la fréquentation du public est en effet énorme. Rosenthal, pour le Salon de 1846, donne le chiffre de 1 200 000 entrées, qu'il faut mettre en relation avec la population de 1 million de Parisiens. Pierre Vaisse, pour les Salons des années 1870, produit des chiffres plus modestes mais peut-être plus sûrs : 496 000 entrées au Salon de 1875, 519 000 au Salon de 1876 et, en 1872, on enregistre 20 000 entrées les jours où l'accès est gratuit : c'était bien alors le temps de « la ruée vers l'art ».

Ces nombres désignent une manifestation de masse, sans doute avec les Expositions universelles la seule manifestation culturelle de masse au XIXe siècle. Ils impliquent une fréquentation populaire et, pour une part, des visites multiples. La notion de réussite au Salon doit tenir compte de cette dimension : le public qui fait le succès ou l'échec n'est pas un public de connaisseurs. Quelle que soit la variété des publics qui forment cette masse, les degrés différents de leur compétence (et tenons compte que la plupart sont ignorants des choses de l'art) font que le succès et l'échec dépendent de critères simples, acceptables pour la plupart, qui font que, dans la masse des tableaux — plusieurs milliers —, seules quelques dizaines émergent, accèdent à une identité, celle des œuvres dont on parle cette année-là.

Parmi ces critères, c'est d'abord la représentation, lisible et compréhensible, d'un sujet frappant, qui évoque une réalité spécifique, hors du commun. Plusieurs témoignages attestent cette demande d'un « donner à voir » : après avoir vu *Les Pèlerins allant à La Mecque*, de Léon Belly (Salon de 1861), un critique rapporte qu'au retour du Salon « il semblait que chaque visiteur eût fait partie de la caravane ». On aime voir un élément du passé proche, ou un événement d'actualité, dont la nomenclature est encore forte dans les mémoires, et que la représentation peinte fixe avec des détails qui vont mettre en forme l'évocation. Cette proposition au public d'une fiction qui se substitue au témoignage a une grande efficacité imaginaire et narrative, comme le montre, dans un style qui évoque les choses vues, cette description des réactions du public devant le *Bivouac devant Le Bourget, après le combat du 21 décembre 1870,* un tableau du peintre Alphonse de Neuville :

> C'était au Salon de 1872. La foule passait mélancolique et lasse, devant des œuvres où le talent de naguère s'était à peine ressaisi, quand tout à coup un grand mouvement se produisit parmi ce public qui vaguait et le fit se ruer vers une toile, éperdu et galvanisé. Un seul cri sortit de toutes les poitrines : « Ce sont eux ! » En effet, c'était bien eux, les pauvres mobiles de 1870. Ils étaient là, transis de froid, bivouaquant au bord d'une route, tandis qu'au loin, sur le ciel morne, s'enlevaient les maisons du Bourget, ruinées, détruites par le combat de la veille. Les attitudes, les physionomies, les lieux, l'atmosphère, tout était d'une vérité tellement saisissante que chacun demeura cloué sur place à se repaître de ce spectacle. Des souvenirs sans nombre revinrent à toutes les mémoires et le nom d'Alphonse de Neuville vola de bouche en bouche. Le maître venait de se révéler[1].

A ces enthousiasmes collectifs correspondent, à l'inverse, des critiques frénétiques, des gesticulations et des insultes. Zola rapporte que, devant un tableau de Manet, « un amateur exaspéré alla jusqu'à menacer de se porter à des voies de fait si on laissait plus longtemps dans la salle de l'exposition *La Musique aux Tuileries* ». Zola a su voir aussi la légèreté du comportement collectif des visiteurs du Salon :

> Mettez dix personnes d'intelligence suffisante devant un tableau d'aspect neuf et original, et ces personnes, à elles dix, ne feront plus qu'un grand enfant : elles se pousseront du coude, elles commenteront l'œuvre de la façon la plus comique du monde. Les badauds arriveront

1. R. Henard, cité dans le catalogue de l'exposition « Alphonse de Neuville », musée de Saint-Omer, 1978, p. 16.

> à la file, grossissant le groupe ; bientôt ce sera un véritable charivari, un accès de folie bête [...]. Et il y a toute une armée dont l'intérêt est d'entretenir la gaîté de la foule, et qui l'entretient de belle façon. Les caricaturistes s'emparent de l'homme et de l'œuvre ; les chroniqueurs rient plus haut que les rieurs désintéressés. Au fond ce n'est que du rire, ce n'est que du vent. Pas la moindre conviction, pas le plus petit souci de vérité. L'art est grave, il ennuie profondément ; il faut bien l'égayer un peu, chercher une toile dans le Salon qu'on puisse tourner en ridicule [1].

Comme l'établissent ces témoins, la réalité du comportement du public au Salon implique que les œuvres soient l'objet de commentaires. A côté des commentaires de la critique dans la presse, affaire de journalistes, de chroniqueurs et d'écrivains, il y a le commentaire oral, sur lequel on dispose de quelques indications, comme ce témoignage du directeur des beaux-arts de la IIIe République, Gustave Larroumet, qui montre le poids de ce qu'il nomme la « critique parlée » dans la prise de décision pour les achats de l'Etat. Dans l'ensemble des activités culturelles, alors que les arts du spectacle et la musique obligent à différer le commentaire, les expositions, et le Salon en particulier, sont le lieu et le moment du commentaire direct, synchronisé avec l'observation. Thème privilégié par les dessinateurs satiriques et par certains chroniqueurs dans leurs comptes rendus du Salon, le commentaire oral direct a opéré, non seulement comme un mode d'expression interpersonnel, mais aussi comme une forme de communication sociale et, surtout, comme un mode de formation de l'opinion sur les arts visuels. Sujets historiques ou anecdotiques

1. Emile Zola, « Edouard Manet » (1867), *Mon Salon-Manet*, Paris, 1970, pp. 91-117.

qu'on commente à haute voix, et dont chaque élément appelle identification, énumération, explication ; savoir-faire qu'on juge. Sans doute ne dispose-t-on que d'indices ; tous cependant suggèrent l'importance de ces manifestations orales : bien des aspects de l'art de ce temps indiquent une forte cohérence entre une peinture anecdotique et ces formes du commentaire oral. A une peinture « bavarde » répond une opinion discursive, qui se constitue à partir des éléments qui, comme le sujet, peuvent être désignés par le langage. Ainsi, au Salon de 1889, à propos du tableau *La Toussaint,* d'Emile Friant, Gyp raconte :

> La Jeune Fille Ancienne Ecole :
> — Oh !... ces gens qui entrent au cimetière !... c'est très touchant.
> Le Gommeux (retirant sa canne de sa bouche) :
> — J'en pleure !
> L'Homme Sérieux :
> — C'est *La Toussaint* de Friant... un jeune, un tout jeune, qui a un immense et incontestable talent.
> — Il est étonnant ce tableau !...
> — Regardez la tête de l'aveugle !...
> — Et celle de la vieille femme la plus éloignée !...
> — Et la jeune fille qui porte un pot de chrysanthèmes !...
> — Et le vieux qui marche d'un air résigné !...
> — Et la neige !...
> — Et tout !...
> — C'est le plus habile des « jeunes », Friant [1] !...

Le second critère qui justifie l'intérêt du public est celui de la compétence technique attendue du peintre ou du sculpteur. Il ne s'agit pas de cette partie de la compétence académique qui porte sur des domaines savants, comme la composition, l'anatomie ou la

1. Gyp, *Bob au Salon de 1889.*

perspective, qui ne relèvent pas du jugement du public dans son ensemble. Il s'agit de l'exécution de la représentation, dont on attend une démonstration de savoir-faire, une performance, sinon le tour de force ou la virtuosité. On veut une définition dessinée des formes, une hiérarchie des ensembles et des détails. Dans l'infiniment petit, le triomphe de Meissonier est celui du peintre habile à faire « fin » et « joli », critères traditionnels de la culture technique populaire, opposés au grossier et à l'approximatif.

La critique dans l'ensemble valorise l'exécution brillante, apprécie le « goût » de tel tableau, « d'une facture vraiment exquise » (Montrosier, Salon de 1880). On cherche des arguments en qualifiant une représentation suggestive par un vocabulaire technique rudimentaire, qui met l'accent sur une équivalence gestuelle et tactile :

> La touche à la fois délicate et brusque de M. Chaplin, le mélange de frottis et d'empâtements qu'il emploie, l'éclat lumineux de ses satins, la manière libre dont il chiffonne le taffetas et les gazes, ôtent à ses toiles la fadeur qu'évitent si rarement les peintres fashionables [1].

L'absence de précision dans l'exécution est assimilée à une absence de métier. Baudelaire, au Salon de 1845, doit défendre Corot, auquel on reproche l'absence de fini :

> Tous les demi-savants, après avoir consciencieusement admiré un tableau de Corot et lui avoir loyalement payé leur tribut d'éloges, trouvent que cela pèche par l'exécution, et s'accordent en ceci que définitivement M. Corot ne sait pas peindre. Braves gens ! qui ignorent d'abord qu'une œuvre de génie, ou, si l'on veut, une œuvre d'âme

1. Théophile Gautier, *Abécédaire du Salon de 1861*.

— où tout est bien vu, bien observé, bien compris, bien imaginé — est toujours très bien exécutée, quand elle l'est suffisamment ; ensuite qu'il y a une grande différence entre un morceau *fait* et un morceau *fini* ; qu'en général ce qui est *fait* n'est pas *fini*, et qu'une chose très *finie* peut n'être pas *faite* [...]. M. Corot est tout aussi fort cette année que les précédentes — mais l'œil du public a été tellement accoutumé aux morceaux luisants, propres et industriellement *astiqués*, qu'on lui fait toujours le même reproche [1].

Le Salon, la critique et la presse

A partir de 1830, la presse consacre à chaque Salon des chroniques de plus en plus abondantes, prend une part active à la reconnaissance de l'art et des artistes. Les organes de presse, le *Journal des débats*, *Le Constitutionnel*, *Le National*, ouvrent leurs colonnes aux critiques, qui donnent aux comptes rendus de leur visite au Salon la forme d'articles suivis, d'un numéro à l'autre. L'essor de la critique s'appuie sur l'événement parisien du Salon.

Et c'est à partir de ces comptes rendus que la critique devient une partie essentielle de l'activité culturelle, en produisant l'information sur l'actualité artistique, en contribuant à former l'opinion, en établissant des relations entre les disciplines, en jouant souvent un rôle militant dans les batailles d'idées [2].

Des revues spécialisées apparaissent, qui jouent un rôle actif dans la formation de l'opinion. En 1831, la revue *L'Artiste* est créée par un amateur d'art, Achille Ricourt, qui hante les ateliers d'artistes romantiques,

1. Charles Baudelaire, *Les Curiosités esthétiques*, Paris, 1868.
2. On ne développera pas ici ce point, qui est traité dans L. Rosenthal, *Du romantisme au réalisme*, *op. cit.* Pour la période suivante, voir l'étude de Jacques Lethève, *Impressionnistes et symbolistes devant la presse*, Paris, Armand Colin, coll. Kiosque, 1959.

de Delacroix à Decamps et David d'Angers. Illustrée d'estampes, de lithographies et d'eaux-fortes, la revue est utile à la diffusion de l'actualité artistique vers le public ; mais elle est aussi un instrument où s'articule la relation des arts plastiques avec l'actualité littéraire ; publication annexe de la revue, un *Bulletin des arts,* qui annonce les expositions et les ventes, donne leur place aux pratiques économiques.

La revue *L'Artiste* accueille les écrits des artistes (Delacroix), des écrivains (Balzac, Mérimée, George Sand, Musset, Baudelaire, Théophile Gautier) et des premiers critiques professionnels (Jules Janin, Arsène Houssaye). Elle est une revue militante, et avec ses comptes rendus du Salon elle participe à la bataille romantique. Le débat sur les questions d'art y est instauré dans un esprit libéral : « Nous permettrons l'attaque, mais sans interdire la défense. »

Elle devient en 1844 propriété d'Arsène Houssaye, et au débat artistique s'ajoute l'expression de la bataille politique, et en 1848, Arsène Houssaye, dans sa proclamation de foi républicaine, donne un bon témoignage sur la relation entre le mouvement du libéralisme artistique, la lutte contre les dogmes académiques et la revendication des libertés :

> Depuis 17 ans, ce recueil a défendu les arts et les artistes contre l'oppression du pouvoir royal, du pouvoir et du pouvoir académique. Les arts et les artistes sont libres [1].

Sous le second Empire, avec l'enrichissement de la bourgeoisie et l'effervescence des collectionneurs, les

1. Voir les travaux de Suzanne Damiron sur l'histoire de la revue *L'Artiste,* en particulier « La revue *L'Artiste.* Histoire administrative... », *Bulletin de la Société d'histoire de l'art français,* Paris, 1951, pp. 131-142.

conditions sont propices à un nouvel essor de l'édition d'art. En 1851, *La Lumière* est la première revue consacrée à la photographie. En 1859, Charles Blanc crée la *Gazette des beaux-arts,* où l'information et le compte rendu s'écartent de la critique d'humeur, et dont le succès réel mais modéré (deux mille abonnés en 1880) est durable. La revue *L'Art pour tous. Encyclopédie de l'art industriel et décoratif,* publiée à partir de 1861, est à l'origine des publications consacrées aux arts décoratifs. En 1869, Paul Durand-Ruel finance en secret la *Revue internationale de l'art et de la curiosité,* première relation instrumentale d'un marchand de tableaux avec une revue.

Le Salon et les formes artistiques

L'importance sociale, commerciale et professionnelle du Salon impose aux artistes une démarche spécifique. Le Salon les conduit, non seulement à tenir compte du jury et de son rôle dans l'admission des œuvres, mais aussi à définir une production relative aux conditions précises de la rencontre de l'œuvre et du public. Dans la conception comme dans la réalisation de l'œuvre, les artistes ont souvent interprété les données spécifiques qu'impose le Salon, pour anticiper la confrontation du résultat de leur travail avec le public.

Peindre pour le Salon

Deux grandes tendances se dégagent : celle d'une production courante, dominée par les thèmes du portrait, du paysage, de la peinture décorative, où le sujet est un prétexte à une peinture d'agrément, et celle qui met à profit l'événement du Salon pour, au contraire, provoquer l'attention et l'intérêt par une manifestation d'originalité.

Les bases de l'activité professionnelle sont assurées par la production courante, qui donne du travail à une « foule de véritables fabricants qui fournissent en peinture les palais, les églises et les simples maisons bourgeoises[1] ». Zola, qui a bien vu, dans les années 1870, le rôle économique et social de cette production, dénonce l'anachronisme du système du jury appliqué à des expositions qui ont de plus en plus un rôle de « galerie marchande ». Dans cette production, après 1850, la nécessité de plaire entraîne l'adoption de caractères formels homogènes et stables, largement indépendants du thème : un dessin élégant et précis, un coloris agréable et clair, un modelé suave. Les vedettes de l'art académique de la seconde moitié du siècle illustrent bien ces normes formelles, qui sont les mêmes pour le célèbre *Combat de coqs* (Salon de 1847) de Gérôme, pour la *Pietà* (Salon de 1876) et pour la *Naissance de Vénus* (Salon de 1879) de Bouguereau. Il se trouvera des critiques pour dénoncer cette égale fadeur industrielle.

Dès les années de la Restauration, par contre, les jeunes artistes utilisent le Salon pour présenter des tableaux qui sont des manifestes personnels. Tout un aspect de la peinture romantique dépend ainsi d'une élaboration en relation étroite avec le Salon : sujets dramatiques, coloris inattendus, formats impressionnants désignent les œuvres marquantes, *Le Radeau de la Méduse* (Salon de 1819), de Géricault, les *Scènes des massacres de Scio* (Salon de 1824), de Delacroix. Pour le Salon de 1827, les peintres préparent de grands tableaux historiques, où au thème de la mort répond, avec une symétrie involontaire, celui de la naissance :

1. E. Zola (Salon de 1876), *Mon Salon-Manet, op. cit.*, pp. 247-280.

la *Mort de Sardanapale* de Delacroix, *La Mort d'Elizabeth d'Angleterre* de Delaroche, la *Naissance d'Henri IV* de Devéria. Dans la période suivante, la plupart des peintres qui ont marqué leur temps sacrifient à cet usage, et leurs principaux manifestes sont des œuvres préparées dans le but de s'imposer au Salon. Et d'abord par des sujets et dans des formats exceptionnels : pour *Les Romains de la décadence* (4,66 x 7,75 m, Salon de 1847) de Thomas Couture, pour *Un enterrement à Ornans* (3,15 × 6,68 m, Salon de 1851), de Courbet, à l'ambition narrative et imaginaire correspondent des dimensions gigantesques, qui sont à la limite de ce qu'il est possible de faire dans les conditions d'une toile tendue sur un châssis. Plus tard Manet, avec *Le Déjeuner sur l'herbe* (2,08 x 2,64 m, Salon de 1863), Gustave Doré, avec *Dante et Virgile visitant le 7ᵉ cercle* (environ 4 x 10 m, Salon de 1875), et Bouguereau, avec *La Jeunesse de Bacchus* (3,31 × 6,10 m, Salon de 1884), continuent cette tradition des œuvres-manifestes.

Comme ces toiles ne sont pas des réponses à des commandes préalables, la production de ces très grands tableaux représente pour l'artiste un investissement élevé et risqué, par le niveau de la dépense et par le caractère aléatoire d'une réussite au Salon et d'une vente, souvent improbable. A la dépense en matière d'œuvre (le support, châssis et toile, et les couleurs peuvent correspondre à une dépense de plusieurs dizaines de milliers de francs actuels) s'ajoute un investissement très important en temps de travail, qui peut s'étendre sur une durée de plusieurs mois, pendant lequel le peintre suspend d'autres activités rentables. Le risque majeur est évidemment le refus du tableau par le jury : Claude Monet, qui a été admis au Salon de 1865 avec des « marines » appréciées, est refusé au Salon de 1867 avec un grand tableau, les

Femmes au jardin. Après le Salon, lorsque, dédaignées par l'Etat, le seul acheteur possible, ces grandes machines demeurent sans acquéreur, elles restent souvent dans l'atelier du peintre jusqu'à sa mort ; il en fut ainsi pour l'*Atelier* de Courbet et pour *La Jeunesse de Bacchus* de Bouguereau.

Sculpter pour le Salon

Parmi les surenchères que suscite la présentation des œuvres au public du Salon, la course au réalisme de la sculpture a été notée par les spécialistes. Dans la seconde moitié du siècle, elle est une des conséquences de la compétition pour plaire qu'est devenu le Salon ; le vérisme des représentations et de la facture écartent l'œuvre des critères de l'art académique, dans une dérive qui fait oublier les conventions du style de la figure sculptée. La présence au Salon d'une masse de portraits, surtout des bustes, implique une échelle domestique, et non pas monumentale. L'idée de progrès en art conduit à la représentation poussée des détails, souvent vestimentaires, qui semblent l'idéal à atteindre : « L'image d'une perfection de la *mimesis* [est] considérée comme le plus haut degré du progrès artistique[1]. » La recherche d'une statuaire polychrome, chez Gérôme (Salon de 1892), est l'aboutissement, avec la statuaire de cire, de cette démarche. Ce vérisme, qui était déjà celui de la *Petite Danseuse de quatorze ans*, de Degas (Salon de 1880), présentée sous vitrine, pose le problème des rapports de la sculpture avec les pratiques qui peuplent alors de figures de cire les musées d'anatomie et les baraques de foire.

L'anecdote s'impose dans les thèmes et pousse les

1. C. Chevillot, « Réalisme optique et progrès esthétique : la fin d'un rêve », art. cité, p. 23.

sculpteurs à chercher des sujets qui sont les équivalents de ceux de la peinture de genre, avec les mêmes démonstrations du savoir historique et archéologique. Dans ce sens, *Le Connétable de Montmorency* de Paul Dubois, présenté au Salon de 1886, est un modèle. A la fin du siècle, toute une production illusionniste méconnue procède de ces tendances, et aboutit à montrer dans les Salons d'étonnantes compositions narratives, comme *L'Accident* de Paul-Roger Bloche (Salon de 1909). Toute une production néo-classique, ou néo-primitive, s'explique en partie comme une réaction des sculpteurs de cette génération (Maillol, Bourdelle) à ces échappées en dehors des traditions esthétiques de la sculpture.

Des sujets pour le Salon

Pour intéresser et pour plaire, le choix du thème, on l'a vu, est essentiel. A défaut de surprendre par la nouveauté ou l'originalité, les images doivent énoncer tel ou tel aspect des conventions culturelles en vigueur :

> [Le public] demande des scènes mélodramatiques ou militaires, des femmes déshabillées et des trompe-l'œil. On lui fournit des batailles, des autodafés, des égorgements de cirque, des Andromèdes sur des rochers, des histoires de Napoléon et de la République, des cruches et des vaisselles qui font illusion [1].

Si le XIXe siècle est caractérisé par une accélération dans l'accumulation des richesses et des événements, par une nouvelle intensité dans la production littéraire et historique, les représentations artistiques leur cor-

1. Taine, *Paris-Guide*, 1867, vol. I, p. 849, cité par Lethève, *Impressionnistes et symbolistes devant la presse, op. cit.*, p. 130.

respondent, puisqu'elles élargissent les références iconographiques de la peinture narrative traditionnelle.

Pour celle-ci cependant, le Salon, dans la mesure où il fonctionne comme un lieu de référence à la tradition de la peinture académique, représente aussi l'occasion de maintenir des thèmes obsolètes de la peinture savante. Les programmes de la grande peinture classique, l'histoire antique, les thèmes de la mythologie, les représentations allégoriques, se sont largement conservés pendant le premier tiers du siècle. Après 1850, les commandes de l'Etat, résultat de la pression corporative des artistes de l'Académie, font illusion. Maintenus, ces programmes ne correspondent plus à une demande culturelle effective. Plusieurs des grandes machines néo-classiques du second Empire sont des envois de Rome, c'est-à-dire qu'ils ont été réalisés dans le cadre des obligations statutaires des « prix de Rome » pendant leur séjour à la villa Médicis. Ainsi le *Triomphe du martyr (Sainte Cécile)* de Bouguereau est un envoi de Rome de 1854, acheté par l'Etat et exposé au Salon de 1855 ; même chose pour le *Sylla et Marius* du peintre Ulmann, exposé au Salon de 1866. Il y a des artistes, comme Glaize, apparemment incapables de peindre autre chose, dont les grandes peintures « idéales » sont achetées par l'Etat, après de multiples démarches du peintre et de sa femme ; ainsi en est-il pour le tableau *Les Ecueils* (Salon de 1864), pesante allégorie de la vie humaine confrontée aux péchés capitaux. Ce qui n'empêche pas le peintre de solliciter à nouveau, dès l'année suivante, d'autres achats : « Mon genre de peinture, la nature de mes recherches ne me mettant pas à même de placer mes tableaux dans le public, je ne peux vivre que des encouragements de l'Etat [1]. »

1. Cité par G. Lacambre, *Le Musée du Luxembourg en 1874*, *op. cit.*, p. 90.

Au moment où, comme le remarque Zola, le Salon « prend de plus en plus l'aspect d'un marché de la production picturale », les artistes qui restent fidèles aux thèmes classiques deviennent totalement dépendants d'une aide de l'Etat.

S'il exerce cette protection croissante des sujets d'une tradition savante désuète, le Salon est aussi le lieu où s'élaborent des thématiques nouvelles. La conjoncture dicte d'abord des opportunités : de 1830 à 1850, la peinture au Salon fait une grande place aux représentations de l'histoire nationale et de l'histoire militaire, pour alimenter le musée d'Histoire de France à Versailles, et à la peinture religieuse destinée aux nouvelles églises, ou pour reconstituer un décor peint dans les églises dépouillées pendant la Révolution. Avec l'essor du paysage, très populaire, le résultat d'ensemble est « l'extraordinaire dispersion des sujets » que Rosenthal observe, après 1830, dans la peinture des Salons.

A partir de 1840, des critiques lucides s'interrogent sur les thèmes d'avenir. Pour les uns s'impose le constat d'une situation d'attente, « dans cette confusion d'idées et d'écoles diverses », comme l'écrit Charles Blanc en 1845[1]. Pour d'autres, « le paysage est véritablement la peinture de notre époque » (Camille Pelletan, dans *La Presse*, 5 mai 1841). Pour toute une génération, celle de Corot, de Daubigny, de Rousseau, s'ouvre alors en effet ce grand chantier du paysage. La peinture des paysages réels prend place dans cet inventaire des thèmes concrets et prosaïques (« la réalité » opposée à « l'imagination »). Elle est aussi un banc d'essai pour une peinture qui se renouvelle, dans sa technique et dans sa forme, à partir de l'expérience visuelle directe.

1. Cité par L. Rosenthal, *Du romantisme au réalisme*, *op. cit.*, p. 372.

Le Salon et l'innovation

Les envois au Salon n'ont pas complètement ignoré les changements dans l'art de peindre; dans les thèmes, dans les interprétations, les styles et les manières, les critiques lucides ont su identifier, dans les tableaux admis au Salon, les recherches de formules nouvelles. Autour de 1840, on remarque au Salon les ressources des thèmes « réalistes » mis en œuvre par des peintres qui opèrent en province : les *Braconniers* du peintre Appert (Salon de 1841), les *Cantonniers* d'A. Leleux (Salon de 1844), que Théophile Gautier admire comme un chef-d'œuvre de l'« école réaliste ». A partir de leurs envois au Salon, Courbet et Millet imposent, autour de 1850, des thèmes et des traitements qui engagent en profondeur les transformations de la peinture. Au Salon de 1868, Zola identifie la nouveauté de la peinture de Claude Monet, et propose de nommer « actualistes » ces artistes qui s'écartent des formules d'atelier et qui cherchent à renouveler le réalisme par la vision des choses vues.

Mais plus ces innovations s'affirment, moins elles peuvent s'imposer dans une manifestation qui, dès 1870, tente désespérément d'affirmer une unité de l'art qui n'existe plus. Nier les expériences, ignorer tout ce qui renouvelle la pensée artistique et les pratiques, endiguer à tout prix tout ce qui s'affirme en dehors de l'institution académique, lorsque celle-ci devient incapable de renouvellement : cette bataille défensive a sa logique.

A partir des années 1870, la sanction du marché de l'art commence à s'exercer en dehors du Salon; les succès des valeurs du marché de l'art démontrent, d'abord avec les paysagistes de Barbizon, que l'infaillibilité du Salon n'existe plus. La première exposition du groupe qui va devenir les « impressionnistes », chez le photographe Nadar, en 1874, qui sera régulièrement renouvelée, inaugure les solutions de rechange qu'attendent les artistes soucieux de cette indépendance que le Salon ne savait plus admettre.

Autres expositions organisées par la Direction des beaux-arts

Outre le Salon, la Direction des beaux-arts a l'initiative et la charge d'importantes expositions, dans le cadre en particulier des Expositions universelles. Lorsque celles-ci se déroulent à l'étranger (Melbourne, Chicago), la Direction des beaux-arts sélectionne les artistes et les œuvres qui représenteront l'art français.

Dans le cadre de chacune des Expositions universelles qui se tiennent à Paris, en 1855, 1867, 1878, la Direction des beaux-arts organise une manifestation artistique importante, nommée, en 1879, Exposition décennale. Ces expositions sont réservées aux artistes vivants ; un jury, composé de membres de l'Institut et de représentants de l'administration, sélectionne les œuvres présentées. Ces expositions bénéficient d'un public international encore plus étendu que celui du Salon, et ces confrontations attirent l'attention sur les éléments dynamiques de l'art français. Un artiste comme Courbet sait utiliser les conditions nouvelles de « publicité » : écarté par le jury de l'Exposition de 1855, il fait construire la « baraque du réalisme », où il montre une exposition rétrospective de son œuvre autour du grand tableau *L'Atelier du peintre, allégorie réelle*. Par leur public exceptionnel, ces expositions contribuent à mettre en évidence le rôle international de Paris dans l'actualité artistique.

Mais la sélection des œuvres semble ne pas s'écarter

des choix conventionnels de l'Institut : à la Décennale de 1878, par exemple, triomphe la peinture d'histoire du moment et les « pompiers » : on y trouve en effet 12 tableaux de Bouguereau, 11 de Gérôme, 8 de Cabanel, 10 de Henner, 14 de Laurens. A l'occasion des Expositions universelles suivantes, en 1889 et 1900, les sélections évolueront sensiblement, comme on le montrera plus loin.

L'ÉCONOMIE DE L'ART

Au XIXe siècle, la transformation des conditions économiques du marché de l'art et l'évolution des partenaires, des marchands et des amateurs, produisent une mutation progressive et décisive : au terme de la période, la valeur d'échange de l'œuvre d'art l'emporte sur sa valeur d'usage. Sur un marché devenu spéculatif, où les banques donnent leur appui aux principaux marchands, l'œuvre d'art est devenue l'objet d'une circulation et d'échanges intenses. Mais l'organisation économique de l'échange ne se limite pas au marché, elle s'appuie sur les sociétés d'artistes et les sociétés des amis des arts, encore peu étudiées. A la fin du siècle, le marché supplante toutes les autres institutions dans la promotion de l'œuvre d'art et dans la reconnaissance sociale de l'artiste. Le paradoxe est que ce triomphe durable du marché de l'œuvre originale et unique s'impose lentement, au terme d'une phase où la reproduction et la copie de l'œuvre, avec les « arts industriels », connaissent leur âge d'or.

Harrison et Cynthia White, dans leur ouvrage pionnier, *Canvases and Careers : Institutional Change in the French Painting World*, publié en 1965, ont les premiers mis en évidence la nature réelle de cette transformation des institutions de la peinture, où le système du marché succède à celui de l'Académie. On ne reprendra pas ici leurs excellentes analyses quantitatives, dont un des résultats est de démontrer que l'augmentation du nombre des artistes est une cause de la crise des institutions, lorsque le Salon et l'Académie deviennent effectivement des dispositifs inadaptés à un nombre d'artistes devenu sans commune mesure avec leur capacité de gestion. Mais, en ne tenant pas compte de l'importance prise par la valeur d'usage, ce que démontre l'évolution des arts industriels, ils n'ont pas formulé l'hypothèse de la subversion finale du marché par la valeur d'échange, par la spéculation économique sur la rareté de l'œuvre, devenue le moteur commun à tous les compartiments d'un marché diversifié. Et leur thèse, qui cherche la cause de cet accroissement de la population des producteurs dans l'augmentation du nombre des consommateurs, ne semble pas tout à fait suffisante, puisqu'elle ne tient pas compte (sinon de manière allusive, p. 101 et p. 104 de l'édition française) du fait essentiel, à savoir que le marché est devenu spéculatif; ainsi les changements qui affectent les amateurs et les marchands ne portent pas seulement sur leurs effectifs, mais surtout sur leurs objectifs. Aux amateurs qui au début du siècle achetaient des tableaux par milliers, tel le cardinal Fesch, succèdent à la fin du siècle des acheteurs qui réunissent des collections infiniment moins importantes, mais qui revendent, quitte à recommencer une autre collection (Jules Strauss, Jacques Doucet). A des amateurs qui se contentent d'attributions approximatives succèdent des collectionneurs qui ont, et non sans bonnes raisons, la hantise de l'expertise et du faux. Les pages qui suivent se proposent de documenter cette transformation fondamentale.

Les débuts d'un commerce spécialisé

Jusqu'en 1820, les échanges sont encore limités, et, sous plusieurs formes, droits de location ou droits de reproduction, la valeur d'usage des produits artistiques l'emporte encore nettement. La location des œuvres et le négoce des droits de reproduction (pour la copie ou pour la gravure) se traitent en effet à ce moment à des prix relativement élevés. Le marché des tableaux des artistes vivants est peu développé, son organisation est fruste, les prix médiocres.

A Paris, l'activité des premiers négociants de tableaux se précise après 1824 ; ainsi l'itinéraire d'Alphonse Giroux, ancien élève de David et restaurateur de tableaux d'églises pour l'archevêché de Paris. Sa carrière montre la transformation du peintre-marchand du XVIIIe siècle en marchand-fournisseur, qui associe la vente d'œuvres d'art aux produits pour les artistes[1]. La maison Giroux, identifiée à partir de 1801, organise en 1809 une exposition de « tableaux en restauration et copies appartenants à différens amateurs et négocians soumis à l'examen du public ». A partir de 1821, la maison Giroux constitue un stock d'œuvres destinées dans un premier temps surtout à la location, et en 1826 elle prend la forme d'une « société pour le commerce de tableaux, papeteries et objets de curiosités » ; l'année suivante, elle édite un catalogue du fonds de tableaux, qui compte neuf cent cinquante numéros de « tableaux modernes ». A partir de ce moment, l'exposition permanente de tableaux d'artistes vivants devient possible.

1. Voir l'étude de Linda Whiteley, « Art et commerce d'art en France avant l'époque impressionniste », *Romantisme*, n° 40, 1983, pp. 65-75. Pour le marché de la peinture à Paris avant la Révolution, voir J. Chatelus, *Peindre à Paris au XVIIIe siècle*, Nîmes, 1991.

Dans cette période, après 1824, se constituent les premières formes du négoce de la production artistique contemporaine, que plusieurs marchands, après Giroux, développent rapidement. La plupart complètent la vente des fournitures pour artistes, ou la fabrication des « bordures », c'est-à-dire l'encadrement des toiles, par le négoce des tableaux ; à cette catégorie appartiennent les marchands Asse, Binant, Durand-Ruel, Giroux, Haro, Souty, Susse. Le premier marchand à mettre l'accent sur une présentation recherchée des œuvres et à appliquer les nouvelles méthodes commerciales des marchands de « nouveautés » est Henri Gaugain, qui ouvre en 1829 le « musée Colbert », où il expose une collection permanente de tableaux qui sont à la vente ; un confrère envieux décrit ce « luxe imposant de galeries, de décors, de dépenses préliminaires[1] ». Ces structures accueillent particulièrement les œuvres de ceux qu'il est admis de nommer les « petits maîtres », qui diffusent les thèmes à la mode, par exemple les épisodes sentimentaux de la peinture troubadour.

Quelques marchands ont des interventions plus ambitieuses, comme les associés Schroth et Arrowsmith, qui, entre 1824 et 1827, prennent l'initiative de faire venir à Paris les œuvres de Constable, un ensemble de vingt-deux tableaux au total. Préfiguration des fonctions du marchand dans la formation de l'opinion, cet épisode reste sans portée immédiate, puisque les associés, qui ne semblent pas disposer « du capital suffisant pour conserver longtemps leur stock » (Whiteley), sont conduits à le mettre en vente dans de mauvaises conditions, et cessent leurs activités.

Une dernière catégorie de marchands, née aussi à cette époque, est celle des marchands-éditeurs, dont

1. L. Whiteley, *op. cit.*, p. 72.

l'activité principale est l'édition de gravures. Adolphe Goupil (1806-1893), fils et petit-fils d'apothicaires parisiens, est, avant de devenir un important marchand de tableaux, un de ces entrepreneurs. D'abord associé à un éditeur d'estampes allemand, Henry Rittner (1802-1840), qui a ouvert en 1827 une boutique à Paris, au 12 boulevard Montmartre, Goupil développe son entreprise de production et de commerce de gravures, qui connaît un très grand succès, jusqu'à ce que, en 1861, s'étant associé à Léon Boussoud et à Vincent Van Gogh (1820-1888), l'oncle du peintre, Goupil réoriente l'activité principale de l'entreprise vers le marché des tableaux[1].

La valeur d'un tableau ne se confond pas encore avec le caractère d'œuvre matériellement unique, et donc rare. L'importance économique des pratiques de la copie et de la commande, à des niveaux de prix homogènes et modérés, encadre et stabilise longtemps un marché du travail artistique qui ne se confond pas avec celui des œuvres sur le marché des tableaux. Cette distinction, fondamentale, impose de traiter ici la question des copies ; la commande, qui au XIXe siècle met en œuvre surtout les institutions publiques, sera abordée à part.

Le marché du travail artistique et la reproduction de l'œuvre d'art

Qu'ils soient effectués ou non sous le contrôle de l'artiste, la copie d'un tableau et le tirage de plusieurs

1. Liquidée en 1920, la société Goupil & Cie a laissé un très important fonds de gravures et de photographies, récemment donné à la ville de Bordeaux, qui a pu ainsi ouvrir en 1991 le musée Goupil. Voir Annick Bergeon, « Ouverture du musée Goupil, Conservatoire de l'image industrielle », *Nouvelles de l'estampe*, n° 118-119, oct. 1991, pp. 42-45.

exemplaires d'un bronze sont alors des pratiques courantes. Ce sont les réponses traditionnelles et anciennes au besoin de disposer de plusieurs exemplaires d'une œuvre nouvelle ; David et ses élèves produisent ainsi cinq exemplaires du portrait de *Bonaparte franchissant le col du Grand-Saint-Bernard.* La copie peut être aussi l'instrument de référence à une œuvre ancienne marquante, et on a vu l'importance culturelle et didactique que les contemporains accordent à la copie des grandes œuvres du passé, au point d'imaginer le musée des Copies (Thiers, Charles Blanc), ou le musée de la Sculpture comparée (Viollet-le-Duc), qui sera effectivement réalisé sous la forme d'un musée de moulages. On propose donc de distinguer la copie « marchande » et la copie « institutionnelle ».

La copie « marchande »

Elle connaît un grand succès au XIXe siècle, en particulier sous la forme de la reproduction gravée et des bronzes. Les techniques traditionnelles de la gravure, le burin et l'eau-forte, sont exploitées par des éditeurs ou par les publications spécialisées pour des reproductions soignées (en noir et blanc) des tableaux anciens célèbres ou des œuvres récentes remarquées. Ces travaux impliquent du temps et un entrepreneur qui mobilise des capitaux, qui met l'œuvre originale, ou une copie réduite, à la disposition du graveur, et qui verse une indemnité à l'artiste peintre, en paiement des droits de reproduction.

Après 1820, la place que les peintures en vue au Salon tiennent dans l'actualité culturelle fonde une nouvelle demande, qui justifie que des entrepreneurs décident ces investissements ; le peintre de son côté peut trouver, dans ce marché, l'occasion d'une plus-value importante, puisqu'une œuvre à succès, par la reproduction, multipliera plusieurs fois la valeur de vente initiale, et contribuera à étendre la reconnaissance sociale de l'artiste. Pour l'*Odalisque Pourtalès* d'Ingres, vendue 1 200 francs, les droits de reproduction s'élèveront à 24 000 francs. Sous le second Empire, le succès tapageur au Salon de 1866 de *La Femme fellah* (un tableau acheté 5 000 francs par l'empereur), du peintre Landelle, conduit celui-ci à peindre trente-deux répliques, réductions ou variantes, payées chacune entre 800 et 10 000 francs. Adolphe Goupil, à côté de l'édition des gravures, commercialise aussi les copies d'atelier ; il s'attache par contrat des artistes, qui s'engagent, tel Landelle, à lui donner la priorité pour la vente des copies.

Les nouvelles techniques de l'estampe permettent une mise en circulation massive de l'image des œuvres. La lithogravure, à partir de 1820, par sa rapidité et par sa commodité, bouleverse les conditions économiques de la gravure. Après 1830, Goupil et Rittner adaptent les techniques disponibles (burin, aquatinte et manière noire, mais aussi la lithographie) à la gravure d'interprétation pour la reproduction des chefs-d'œuvre de l'art ancien et des œuvres des peintres contemporains à succès (plus de cinq cents artistes) : « Par ses prix, la maison tente de mettre des œuvres admirables à la portée de tous. » Après la mort de Rittner, avec un nouvel associé, Théodore Vibert, Goupil multiplie la production de son entreprise et développe la distribution des produits par des succursales à l'étranger : à Londres en 1841, à New York en 1845. A partir de 1855, avec la collaboration de Léon Boussoud, l'entreprise ouvre un vaste atelier à Asnières, qui sera adapté, en 1867, aux nouveaux procédés de la photoglyptique et de la photogravure ; en 1860, à Paris, 9-11 rue Chaptal, Adolphe Goupil « fait construire un hôtel pour loger des artistes attachés à sa maison, ainsi qu'un vaste local comprenant l'imprimerie, les ateliers et la galerie de tableaux[1] ». En associant la recherche constante des innovations techniques avec un haut niveau de qualité dans l'élaboration de l'image, et en parvenant à surmonter les conflits qui opposent alors les graveurs aux photographes, Goupil illustre une démarche qui est à la fois industrielle et artistique, et qui ouvre la voie aux pratiques modernes de l'édition des œuvres d'art.

Des techniques nouvelles, mises au point à peu près en même temps, entre 1830 et 1840, étendent largement les ressources de la reproduction : pour la peinture, la photographie ; pour la sculpture, les procédés de réduction mécanique. Leur impact sur les conditions de la pratique artistique et sur l'accès aux œuvres contemporaines sera considérable. Après 1870, si la photogravure condamne les activités du graveur d'interprétation, plusieurs procédés impliquent les artistes dans l'exploitation industrielle : ainsi la « photopeinture », lancée par le photographe Disdéri sous le second Empire, qui consiste à peindre un portrait par-dessus le tirage sur toile d'une photographie, avec une « ressemblance garantie ».

La reproduction des œuvres du sculpteur était une tradition ; au XIXe siècle, elle devient une industrie. La fonte en plâtre ou, mieux, en bronze, d'un modèle de cire ou de terre, le plus souvent de dimensions réduites par rapport à la sculpture originale, se prête à un commerce en développement rapide à Paris à partir de 1840. Son succès dépend en partie de l'invention, en 1839, par le mécanicien Achille Colas, d'une machine à réduire[2]. Il arrive que le sculpteur soit lui-même son

1. *Ibid.*, p. 43.
2. Nous suivons ici les informations réunies dans l'ouvrage collectif *La Sculpture française au XIXe siècle*, publié à l'occasion de l'exposition des Galeries nationales du Grand Palais (commissaire général Anne Pingeot), Paris, avril-juillet 1986.

éditeur : le sculpteur Frémiet ouvre son propre magasin en 1855, boulevard du Temple, édite des catalogues, expose à l'Exposition universelle de 1878 et à celle de 1900, où son stand est dans la classe des bronzes d'art. Mais ce sont des fondeurs spécialisés qui assurent le développement industriel de l'édition des sculptures. La maison Barbedienne, la maison Susse sont les entreprises les plus importantes, dans un secteur qui à Paris en 1878 compte 600 fabriques et emploie 7 500 ouvriers. Ce secteur est en plein essor jusqu'à la Première Guerre mondiale.

L'édition réduite d'une sculpture monumentale peut être un moyen de propagande ; ainsi lorsque l'Etat commande à Frémiet en 1860 dix exemplaires d'une statue équestre de l'Empereur, destinés aux musées des départements. Mais le cas de loin le plus fréquent est la vente auprès de la clientèle privée. Les sculptures monumentales les plus célèbres, mais aussi les œuvres les plus familières, sont ainsi largement diffusées. A la fin du siècle, des réductions en bronze des sculptures historiques de Frémiet, comme des sculptures animalières de Barye, sont régulièrement vendues à hauteur de vingt exemplaires de chaque par an. Les sculptures les plus populaires de Frémiet, comme la *Jeanne d'Arc équestre,* ont été ainsi diffusées à plusieurs centaines d'exemplaires. Maurice Agulhon a montré ce que le succès de l'allégorie de la République, réalisée en fonte de fer, devait, après 1880, à l'industrie.

Il faut surtout retenir l'intensité de ce commerce de l'œuvre d'art, qui renforce le succès culturel de la statuaire du XIXe siècle jusqu'à la veille de la Première Guerre mondiale, et le discours idéologique qui le justifie. On met en avant en effet le progrès que représente la diffusion de l'œuvre édifiante à l'échelle monumentale dans l'espace urbain ou, en réduction, dans l'espace domestique de la bourgeoisie.

La copie « institutionnelle »

Elle est pour une part héritière de la double tradition, didactique et académique, qui fait de la copie un exercice dans la formation de l'artiste, mais aussi un moyen d'accroissement d'une collection de référence. On a noté que telle ou telle ville de province assortit son aide au séjour d'un artiste de la production de copies destinées à enrichir les collections du musée local ; dans ce sens, et pour les œuvres de grand format, l'habitude se répand au XIXe siècle de copies de dimensions réduites. Les commandes exceptionnellement abondantes de copies par Thiers et Charles Blanc sont restées célèbres.

Les besoins de l'enseignement artistique, conçu autour d'une relation, par le dessin, aux œuvres du passé, imposent la nécessité absolue de l'accès aux œuvres par la copie. Cette conception, qui trouve rapidement ses limites, on l'a vu, dans le domaine des musées des beaux-arts, est à l'origine de plusieurs réalisations spécifiques à l'enseignement de la sculpture et du dessin : à l'Ecole des beaux-arts, c'est le musée des Etudes ; dans les universités, à Lyon et à Montpellier, c'est la constitution des collections de moulages. Leur grande ampleur annonce le musée de Sculpture comparée du Trocadéro. Dans l'enseignement des arts appliqués, la nécessité de disposer de modèles conduit l'Union centrale des arts décoratifs à ouvrir son propre atelier de moulages d'éléments décoratifs, qui sera en activité de 1883 à 1899. Pour la reproduction des œuvres en métal par la galvanoplastie, l'Ucad traite par contrat avec la maison Christofle, à partir de 1884 [1].

1. On suit ici les informations réunies par Evelyne Possemé, « La politique de reproduction à l'Union centrale des arts décoratifs au XIXe siècle », in Ch. Georgel (dir.), *La Jeunesse des musées*, *op. cit.*, pp. 77-82.

Mais, pour une autre part, la commande d'une copie « institutionnelle » est une production artistique équivalente à une commande ; pour le décor des églises, en particulier, qui est à la charge de l'administration, il apparaît que la commande de la copie d'un tableau connu apporte beaucoup d'avantages pratiques, une fois admis le fait que l'identité de l'œuvre d'art, à cette époque, ne se confond pas avec le concept bien ultérieur d'œuvre de « création ». En effet, la copie d'un tableau religieux est d'abord meilleur marché que la commande d'un tableau nouveau : au milieu du siècle, une telle copie est payée entre 600 et 1 000 francs, trois fois moins qu'un tableau original[1]. Si l'artiste qui reçoit la commande d'une copie est souvent libre du choix de l'œuvre, on évite par la copie les difficultés qu'on rencontre, dans le cas de la commande d'un nouveau tableau, à propos de la définition du sujet et de son interprétation, un problème qui s'est révélé souvent délicat, même avec les artistes consacrés[2]. En outre, la copie permet d'intégrer la référence à une expression et à un goût définis : paradoxalement, il faut souvent comprendre le succès de la copie comme la possibilité de disposer à coup sûr d'une iconicité « moderne », à défaut d'être portée par une œuvre nouvelle et « contemporaine ». Ainsi faut-il comprendre l'extraordinaire succès, comme l'a montré Bruno Foucart, des copies de peintures religieuses espagnoles, en particulier de Murillo, qui s'explique par le fait que la copie permet l'expression claire d'une préférence à une solution artistique existante. Ce qu'établit le curé de Cosne-sur-Loire, lorsque, dans sa lettre au ministre, le 29 octobre 1839, il précise :

1. On utilise ici l'ouvrage de Bruno Foucart, *Le Renouveau de la peinture religieuse en France, 1800-1860*, Paris, 1987.

2. En 1820, la commande à Ingres du *Vœu de Louis XIII* donne lieu à un malentendu célèbre sur le sens du thème.

> Le tableau que je désire serait le patron de notre église, Jacques le Majeur, et c'est dans la Galerie espagnole qu'il faut que l'artiste auquel M. le Ministre commandera le tableau aille puiser son inspiration. Je vous exprime librement mon désir à ce sujet. Il y a dans la nouvelle Galerie espagnole du Louvre un grand et beau tableau d'Alonso Cano représentant *Saint Jacques poursuivant les Maures.* C'est un tableau d'imagination, mais plein d'une grande et belle pensée religieuse. C'est le tableau que je désirerai [1].

Là est la source de l'énorme succès social de l'art religieux « saint-sulpicien » (qu'on désigne ainsi par référence aux maisons de commerce qui mettent en vente les œuvres d'art religieux, établies alors dans le quartier de Saint-Sulpice à Paris). Ce succès a son origine dans ce comportement à la fois rationnel et pratique, mais évidemment réducteur de la production artistique à une fabrication par référence à des modèles dont on a littéralement « éprouvé » la capacité de représentation; ce comportement, faut-il le souligner, ne tient aucun compte de l'expression personnelle de l'artiste.

Dans ces conditions, on comprend que les copies représentent au XIXe siècle une large proportion de la commande de peintures religieuses. Bruno Foucart a montré leur abondance (sept cents copies commandées entre 1815 et 1850), et comment à travers elles on décelait non pas l'influence des derniers inspirateurs savants de l'art d'église (qui proposent alors la référence aux artistes préraphaélites), mais le succès d'images fortes et humaines, correspondant à une « religion de l'incarnation », illustrée par les copies fréquentes de Murillo, dont la *Vierge au chapelet* est

1. Mentionné par B. Foucart, *Le Renouveau de la peinture religieuse; op. cit.*, p. 89.

copiée vingt-sept fois, *L'Assomption* trente fois, et de Prud'hon, dont le *Christ en croix* est copié quarante-six fois. Ce choix collectif d'un art imaginaire qui combine le réel et l'émotion pieuse donne une base culturelle large et inattendue au succès du « réalisme », par exemple celui de Millet, au milieu du siècle.

Art et industrie

Confronté au progrès des techniques industrielles, l'artiste du XIXe siècle utilise souvent la nouvelle efficacité matérielle qu'elles lui procurent ; le conditionnement des couleurs en tubes et les nouvelles techniques de reproduction connaissent un succès rapide et complet. Au nombre des nouvelles ressources techniques utiles au peintre, ne négligeons pas la photographie, dont la pratique intéresse les artistes, la photographie que Baudelaire, au Salon de 1859, identifiait à « la servante des sciences et des arts, mais la très humble servante ».

Surtout, depuis la suppression des corporations de métiers, les limites traditionnelles n'interdisent plus aux artistes peintres d'intervenir dans les travaux d'exécution artisanale, dont la vogue est portée par l'importance des travaux de décoration des édifices publics et sacrés, dont le grand nombre découle de l'urbanisation rapide. A Metz, l'artiste le plus en vue, Charles-Laurent Maréchal (1801-1887), qui a été formé à Paris dans l'atelier de Regnault, participe à partir de 1838 au développement d'un atelier de peinture sur verre, qui connaît un grand succès [1]. Avec le concours de son beau-frère, cet atelier devient l'entreprise Maré-

1. On suit ici les informations données dans Ch. Peltre, *L'Ecole de Metz, 1834-1870*, Nancy, Presses Universitaires de Nancy, 1988.

chal et Gugnon, qui occupe en 1851 huit « ouvriers-artistes ». De 1838 à 1868, Maréchal exécute de nombreuses commandes de verrières décoratives, environ douze mille, pour plus de mille six cents édifices, dont le palais de l'Industrie de l'Exposition universelle de Paris en 1855. L'entreprise est achetée en 1868 par le verrier Champigneulle, de Bar-le-Duc.

Dans plusieurs secteurs de la production industrielle, la collaboration d'artistes novateurs, indépendants de la tradition académique, est recherchée. Ainsi dans l'industrie de la céramique, Bracquemond, graveur et peintre, proche des impressionnistes, placé après 1870 à la tête d'un atelier de la société Haviland, introduit la référence à l'art japonais dans le décor des pièces de porcelaine. A partir de la fin du siècle, et dans la plupart des arts décoratifs, la nécessité du renouvellement continu des formes implique des rapports étroits avec les artistes d'avant-garde ; pour les nabis, pour les artistes de l'Art nouveau, pour Bonnard et plus tard pour Dufy, la collaboration avec le monde de l'industrie n'est plus un problème.

Mais cette question des rapports de l'art et de l'industrie divise les artistes. L'alliance de l'art et de la puissance de l'industrie est souvent vue avec faveur, comme un moyen de développement quantitatif de l'art. Pour le comte de Laborde, au lendemain de l'Exposition universelle de Londres de 1851, « l'intervention des machines [...] est l'équivalent d'une révolution ; les moyens reproducteurs sont l'auxiliaire démocratique par excellence [...] si l'on me disait qu'après la machine qui sculpte et la machine qui coud, on a trouvé une machine qui peint, je n'en serais pas étonné et j'y applaudirais ». D'autres au contraire désignent le risque mortel que l'industrie fait courir à l'œuvre d'art, transformée en objet, reproduite en grand nombre : pour Ingres, « l'industrie a tué l'art ».

L'artiste entrepreneur

Conséquence typique des nouveaux rapports avec l'industrie, il arrive que le travail de l'artiste prenne la forme d'une entreprise capitaliste : appel à l'investissement, création d'une société par actions, organisation rationnelle de la production, recherche spéculative d'un profit différé dans le temps. La démarche de David, lors de l'exposition payante des *Sabines,* si elle n'a pas eu d'effets immédiats, comme on l'a vu, est reprise par tous les artistes-entrepreneurs, dont le nombre augmente à partir de la Restauration à l'occasion de chantiers qui ne sont ni des commandes ni des productions de marchandises mises en vente : les panoramas et, plus généralement, les entreprises de peinture spectacle.

Les informations disponibles sur les panoramas établissent que l'artiste qui prend en charge la réalisation affronte des opérations qui sont celles d'une véritable entreprise : le financement d'une importante installation fixe, la rotonde ; la disposition d'un atelier pour l'exécution, souvent distinct de la rotonde, pour ne pas suspendre l'exploitation ; le financement et l'organisation de la réalisation ; et l'organisation de la vente du spectacle proprement dit, avec une politique commerciale des tarifs établie dans la durée. Toutes ces opérations font que l'entreprise picturale préfigure curieusement l'entreprise cinématographique. Comme celle-ci plus tard, elle exige un niveau d'investissement tel qu'il rend nécessaire l'organisation de la production, qui dépend d'une société par actions.

La réalisation d'un panorama implique une division poussée du travail, qui va de la documentation préalable à l'exécution, toujours collective. L'élaboration du projet passe quelquefois par les frais d'une expédition lointaine : Prévost fait le voyage d'Orient, et, pour préparer *La Bataille des pyramides,* Langlois fait le voyage d'Egypte (où il rencontre Flaubert). Quelle est, dans ces conditions, l'autonomie de l'artiste ? L'obligation de réussir, pour satisfaire les actionnaires, explique l'opportunisme commercial des thèmes, le perfectionnement technique du spectacle, l'innovation (ainsi, le panorama sera à l'origine du diorama de Daguerre), la localisation de la rotonde dans les quartiers des spectacles. Pour amortir les investissements, la durée de l'exposition est longue : sept ans pour *Le Siège de Paris,* six ans pour *La Bataille de Champigny,* huit ans pour *L'Histoire du siècle.* Cette exploitation est prolongée éventuellement par la mise en circulation de la toile dans d'autres rotondes (avec pour corollaire l'adoption d'un format standard pour les toiles, celui donné par Hittorf en 1839, soit 15 mètres de haut et 120 mètres de long). Cette recherche de l'exploitation a pour conséquence la création de réseaux internationaux, dominés par celui de la Société des panoramas belges.

Le succès économique peut être à la mesure des efforts de la production et de ses investissements : la valeur des actions de la Société française des grands panoramas, en 1873, passe de 100 francs à 800 francs, au début de l'exploitation du *Siège de Paris.* On note 200 000 visiteurs pour les quatre premiers mois de l'exploitation de *La Bataille de Champigny,* 140 000 entrées payantes, pendant la durée de l'Exposition universelle, pour *L'Histoire du siècle.*

La question est de savoir si cette réussite économique concerne l'artiste. En l'absence d'indications suffisantes, on ne peut être affirmatif que pour Langlois, pour Gervex et Stevens. Pour ces derniers, les statuts de la société prévoient que les bénéfices sont répartis à parité entre les artistes, qui ont le statut de fondateurs, et les actionnaires qui ont souscrit les soixante-cinq actions de 5 000 francs.

La carrière d'Henri Gervex illustre dans son ensemble une démarche d'artiste-entrepreneur complète, cohérente avec les valeurs de la réussite bourgeoise de son temps : non seulement, il s'écarte de la carrière académique, mais il semble avoir évité pour l'essentiel les marchands [1]. Malgré des débuts prometteurs, ceux d'un bon élève de Cabanel, il ne s'inscrit pas au concours de Rome, et préfère monnayer ses premiers succès au Salon. On distingue trois phases dans sa carrière : les succès au Salon, de 1873 à 1877 (le peintre a vingt-cinq ans), sanctionnés par des médailles et des achats de l'Etat, puis, à partir de 1875, une phase dominée par les commandes, privées (portraits, portraits collectifs) ou publiques (décorations d'édifices publics), qui se combinent, à partir de 1887, avec une phase dominée par des travaux préfinancés et spéculatifs. Le panorama de *L'Histoire du siècle* (1887-1889) est financé par une société par actions, et *Le Couronnement de Nicolas II*, une toile de 8 x 10 mètres élaborée à Moscou en 1896 par le peintre, est financé par le Belge Marlier, qui, de 1896 à 1900, lui verse des mensualités moyennes de 2 300 francs. Exhibée, avec force mise en scène, dans le pavillon russe de l'Exposition de 1900 à Paris, la toile du *Couronnement* est convoyée à Saint-Pétersbourg en 1901 par le peintre et son commanditaire, avant d'être finalement acquise (au commanditaire, vraisemblablement) par le tsar. Tout en utilisant constamment le Salon pour y entretenir sa réputation, le cas échéant par des toiles qui font scandale (*Rolla*, au Salon de 1878), Gervex échappe au modèle dominant

1. On utilise ici les indications réunies dans l'ouvrage collectif *Henri Gervex, 1852-1929*, publié à l'occasion des expositions Henri Gervex (Bordeaux, Paris, Nice, 1992-1993).

du producteur d'une marchandise écoulée par le marchand, en parvenant à maintenir un statut à la fois archaïque et moderne, celui du peintre-entrepreneur, qui inspire Zola, lorsque, sous les traits de Fagerolles, il décrit un artiste à succès, qui peint des portraits « à dix mille francs ».

Associations d'amateurs et sociétés d'artistes

Dès la période révolutionnaire est esquissée la tentative de construire une organisation de l'échange indépendante du Salon et du marché. Si à Paris, au XIXe siècle, le développement du Salon limite beaucoup les chances de succès de ces structures indépendantes, il n'en sera pas de même en province, où dans les villes importantes les sociétés artistiques ont joué un rôle économique majeur.

Les sociétés des amis des arts

La création à Paris en 1790 de la Société des amis des arts répond à des besoins économiques ; son fondateur, Charles de Wailly, est académicien, et son but est d'aider les artistes par la combinaison d'une exposition d'œuvres d'art avec un astucieux système de souscription et de loterie, un dispositif qui sera souvent repris[1]. 1 200 billets de 50 livres sont proposés aux souscripteurs, et le produit est destiné, pour 40 000 livres, à l'achat de tableaux et de sculptures choisis dans l'exposition, « tous d'une forme et d'une grandeur convenables à l'ornement des cabinets », et, pour 20 000 livres, à couvrir les frais de l'exposition et à

1. Voir l'étude de L. Lagrange, « Des sociétés des amis des arts en France », *Gazette des beaux-arts*, mars-mai 1861.

éditer des gravures ; chaque billet donne droit à quatre estampes et à une chance dans la loterie des objets acquis. La première exposition, ouverte le 13 juillet 1790 au Louvre, suscite un intérêt limité et ne permet pas d'atteindre les objectifs, puisque la souscription ne rapporte que 30 000 livres ; d'autres expositions ont lieu en 1791 et 1792. La société reprend ses activités en 1819, les poursuit jusqu'au second Empire, mais sans jamais rencontrer un grand succès ; dans les meilleures années, entre 1830 et 1845, le nombre d'œuvres exposées plafonne à soixante numéros ; ensuite il chute à vingt-cinq numéros : « La société perd de son importance à mesure que les expositions officielles, de plus en plus populaires, s'ouvrent à un plus grand nombre de talents » (Lagrange). En réalité, la société n'a pas attiré de talents confirmés, son faible budget limitant à un niveau médiocre le prix des tableaux achetés, qui varie de 250 à 375 francs pour les années 1843-1845.

Si l'échec est évident à Paris, le terrain où prospèrent les sociétés des amis des arts est celui des villes de province, où pour la plupart elles apparaissent après 1830. Les sociétés des amis des arts mettent d'abord en relation les amateurs et les artistes, là ou rien d'autre n'existe dans ce but. Elles se manifestent surtout par l'organisation d'expositions artistiques locales, qui, en l'absence sur place de marchands, ont une fonction économique. En montrant au public la production des artistes locaux ou régionaux, ces expositions définissent et rassemblent l'offre, face aux amateurs et aux collectionneurs, et elles stimulent les acquisitions par la municipalité ; le plus souvent, la société des amis des arts elle-même achète des œuvres, réparties ensuite par tirage au sort entre les sociétaires. Ces expositions stimulent aussi l'activité des artistes du cru en proposant des confrontations avec les artistes d'autres régions ; en invitant des artistes parisiens, elles apportent aux artistes locaux des références à une actualité artistique différente. Mais leurs ambitions, qui auraient pu être celles des anciennes académies provinciales, sont à peu de chose près restées limitées à des pratiques économiques, quelques-unes seulement éditent un bulletin. On verra quelles critiques suscite ce « mercantilisme » dominant.

Une des plus anciennes sociétés des amis des arts de province est celle qui est créée à Avignon par le maire de la ville, Montfaucon, en 1826, à la suite de la visite du peintre Carle Vernet. Après 1830, dans un climat plus libéral, qui favorise les associations et les initiatives, sont fondées successivement les sociétés des amis des arts de Strasbourg en 1831, de Marseille en 1832, de Rouen et de Metz en 1834, de Lyon et de Nantes en 1836. Une seconde vague, sous le second Empire, dès 1850, correspond à la transformation de la société des amis des arts de Marseille en « Société des amis des arts des Bouches-du-Rhône », de la société des amis des arts de Metz en « Union des arts » en 1850, ainsi que la création d'une société à Bordeaux en 1851, à Toulon en 1854.

Il n'est pas inutile de suivre, dans des contextes locaux particuliers, le destin varié de quelques-unes de ces sociétés. A Metz, la société des amis des arts est fondée en 1834[1]; elle vient après la longue période d'asthénie artistique qui suit les grands chantiers monumentaux, achevés en 1785, et elle succède à l'académie de Metz pour les expositions artistiques que celle-ci organisait depuis 1823. Le président de la société, Adrien Lucy, est receveur général (il poursuivra sa carrière à Dijon puis à Marseille); paysagiste amateur, Lucy donne une grande impulsion à la société des amis des arts, qui entend « encourager les

1. Voir Ch. Peltre, *L'Ecole de Metz*, *op. cit.*, p. 19.

artistes en général et principalement ceux de la Moselle, en achetant des objets d'art ». La seconde exposition, en 1836, présente les artistes de Nancy ; installées d'abord dans des locaux de fortune, les expositions de la société se tiennent, à partir de 1840, dans le cadre du nouveau musée. Le relais de la société des amis des arts est pris en 1850 par la brillante et éphémère « Union des arts », créée par Eugène Gandar (1825-1868), un jeune agrégé de lettres nommé professeur de rhétorique au lycée de Metz en 1849 ; forte de plus de neuf cents membres, l'Union des arts comporte trois commissions, peinture, musique et littérature ; elle se propose d'organiser deux expositions et cinq concerts par an, et elle édite une revue mensuelle. Mais le succès de cette Union des arts dépasse rapidement ses capacités d'organisation, et elle disparaît en 1853. Tous ces efforts pour encourager les arts marquent durablement la culture et les intérêts des élites locales, et ils préparent la manifestation ambitieuse que forme la section des beaux-arts à l'Exposition universelle de Metz de 1861, où 300 artistes présentent plus de 1 000 œuvres, sélectionnées par un jury international où sont représentées la Belgique et la Prusse, et que préside Charles Blanc. Cette manifestation, qui permet au public local de voir des tableaux de Courbet, de Corot et de Diaz, est aussi à l'origine directe de l'achat par le musée de Metz d'envois de premier plan, comme la *Montée au Calvaire* de Delacroix.

A Lyon, la société des amis des arts est un modèle de stabilité ; sa première exposition s'ouvre en 1836. Les souscriptions de 50 francs sont au nombre de 493 en 1837, de 628 en 1839, de 650 en 1845, et, après la crise de l'économie locale de 1848-1850, où les souscriptions descendent à 298, elles remontent à 561 en 1860. La société de Lyon est une des rares à étendre son intérêt à la formation, en instituant des concours, pour les dessinateurs d'ornements et de fleurs, auprès des élèves des écoles d'art de la ville, et elle distribue des récompenses. Mais c'est l'exposition de Lyon qui a le plus de succès auprès des artistes, car elle constitue un moyen privilégié de vente ; tout au moins si l'artiste, plus encore qu'au Salon de Paris, accepte de ne pas proposer la grande machine invendable, ou le nu imprudent : on admet facilement que ces conditions aient favorisé le tableau de moyen format et les paysages. A l'exposition de 1842, cinquante-six amateurs achètent des tableaux, et la société des amis des arts en acquiert trente-six, distribués ensuite par tirage au sort parmi les sociétaires.

Cette exposition lyonnaise attire immédiatement de nombreux artistes parisiens : à l'exposition de 1836, sur 124 exposants, on trouve 49 artistes lyonnais ; en 1837, sur 139 exposants, 50 Lyonnais ; en 1842, les Parisiens sont trois fois plus nombreux que les Lyonnais. Il est remarquable que la notoriété joue ici en sens unique : beaucoup de peintres parisiens qui exposent à Lyon sont des peintres majeurs (Delacroix, Paul Huet, Horace Vernet, Corot, Rousseau, Courbet, etc.) ; rares au contraire sont les Lyonnais connus à Paris (Flandrin, Ravier, Appian). Il est intéressant de mentionner les rapports plus équilibrés que les paysagistes lyonnais nouent avec les paysagistes méridionaux à travers l'exposition de Lyon : avec Loubon et Guigou, de Marseille, avec Courdouan, de Toulon.

A Bordeaux, la société des amis des arts se fixe seulement comme but l'exposition d'œuvres d'art, l'achat et la répartition d'objets sélectionnés entre les souscripteurs. Les premières expositions sont importantes, et rencontrent un grand succès. Le montant des achats s'accroît rapidement ; à l'exposition de 1852, les achats de la société s'élèvent à 14 800, ceux des amateurs à 6 200 francs ; à l'exposition de 1854, ils s'élèvent respectivement à 26 000 et à 17 000 francs, tandis que la ville achète 20 000 francs *La Fille du Tintoret,* un tableau de Léon Coignet. Bien organisée par un émissaire qui représente la société à Paris, la participation des artistes parisiens permet à ceux-ci de réaliser à Bordeaux des ventes attrayantes, et la société peut en 1860 faire état de 13 tableaux achetés par la ville depuis dix ans dans le cadre de l'exposition. Ces chiffres confirment l'importance décisive de ces manifestations dans l'économie des arts en province sous le second Empire.

Un inventaire sommaire de l'activité de ces sociétés dans le Sud-Est montre qu'elles n'ont pas toutes la même vitalité, et qu'elles reflètent souvent les différents degrés d'intérêt du milieu local pour la culture visuelle et les arts. Elles ne sont pas partout encouragées par l'exemple d'un collectionneur exceptionnel, comme à Montpellier Alfred Bruyas, le complice de Courbet, elles ne sont pas toutes encouragées par un directeur d'école des beaux-arts entreprenant, comme à Marseille Emile Loubon.

A Avignon, peut-être en rapport avec la médiocrité d'une école des beaux-arts dont les directeurs sont souvent des personnages falots et velléitaires, les sociétés des amis des arts se succèdent à partir de 1826 ; la première est créée, comme on l'a vu, à l'initiative du maire de la ville ; la « Société des amis des arts de la bonne ville d'Avignon » se propose d'organiser chaque année au musée Calvet une exposition des « produits des Beaux-Arts et de l'Industrie avignonnaise et vauclusienne ». Mais la mise à l'écart du maire après 1830 entraîne la disparition de la société. Une nouvelle « Société des amis des arts d'Avignon » est nécessaire en 1875 ; elle « se propose d'ouvrir à Avignon une exposition de peinture, de sculpture, d'architecture, de gravure, de dessin, à laquelle seront conviés les artistes de notre région et tous ceux qui, de plus loin, voudront bien répondre à notre appel ». A sa première exposition, la même année, elle présente 235 œuvres, produites par 122 artistes, dont 27 sont d'Avignon, 3 de l'ancien Comtat, et les autres de Paris, de Bordeaux, de Lyon, et bien entendu de Marseille, de Montpellier et de Nîmes. Episode sans lendemain dans une série de péripéties, puisqu'on repère une ultime « Société vauclusienne des amis des arts », créée en 1899, qui semble avoir un succès un peu plus durable que les précédentes, puisqu'elle organise des expositions qui regroupent, en 1900, 120 artistes, 123 en 1901, mais seulement 76 en 1908.

A Marseille, les vicissitudes dominent la chronique ; la première société est le « Cercle des beaux-arts », créé en 1832 par des amateurs ; en 1844 lui succède une « Société des amis des arts de Marseille », présidée par le marquis de Forbin-Janson, puis par le directeur de l'école d'art, Emile Loubon. En 1846, une première exposition, qui sera suivie d'une autre en 1847, réunit en effet 194 artistes, qui exposent 356 œuvres. Loubon a obtenu de ses nombreux amis parisiens l'envoi de tableaux intéressants, qui illustrent l'actualité des Salons parisiens, et le public vient voir des œuvres de Delacroix, de Couture, de Decamps, de Granet, de Rousseau, de Troyon, de Diaz, de Roqueplan et de Fromentin.

En 1850, une nouvelle « Société artistique et littéraire des Bouches-du-Rhône » est en place, et lui succède en 1852 une « Société artistique des Bouches-du-Rhône », qui reçoit des subventions de la ville de Marseille, du conseil général, de l'empereur. La nouvelle société, présidée par Marcotte et forte de plus de 1 500 membres en 1852, publie la *Tribune artistique et littéraire du Midi*. Les expositions annuelles sont ici aussi un appui évident au marché : les acquisitions des amateurs passent, de 1851 à 1859, de 700 francs à 9 600 francs ; celles de la société, de 3 200 francs à 17 000 francs ; celles de la ville de Marseille s'élèvent, en 1859, à 8 700 francs. Dans le cadre du nouveau palais Longchamp, en 1861, Loubon organise une exposition, une vaste rétrospective d'art provençal, qui comprend plus de 1 200 peintures, 300 dessins, des gravures, des sculptures, des objets d'art décoratif. Ces initiatives laissent une empreinte réelle sur la vie artistique locale et sur l'activité des peintres, qui trouvent alors à Marseille une clientèle et des moyens d'existence, comme c'est le cas pour Guigou, pour Monticelli.

A Aix-en-Provence, la création d'une « Société des amis des arts » est beaucoup plus tardive, et elle dépasse les limites chronologiques de cette étude ; mais on la prend en compte ici, pour justement mettre en valeur ce décalage dans le temps. Elle est créée en 1894 par un groupe d'artistes et de notables ; son président d'honneur est Joseph Villevieille (1829-1916), un peintre, professeur à l'école municipale. Dès l'année suivante, la société organise une exposition annuelle, où la procédure prévoit que seuls sont admis à exposer les sociétaires et les artistes admis au Salon parisien. Sur le modèle de celui-ci, un jury attribue médailles et récompenses. Mais la diversité du milieu artistique local atténue la portée académique de ce dispositif : parmi les 97 sociétaires de 1895, on compte à la fois des professionnels, des peintres et des sculpteurs, mais aussi beaucoup de notables amateurs, « des épiciers qui font de la peinture », remarque méchamment Berriat, un critique aixois. Sociétaire, Cézanne, dès la première exposition, peut donc montrer deux paysages. La société, sans appui de la municipalité, est dissoute en 1909 ; elle renaît en 1919, et existe encore aujourd'hui.

Tandis qu'à Nice, après la création d'une académie en 1872, vient celle de la « Société des beaux-arts » en 1876, à l'initiative du peintre Alexis Mossa (1844-1926), à Toulon, la « Société artistique du Var », fondée en 1854, participe à la création par la ville d'une collection municipale ; elle organise sa première exposition en 1855, puis en 1858 une grande exposition régionale à laquelle participent 50 artistes, dont 18 Toulonnais. Mais, peu de temps après l'ouverture du premier musée, en 1859, la société périclite et disparaît. Plus tard, une « Société des amis des arts de Toulon » se manifeste par une exposition en 1902, puis en 1923 et en 1924.

Le bilan de l'activité de ces sociétés des amis des arts doit être nuancé ; si les critiques parisiens contemporains (Paul Mantz, Léon Lagrange) leur reconnaissent une grande réalité économique, ils sont sévères pour la portée artistique de la plupart de leurs manifestations ; ils dénoncent l'absence d'intervention des sociétés dans la formation des artistes et du public, et Lagrange critique le manque d'effet des expositions de Marseille sur la qualification des artistes locaux, incapables comme auparavant de répondre à la demande créée par les grands chantiers d'art monumental qui s'ouvrent à ce moment à Marseille. Ils mettent aussi en cause la valeur des échantillons de l'« art sérieux » que des marchands parisiens, déguisés en experts, font parvenir dans les expositions. On voit apparaître les projets d'une société centrale qui fédérerait les sociétés locales, ferait circuler des œuvres majeures. Lagrange regrette manifestement le rôle des académies provinciales, et suggère aux sociétés des amis des arts d'investir dans un fonds documentaire permanent, de se constituer en groupe de pression auprès des municipalités. S'il est vrai que les sociétés sont fortement liées, par leurs sociétaires et les artistes locaux, à une culture qui n'est pas toujours ouverte, elles ont souvent mis en jeu des critères distincts de ceux de la formation académique. Elles se limitent souvent à la demande locale des amateurs, qui préfèrent le « genre » et le paysage. Pour le développement de ces thèmes, qui sont en phase avec les formules d'un art réaliste, les sociétés des amis des arts, comme on l'observe à Lyon en tout cas, semblent jouer un rôle positif.

Les sociétés d'artistes

Révélatrice de la recherche par les artistes de dispositifs adaptés à la transformation de la vie économique et sociale, l'organisation à Paris de diverses sociétés d'artistes est un phénomène remarquable de la période du second Empire[1]. Ces sociétés se donnent des buts variés : ceux d'une société de secours mutuel, comme cette « Association des artistes peintres, sculpteurs, architectes, graveurs et dessinateurs » fondée par le baron Taylor en 1844 et dont les ressources proviennent de l'organisation d'expositions payantes ; ceux d'une entreprise commerciale qui associe artistes et marchands, comme la Société nationale des beaux-arts, créée en 1862, qui réunit des artistes venus d'horizons esthétiques divers (Ingres, mais aussi Courbet et Manet) avec le marchand Martinet. Les expositions de la société se tiennent dans la galerie Martinet, 26 boulevard des Italiens, de 1862 à 1865 ; ses statuts, publiés en 1864, insistent sur la fonction commerciale de la société, qui « veut rendre l'art indépendant et apprendre aux autres artistes à faire eux-mêmes leurs affaires ». En 1862, la « Société des aquafortistes » réunit un marchand-éditeur, Alfred Cadard, un impri-

1. Voir sur cette question l'étude de J.-P. Bouillon, « Sociétés d'artistes et institutions officielles dans la seconde moitié du XIXe siècle », *Romantisme*, n° 54, 1986, pp. 89-113.

meur, Auguste Delâtre, et 54 peintres-graveurs. Et en 1874, la création de la « Société anonyme coopérative », qui réunit les futurs « Impressionnistes », a bien, dans sa définition statutaire, le sens d'une expérience plus économique qu'esthétique. Pour Jean-Paul Bouillon, c'est la date de 1862 qui désigne le mieux l'évolution :

> Le tournant est bien là, en effet, en 1862 et non en 1874, avec cette réunion d'artistes qui s'appuie sur le libéralisme économique de l'Empire [...] en laissant volontairement à l'écart, au contraire, tout le débat esthétique qui continue de monopoliser l'attention au Salon [1].

Mais ces entreprises sont toutes de faible durée, et, les expositions chez Martinet n'attirant qu'un public limité, l'administration des beaux-arts leur est hostile. Martinet démissionne en 1865, et Manet, échaudé par cette expérience, reste ensuite fort méfiant devant ces « expositions particulières ». Dans ces conditions, ces expériences constituent-elles vraiment cette phase de transition, ce « temps des sociétés », entre le règne du Salon et celui des marchands ?

Le développement du marché des tableaux

Vers le milieu du siècle, le fait nouveau est la place grandissante du marché des tableaux, et il se trouve des artistes pour s'en inquiéter, comme le paysagiste Jules Dupré (1811-1889), qui constate en 1857 : « L'art de la peinture me paraît complètement tué et remplacé par le commerce de la peinture. »

Après 1860, les prix peuvent devenir très élevés, et tous les caractères d'un marché spéculatif sont réunis :

1. *Ibid.*, p. 94.

les prix montent pour un tableau connu, et la technique pour le faire connaître se met au point, par des expositions, des passages d'une galerie à une autre, des changements de propriété ; et les prix montent beaucoup quand le produit est devenu disponible en nombre limité, par exemple après la mort de l'artiste. D'abord liée à une question de quantité finie, cette plus-value artistique tiendra ensuite compte de l'originalité de l'œuvre, de la réputation de l'artiste. Notons que cette différenciation est propre au marché de l'art, et qu'elle est ignorée, comme on le verra plus loin, par la commande publique.

Cette plus-value artistique semble n'opérer d'abord que sur des œuvres consacrées par le grand public, c'est-à-dire par des profanes, qui recherchent les différentes formes de virtuosité, celle des animaliers comme Brascassat (1804-1867), ou Rosa Bonheur (1796-1849), celle de Meissonier (1815-1891), dont les prix furent à la mesure de son « merveilleux talent de notoriété publique » (Charles Blanc, en 1849). Jusqu'aux années 1860, les artistes novateurs sont longtemps négligés (la plus-value, différée, sera plus tard d'autant plus importante) : Millet vend *L'Angélus* 1 000 francs en 1860, Boudin ses petits paysages 75 francs... la douzaine. De 1862 à 1866, Manet dépense en moyenne 20 000 francs par an, plus que ce que lui rapporte la vente de ses tableaux.

Le dynamisme des marchands

Après 1860, l'activité de négociants entreprenants et leur aptitude à trouver des capitaux donnent une nouvelle ampleur au marché. A Paris, les marchands les plus importants sont, à côté d'Adolphe Goupil, les Durand-Ruel, père et fils. Le père, Edmond, a transformé son commerce de fournitures pour artistes, et la galerie est installée en 1857 rue de la Paix. Après la mort de son père, en 1865, Paul Durand-Ruel (1831-1922) développe l'affaire, l'installe rue Laffitte, dans ce qui sera le cœur du marché de l'art jusqu'en 1914. La méthode de Paul Durand-Ruel consiste à anticiper le succès d'un artiste par des achats importants, avec des moyens trouvés auprès de commanditaires, hommes d'affaires et banquiers, et à soutenir la valeur des tableaux par le passage en vente publique. En 1870, Durand-Ruel, qui a rencontré Monet et Pissarro à Londres, commence à acheter les tableaux de ceux qui ne sont pas encore les impressionnistes ; suivent en 1872 des achats à Degas, à Renoir, à Sisley et à Manet (vingt toiles d'un coup), qui trouvent enfin en lui un agent influent, capable d'intéresser plusieurs de ses anciens clients aux innovations. A la fois amateur engagé et homme d'affaires, il est le premier marchand important à soutenir ouvertement des artistes originaux, encore peu appréciés par le public. Actionnaire majoritaire de la Société générale des arts, il dispose de moyens plus élevés ; dissoute en 1875, la société renaît en 1880 avec la participation de la banque de l'Union générale.

Une partie de la puissance des principales maisons tient à leurs succursales à l'étranger, qui permettent d'étendre le marché : pour Goupil à Londres, à Berlin, à New York, à La Haye ; pour Durand-Ruel à Londres, à Bruxelles, à New York. Sous leur impulsion, Paris devient le centre d'un actif marché international de l'art.

Les conséquences pratiques de cette puissance du marché de l'art sont substantielles. La plus évidente est celle qui concerne la valeur marchande des œuvres d'art, qui tendent à devenir les objets d'une spéculation commerciale et que des prix très élevés transforment en instruments de prestige.

L'histoire du tableau de Millet *L'Angélus* illustre bien cette situation ; le tableau ne se distingue pas tellement du reste de la production du peintre, si ce n'est par l'évidente image de la piété rustique qu'il propose. La spéculation des marchands et des collectionneurs sur cette œuvre est telle que le prix du tableau, après une vente initiale à 1 000 francs en 1860, passe, à la suite de ventes multiples et rapprochées, entre 1869 et 1889 (Millet est mort en 1875), de 30 000 francs à près de 600 000 francs. A ce prix, le tableau est acheté par un groupe américain, et il quitte la France pour les Etats-Unis, d'où plus tard le directeur des Grands Magasins du Louvre, Alfred Chauchard, le rapatrie à grands frais (800 000 francs, soit près de 2 milliards de nos centimes). Ces prix spectaculaires transforment la circulation d'un tel tableau, la presse et la publicité aidant, en événement national et international, dont on ne trouve pas l'équivalent aujourd'hui pour une œuvre récente. L'existence d'un marché organisé est devenue décisive dans cette production de la valeur : rappelons que *L'Angélus* n'a pas d'abord été consacré par le Salon.

Ce rôle du marché est bien démontré par l'évolution des prix des tableaux de l'école de Barbizon, qui a été étudiée systématiquement par Anne Reverdy, en s'appuyant sur les résultats des ventes publiques de 1850 à 1960[1]. Dans un premier temps, alors que le marché n'est pas encore vraiment structuré, les prix de vente sont faibles : à leur première vente publique, en 1844, les tableaux de Diaz obtiennent en moyenne 200 francs, avec un maximum de 600 francs. Les premières ventes publiques de tableaux de Rousseau ont lieu en 1861 et 1863 : pour ce peintre, qui expose au Salon

1. Voir Anne Reverdy, *L'Ecole de Barbizon. L'évolution des prix des tableaux de 1850 à 1960*, Paris-La Haye, Mouton, 1973.

depuis 1834, la vente de 1861 (l'artiste a quarante-neuf ans) procure 15 000 francs pour 24 tableaux (moyenne : 620 francs) ; celle de 1863 donne 14 866 francs pour 17 tableaux (moyenne : 870 francs). L'impact du marché spéculatif sur les prix est mis en valeur par l'intervention du marchand Durand-Ruel, qui, en 1865, achète d'un coup au peintre toutes ses toiles de jeunesse, plus un ensemble de tableaux récents, soit 100 000 francs pour 60 tableaux (moyenne : 1 660 francs), et 40 000 francs pour des tableaux inachevés. Après la mort du peintre, en 1867, et au moment où s'affirme l'organisation du marché des tableaux à Paris, les prix reprennent assez vite leur progression : la moyenne des prix, entre 1870 et 1874, est vingt fois plus élevée que pour la période 1865-1869.

Dans cette nouvelle organisation du marché, les grandes ventes publiques sont des instruments importants : d'abord parce qu'elles réunissent des œuvres, présentées au public des amateurs, à un moment où l'accès aux œuvres est limité ; ensuite parce qu'elles stimulent l'échange, établissent les transformations de la valeur, documentent, par le catalogue de la vente, une production souvent encore inédite. A l'époque, les grandes ventes publiques sont organisées à l'hôtel Drouot et dirigées par le commissaire-priseur Charles Pillet. Les plus importantes sont celles qui suivent le décès de l'artiste : ventes Delacroix (1864), Millet (1875), Manet (1884). Mais les artistes eux-mêmes ne dédaignent pas de mettre en vente leur production : deux ventes des impressionnistes ont lieu, le 24 mars 1875 (Paul Durand-Ruel expert) et le 28 mai 1877.

L'autorité du marché tend à infléchir le travail de l'artiste en fonction de critères commerciaux. Le peintre Bouguereau porte ainsi une grande attention aux volontés des riches amateurs américains, qui souhaitent le voir appliquer sa virtuosité d'imagier suave et complaisant à des thèmes fort éloignés de l'iconographie classique et savante. S'écartant souvent des grands sujets historiques auxquels l'a préparé sa formation de lauréat du prix de Rome, il se tourne vers des scènes de genre et des sujets profanes, et, pour tout dire, un peu niais ; il s'agit manifestement de répondre aux sollicitations des riches amateurs, presque tous étrangers, vers lesquels l'orientent ses marchands successifs, Durand-Ruel, puis Goupil. Cette détermination de l'œuvre par des critères commerciaux conduit à la mise en cause de l'intégrité des tableaux, pour des raisons qui sont celles du marché ; après le décès du peintre, l'achèvement des esquisses, dans les fonds d'atelier, avant leur mise en vente, n'est pas alors une pratique exceptionnelle. Un cas limite dans le genre est le maquillage, après la mort du peintre, d'un grand tableau de Courbet, *La Toilette de la morte,* dont le sujet sans concession rend la vente bien aléatoire. Il sera repris, et très gauchement, par un peintre non identifié, à l'initiative de ses détenteurs, avant la vente à un collectionneur américain ; le tableau, aujourd'hui au Smith College Museum, à Northampton (Massachusetts) devient ainsi une innocente *Toilette de la mariée.*

Parmi les conséquences du niveau atteint par le prix des tableaux après 1860, notons que les hauts prix pratiqués écartent ces tableaux, reconnus par le marché, de leur achat par l'Etat ; leur entrée dans les collections publiques, dès lors, dépend des dons et des legs. Tout se passe comme si on avait affaire à un inquiétant phénomène cumulatif, qu'il faut présenter au moins comme une hypothèse : plus l'Etat est incapable de suivre les prix de ce marché spéculatif, plus ses agents, responsables de l'administration ou hommes des musées, manquent d'une approche positive des formes de l'actualité. La fondation du prix du Salon par la Direction des beaux-arts en 1874, qui a pour objet de récompenser les formes d'art fidèles à la « tradition nationale » et qui se tiennent à l'écart des formes adoptées par le goût et la mode, illustre cette tentative de construire un art officiel en dehors des critères de l'actualité.

Les collectionneurs

Partenaires des marchands, les collectionneurs au XIXe siècle sont non seulement des agents économiques puissants, mais aussi des décideurs culturels, qui ont leur part dans la transformation des critères de l'art, et dans une évolution qui remplace la sanction académique par les satisfactions et les gratifications personnelles. Et, comme on l'a vu, par leurs dons aux collectivités locales ou aux musées, ces collectionneurs ont un rôle direct au XIXe siècle dans la constitution des collections publiques. Pour ce qui concerne l'art ancien, il faut noter, en particulier dans la première partie du siècle, le grand nombre des pièces disponibles, depuis le séisme de la période révolutionnaire, sur un marché peu structuré et peu informé, que marchands et brocanteurs de tout acabit, en particulier en province, peuvent proposer aux amateurs avec des attributions plus ou moins fantaisistes. La grande peinture, le « grand goût » et les tableaux attribués aux grands noms attirent ainsi les collectionneurs. A Paris, les amateurs opèrent surtout à partir d'achats faits dans les salles des ventes de Paris ; plusieurs combinent l'intérêt et le flair de l'artiste praticien avec le goût de la collection ; ainsi Louis La Caze (1798-1869), fils d'un agent de change, qui a fréquenté les ateliers d'artistes après des études de médecine ; il constitue une grande collection de tableaux des XVIIe et XVIIIe siècles, qu'il restaure lui-même et dont il fera don au Louvre. Plus tard, Etienne Moreau-Nélaton (1859-1927) est à la fois un artiste professionnel, un érudit et un grand collectionneur de la peinture du XIXe siècle.

Mais pour quelques collections savantes réunies avec rigueur, combien le furent en suivant le bric-à-brac de l'offre ? Ainsi, bien que constituée elle aussi par achat dans les ventes publiques, à Paris, entre 1846 et 1853, la collection d'un ingénieur polytechnicien, le comte Jean-Marie de Silguy (1785-1864), témoigne d'une approche beaucoup moins sûre. Réunie en pleine période de croissance du marché de la peinture, cette collection frappe l'observation critique d'aujourd'hui, comme l'a montré André Chastel, pour l'approximation des achats, cautionnés par des attributions qui aujourd'hui se révèlent massivement fausses [1]. La collection est léguée au musée de Quimper en 1864.

D'autres amateurs sortent franchement des voies tracées par les références historiques, et des choix avisés ont pu réunir ainsi à bon compte des ensembles originaux, choisis hors des normes du goût, comme les primitifs allemands et suisses de la collection Dard, aujourd'hui au musée de Dijon.

L'apport des milieux d'affaires

A partir du second Empire, le collectionneur appartient souvent à la grande bourgeoisie d'affaires, qui n'a pas pour l'artiste et pour l'art l'attention que les anciennes classes dirigeantes leur accordaient. Albert Boime considère que le collectionneur-homme d'affaires du XIXe siècle est, comme l'artiste en vue, celui « qui s'élance hors de la masse indistincte de l'huma-

1. Voir André Chastel, « L'ingénieur de Quimper et ses peintres », *Le Monde*, 18 mars 1987.

nité[1] ». L'artiste et le collectionneur seraient, dans cette optique, les représentants, et les agents, d'une même « méritocratie ».

L'attitude initiale est celle, bien décrite par Boime, des « collectionneurs éclectiques », qui confondent les fonctions de collectionneur d'art ancien et de promoteur-mécène des artistes vivants, et qui achètent « pour leur propre plaisir et dans le souci de s'entourer d'œuvres dont la perfection correspondait à leur propre réussite en affaires[2] ».

Les plus importants collectionneurs sont l'élite du monde économique : les plus grands industriels de l'époque, Eugène Schneider (sidérurgie et constructions mécaniques du Creusot), le duc de Morny (industrie sucrière), Jean Dollfus (usines textiles de Mulhouse) ; les principaux entrepreneurs et financiers, Isaac et Emile Pereire, les pionniers du chemin de fer en France, fondateurs du Crédit mobilier ; les grands banquiers, le baron James de Rothschild, le comte Isaac de Camondo, qui léguera sa collection au Louvre en 1908. La plupart, en donnant une place de choix dans leur collection à la peinture hollandaise du XVIIe siècle, cautionnent les rapports de la peinture française contemporaine avec l'art du Nord, qui sont, de Courbet à Boudin, de Jongkind à Van Gogh, un des grands phénomènes de la géographie culturelle du XIXe siècle. C'est grâce au *Géographe*, dans la collection des frères Pereire, que le critique Thoré-Burger aborde en 1866 le premier l'étude de Vermeer. Pour Boime, les entrepreneurs et les hommes d'affaires ont ainsi leur part dans la désuétude de l'art académique et dans le succès du réalisme et du naturalisme. Plus générale-

1. Pour cette partie, nous suivons Albert Boime, « Les hommes d'affaires et les arts en France au XIXe siècle », *Actes de la recherche en sciences sociales*, n° 28, 1979, pp. 57-75.
2. *Ibid.*, p. 58.

ment, dans la seconde moitié du XIXe siècle, le goût de la grande bourgeoisie, soucieuse d'affirmer son originalité culturelle, se confond souvent avec la constitution attentive d'une collection originale et hors pair, étant entendu qu'elle y trouvera une gratification sociale bénéfique, en échange du don de la collection, qui, après sa mort, établira la permanence du nom du collectionneur dans un musée du domaine public.

Après 1860, on observe un lien souvent étroit entre les entreprises les plus dynamiques et les collections de l'art du XIXe siècle. Plusieurs des grands collectionneurs de l'art de leur époque se situent dans des secteurs de pointe de l'économie ou de l'industrie. Les directeurs des grands magasins sont parmi les collectionneurs les plus proches de l'actualité : la famille Cognacq, fondatrice de la Samaritaine, est parmi les premiers collectionneurs des impressionnistes ; Alfred Chauchard (1821-1909), propriétaire des Grands Magasins du Louvre, collectionne les peintres de Barbizon, ainsi qu'Aristide Boucicaut, des grands magasins Au Bon-Marché. Si Dufayel, un grand marchand de meubles, est client de Detaille, Bader, directeur des Galeries Lafayette, collectionne les peintres de Barbizon et les impressionnistes. Ernest May (1845-1925), un banquier, Ernest Hoschedé (1837-1891), lié au négoce, sont, au début des années 1870, parmi les tout premiers collectionneurs des impressionnistes. Boime propose de voir un rapport entre le « dynamisme énergique » de ces entrepreneurs et les « caractéristiques expressives de la peinture impressionniste[1] ».

Parmi ces précurseurs, il y a aussi des amateurs passionnés, qui réunissent des collections exceptionnelles. Victor Chocquet (1821-1891), modeste employé, proche des impressionnistes, dont il est un ardent

1. *Ibid.*, p. 66.

collectionneur, réunit un ensemble important, dont une trentaine de tableaux de Cézanne. Henri Rouart (1833-1912), polytechnicien, industriel spécialisé dans des secteurs d'avant-garde (la production des tubes d'acier, l'industrie du froid, les applications de l'électricité), est aussi un paysagiste de grand talent ; ami de Degas, il participe aux expositions du groupe impressionniste à partir de 1876. Collectionneur passionné de Corot, il achète des tableaux de ses amis à partir de 1875. Comme Rouart, Gustave Caillebotte (1848-1894) est lui-même un peintre, proche des impressionnistes, et un collectionneur. Si le legs Caillebotte à l'Etat, sur lequel nous reviendrons, démontrera le retard pris par l'administration des beaux-arts, la vente des deux autres collections (vente Chocquet, en 1899, vente Rouart, en 1912), sera significative du niveau de la consécration des impressionnistes par le marché.

Parmi les amateurs étrangers, plusieurs se distinguent par la précocité de leur choix pour les peintres modernes : Louisine Havemayer (1855-1929) et son mari, Henry Osborne Havemayer (1847-1907), un magnat de l'industrie du sucre aux Etats-Unis, sont des découvreurs précoces de Courbet et des impressionnistes.

Un collectionneur de peinture moderne : Alfred Bruyas (1821-1877)[1]

Fils d'une famille riche de Montpellier, de santé fragile mais disposant de moyens financiers confortables, Alfred Bruyas préfère la compagnie des artistes au milieu des affaires. En 1842, il commande des dessins à E. Devéria ; en 1846, il est à Rome, où il

1. D'après Ph. Bordes, « Montpellier, Bruyas et Courbet », in *Courbet à Montpellier*, catalogue de l'exposition, Montpellier, musée Fabre, novembre-décembre 1985, pp. 23-38.

fréquente la villa Médicis. En 1848, la commande de trois tableaux à Alexandre Cabanel, un prix de Rome originaire de Montpellier, marque le début d'une véritable fringale de commandes, souvent des portraits, qui vont donner à Bruyas un statut de collectionneur-mécène un peu extravagant, tout au moins pour ses proches et pour ses compatriotes. Séjournant fréquemment à Paris de 1849 à 1854, Bruyas, enthousiasmé par l'art contemporain, se rapproche des artistes les plus en vue, multiplie les achats, commande des portraits (à Couture et à Delacroix, entre autres), mais aussi des compositions allégoriques dans la définition desquelles il aime intervenir. Par-dessus tout, il préfère ce rôle de conseiller et d'ami des artistes, tel que le montre son *Portrait* dans l'atelier du peintre, par Tassaert en 1853.

Mais sa famille se méfie dorénavant de ses dépenses, son père le menace de vendre sa galerie de tableaux. Dépendant constamment des siens, il cherche la solution dans une étonnante fuite en avant :

> Adolescents (aux pères riches), vous manquez de moyens pour votre liberté ? Empruntez donc ! Si vous faites le bien, Dieu vous protégera. Mon père et Dieu sont avec moi [1].

La rencontre avec Courbet, au Salon de 1853, ouvre une phase nouvelle, d'extrême intensité, dans la passion du collectionneur. Pour Bruyas, *Les Baigneuses* sont la révélation, et il s'impose « le devoir d'acquérir le tableau ». Bruyas et Courbet deviennent pour un temps des complices : le premier cherche l'artiste majeur qui justifiera sa recherche d'autonomie, le second cherche l'appui d'un partenaire riche pour

1. Bruyas, dans le catalogue de sa collection, 1854, p. 29.

maintenir sa liberté artistique. Bruyas, en véritable mécène, accueille Courbet à Montpellier de mai à septembre 1854, où les deux hommes, alliés dans la défense contre les « barbares », élaborent la conception de l'*Atelier,* qui sera le grand manifeste de la peinture indépendante. En fait, c'est le portrait de Courbet et de Bruyas, *La Rencontre,* ou *Bonjour, monsieur Courbet !,* qui, l'année suivante, remporte un immense succès et immortalise le collectionneur et l'ami de Courbet. En 1855, il joue encore un rôle essentiel dans les entreprises de Courbet, puisque c'est avec son aide financière que le peintre peut construire le pavillon « du Réalisme » qui lui permet d'exposer librement les toiles refusées par le jury de l'Exposition universelle.

Dans les années suivantes, Bruyas, malgré un second séjour du peintre à Montpellier en compagnie de Champfleury, en 1857, prend ses distances avec les projets de Courbet, qui lui proposait de transférer sa collection à Paris. Tout en continuant à aider le peintre dans ses expositions, et à lui acheter des tableaux, Bruyas conforte son personnage de collectionneur narcissique, mais sincère et désintéressé. Un narcissisme que Champfleury caricature méchamment dans *La Revue des Deux Mondes,* tandis que le monde artistique parisien évoque les conséquences que le succès de Courbet au Salon entraîne pour la valeur de la collection Bruyas (« Voilà la Galerie Bruyas qui triple de valeur ! » s'écrie Bazille en 1866), et que Bruyas s'apprête à faire don de sa collection au musée Fabre.

Figure romantique par la passion idéalisée de l'art et par l'opposition à son milieu, défenseur obstiné des artistes contemporains, partenaire de Courbet à sa façon, sublime et ridicule, sincère et désintéressé, Alfred Bruyas illustre de façon exceptionnelle la nouvelle relation personnelle aux réalités et aux mythes de l'art qui se met en place au milieu du siècle, en marge des institutions reconnues.

Dans la galerie de sa maison, à Montpellier, le collectionneur-mécène accueille et présente pendant plus de vingt ans l'art contemporain, sans pour autant constituer ni un lieu d'avant-garde, ni un instrument spéculatif, ni un projet antagoniste, si bien que la collection peut venir compléter, le moment venu, et sans contradiction, le patrimoine du musée Fabre.

LA COMMANDE PUBLIQUE

La commande publique joue un rôle de premier plan dans la vie artistique de la période, par le volume d'ensemble des commandes passées aux artistes, par l'implication des commanditaires dans les opérations et par la qualité des œuvres ; de Delacroix à Rodin, à Carpeaux et à Puvis de Chavanne, des œuvres essentielles de la période sont produites dans le cadre de la commande publique. Celle-ci participe, par la peinture et la sculpture, au décor monumental des édifices officiels, et, par l'érection de statues, elle détermine l'esthétique et le sens de l'espace public des villes et des villages. Elle est à l'origine de cette fameuse « statuomanie » qui règne dans la France du XIXe siècle, qui est, comme l'a montré Maurice Agulhon, au « carrefour de l'urbanisme, de la politique et de l'art », et dont il voit l'origine, à partir de 1830, dans la promotion constante par les pouvoirs successifs d'un « didactisme civique [1] ».

1. Maurice Agulhon, « Imagerie civique et décor urbain » (1975) et « La " statuomanie " et l'histoire » (1978), *Histoire vagabonde*, Paris, Gallimard, 1988, tome I, pp. 101-136 et 137-185. Voir aussi sur ce sujet, du même auteur, « Esquisse pour une archéologie de la République », *Annales E.S.C.*, janvier-février 1973.

L'évolution de la commande publique

La commande publique évolue en fonction de plusieurs paramètres. Le premier est le contrôle de l'initiative par le pouvoir. Dans une première période, les commandes publiques sont surtout celles de l'Etat. Sous la Restauration, cette exclusivité est même un élément explicite de la doctrine contre-révolutionnaire : la statue commémorative profane est une exception, et qui relève de l'autorité de l'Etat. Après 1830, les initiatives des municipalités dans le culte des grands hommes se multiplient, en relation directe avec l'instauration progressive de la démocratie communale. Sous le second Empire, avec d'évidentes réserves quant aux projets ouvertement porteurs des valeurs révolutionnaires, le culte des grands hommes se poursuit, tandis que le parti catholique prend de son côté sa revanche, avec les statues monumentales à la Vierge. A partir de 1871, si les monuments aux morts de la guerre sont des initiatives à la charge de l'Etat, la plupart des projets commémoratifs dépendent des municipalités, qui commencent à célébrer de façon symbolique la République, ses valeurs et les grands hommes, dans des registres de formes monumentales de plus en plus étendus.

Le second paramètre est lié à la conjoncture de la pratique monumentale, c'est-à-dire à la relation des travaux des artistes avec la commande architecturale publique. Sous l'Empire, les chantiers des grands monuments commémoratifs, dont certains ont été commencés pendant la période révolutionnaire, fixent les commandes de sculptures, par exemple pour les arcs de triomphe (du Carrousel et de l'Etoile, à Paris, de la porte d'Aix, à Marseille). La colonne Vendôme fournit du travail à trente-deux sculpteurs. Les peintres sont chargés de célébrer au fur et à mesure les grands moments du régime (le *Sacre* de David) et les épisodes militaires glorieux, dont la liste est périodiquement dressée par Napoléon, qui charge Vivant Denon, directeur des musées, du choix des artistes. Pendant la Restauration, l'effort porte surtout sur le décor des édifices religieux, appauvri ou supprimé par la Révolution. Placées sous la responsabilité directe des pouvoirs publics (Etat ou commune) depuis le Concordat de 1801, l'église et la cathédrale deviennent un point d'appui essentiel pour la commande artistique.

Les variations de la commande des œuvres suivent cependant les péripéties de l'histoire politique : leur nombre, faible sous l'Empire, augmente beaucoup sous la Restauration, baisse après 1830, est de nouveau en hausse après 1840 et sous le second Empire. Sous la Restauration, le contrôle étroit des concours et des projets par l'administration des beaux-arts, qui écarte toute influence du clergé, s'explique par l'intérêt politique et artistique que la presse porte à ces travaux et aux intenses controverses qu'ils suscitent, comme on l'a montré avec les sculptures de l'église de la Madeleine [1].

La monarchie de Juillet correspond à un grand essor de la commande publique. D'une part, avec la statuaire et les monuments commémoratifs, elle donne le coup d'envoi à la « statuomanie », à ce triomphe d'un « culte des grands hommes, élément avoué ou implicite d'une morale humaniste, concurrente de la morale

1. Sous la Restauration, on envisage de la traiter en monument du repentir, avec sur le fronton « un groupe d'anges prêt à enlever Louis XVI dans le ciel » (I. Leroy-Jay Lemastre, « L'église de la Madeleine, de la Restauration à la monarchie de Juillet : un mécénat d'Etat », *La Sculpture française au XIXe siècle*, catalogue de l'exposition du Grand Palais, Paris, Réunion des musées nationaux, 1986, pp. 196-207).

de Tradition [...]. Pourquoi [les conservateurs] auraient-ils laissé aux seuls amis des Lumières et de 1789 le monopole de la proclamation monumentale[1] ? ». D'autre part, pour la création du Musée historique de Versailles, Louis-Philippe détermine lui-même le programme d'une histoire de France imagée en trois mille tableaux commandés par l'administration, à partir de 1833. Personnellement attentif aux artistes, Louis-Philippe encourage d'autres commandes, souvent hardies : les peintures murales de Delacroix au Palais-Bourbon, à partir de 1833, au Luxembourg, à partir de 1840, celles d'Ingres au Luxembourg, à partir de 1841, sont des commandes majeures passées à des artistes encore jeunes et encore discutés.

Sous la IIe République, l'essentiel est dans l'affirmation par Charles Blanc, directeur des beaux-arts, de la préférence pour ce qu'on nomme déjà l'« art public », destiné à la masse de la population, sur l'art du tableau de chevalet, « fruit de l'individualisme ». Dans les semaines qui suivent la révolution de février 1848, le ministre de l'Intérieur Ledru-Rollin prend l'initiative d'un concours (mars 1848) pour une figure peinte, sculptée ou gravée de la République, où se distingue Daumier, et commande à Chenavard le décor peint du Panthéon (avril 1848). L'administration passe aussi de nombreuses commandes de paysages ; Millet, pour sa part, reçoit 1 800 francs pour la commande d'un tableau, *Le Repos des faneurs*.

Sous le second Empire, la plupart des commandes de tableaux passées par l'administration des beaux-arts, rattachée au ministère d'Etat et de la Maison de l'empereur, concernent des programmes plus conven-

1. M. Agulhon, *Histoire vagabonde, op. cit.*, p. 152.

tionnels. Pour la décennie 1851-1860, on a pu montrer la place prise par la peinture religieuse, puisque sur un total de 2000 tableaux commandés environ, 908 sont des tableaux à sujets de dévotion (pour une bonne part des copies). Viennent ensuite, et dans l'ordre, les portraits (et au premier rang les portraits de l'empereur et de l'impératrice), la peinture d'histoire, les marines et paysages, etc.[1]. En relation avec l'édification monumentale, les commandes de décors peints se multiplient, par exemple pour Puvis de Chavannes (musées d'Amiens, de Lyon, de Marseille).

La procédure de la commande

La commande d'une œuvre à un artiste est souvent, au XIXe siècle, le résultat de la sollicitation du commanditaire par l'artiste, appuyée par diverses recommandations. C'est le cas général pour les sculpteurs, célèbres ou non, qui sont dans la nécessité absolue d'obtenir des commandes. Les artistes qui se sont distingués dans leur itinéraire professionnel ont le plus de chances de recevoir régulièrement des commandes : l'ancien élève de l'Ecole des beaux-arts, le lauréat du prix de Rome, l'artiste titulaire de récompenses et de médailles décernées par le jury du Salon, voici le profil de l'artiste qui traite les commandes publiques. Remarquons que le prix alloué est fixé en fonction de la dimension et de la technique d'exécution de l'œuvre, et qu'il ne distingue pas l'artiste réputé du pauvre diable nécessiteux, dont la survie dépend d'une commande.

La commande se distingue de l'achat de l'Etat par le

1. Voir P. Angrand, « L'Etat mécène, période autoritaire du second Empire 1851-1860 », *Gazette des beaux-arts*, mai-juin 1968, pp. 303-348.

fait qu'elle est définie par un programme et en général attachée à une destination locale précise. Un contrat arrête le programme, fixe le prix du travail de l'artiste et les délais, indique les conditions de la réalisation technique. Pour les commandes de peintures destinées à prendre place dans les églises, Bruno Foucart a montré que l'initiative est le plus souvent prise par le clergé local, qui sollicite, en général avec succès, une peinture, mobile ou murale, auprès du ministre. Il arrive cependant que la commande soit passée une fois l'ouvrage en cours d'exécution, comme c'est le cas pour *Les Romains de la décadence* de Couture. Plus la commande est importante et engage le commanditaire, plus la définition du programme est rigoureuse : la valeur édifiante de l'œuvre, définie dans un texte souvent fort explicite, relève de la compétence du commanditaire ou du comité qui préside au projet, tandis que la valeur artistique est implicite, et se confond avec le choix de l'artiste. Comme le montre le cas des *Bourgeois de Calais* de Rodin, on voit à la fin du siècle le passage de ce système à un autre, lorsque la valeur plastique de l'œuvre tend à se substituer à sa portée iconique.

Une fois la commande passée, son exécution est suivie, de l'esquisse à l'exécution complète, par un inspecteur des beaux-arts, dont le rapport conditionne le règlement du prix de la commande. Dans le cas de la décoration des grands édifices, soucieuse, et souvent pressée en ce sens, de confier des commandes au plus grand nombre possible d'artistes, l'administration répartit en général les commandes, hésite toujours à les concentrer sur un seul artiste. L'effet social et politique de ces commandes sur l'ensemble de la population artistique n'est pas négligé.

Les concours

Le concours avait été dans la période révolutionnaire l'organisation de l'égalité des chances. Souvent associé à la commande publique, qu'il précède, le concours de projets devient au XIXe siècle la bête noire des artistes : les artistes obscurs redoutent les décisions prises à l'avance, les classements opérés sous la pression d'artistes ou de politiques influents, les artistes en vue, par orgueil, répugnent à se soumettre à la décision d'un jury. On en vient ainsi quelquefois à organiser un « concours secret » entre artistes : pour la statue à Victor Hugo, Falguière et Barrias acceptent d'être mis en concurrence, « à condition que ce concours fût tenu secret [1] ». Pour ces mêmes raisons, le concours restreint, sur invitation, a la faveur des artistes. A la différence du concours de l'an II, l'absence, fréquente, de toute indemnisation des candidats non retenus pèse objectivement lourd dans le passif de cette procédure.

Les souscriptions

Pour une grande partie, le financement de la commande publique des sculptures monumentales au XIXe siècle est assuré par des souscriptions publiques. Partant d'initiatives très diverses, les appels à souscription, diffusés par voie d'affiche, par circulaires ou dans de véritables brochures, sollicitent les personnes privées, mais aussi les sociétés, les municipalités. Les projets, qu'ils soient attachés à une célébration religieuse, humanitaire, politique ou idéologique, cherchent dans la souscription une légitimité fondée sur la

1. Ch. Martinet, « Le concours », in *La Sculpture française, op. cit.*, p. 218.

collectivité, et sur le monument la marque des souscripteurs rivalise, et quelquefois éclipse, celle de l'artiste. Pratique sociale caractéristique des rapports entre les mentalités et l'art monumental du XIXe siècle, la souscription affirme le nouveau rapport entre l'idéal de la bourgeoisie libérale et l'espace public, propose l'utilisation des moyens modernes de la communication et de la « publicité » au profit de la tradition de la sculpture monumentale[1].

La commande municipale à Paris : la procédure en 1860

A Paris, l'architecte responsable du monument a l'initiative : il détermine les surfaces et parties à décorer, et propose pour chacune les noms de peintres ou de sculpteurs. Par un arrêté préfectoral ensuite, une commande est passée à chaque artiste, sous réserve de l'accord donné par la Commission des beaux-arts à son esquisse. En 1860, la Commission comporte des représentants de l'administration de l'Etat (Mérimée, inspecteur des monuments historiques, Frémy, gouverneur du Crédit foncier, Nieuwerkerke, directeur des musées, Henri de Laborde, conservateur au cabinet des Estampes, Mercey, chef de la Division des beaux-arts à la Maison de l'empereur, Foucher, conseiller à la Cour de cassation) et de la Ville (l'abbé Coquaud, curé de Saint-Eugène, Eck, conseiller municipal, Baltard, inspecteur des beaux-arts de la Ville, Michaux, chef du service des beaux-arts). La Commission comporte aussi des artistes (l'architecte Hittorff, les peintres Picot, Hippolyte Flandrin et Cogniet, les sculpteurs Duret et Gatteaux)[2].

1. Voir Ch. Martinet, « La souscription », *ibid.*, pp. 231-239.
2. G. Brunel, « Bourguereau décorateur des églises parisiennes », in *William Bouguereau*, catalogue de l'exposition, Paris, Petit Palais, février-mai 1984, p. 85.

LA VIE D'ARTISTE

La plupart des aspects de la vie des artistes au XIXe siècle ont déjà été exposés par Jacques Lethève [1]. On se limitera ici à une mise au point sur quelques informations qui précisent la vie sociale des artistes, et en insistant en particulier sur la localisation des carrières, qui ne se confondent pas toutes au XIXe siècle avec des carrières parisiennes.

Impossible de réduire, bien entendu, la « vie d'artiste » aux clichés qui l'identifient à la bohème ou à l'instabilité. Et d'abord parce qu'il existe une différence entre Paris et la province, et parce que si la vie d'artiste a eu des aspects distinctifs, c'est surtout dans les dernières décennies du XIXe siècle. A Paris, la population des artistes est marquée fortement à la fois par la concentration des artistes reconnus et célèbres, et par la présence de ceux qui aspirent à devenir artistes, c'est-à-dire, pour simplifier, de leurs élèves ; Delécluze, dans sa description de la population de l'atelier de David, met en évidence la distinction entre artistes arrivés, préoccupés d'une intégration à l'élite, en particulier par le costume (David, Charles Moreau), et groupes d'élèves, à la recherche d'une identité par l'outrance : dans l'atelier de David, à la secte des *crassons* s'oppose celle des *primitifs*.

En province, au contraire, ce qui frappe, c'est l'appartenance de l'artiste soit à une catégorie sociale instrumentale, lorsque l'artiste est socialement utile, dans un registre qui va du professeur de dessin au

1. Voir Jacques Lethève, *La Vie quotidienne des artistes français au XIXe siècle*, Paris, Hachette, 1968.

sculpteur-praticien, soit à une bourgeoisie cossue plus proche des valeurs du paysan prospère que de celles de l'entrepreneur citadin. Le bien-vivre de ces peintres est attesté : plusieurs peintres lyonnais sont des propriétaires terriens, des chasseurs habiles (Ravier). La compagnie de ces artistes bons vivants est recherchée : chaque voyage de Courbet en province et à l'étranger enchaîne les étapes, où se combinent les plaisirs de la table, les commandes de portraits et, comme on disait à l'époque, les bonnes fortunes et les amours de rencontre. Rien donc qui ne soit bien conventionnel, rien qui identifie l'artiste avant tout à l'originalité.

Pour la plupart, les artistes au XIXe siècle suivent un itinéraire qui est inspiré par le modèle de la réussite sociale ; d'autant plus que la réussite de l'artiste, et en particulier celle du peintre, incarne, pour les couches moyennes, « la réussite par excellence », et le milieu des artistes un monde où la mobilité sociale est exceptionnelle [1].

Un itinéraire, globalement, qui semble plus cohérent, plus attaché à l'intégration et à la réussite sociale que celui des écrivains, sans parler des couches instables qui font les frais de la révolution industrielle. Tout, en fait, pousse le jeune artiste dans ce sens : la formation le met très tôt en contact des références, qui suggèrent que la formation et la compétition professionnelle peuvent conduire à une réussite et à une promotion sociale évidente. La compétence et la respectabilité semblent bien caractériser l'artiste qui aspire à réussir. D'autant plus que, par leur origine sociale, les artistes sont pour la plupart issus de la petite bourgeoisie et des métiers. Pour terminer cette partie, on donnera deux exemples d'itinéraires

1. Voir Marie-Claude Genet-Delacroix, « Le statut social de l'artiste professionnel au XIXe siècle », in *La Condition sociale de l'artiste,* Saint-Etienne, Cierec, 1987, pp. 87-104.

d'artistes au XIXe siècle, qui mettent tous les deux l'accent sur les rapports, peu connus, de Paris et de la province.

Un sculpteur « monté » à Paris : Guillaume Fulconis (1818-1873)

Né à Avignon dans une famille pauvre, fils d'un ouvrier marbrier, orphelin à douze ans, Guillaume Fulconis est apprenti marbrier successivement à Avignon puis à Marseille. A dix-sept ans, il quitte Marseille pour Alger, où il participe, dans l'atelier du sculpteur Latour, à divers travaux de décoration des édifices publics ; à Alger, il devient un sculpteur reconnu, un portraitiste apprécié de l'élite locale ; sous son nom, il réalise plusieurs monuments à la gloire de l'armée française, et à Hippone, en 1841, un monument à saint Augustin. Mais lorsque l'Algérie entre dans une période économique difficile, Guillaume Fulconis, en 1851, gagne Paris, puis Rouen, où il travaille à la décoration d'une église de pèlerinage, l'église de Bonsecours, édifiée dans le style gothique entre 1838 et 1844, et à plusieurs commandes pour l'évêché. En 1855, Fulconis est à nouveau à Paris, où il mène de front une série d'activités variées, qui vont de la statuaire religieuse et de la restauration du décor sculpté des églises, qui sont à ce moment la base de sa reconnaissance sociale, à la décoration des édifices publics et aux portraits en buste. Fulconis bénéficie alors de la grande activité de l'édification publique et religieuse sous le second Empire. Il travaille à partir de 1858 au décor du Louvre, et il participe à de nombreux chantiers d'église, à Paris et en Normandie. Il expose régulièrement au Salon depuis 1857. Installé rue Vavin, puis dans une maison-atelier cossue, bâtie avenue de Ségur, Fulconis, dans les années 1860, emploie dans son atelier une dizaine de praticiens. Sa réussite économique et sociale est incontestable : le sculpteur Préault, les peintres Flandrin et Bouguereau, des personnalités politiques fréquentent les réceptions organisées chez lui par Fulconis[1].

Guillaume Fulconis illustre bien la promotion sociale d'un praticien, artiste autodidacte, qui répond au jour le jour à la commande, à la conjoncture, au contexte. Mais la réussite de l'ancien apprenti marbrier est instable, le succès de l'artiste reste celui d'un praticien, qui suit la demande des institutions publiques et religieuses, et dépend d'elle. En ne parvenant jamais aux fonctions (enseignement, membre de jurys ou de commissions) qui sont celles des anciens élèves du système académique, l'itinéraire de Fulconis montre que la réussite sociale ici reste relative aux débuts de l'artiste.

Un peintre amateur de la vie artistique locale à Arras : Constant Dutilleux (1807-1865)

Elevé par son parrain, notaire à Douai, Constant Dutilleux est un brillant élève au collège de la ville et s'initie au dessin auprès d'un cousin, lithographe et professeur de dessin de broderie. En 1826, alors qu'il est un temps employé dans une imprimerie à Paris, il découvre la peinture au musée du Luxembourg et au Louvre, et décide de devenir peintre. Elève dans l'atelier d'Hersent et à l'Académie suisse de 1826 à 1830, il admire Delacroix, « un véritable peintre, le seul qui ne copie point ». En 1830, il s'installe à Arras, où il enseigne le dessin dans un pensionnat, peint des portraits, travaille à des commandes de peinture reli-

1. D'après la thèse de troisième cycle de P. Daum, *Vie et œuvre des sculpteurs Guillaume Fulconis (1818-1873) et Victor Fulconis (1851-1913)*, exempl. dactyl., université de Provence, 1986.

gieuse. A partir de 1832, année de son mariage, il mène de front son activité de pédagogue, qui rencontre beaucoup de succès, et une activité commerciale, ouvrant un atelier de lithographie et un magasin de papeterie. Le nombre croissant de ses élèves, « débutants » et « aînés », fait de Dutilleux un animateur de la vie artistique locale, qui sait établir des contacts avec les peintres parisiens qu'il admire, avec Delacroix, et surtout avec Corot. Il expose au Salon des paysages à partir de 1834, et au Salon de 1847 rencontre Corot. A partir de 1850, une aisance relative lui permet de séjourner dans la forêt de Fontainebleau, seul ou avec ses élèves, d'y rencontrer Aligny, Millet, Diaz et Decamps. Il reçoit Corot à Arras régulièrement à partir de 1851, et l'accompagne en Belgique en 1853, à Dunkerque en 1857. Elu membre de l'académie d'Arras en 1854, il fonde en 1859 la « Petite Société des amis des arts », qui devient en 1861 la « Société artésienne des amis des arts » (présidents d'honneur : Corot et Delacroix) pour « relier ensemble toutes les personnes qui s'intéressent aux arts et en propager le goût par l'acquisition d'œuvres de mérite ». Installé à Paris à partir de 1860, il multiplie les voyages sur ses sites préférés, à Fontainebleau, à Rouen, sur la côte normande, et souvent aussi à Arras et à Douai. Rejeté par le jury du Salon en 1863, il prend part au Salon des refusés. Il meurt en 1865, d'une congestion cérébrale, dans le train qui le ramène d'Arras à Paris.

Constant Dutilleux donne un exemple d'itinéraire moderne : en marge d'une formation académique, ses relations avec les paysagistes le libèrent des commandes professionnelles courantes (le portrait et la peinture religieuse), solidement accroché à un milieu local, son rôle d'initiateur et de pédagogue lui donne une grande influence sur de nombreux jeunes paysagistes, qui formeront ce qu'on a appelé l'école d'Arras, et enfin il sait trouver à Paris et à Barbizon les contacts décisifs qui le mettent en rapport avec l'actualité artistique. Sa carrière traduit sa disponibilité culturelle, et la nouvelle et réelle mobilité que permet le chemin de fer après 1850 [1].

1. D'après G.-L. Marchal et P. Wintrebert, *Arras et l'art au XIXe siècle,* Arras, 1987, pp. 123-127.

Deuxième partie

LES SOLUTIONS RÉPUBLICAINES : DES BEAUX-ARTS AUX ARTS PLASTIQUES (DEPUIS 1881)

III

La IIIe République et les beaux-arts

LA IIIe RÉPUBLIQUE ET LE SYSTÈME DES BEAUX-ARTS

La réputation de la IIIe République en matière de beaux-arts a été longtemps détestable. Critiquée par de nombreux contemporains, marquée par plusieurs conflits entre les artistes modernes et l'administration des beaux-arts, l'action de celle-ci, des directeurs des beaux-arts et des secrétaires d'Etat, de Dujardin-Beaumetz (de 1905 à 1911) à Paul Léon (de 1919 à 1933), produit une image négative. Dans plusieurs domaines, les retards et les carences de l'administration sont très tôt mis en valeur : la médiocrité de la commande publique, le refus de l'entrée de l'art moderne dans les musées, l'absence d'initiatives nouvelles dans la formation des artistes creusent l'écart entre les artistes novateurs et les pouvoirs publics. Au point qu'il se trouve des intellectuels, au début du siècle, comme Elie Faure, pour récuser le principe même de l'action de l'Etat dans le domaine des arts. Les principaux agents économiques du marché de l'art ne sont pas les derniers à faire le constat de ces carences, qui contribuent à renforcer leur hégémonie :

en 1927 le marchand de tableaux Gimpel voit en l'Etat un « mécène lamentable ».

Pourtant, entre 1880 et 1914, plusieurs responsables de la politique artistique, comme Antonin Proust, ami de Manet et ministre des Arts dans le ministère Gambetta, ont des attitudes respectables, reconnues par les artistes eux-mêmes. C'est Proust, par exemple, qui accorde une place importante aux expressions modernes dans les « Expositions centennales de l'art français », en 1889 et 1900. Gambetta et Clemenceau sont, en leur temps, et de loin, plus attentifs à l'actualité artistique que la plupart des hommes politiques d'aujourd'hui [1].

L'effort entrepris pour édifier une nouvelle politique artistique, au moment où justement l'Etat républicain est en formation, est réel. Plusieurs approches historiques récentes, attentives aux transformations qui se déroulent sur le territoire des beaux-arts, et à leurs enjeux, au moment où se construit la République, conduisent à sortir du manichéisme un peu trop simple qui régnait jusqu'à présent dans nos schémas.

On voit mieux aujourd'hui que la période, à partir de 1880, est celle d'une césure majeure, celle du passage d'un système de la tradition monarchique à un système républicain des beaux-arts, dont la mise en œuvre coïncide avec les nouvelles conditions économiques et sociales, qui confient la reconnaissance des formes artistiques au marché.

Période de tensions : le nouveau pouvoir républicain ne subit pas de façon passive ces conditions nouvelles, tout au contraire ; dès le ministère de Jules Ferry, les analyses convenables sont faites, les limites à l'action de l'Etat définies. On a vu avec quelle clarté l'Etat se

1. Voir Jules Claretie, « Léon Gambetta amateur d'art », *Gazette des beaux-arts*, t. XXVII, 1883, pp. 123-126.

sépare en 1880 de ses responsabilités traditionnelles dans l'organisation du Salon, pour la confier aux artistes. Période d'une mise au point sur les limites de l'appui de l'Etat à l'institution académique : au moment où les Républicains opportunistes bénéficient justement de l'appui des critiques libéraux, comme Roger Marx ou Jules Castagnary, leur influence dans les sphères de l'administration des beaux-arts conduit à réévaluer de façon positive le naturalisme artistique, et à mettre l'académisme en position défensive[1]. Période de réflexion : il existe à ce moment une réflexion théorique et politique sur l'action de l'Etat républicain dans le domaine des beaux-arts, puisque, de 1892 à 1912, on ne compte pas moins de quatre essais publiés sur ce thème, et en connaissance de cause, par Antonin Proust, Gustave Larroumet, Maurice Couyba, Joseph Paul-Boncour, personnalités qui sont, à des titres divers, engagées dans l'action politique ou administrative[2]. Comme l'éphémère « ministère des Arts » du ministère Gambetta, l'esquisse d'un ministère des Arts, que propose encore Paul-Boncour en 1912, est caractéristique, après 1900, de l'importance nouvelle que la « République radicale » accorde à ce qu'on nommerait aujourd'hui l'action culturelle.

Mais ce n'est pas pour rien qu'on critique sous la IIIe République le pouvoir des notables ; les pesanteurs

1. Voir les analyses de Michaël Orwicz sur le rapport des critiques d'art avec l'administration des beaux-arts dans les années 1880, dans « Confrontations et clivages dans les discours des critiques du Salon 1885-1889 », in *La Critique d'art en France, 1850-1900*, Saint-Etienne, Cierec, 1987, pp. 177-192.

2. Voir Antonin Proust, *L'Art dans la République*, Paris, 1892 ; Gustave Larroumet, *L'Art et l'Etat en France*, Paris, 1895 ; Maurice Couyba, *L'Art et la Démocratie*, Paris, s.d. (1907) ; Joseph Paul-Boncour, *Art et démocratie*, Paris, 1912. Il faudra attendre ensuite 1937 pour obtenir un exposé, plus modeste, mais de portée équivalente, avec G. Huisman, « Nouveaux rapports de l'art et de l'Etat », *Europe*, n° 174, 15 juin 1937, pp. 145-172.

culturelles et sociales d'une part, et d'autre part la Grande Guerre, ne laissent pas de grandes chances, après 1918, à une évolution substantielle des mentalités et des projets.

Bien que depuis 1863 l'Ecole des beaux-arts soit en principe sous l'autorité de l'administration des beaux-arts, aucune mesure significative ne parvient à mettre en question la réelle autorité de l'Institut sur la formation des artistes, dont l'archaïsme est cependant, non seulement rituellement dénoncé par beaucoup d'artistes, mais aussi admis par des élus et des responsables de l'administration. L'effort financier reste incomplet, puisque le budget destiné aux arts reste très faible, de l'ordre de 0,40 % du budget de l'Etat[1]. Mais si la mise en œuvre de cette politique, et particulièrement dans les années vingt, conduit à un enlisement, si l'effort gouvernemental de rénovation doit attendre 1937, et une nouvelle donne politique, pour se concrétiser, est-ce une particularité éminente des « Beaux-Arts » ? Pour ne prendre que l'exemple de la politique coloniale, dans d'autres secteurs l'action des pouvoirs publics entre les deux guerres a produit aussi immobilisme et accumulation des retards.

Une doctrine républicaine

A partir de 1881, le nouveau régime républicain, à côté de son effort scolaire, qui est bien connu, donne une orientation nouvelle à sa politique artistique.

L'orientation que les représentants de l'Etat affir-

1. Ce pourcentage est établi à partir des chiffres mentionnés par Maurice Couyba, rapporteur du budget des beaux-arts en 1902 : « Quinze millions pour l'art sur un budget de trois milliards et demi, on conviendra que c'est s'offrir à bon compte la gloire et l'immortalité », *L'Art et la Démocratie, op. cit.*, p. 2.

ment suivre est une ligne médiane : ni le dirigisme des arts, ni l'abandon des artistes à leur sort, mais le soutien des artistes, de toutes tendances, sans privilégier une école ou un style. Ou encore, en reprenant les formules du temps :

> Ni l'art collectif dans un Etat souverain, ni l'art libre dans un Etat libre, mais l'art libre dans un Etat protecteur [...], une conception continuellement exposée à osciller entre le principe d'autorité et le principe de liberté [1].

La théorie de l'art comme service public est appliquée par un Etat instituteur :

> Depuis les origines de la France, les forces sociales se sont toujours employées à faire l'éducation du goût national. Ç'a été d'abord l'Eglise, plus la féodalité, puis la royauté [...]. La démocratie contemporaine ne peut abandonner ce rôle. C'est pour cela qu'elle fait de l'art un service public. Ce service, l'Etat l'exerce par ses constructions d'édifices, ses acquisitions d'œuvres d'art, les encouragements qu'il donne aux formes supérieures de l'art — qui sans lui disparaîtraient vite, comme la peinture et la sculpture monumentale —, les facilités qu'il procure aux expositions libres, mais surtout par ses enseignements et par ses musées, qui sont une forme de l'enseignement [2].

L'Etat introduit donc une distinction entre la production « créatrice », qui est le fait, comme en littérature, d'une élite de créateurs, et les missions artistiques directes de l'Etat, qui relèvent du service public, et qui s'exercent en dehors du champ pourvu par les initiatives privées. Cette distinction a pour conséquence le désengagement de l'Etat des instances de

1. *Ibid.*, p. 3.
2. G. Larroumet, *L'Art et l'Etat en France*, *op. cit.*, p. 197.

reconnaissance des élites du moment, dont l'expression la plus évidente est son retrait de l'organisation du Salon, pour lequel il se contente d'offrir les facilités matérielles utiles. Dès qu'il est effectif, ce retrait a plusieurs conséquences dans les rapports de force entre les institutions artistiques. D'abord, et paradoxalement, il entraîne la confirmation de l'institution académique, déjà renforcée par l'abandon du projet de réforme de l'Ecole des beaux-arts. Ensuite, le champ est laissé libre aux entrepreneurs privés, pour l'essentiel de ce qui concerne la promotion de l'art vivant. Marchands et galeries affirment leur place dans la vie sociale et mondaine parisienne ; par leur puissance économique, ces entreprises deviennent le lieu et le moteur de plusieurs pratiques publiques de l'art, sous la forme d'expositions indépendantes des Salons. Enfin s'accentue l'écart entre Paris et le reste du territoire ; Paris brille des ressources que donnent une concentration du marché de l'art exclusive et une population artistique nombreuse et cosmopolite ; les abondantes représentations littéraires et critiques de l'actualité artistique se confondent avec une chronique exclusivement parisienne. Dans les départements, l'effort culturel antérieur, qui s'est maintenu dans les dernières décennies du XIXe siècle (édification du musée de Nantes, par exemple), s'éteint en partie, en particulier pour ce qui concerne les musées, qui entrent pour la plupart dans la période la plus terne de leur histoire ; les structures de formation et les sociétés artistiques végètent et s'effacent, loin d'une production centrale qui multiplie les manifestations, les innovations et les ruptures [1]. Alors que les budgets de toutes

1. Voir Raymonde Moulin, « Les bourgeois amis des arts, les expositions des beaux-arts en province en 1885-1887 », *Revue française de sociologie*, vol. XVII, 1976, pp. 383-422 (avec en annexe un inventaire des sociétés et la liste des expositions dans la période

les autres institutions éducatives sont en forte augmentation (de 60 à 100 %) entre 1880 et 1937, les écoles régionales d'art, après l'effort de mise en place ou de réorganisation, au début des années 1880, ont un budget qui stagne.

Seules les pratiques des artistes atténuent ce contraste des institutions entre Paris et le reste du territoire. En effet, la vogue moderne du tableau de paysage s'étend en profondeur, et, sur l'ensemble national, elle domine les pratiques artistiques, s'apprête à relayer l'ancienne place occupée par le portrait peint, impose l'image, somme toute récente, du peintre assis devant son chevalet, face à un site pittoresque. Ici ou là les colonies d'artistes, sur le modèle déjà ancien de Barbizon ou, plus récent, de Pont-Aven, renouvellent la liste des lieux consacrés par ce tourisme artistique, souvent à la suite d'un découvreur influent : Honfleur, à la suite de Boudin et de Monet, Martigues, à la suite de Ziem, Saint-Tropez, à la suite de Signac, Collioure, à la suite de Matisse, Céret, à la suite de Picasso et de Braque.

Jusqu'en 1940, et avec une intensité qu'on ne soupçonne pas aujourd'hui, cette pratique des paysagistes, professionnels mais aussi amateurs, maintient et condense ce qui devient dans les départements l'essentiel de la présence opératoire des beaux-arts. Les effets locaux durables ne sont pas rares, peuvent prendre la forme de la création de nouveaux musées, comme la donation Grammont, à Saint-Tropez, qui se trouve à l'origine, dans les années trente, d'un exceptionnel « musée de site », devenu le musée de l'Annonciade,

---

considérée). L'auteur, en examinant les pratiques sociales de ces « amis des arts », souligne leur caractère mondain et festif, et note le grand succès de ces institutions. Celles-ci sont alors à leur apogée, mais leur déclin au début du XXe siècle est indéniable.

excellent témoignage du haut niveau des pratiques de ce paysagisme naturaliste moderne et de leur succès culturel durable.

Dès les années 1900, le marché de l'art parisien assure la plupart des fonctions que les institutions publiques cessent de remplir à l'égard des formes artistiques nouvelles. Cette place du marché s'était déjà affirmée, depuis 1890, dans le renouvellement des arts du décor, de l'ameublement : le phénomène européen de l'« Art nouveau », appuyé sur le besoin d'innovation dans les arts de la maison, se développe en France en dehors des structures de l'Etat et, à l'exception de la commande des entrées de métro de Guimard, indépendamment du mécénat public.

Répondant à la nécessité de former les praticiens des industries d'art, la doctrine républicaine, favorable à l'instruction publique, cherche une réponse moderne au problème de l'enseignement des arts appliqués aux métiers. Projet social (la formation d'une population ouvrière aux métiers des industries d'art), et projet culturel (le développement des techniques artistiques met en question l'apanage des beaux-arts), cette question de l'enseignement mobilise à partir de 1880 le personnel politique éclairé. Antonin Proust, membre actif de l'Union centrale des arts décoratifs, dont il sera le président, engage une enquête sur les industries d'art (1881-1884). Joseph Paul-Boncour donne son sens politique au développement d'une formation aux arts décoratifs et industriels, « s'il est vrai que la démocratie, désireuse de faire entrer l'art dans la vie, doit avoir un égal souci de l'art et des métiers ». Cette orientation idéologique, qui prend ses distances avec la hiérarchie de la tradition académique, a des échos chez les artistes ; dans son fameux projet, *Une cité industrielle,* qu'il élabore entre 1904 et 1915, l'architecte Tony Garnier prévoit une « Ecole d'enseignement professionnel artistique », où les techniques, mises sur le même plan, ignorent la distinction entre arts majeurs et arts mineurs.

Les mesures pratiques sont la prise en charge par l'Etat des établissements d'enseignement des arts décoratifs. A Paris, l'Ecole gratuite de dessin, créée par Jean-Jacques Bachelier en 1765, devient en 1877 l'Ecole nationale des arts décoratifs, avec un enseignement réorganisé en 1881. Dans les départements, des mesures identiques sont prises entre 1881 et 1884 : création d'une Ecole nationale des arts décoratifs à Nice, transformation de l'école municipale des beaux-arts appliqués à l'industrie de Limoges en Ecole nationale ; même processus pour les Ecoles nationales d'Aubusson, de Roubaix, tandis qu'un statut d'école régionale est attribué aux écoles de Clermont-Ferrand, de Rouen, de Saint-Etienne. Dans ces écoles, l'enseignement est organisé en fonction des productions locales (le décor peint de la porcelaine à Limoges, celui ciselé des armes à Saint-Etienne).

Mais la limite de cet effort est, comme le montre Stéphane Laurent, dans la faible cohérence de cette politique nationale, qui répond à des enjeux locaux, avec les possibilités offertes aux villes par la loi de 1880 sur l'enseignement technique, qui permet à la Ville de Paris de créer, entre 1880 et 1890, une quinzaine d'établissements d'enseignement technique, dont les célèbres écoles Boulle et Estienne, couvrant l'ensemble des industries d'art à Paris.

Les artistes décorateurs répondent de façon positive à cette orientation, et d'abord par leur pression pour occuper une place dans les manifestations artistiques, dans les expositions et les Salons, aux côtés des autres artistes : au Salon d'automne de 1912, la « Maison cubiste », installée par des décorateurs, fait événement. Ils répondent aussi par l'édition de manuels didactiques, comme Eugène Grasset, qui publie en 1907 son ouvrage *Méthode de composition ornementale*, effectivement présent sur les rayons des bibliothèques des établissements d'enseignement artistique, et dont la modernité, qui annonce le style « Art déco », démontre l'avance réelle prise, dans la pratique des formes, par les décorateurs.

Et puisque l'efficacité des industries nationales sur ce terrain est en question, puisqu'on craint beaucoup la concurrence étrangère dans ce qu'on nomme encore les arts industriels, l'argumentation se nourrit d'une volonté de défendre des intérêts nationaux, en particulier contre l'industrie d'art allemande, dont la menace est une hantise dans le personnel politique de la période, comme en témoigne Marius Vachon à travers plusieurs rapports [1]. Cette place donnée dans la culture à la notion de « défense nationale » est caractéristique de la période 1900-1914, et appuie durablement l'effort des pouvoirs publics en faveur des arts décoratifs. La création décentralisée de comités régionaux d'arts appliqués sera à la base de l'ouverture, après 1919, d'écoles d'arts appliqués. L'organisation de l'exposition des Arts décoratifs modernes, initialement prévue pour 1915, et qui s'ouvre en 1925 à Paris, est la manifestation la plus connue de cet effort ; la Direction des beaux-arts participe pour 2 700 000 francs à son budget.

1. Entre 1881 et 1890, plusieurs auteurs (Vachon, Regamey, Saglio) établissent, au terme de *missions*, des *Rapports* sur l'organisation des beaux-arts, des musées et de l'enseignement dans les pays étrangers, de l'Amérique aux pays scandinaves, à la Suisse, l'Allemagne, l'Italie, la Russie, l'Angleterre. Plus tard encore, Marius Vachon dresse un constat inquiet dans son livre *La Guerre artistique avec l'Allemagne*, Paris, 1916.

L'art, service public

Sous la IIIe République, le rôle de l'Etat dans la vie artistique, s'il est plus effacé en ce qui concerne la production des œuvres, s'affirme pour tout ce qui concerne le patrimoine et les relations avec le monde de l'enseignement. La problématique et le grand chantier de l'institution scolaire occupent en effet une telle place, au premier plan de la politique culturelle du gouvernement, que la problématique de l'enseignement infléchit de façon sensible l'action de l'Etat dans le domaine artistique.

Une étude comparative des principales institutions de l'Etat montrerait peut-être que la transformation du secteur des arts, où l'Etat tend à distinguer ce qui relève de la sphère privée de ce qui relève des missions de l'Etat, exprime une philosophie identique à celle qui opère dans la transformation à ce moment des rapports entre l'Etat et la Justice (la présence de l'avocat pendant l'instruction, à partir de 1897), entre l'Etat et l'Eglise (la loi de séparation de 1905). L'Etat prend en charge ce qui est nécessaire aux usagers du service public, des établissements d'enseignement, des institutions du patrimoine, et aux usagers des édifices et des espaces publics, où se déploient les formes symboliques statutaires, pour la production desquelles l'Etat doit entretenir, par des « encouragements », des compétences qui n'ont plus nécessairement leur emploi ailleurs. Aux individus, aux entrepreneurs et aux agents du marché de prendre en charge le reste. L'effet principal de cette transformation est un glissement, qui fait passer l'action de l'Etat de la protection plus ou moins autoritaire et globale des artistes à la définition d'une administration complète des lettres et des arts, et qui organise l'action publique dans des secteurs propres. Ce glissement, qui s'inscrit dans le passage d'une république conservatrice à la république radicale de 1905, transforme les fonctions de l'Etat dans le domaine des arts. On part d'une sorte de mécénat régalien, et on aboutit à une administration des beaux-arts qui associe à son action un nombre toujours plus grand de représentants des artistes et des associations professionnelles. Du mécénat géré par un amateur éclairé comme le marquis de Chennevières, directeur des beaux-arts, dans les ministères Wallon et Bardoux, de 1873 à 1878, on passe à une administration du service public des arts, au premier rang duquel on trouve la mission de l'enseignement et celle de la conservation du patrimoine.

Ce passage au service public des arts est contemporain de l'effacement du domaine symbolique de l'Etat. L'appui sur la réalité sociale du monde artistique, l'action sur la formation des producteurs et sur ce que l'Etat accorde en pratique aux usagers de chacun des services artistiques, par exemple dans les musées, dont l'efficacité didactique devient un problème qui prime celui des collections, tout l'emporte sur le projet de la production symbolique. Mieux gérer l'accès au patrimoine, rendre les musées plus utiles, mieux former les producteurs d'art décoratif et mieux former dans les écoles les enfants au dessin, est préféré à l'enrichissement des collections, à la construction délibérée de monuments, à l'invention d'une ligne artistique qui aurait été celle de la République. La production d'un « style IIIe République », dans ces conditions, était exclue. En 1900, la construction par l'Etat du Grand Palais, lieu nécessaire à une pratique sociale des arts gérée par les artistes (les Salons), montre le chemin parcouru depuis la construction, trente ans auparavant, de l'Opéra de Paris par le pouvoir impérial, qui est l'acte triomphant d'un régime personnel, qui offre le spectacle, la fête et ses plaisirs à des sujets.

L'action de l'Etat dans les formes traditionnelles, les achats, les encouragements et les commandes, montre que le poids de leur utilité pratique (décorer les édifices publics) ou de leur utilité sociale (aider les artistes) l'emporte largement alors sur la volonté d'une production symbolique (associer l'Etat à la production artistique la plus éminente du moment). Gustave Larroumet, directeur des beaux-arts de 1888 à 1891, dresse de ces actions un constat d'un cynisme allègre. Universitaire, après une double agrégation (grammaire et lettres) et une thèse consacrée à Marivaux, devenu directeur de cabinet puis directeur des beaux-arts, Larroumet donne des descriptions qui ont le mérite d'être dépourvues de toute illusion. Pour ce qui est de la procédure suivie pour les achats de l'Etat, son récit montre comment il opère lorsque, chaque année, vient le temps du Salon, qui n'est plus pour lui que « le marché aux tableaux ». Le directeur des beaux-arts déambule une première fois devant les cimaises, suivi de la sous-commission des travaux d'art ; celle-ci est composée de fonctionnaires de l'administration centrale, du conservateur des peintures du Louvre, du conservateur du musée du Luxembourg, des inspecteurs des beaux-arts, de quatre artistes, d'un critique, d'un amateur d'art. Après quelques stations, consacrées à de la « critique parlée », et dans la mesure où les tableaux les plus intéressants ne sont pas déjà vendus à des amateurs, est arrêté, après un vote « cannes levées », le choix, qui est pour une bonne part celui du directeur, des quelques œuvres jugées dignes d'enrichir le patrimoine ; celles-ci iront au musée du Luxembourg. Pour ce premier choix, on ne dépense que le quart ou le tiers de l'ensemble des crédits d'achat (de l'ordre de 200 000 francs). Quelques semaines plus tard, la cérémonie reprend, mais cette fois pour répondre aux offres plus ou moins pressantes que quantité d'artistes ont adressées par courrier à l'administration.

> Il ne s'agit plus ici pour l'Etat d'obtenir des artistes la préférence sur les particuliers, mais d'acheter ce que les particuliers ne veulent pas. Ce sont les *minus habentes* sans espérances, les médiocrités besogneuses qui forment sa clientèle de solliciteurs annuels. Il est leur seul espoir et ils vont travailler de toutes leurs forces à être achetées par lui [...]. Et comme sous un régime parlementaire, tout artiste, parisien ou provincial, a un protecteur d'office en la personne de son député ou de son sénateur, ou de tous les deux, sénateurs et députés commencent, avec leur dévouement professionnel, le siège du ministre ou de la direction.

Il ne s'agit plus de découvrir les œuvres méritantes, et cette fois le directeur des beaux-arts

> s'arrête devant celles qui sont l'objet d'une demande [...]. Et c'est à l'achat de ces pauvretés que l'Etat consacre la moitié ou les deux tiers de ses fonds[1].

Par cette pratique des achats, comme dans le cadre des « encouragements » aux artistes, il est évident que pour l'essentiel les choix se portent longtemps vers des formes traditionnelles, vers les produits d'une conception des « beaux-arts » dépassée, au point que Paul-Boncour peut montrer les carences de l'Etat dans l'achat des pièces d'art décoratif :

> Il faut faire entrer les arts décoratifs dans les bénéficiaires des encouragements de l'Etat (achat d'œuvres, bourses de voyage pour les artistes) dont ils sont actuellement pratiquement exclus[2].

1. G. Larroumet, *L'Art et l'Etat en France, op. cit.*, pp. 22-24.
2. J. Paul-Boncour, *Art et démocratie, op. cit.*, pp. 100 et suiv.

Parmi les « encouragements de l'Etat », le « prix du Salon », décerné depuis 1874, est redéfini par un arrêté du 10 mai 1881. Décerné chaque année à un artiste, peintre, sculpteur, graveur ou architecte, de moins de trente-deux ans, « le plus propre à profiter d'un séjour de deux ans à l'étranger », le prix du Salon consiste en une bourse de 5 000 francs par an. Huit bourses de voyage de 4 000 francs complètent les encouragements de l'Etat, qui sont décernés après l'avis du Conseil supérieur des beaux-arts, pour lequel cette tâche est devenue la principale mission. Gustave Larroumet considère que ces encouragements « ont produit le meilleur résultat [1] ». Sans doute faut-il comprendre que ces encouragements, qui sont, dans leur forme, des dispositifs concurrents des prix de Rome, sont plus satisfaisants d'un point de vue républicain, puisque plus démocratiques (ils sont délivrés après avis d'une commission en principe représentative de toutes les tendances), puisque plus modernes (liberté du choix de l'itinéraire et du pays de résidence), puisque plus libéraux (pas d'obligation de produire des travaux au terme du voyage ou du séjour). Mais on ne sait pas, en l'absence d'une étude historique de leur attribution, s'ils ont encouragé effectivement des artistes à travailler en dehors des critères académiques. Le refus de l'Etat de privilégier une tendance artistique, et donc de ne pas suivre, année après année, un projet cohérent dans l'attribution de ces encouragements, affaiblit sans doute beaucoup leur portée symbolique, qui se disperse au vent des majorités successives des votes du Conseil. A côté des prix de Rome, où s'impose avec constance évidemment la ligne académique, la concurrence de ces encouragements libéraux est fictive sur le plan symbolique.

1. G. Larroumet, *L'Art et l'Etat en France*, *op. cit.*, pp. 51-53.

La pression nouvelle qu'exerce la classe politique sur l'administration des beaux-arts explique aussi cette dispersion de l'effort de l'administration. Les commandes de l'Etat l'illustrent largement. Gustave Larroumet montre que pour des sommes pratiquement quatre fois plus importantes que pour les achats de l'Etat (environ 750 000 francs), les commandes qui ont pour objet la décoration des édifices publics et des places publiques ne sont souvent que la suite donnée par l'administration des beaux-arts à des initiatives prises par les collectivités locales. Autant Larroumet estime positif le partage des dépenses, comme dans le cas du décor de la Sorbonne, ou de celui du Capitole de Toulouse, prises en charge en parité par le budget de l'Etat et par celui, respectivement, de la ville de Paris et de la ville de Toulouse, autant il critique la situation où il ne reste plus à l'Etat qu'à s'exécuter, lorsqu'une municipalité ou un comité se tournent vers l'Etat pour payer des projets déjà commandés à l'artiste. Faute de représentants dans les départements, quand l'administration des beaux-arts est sollicitée, c'est à Paris, au niveau de l'administration centrale que se prennent les décisions, et sous la pression forte des députés et des sénateurs, c'est-à-dire de ceux-là mêmes qui sont, par le vote du budget, en mesure d'exercer un contrôle de l'action.

Si l'on peut admettre que cette tentative d'élaborer une politique artistique républicaine relâche un peu les liens avec l'Institut, et qu'elle est favorable à l'établissement de nouveaux rapports avec le secteur des métiers d'art, il est clair qu'elle n'est pas en mesure, au-delà de quelques relations personnelles, de rétablir le contact, et à plus forte raison des liens, avec les artistes créateurs dans leur ensemble. D'ailleurs le scepticisme de ceux-ci est à ce moment à son comble, comme le montre une enquête menée en 1907 par

Gabriel Mourey dans *L'Art et la Vie.* La plupart des artistes et des intellectuels interrogés (Vincent d'Indy, Elie Faure, Charles Morice) refusent toute intervention de l'Etat dans le domaine artistique, d'autres, comme Frantz Jourdain, proposent la neutralité de l'Etat, et seul Maurice Denis déclare : « Pourquoi pas un art d'Etat ? Dans la société future, l'artiste ne travaillera que pour l'Etat. »

L'évolution des concepts n'est pas sans rapport avec le renouvellement du personnel politique par le suffrage universel, avec le poids que celui-ci exerce sur l'administration, et avec l'importance directe ou indirecte que prennent les intellectuels et les écrivains dans les questions qui relèvent des beaux-arts. Aux amateurs éclairés et sceptiques, comme le marquis de Chennevières, succèdent des professeurs, des écrivains et des élus. Mais aussi des élus qui sont quelquefois des artistes, des experts : jamais en France le personnel politique n'a comporté autant d'artistes, ou d'anciens artistes, et de critiques. Dujardin-Beaumetz (1852-1913), élu député de Limoux (Aude) en 1889, sous-secrétaire d'Etat aux Beaux-Arts de 1905 à 1912, est un peintre d'histoire militaire, élève de Cabanel ; homme d'ordre et d'autorité, il sanctionne durement le directeur des musées, Homolle, à la suite du vol de *La Joconde,* en août 1911, et « tombe » lui-même à la suite de cette affaire. Le critique Castagnary (1830-1888) entre en 1874 au conseil municipal de Paris, dont il est élu président en 1879. Antonin Proust (1832-1905) est dans sa jeunesse un condisciple de Manet dans l'atelier de Couture ; resté très proche du peintre, c'est un républicain convaincu, élu conseiller municipal de Niort en 1870, puis député des Deux-Sèvres en 1876 ; Antonin Proust, rapporteur du budget des beaux-arts depuis 1879, ministre des Arts de Gambetta, travaille à la réalisation du musée de Sculpture comparée, du musée des Arts décoratifs, et il est membre de la Commission des monuments historiques. Il est l'homme politique qui incarne le mieux le projet d'une politique républicaine des arts, et qui en saisit la portée, au point de faire de son portrait par Manet, peint au printemps de 1880 et exposé au Salon de la même année, un instrument moderne, politique et médiatique, « [lorsqu'il] commence à sentir précisément que ses efforts sont sur le point d'aboutir, que sa personnalité s'impose [...] l'idée d'avoir son portrait au Salon devient une forme d'action, d'autant plus que le peintre sera Manet[1] ».

Une administration pour les beaux-arts

Après la démission de Chennevières en 1878 de ses fonctions de directeur des beaux-arts s'amorce une politique nouvelle, menée par Jules Ferry, ministre de l'Instruction publique (février 1879-novembre 1881). S'appuyant sur le secrétaire d'Etat aux Beaux-Arts, Edouard Turquet, et sur le secrétaire général des Beaux-Arts, Louis de Ronchaud, il règle la question fondamentale des rapports de l'Etat et du Salon, et ouvre la voie à une autonomie de l'administration des beaux-arts. Cette autonomie se réalise brièvement pendant le ministère Gambetta, de novembre 1881 à janvier 1882, sous un ministère des Arts, à la tête duquel est placé Antonin Proust.

Avec à sa tête des responsables souvent lucides, et quelquefois brillants, l'administration des beaux-arts ne se distingue pas par l'ardeur à mettre en question les institutions culturelles anciennes. Son contrôle des musées et de l'Ecole des beaux-arts reste léger. Par

1. E. Darragon, *Manet*, Paris, 1989, p. 329.

contre, la production administrative de la direction des beaux-arts est réelle dans les secteurs neufs, par exemple dans celui de la protection du patrimoine monumental, qui fait l'objet d'un travail législatif, avec la loi de 1887, modifiée en 1913, sur la gestion des monuments historiques, avec la création de la Caisse nationale des monuments historiques, et sur la protection des sites classés, en 1910. Cette production administrative est suffisamment importante et significative pour que soit mis au point par des juristes, et publié, en 1885, un *Traité de l'administration des beaux-arts,* qui est un bon signe de l'importance nouvelle que prend la gestion du système des beaux-arts[1].

Une politique pour les expositions

C'est dans cette phase initiale, face à la véritable inflation de la production artistique, qu'est arrêtée la décision de l'Etat dans le domaine des expositions, qui peut se résumer ainsi : le Salon annuel, « pour les artistes », est pris en charge par les artistes et une exposition à périodicité plus longue (triennale), « pour l'art », est prise en charge par l'Etat. La première Triennale, organisée en 1883, mais vivement critiquée par la Société des artistes français, n'aura pas de suite, sinon sous la forme des « Expositions centennales » qui fournissent quelques indices de la volonté de l'Etat d'affirmer, sur un terrain choisi, son rôle dans la légitimation de l'art. Pour les expositions de 1889 et de 1900, ces expositions « centennales de l'art français » présentent un bilan de l'art depuis la fin du XVIIIe siècle, à partir d'œuvres choisies dans les collections publiques et privées. L'initiative de la première Cen-

1. Voir P. Dupré et G. Ollendorf, *Traité de l'administration des beaux-arts,* Paris, 1885.

tennale revient à Antonin Proust, qui, aidé de Roger Marx, sélectionne des œuvres sur des critères sensiblement éloignés des critères académiques ; c'est ainsi qu'en 1889 cette exposition regroupe 21 tableaux de Delacroix, 40 de Corot, 13 de Millet, 14 de Manet. Pour la Centennale de 1900, où tous les tableaux sélectionnés sont antérieurs à 1890, la modernisation des choix est évidente : à côté d'Ingres et de Delacroix, on trouve 13 tableaux de Daumier, 12 de Manet, 14 de Monet, 11 de Renoir, 6 de Sisley, 8 de Pissarro, et 3 de Cézanne. Pissarro peut écrire à son fils : « Nous, c'est-à-dire les impressionnistes, avons une salle à l'Exposition centennale. Il paraît que nous serons très bien représentés. »

Un ministre bien conseillé

La consultation des experts et la négociation avec les organisations existantes sont l'axe de la pratique. C'est en s'inspirant du dispositif en vigueur pour la ville de Paris, où une commission traite des questions artistiques, et du Conseil supérieur de l'instruction publique, que le ministre de l'Instruction publique, Henri Wallon, crée un organisme consultatif, le Conseil supérieur des beaux-arts, le 22 mai 1875 [1]. La périodicité fixe de ses réunions distingue ce conseil des commissions mises en place sous le second Empire et sous la présidence de Mac-Mahon : une réunion mensuelle est prévue, puis, de 1880 à 1886, une réunion trimestrielle ; à partir de 1887, la suppression de toute périodicité fixe permet à l'administration de reprendre

1. Nous suivons pour cette partie les informations réunies par Marie-Claude Genet-Delacroix dans sa thèse pour le doctorat d'Etat, *Art et Etat sous la IIIe République. Le Système des beaux-arts, 1870-1940*, Paris, Publications de la Sorbonne, 1992. Voir aussi, du même auteur, « Esthétique officielle et art national sous la troisième République », *Le Mouvement social*, n° 131, 1985, pp. 105-120.

l'initiative de la convocation du conseil, dans une phase où s'abaisse le rôle de celui-ci. Dans la pratique, de 1895 à 1939, le conseil ne se réunit plus qu'une fois par an.

En créant ce Conseil supérieur des beaux-arts, le ministre Henri Wallon veut à la fois commencer à recentrer les tâches de l'administration des beaux-arts sur des missions de service public, comme l'enseignement et la formation, et amorcer une prise en compte par les artistes eux-mêmes de la gestion de secteurs entiers (dont, à terme, les expositions) ; les relations de ce Conseil supérieur avec le Conseil supérieur de l'instruction publique seront réelles, et on verra que l'évolution du système du Salon confirmera la volonté de l'administration de ne plus intervenir directement dans les conflits artistiques.

L'évolution des effectifs du conseil et de ses compétences sont de bons indices de la transformation de son rôle effectif : au terme de plusieurs réformes successives, ce conseil passe de 32 à 36 membres (en 1878), puis à 45 (en 1880), à 51 (en 1884), enfin à 92 membres (en 1914). Ce conseil, qui par sa dimension étoffée en vient à ressembler à un Parlement des arts, s'écarte de la définition de Chennevières, qui ne se fait pas faute de critiquer de façon fort acide le système mis en place par Henri Wallon :

> Il avait la manie de s'affubler de conseils beaucoup plus gros que lui, et sous lesquels il disparaissait. Le 22 mai 1875, il bourrait son conseil supérieur des Beaux-Arts d'une quinzaine de peintres, sculpteurs, architectes, graveurs, musiciens, qui n'ont point, que je sache, apporté des lumières bien nouvelles dans les discussions. Ces esprits très éminents, chacun en son art, effarouchés dans leur bon sens par la loquacité facile et banale des députés [...] ont presque tous gardé le silence [...].

Et après avoir fait le compte « de ce que la France a perdu en gaspillant, dans les convocations journalières, les heures de ces grands peintres et de ces grands sculpteurs », Chennevières demande au ministre « grâce, au nom du pays, pour ces peintres et ces sculpteurs, et laissez-les là où ils sont utiles, et où ni vous ni moi ne pouvons les remplacer[1] ».

Les compétences du conseil, précises et limitées en 1875 (essentiellement les expositions des artistes vivants, l'enseignement des beaux-arts, les manufactures), relèvent après 1887, et plus vaguement, de toutes les questions concernant les arts sur lesquelles le ministre choisira de le consulter.

C'est le contexte politique qui explique le dispositif du conseil et lui donne son sens. Nécessaire, dans un premier temps, pour légitimer l'action gouvernementale d'une république conservatrice, le Conseil supérieur des beaux-arts permet d'assurer la continuité de structures administratives, et de leur personnel, hérités du second Empire, et de jeter un pont entre l'institution conservatrice par excellence qu'est l'Académie des beaux-arts, les associations d'artistes et le pouvoir parlementaire. L'apaisement du conflit sur la question du prix de Rome, en 1871, se prolonge par une habile politique d'association de membres de l'Académie des beaux-arts à l'action de l'administration.

Après 1892, Marie-Claude Genet-Delacroix, qui a étudié en détail le Conseil supérieur des beaux-arts, montre qu'il se fige dans la forme d'un territoire honorifique, « sorte de vivier des élites artistiques et culturelles où les responsables administratifs et culturels viennent puiser au gré des besoins[2] ». L'issue est

1. Ph. de Chennevières, *Souvenirs d'un directeur des beaux-arts, op. cit.*, vol. I, p. 57.

2. M.-C. Genet-Delacroix, *Art et Etat sous la Troisième République, 1870-1940, op. cit.*, p. 143.

en effet pour l'administration dans la multiplication des commissions spécialisées, dont le nombre s'accentue avec le temps, et où les membres du conseil sont en règle générale en majorité.

Cette situation répond à l'alourdissement continu des missions patrimoniales de l'administration des beaux-arts, avec l'application de la loi de protection des monuments historiques, votée en 1887, et le rattachement en 1895 à l'administration des beaux-arts des Bâtiments civils et Palais nationaux. Après 1905, les sous-secrétaires d'Etat qui ont la charge de ce secteur ministériel se consacrent surtout au développement de ces missions ; la protection des sites, la création de la Caisse nationale des monuments historiques, etc., sont l'apport de Dujardin-Beaumetz, de Léon Bérard et d'Albert Dalimier. Bien que les représentants de l'Académie des beaux-arts cessent alors de renforcer leur influence au Conseil supérieur des beaux-arts, que des personnalités indépendantes, comme Rodin, contribuent à donner au conseil l'apparence d'un « Parlement des arts », où s'appliquerait une « proportionnelle de l'art », que réclamait Dujardin-Beaumetz en 1900, l'évolution réelle reste modeste. Si le nombre des représentants de l'Académie des beaux-arts au conseil d'enseignement de l'Ecole des beaux-arts diminue, tandis que des artistes indépendants y apparaissent, les premiers y conservent la majorité absolue. Faute de toute stratégie de rupture, l'équilibre recherché entre les diverses « écoles » et « tendances », en application de la nouvelle orientation démocratique impulsée par les principaux agents du « système des beaux-arts » de la République, reste sans grand effet pratique.

On sait que l'Etat, face à la nouvelle diversité des tendances artistiques, refuse de choisir entre l'institution académique et « l'art libre » ; dans la composition du Conseil supérieur des beaux-arts, si la recherche d'un équilibre entre les orientations est réelle, on peut s'interroger sur la portée d'un équilibre formel, qui reste en partie illusoire. La symétrie apparente entre un groupe bien défini par l'appartenance à une structure corporative puissante, l'Institut, et des artistes indépendants, ne diminue pas le poids de l'institution dominante. Si on prend l'exemple de la présence dans ce conseil des présidents des différents Salons parisiens, on constate que, autour de 1900, l'Académie est représentée deux fois (au titre du Salon des artistes français, au titre du Salon de la Nationale), face au représentant du Salon des indépendants ; la reconnaissance du pluralisme renforce en réalité la représentation du camp académique. Et d'ailleurs, l'Académie des beaux-arts ne manifeste pas particulièrement son inquiétude, tout au moins jusqu'au moment où Georges Huisman, qui ne l'apprécie guère, devient, en 1934, directeur des beaux-arts.

On comprend qu'ensuite l'administration des beaux-arts, et toutes les institutions qui en dépendent, jusqu'à la fin de la IIIe République, cèdent souvent à un éclectisme passif, qui les conduisent, sous prétexte de maintenir un équilibre entre tendances, à établir à un niveau minimal les relations positives avec les artistes novateurs.

Longtemps cette situation a été mise au compte de l'aveuglement, du manque de jugement de responsables de l'administration restés fidèles à une culture académique. C'est l'analyse de Jeanne Laurent en particulier, qui ne voit sous la IIIe République que démission de l'Etat et incompétence intéressée de hauts fonctionnaires. Pour Marie-Claude Genet-Delacroix, la réalité serait plus nuancée ; acceptant depuis les années 1880 de ne plus jouer de rôle dans la sphère privée et commerciale de l'art, et se vouant aux tâches artistiques de service public (l'enseignement, la protection du patrimoine), l'Etat cesserait d'être un mécène dans le champ de la production artistique. Mais comment admettre alors que le même encourage une voie médiane, par exemple par le prix du Salon ? Et est-ce suffisant pour identifier un « art officiel » ? Celui-ci, qui demeure, faute d'une étude historique, stylistiquement peu commode à identifier, serait contradictoire avec le renoncement de l'Etat à une production symbolique.

L'Ecole des beaux-arts

L'Académie des beaux-arts conserve ses privilèges : non seulement elle continue à contrôler le prix de Rome, mais elle impose aussi ses vues pour la nomination des professeurs dans les écoles des beaux-arts. Dans la forme, le dispositif qui dirige l'Ecole nationale des beaux-arts et les écoles régionales d'architecture, créées en 1905, est le Conseil supérieur d'enseignement des beaux-arts, tel qu'il est défini par le décret du 2 janvier 1906. C'est lui qui dirige l'enseignement, qui exerce la discipline (et le pouvoir d'exclusion, provisoire ou définitive, des élèves), qui propose la nomination des professeurs et qui constitue les jurys. Gustave Larroumet peut ainsi croire que la République a soustrait l'Ecole des beaux-arts « à l'influence exclusive d'un corps académique », qu'on lui donne maintenant « le caractère d'une école d'enseignement supérieur », et qu'elle devient « une sorte d'université artistique ».

Dans la pratique, à travers les membres du conseil, presque tous membres de l'Institut, les pouvoirs de l'Académie des beaux-arts semblent bien rester intacts, au point que Paul-Boncour, en 1912, s'exprime nettement en faveur d'une réforme :

> Que [le conseil] continue à exercer son hégémonie sur l'enseignement des Beaux-Arts, sur la nomination des professeurs, sur le choix des jurys [...]. Mais que ce puissant Conseil représente vraiment les tendances, *toutes* les tendances de l'art français ; qu'il cesse d'être l'organe presque exclusif d'un art académique, mondain, qui a sa valeur, qui mérite de garder sa place, mais qui n'a nul droit de prendre celle des autres [1].

L'enseignement de l'Ecole des beaux-arts est ainsi, et pour longtemps, hétérogène avec l'évolution de l'art. Rodin, vers 1905, confie à un parlementaire :

> Peuvent-ils faire de l'art, ces malheureux jeunes gens parqués dans les ateliers de l'Ecole, ces infortunés et inconscients élèves qu'un maître patenté vient visiter par aventure quand lui en laissent le temps et ses travaux personnels et les nécessités d'une vie aussi agitée qu'officielle [2] ?

Les critiques les plus raisonnables et les plus fondées, comme celles des parlementaires, qui protestent contre l'archaïsme que représente le séjour à Rome des lauréats du grand prix, qu'on remplacerait avantageusement par un système de bourses de voyage ou de séjour, restent sans aucun effet [3].

Les fonctions de l'Ecole des beaux-arts évoluent lentement ; sa fonction créatrice diminue, en raison du désengagement de l'Etat du champ de la production symbolique d'une part, en raison d'autre part de l'écart qui se creuse entre la culture classique et les problématiques nouvelles qu'offrent les nouvelles techniques de la culture de masse (le livre illustré, la photo, enfin le cinéma) ; sa fonction professionnelle

1. J. Paul-Boncour, *Art et démocratie, op. cit.*, p. 53.
2. M. Couyba, *L'Art et la Démocratie, op. cit.*, p. 62.
3. *Ibid.*, pp. 33-43.

s'estompe, même si elle se maintient longtemps pour les arts attachés à des métiers, comme la gravure de médaille, dont les débouchés et l'économie sont indépendants du marché de l'art. Se renforce son rôle de dispositif social qui assure des emplois, et d'abord aux anciens prix de Rome de peinture, de sculpture et de gravure. Bien qu'aucune enquête n'ait, semble-t-il, jusqu'à présent tenté d'estimer cette transformation, elle constitue un élément majeur du passif de la IIIe République dans son administration des choses de l'art. Un indice de la fonction sociale protectrice de l'Ecole dans le système des beaux-arts se trouve, à la fin du XIXe siècle, dans les obstacles que l'Ecole des beaux-arts met à l'admission des femmes ; on redoute que l'admission des femmes aux carrières artistiques provoque le déclassement social des artistes hommes ; et ce n'est qu'après de longues années que, en 1897, au nom de l'égalité des droits, les femmes sont admises à l'Ecole des beaux-arts, mais avec la plus évidente mauvaise foi, puisque, admises à l'Ecole « proprement dite », elles ne sont pas autorisées... à entrer dans les ateliers. Le vote à la Chambre des députés de l'amendement Viviani, le 19 janvier 1900, et en 1903 l'autorisation de concourir pour le prix de Rome règlent enfin la question [1].

Dans les départements, les écoles des beaux-arts n'ont plus l'exclusivité de la formation artistique, que leur disputent les écoles d'art décoratif, créées en nombre dans cette période, alors que la seule école des beaux-arts ouverte dans les débuts de la IIIe République semble être, en 1881, celle d'Alger.

Entre les deux guerres, la coupure entre l'enseignement de l'Ecole des beaux-arts et la culture vivante est

1. *Ibid.*, p. 48 ; et M. Sauer, *L'Entrée des femmes à l'Ecole des beaux-arts*, Paris, Ecole Nationale des beaux-arts, 1990.

alors à son comble ; le séjour à la villa Médicis des lauréats du prix de Rome achève de perdre les derniers vestiges de sa signification initiale, et devient une obligation imposée à des élèves de plus en plus sceptiques.

Cette coupure est telle que tout un secteur de la production artistique, celui d'un art « modernisé » de la représentation picturale, s'appuie avec succès sur une école plus dynamique depuis sa réforme en 1900, l'Ecole nationale des arts décoratifs, sur ses jeunes professeurs (Legueult, Brianchon, dans les années de l'entre-deux-guerres), plutôt que sur l'Ecole des beaux-arts.

L'enseignement du dessin

Le projet républicain d'amélioration de l'enseignement artistique s'applique surtout à l'école primaire et au lycée, où est mise en question l'emprise des traditions académiques, puisque l'enseignement du dessin, au collège et au lycée, largement dominé par les pratiques du « dessin d'imitation » était jusqu'alors contrôlé par les inspecteurs des beaux-arts.

L'enseignement du dessin devient obligatoire en 1878 dans le primaire et le secondaire ; une épreuve de dessin est introduite en 1881 au certificat d'études primaires. Inspirée par Eugène Guillaume, une doctrine « scientifique » oriente cet enseignement vers la maîtrise technique du dessin, l'écarte des objectifs académiques, met l'accent sur l'exactitude, la rigueur et la performance dans l'intervention graphique au sein du processus industriel, plus que sur la référence aux œuvres d'art. Elle se sépare manifestement de toute la tradition culturelle et élitiste de l'enseignement des « arts d'agrément ». Controversée, au nom de l'esthétique et de la « formation du goût », cette doctrine ne se retrouve que partiellement dans les programmes pédagogiques publiés par le ministère en 1880 pour l'enseignement secondaire ; inspirés par la recherche d'un compromis entre tendances opposées, ils devaient bloquer pour longtemps — en fait jusqu'aux années soixante — l'orientation de l'enseignement du dessin dans le secondaire. Mélange à la fois autoritaire et pragmatique d'applications scientifiques et de pratiques techniques, celui-ci devait demeurer partagé entre les objectifs d'une formation instrumentale en partie au service des sciences d'observation et en partie au service de la formation du goût. En fait, le goût en question étant celui, académique, cautionné par la théorie de l'unité de l'art, les exercices de dessin du corps humain restaient l'aboutissement. Paradoxalement, comme le souligne Claude Troger, la doctrine pour l'enseignement artistique dans le primaire évolue plus rapidement, et fait, dans les programmes de 1909, au nom du principe de liberté, une place au « sentiment » et à la « mémoire »[1].

Appuyé par un effort budgétaire important, qui atteint sous Jules Ferry 350 000 francs (soit près de deux fois le budget des achats d'œuvres d'art par l'Etat), l'enseignement donné par les écoles municipales de dessin applique la méthode scientifique de Guillaume. La Ville de Paris, pour ses établissements scolaires, met en place un corps particulier de professeurs de dessin. Souhaité par les parlementaires, qui à la fin du siècle exercent une forte pression critique sur la question, et parachevant la réforme de 1878-1880, le rattachement de l'inspection de l'enseignement du dessin au ministère de l'Instruction publique renforce son orientation étroite sur des objectifs scolaires ; un

1. Voir Marie-Claude Genet-Delacroix et Claude Troger, *Du dessin aux arts plastiques*, Orléans, C.R.D.P., 1994, pp. 103-105.

unique inspecteur général est en charge de la discipline dans l'enseignement des collèges et des lycées. Plus décisive encore est la création d'un corps de professeurs de dessin, dont le recrutement met en œuvre un système à deux degrés (le baccalauréat n'est pas exigé), qui suit la hiérarchie des deux catégories d'emploi que représentent alors le lycée et le collège. Il est lui aussi un compromis entre les capacités des candidats disponibles, issus des écoles des beaux-arts, et les hypothèses, formulées dès 1879, d'une intégration complète de la formation des professeurs de dessin à un système universitaire de licence et d'agrégation spécialisées. En fait, tout au long de la IIIe République, tous ces emplois sont occupés par des artistes issus de la formation académique, pour lesquels ils constituent un second métier honorable.

Les manufactures

Des ensembles institutionnels importants, comme celui des manufactures de Beauvais et des Gobelins, tombent en désuétude. Si la manufacture de Sèvres continue à avoir une activité commerciale, dont le chiffre d'affaires équivaut en 1910 aux dépenses prises en charge par le budget de l'Etat, la situation est plus grave pour les manufactures de tapisseries ; dans une période de renouvellement intense des arts décoratifs et des arts de la maison, les directeurs successifs de la prestigieuse manufacture des Gobelins ne sont pas en mesure de sortir du système de référence académique ; Jules Guiffrey (1840-1918) passe des commandes de cartons de tapisserie à J.-P. Laurens et à Cormon, et son successeur, Gustave Geffroy (1855-1926), croit bon de chercher une issue dans la copie de tableaux de Chéret ou de Willette. L'absence de débouchés de ces institutions est à nouveau flagrante, et leur existence ne semble tenir qu'à l'inertie de l'administration ; comme Victor Schoelcher au milieu du XIXe siècle, et avec les mêmes arguments, le peintre Jacques-Emile Blanche observe que ces manufactures « n'ont plus de raisons d'être », et que « quelques tisserands de premier ordre gaspillent des années et une science rare à copier honnêtement, avec des laines dont les couleurs seront un déjeuner de soleil (si mauvaise est la teinture), des cartons, pour la plupart inadéquats, sans invention ni tradition. Sans but, puisque manquent les amateurs étrangers dont l'opulence (ou le manque de sens critique) les conduirait à orner leurs demeures de Gobelins modernes [1] ».

Créé en 1924, le Conseil des manufactures nationales et des arts appliqués à l'industrie est-il la réponse à cette situation ? Il faudra attendre que les artistes (Lurçat) et les marchands (Marie Cuttoli) prennent des initiatives, dans les années trente, pour que la production renoue avec l'actualité culturelle.

Les artistes aux armées

La Grande Guerre donne, semble-t-il, pour la première fois, l'occasion à la Direction des beaux-arts d'intervenir de façon spécifique dans un conflit. Pour des tâches de représentation, qui s'apparentent à un effort de propagande, quatre-vingt-onze artistes sont envoyés en mission sur le front par le secrétariat d'Etat aux Beaux-Arts à partir de 1915, et leurs œuvres, après examen par une commission, sont exposées au musée du Luxembourg. Prolongeant cette organisation de la propagande, l'administration des beaux-arts crée en 1917 un comité d'action artistique à l'étranger, qui

1. Jacques-Emile Blanche, « Les arts plastiques », *La Troisième République [de] 1870 à nos jours*, Paris, 1931, p. 506.

devient en 1918 un service d'action artistique à l'étranger, dont les missions, qui ne sont pas mises en question par l'armistice, se poursuivront plus tard dans le cadre du ministère des Affaires étrangères, dans la forme actuelle de l'Association française d'action artistique.

Avec l'intervention des artistes dans le camouflage, le conflit a d'autres conséquences, puisque les armées utilisent les artistes, dans des tâches qui montrent que l'artiste est encore perçu comme un professionnel, dont la compétence est utilisable dans les conditions mêmes du conflit. Les peintres sont ainsi appelés à travailler dans deux secteurs précis : produire les artifices du camouflage et représenter les aspects du conflit. Ces deux tâches, qui ont fait l'objet d'une étude récente, impliquent un nombre non négligeable d'artistes [1].

Pour le camouflage, à partir de 1915, peintres et sculpteurs sont mis à contribution pour étudier et réaliser des observatoires d'artillerie sur le front. Dissimulés dans des arbres fictifs, montés, de nuit, à l'emplacement d'un arbre véritable dont l'image a été au préalable enregistrée par un peintre, la réalisation de ces observatoires utilise la compétence des artistes à traiter la reproduction mimétique, dans l'ordre plastique et chromatique, avec un niveau de résultat tel que la sécurité de l'observateur ne puisse être mise en jeu. Le camouflage par des toiles peintes des installations d'artillerie ou d'aviation, les leurres, les masques de passages obligés utilisent par ailleurs le talent des peintres et des décorateurs, avec des obligations de résultats que l'observation aérienne rend de plus en plus contraignantes. Les peintres Georges

1. C. Coutin, « Les artistes et la guerre », *Historiens et géographes*, n° 322 et n° 323, 1989.

Braque, André Dunoyer de Segonzac, André Mare, Jean-Louis Forain (engagé volontaire à l'âge de soixante-deux ans), Jacques Villon, les sculpteurs Henri Bouchard et Charles Despiau sont les plus connus d'un contingent de plus de deux cents artistes qui ont participé à ce service de camouflage. Ces applications militaires, qui prennent place dans l'ensemble des services et des compétences que l'Etat attend des artistes, s'inscrivent parfaitement dans la conception républicaine du service public des arts.

La IIIe République et les musées

Le fait majeur est que le régime républicain développe fortement l'institution du musée dans l'ensemble du territoire national : près des deux tiers des musées existant en France en 1914 ont été ouverts après 1870. Ces chiffres désignent le succès du musée dans les initiatives municipales ; à vrai dire, mis à part les musées des villes de Lille (1881-1895), de Nantes (1891-1900), de Bordeaux (1911), les nouveaux musées sont surtout édifiés ou aménagés dans des villes moyennes ou petites, comme Sedan (1883), Toulon (1888), Nîmes (1901-1907), Menton (1905-1907). L'architecture du musée-palais triomphe, dans des interprétations éclectiques qui doivent plus souvent leur emphase aimable à Gabriel qu'au néo-classicisme.

A ce développement, qui manifestement supprime ou atténue les lacunes du réseau, s'ajoute un gros effort de réorganisation des musées existants. L'héritage était disparate : des musées nationaux restés longtemps gérés de façon régalienne ; des musées dans les départements laissés à la responsabilité presque entière des villes, et où l'Etat n'exerce son contrôle qu'en raison du dépôt des œuvres qu'il y consent.

D'abord en fonction de la place qu'il accorde aux musées dans le dispositif d'enseignement, mais aussi parce que le musée-palais devient aussi porteur d'un message édifiant et consensuel sur la légitimité de la République, l'Etat républicain cherche à mieux utiliser les musées. Comme sous la IIe République, l'objectif reste l'organisation d'un dispositif d'ensemble, où prévaut le principe de la délibération collégiale. Le décret du 4 mars 1874 institue pour les musées nationaux un conservatoire, présidé par le directeur, qui délibère notamment sur les projets d'acquisition ; son avis favorable est nécessaire (arrêté du 6 mars 1874). Entre 1879 et 1887, un service d'inspection des musées est créé, et plusieurs fois réorganisé. Pendant sa présence à la tête du ministère des Arts, Antonin Proust impose une rationalisation d'ensemble : le décret du 26 février 1882, qui sera rapidement abrogé, unifie sous la tutelle de l'Etat l'ensemble des musées, rangés en deux catégories, les « musées de l'Etat » et les « musées des départements et des villes ». La réorganisation se limite à celle des musées de l'Etat, par la création en 1895 de la Réunion des musées nationaux : le conservatoire est chapeauté par un conseil de quatorze membres, dont onze sont choisis par le président de la République « en dehors de l'administration ».

Justifié par le souci de mieux gérer les dépôts de l'Etat dans les musées des collectivités locales, lorsque ces dépôts comportent plus de vingt œuvres, le recrutement des conservateurs dans ces musées — les musées contrôlés — évolue, et un arrêté, en 1910, prévoit le contrôle par l'Etat des aptitudes des candidats à ces fonctions.

L'effort concret cherche à améliorer les services rendus par les musées. Le classement désinvolte, le manque d'indications utilisables par le public trahissent encore la forte empreinte que le musée a reçue de la fréquentation par les artistes et d'une gestion par des amateurs distingués. Puisque le travail scientifique est alors inconstant dans les musées nationaux, l'administration commence à stimuler un personnel inégal par son niveau de qualification et par son ardeur. L'absence de catalogue des collections suscite les remarques acerbes des directeurs des beaux-arts. Gustave Larroumet, qui a manifestement saisi la dimension du problème, admet perfidement en 1895 :

> On a donc beaucoup travaillé au Louvre depuis un an, par comparaison avec la nonchalance qui durait depuis un siècle. Mais comme il reste encore à faire ! [...] Tel département, celui de la sculpture du Moyen Age, de la Renaissance et des Temps modernes, n'a pas fourni son catalogue en 1889. Il n'en a d'aucun genre, ni détaillé ni succinct, ni gros ni petit. Cela sans aucun autre motif qu'il n'en a pas, et il semble bien décidé à ne pas le fournir de sitôt [1].

Manifestation de la volonté d'améliorer et de professionnaliser ce qui n'est pas encore un métier, la création en 1882 d'une école « pour le recrutement des conservateurs » est à l'origine de l'ouverture de l'Ecole du Louvre :

> Il est institué auprès du musée du Louvre une école qui prendra le nom d'école d'administration des musées [...]. L'administrateur du Louvre est chargé de la direction de cette école [2].

Malgré une image du musée longtemps hésitante, ce qui est remarquable est le renforcement progressif d'une adhésion intellectuelle au musée du Louvre.

1. G. Larroumet, *L'Art et l'Etat en France, op. cit.*, pp. 243-244.
2. Décret du 24 janvier 1882, art. 5.

Redevenu le musée de la République, mais pour des fins qui n'ont plus que des rapports assez lointains avec celles du musée de la période révolutionnaire, le musée du Louvre commence à se situer davantage du côté des instruments de la culture que de celui de la formation technique, du côté des amateurs plutôt que de celui des artistes, avec les conséquences sociales et mondaines que ce glissement implique. Une « Société des amis du musée du Louvre » est créée le 26 mai 1897, à l'initiative de fonctionnaires, dont le directeur des musées nationaux, de plusieurs députés (dont Raymond Poincaré), de collectionneurs (dont Isaac de Camondo et le baron Edmond de Rothschild) et d'artistes (Edouard Detaille et Puvis de Chavannes). Organisation d'amateurs, elle a pour but principal de venir en aide au musée pour faire face à des achats ; ses moyens d'action sont les cotisations de ses adhérents (3 500 membres en 1914, 5 700 en 1938, 19 000 aujourd'hui), et, au début de son existence, quelques dons importants ; il lui arrive de lancer une souscription. A travers ses objectifs patriotiques (conserver en France les œuvres du patrimoine), la société affirme la solidarité d'une élite d'hommes cultivés, réunis au-delà des clivages de castes, d'origines ou d'opinions. De son côté, la Société des amis du Luxembourg est créée en 1903 par un groupe d'amateurs ; elle se transforme en 1937 en Société des amis du musée d'Art moderne.

Le succès social du musée à la fin du XIXe siècle se mesure aussi par les pratiques de l'acquisition ; les missions d'inspection conduites dans les départements entre 1881 et 1890 montrent des disparités importantes. Pour beaucoup de musées de villes petites ou moyennes, le budget d'acquisition, lorsqu'il existe, est au plus de l'ordre de 1 000 francs ; pour les grandes villes, ces sommes varient entre 10 000 francs (Marseille, Bordeaux) et 42 000 francs, pour la ville de Lyon.

Dans ces villes, il se trouve des élites pour faire effectivement du musée leur affaire. Mais, dans la plupart des cas, ces chiffres signifient que ces institutions sont statiques, qu'elles dépendent des legs et des dépôts de l'Etat, et que les dépenses de premier établissement n'ont jamais été suivies par des budgets de fonctionnement autres que ceux liés à l'entretien et au gardiennage. Les musées du XIXe siècle, il s'en faut de beaucoup, n'ont pas tous connu ce dynamisme juvénil qu'évoque le titre de la récente exposition du musée d'Orsay : combien de musées sont-ils nés porteurs des stigmates d'une institution morte ?

Les donateurs

En s'affirmant sous la IIIe République après 1900, la pratique des legs et des dons procure un indice positif sur la légitimité du musée de la République auprès des couches sociales les plus riches. Une étude détaillée reste à faire, qui montrerait dans quelles couches exactes se recrutent ces donateurs, et quelle est la relation qui s'établit entre eux et le nouveau régime.

Comme à la fin du second Empire, les grands donateurs sous la IIIe République sont des collectionneurs qui disposent de solides fortunes. La collection et la demeure d'Edouard André (1833-1894), un banquier, sont léguées en 1912 à l'Institut de France par sa femme, Nélie Jacquemart, pour créer le musée Jacquemart-André. Alfred Chauchard (1821-1909), dont les Grands Magasins du Louvre ont fait la richesse, lègue par testament en 1906 au musée du Louvre une importante collection de peintures et de sculptures du XIXe siècle (dont le célèbre *Angélus* de Millet). Le banquier Isaac de Camondo (1851-1911), outre un ensemble complexe d'art ancien et d'art éducatif, lègue au Louvre à sa mort une collection de soixante-deux tableaux impressionnistes. Parmi tous les collectionneurs de la famille Rothschild, le baron Edouard James de Rothschild (1845-1934) se distingue par le don au Louvre de sa collection de quarante mille gravures et de trois mille dessins. Etienne Moreau-Nélaton (1859-1927), peintre et historien, représente un cas à part, puisqu'il est d'abord l'héritier d'une importante collection du XIXe siècle réunie par son grand-père, un riche agent de change, Adolphe Moreau (1800-1859). Par sa donation d'une centaine de tableaux et de soixante dessins du XIXe siècle aux Musées nationaux en 1906, à laquelle s'ajoutent des legs ultérieurs, dont *Le Déjeuner sur l'herbe* de Manet, puis par un legs, à sa mort, de trois mille dessins, il est, avec La Caze, le plus important donateur du Louvre.

L'affaire Caillebotte illustre, à la fin du siècle, à travers les circonstances d'un legs, l'antinomie possible à ce moment entre les critères de la collection privée et ceux de la collection publique. A sa mort, le peintre Gustave Caillebotte (1848-1894), ami et collectionneur des impressionnistes, lègue à l'Etat une importante collection, à condition que les tableaux soient reçus au Luxembourg avant d'entrer au Louvre. Dans un climat de passion, une partie de la presse parisienne et l'Académie des beaux-arts manifestent leur hostilité à l'entrée de cette collection au Luxembourg. Pour le peintre Gérôme, « pour que l'Etat ait accepté de pareilles ordures, il faut une bien grande flétrissure morale ». Au terme de diverses manœuvres, dont le peintre Renoir, un des exécuteurs testamentaires, et les héritiers font les frais, l'administration des beaux-arts, qui se refuse à affronter l'Académie, écarte une importante partie du legs, vingt-neuf œuvres sur soixante-neuf[1]. L'épisode illustre la défaite

1. Voir l'exposé de cette affaire dans Jeanne Laurent, *Arts et pouvoirs*, Saint-Etienne, 1982, pp. 84-97.

artistique et institutionnelle que représente, pour les milieux conservateurs, l'admission des tableaux des artistes modernes au musée du Luxembourg.

La question du musée des Artistes vivants

La question du « musée des Artistes vivants » est bloquée, à la fois par le manque de place dans le cadre restreint du Luxembourg, par les pressions des milieux académiques et par un retard dans l'évolution conceptuelle. Des projets d'agrandissement sur place restent sans suite. Malgré le départ des tableaux impressionnistes pour le Louvre, en 1927, le musée du Luxembourg est incapable d'accueillir à la fois et les œuvres académiques récentes et les œuvres « modernes ». Le musée du Luxembourg continue à être éloigné de l'actualité artistique ; à la veille de la Seconde Guerre mondiale, ses collections ne comportent qu'un nombre infime d'œuvres « modernes », et encore ne sont-elles pas toutes significatives : un seul tableau de Picasso (de 1901), trois de Braque, autant de Matisse et de Léger.

Dès 1929, le nouveau conservateur, Louis Hautecœur, bien que n'étant en rien proche des artistes modernes, pose le problème de la création d'un musée de type nouveau, qui ne serait plus considéré comme l'antichambre du Louvre. Cette idée fait son chemin ; appuyée par des revues et par de nombreux artistes, elle est à l'origine d'un concours d'architecture pour la construction d'un musée d'Art moderne. Celui-ci, situé quai de Tôkyô, formera un double musée construit pour l'Exposition internationale de 1937, par l'Etat et par la Ville de Paris, associés dans cette entreprise ; c'est alors qu'est créée la Société des amis du musée d'Art moderne, dont l'action conduit à quelques dons de tableaux modernes. Elément précurseur, l'ouverture en 1932, dans les bâtiments du Jeu-de-Paume, du musée des Ecoles étrangères contemporaines, qui accueille les tableaux des artistes étrangers conservés au Luxembourg, opère une relative détente, puisque ce musée, dirigé par André Dézarrois, dispose d'un budget propre ; son conservateur peut ainsi prendre des initiatives, faire des expositions temporaires, montrer Modigliani et Ensor.

Les musées et l'origine de l'histoire de l'art

On ne peut négliger de mentionner ici ce que l'histoire de l'art, comme discipline, doit dans cette période de l'entre-deux-guerres à l'articulation des musées avec l'Université, en particulier en province, lorsque l'Ecole du Louvre était « une école de bavardage sur les tableaux » (André Chastel). Le cas du musée des Beaux-Arts de Lyon est éclairant, puisque, à sa tête, se succèdent trois grands professeurs, les premiers qui ont démontré que l'histoire de l'art scientifique n'excluait pas l'intérêt pour l'art contemporain : en 1913, à la fin d'une période brillante, marquée par des acquisitions d'art moderne (Degas, Gauguin, etc.), Henri Focillon (1881-1943) est nommé conservateur en chef ; lui succède en 1924 Léon Rosenthal. Après la mort de celui-ci, René Jullian (1903-1992) est conservateur du musée de 1934 à 1963 ; on lui doit d'importantes expositions sur l'art contemporain organisées dans les années cinquante (Picasso, Léger) et des acquisitions pionnières (Dubuffet en 1952), et un premier plan de rénovation du musée, non réalisé.

Les achats et les commandes

Les achats et les commandes constituent un peu la pierre de touche du système des beaux-arts. Les achats de l'Etat, comme l'a montré le témoignage de Gustave

Larroumet, ont pour but de constituer le patrimoine artistique public, mais aussi, et surtout, d'aider les artistes. Dans cette double fonction, artistique et sociale, les pratiques et les procédures pèsent manifestement dans un sens conservateur. Les commissions des travaux d'art, depuis 1875, qui représentent les grandes institutions artistiques, en particulier les musées, ont une composition qui favorise les choix traditionnels ; en outre, elles sont placées sous l'autorité d'un directeur des beaux-arts dont le libéralisme et la clairvoyance ont d'évidentes limites, et elles sont soumises à des pressions du personnel politique d'autant plus fortes qu'elles sont légitimées par le suffrage universel.

Cependant les manifestations d'un intérêt de l'administration pour les artistes modernes existent, mais elles sont sans lendemain ; ainsi, comme l'a démontré Michel Hoog, le premier Salon d'automne en 1903 reçoit la visite du ministre de l'Instruction publique, Chaumié, et l'Etat y procède, Henri Marcel étant directeur des beaux-arts, à l'achat de peintures, dont un tableau de Vuillard et un autre de Vallotton. En 1904, le critique Roger Marx, nommé membre de la commission d'achat, propose et obtient l'achat de trente œuvres au Salon d'automne, dont un tableau de Marquet, un de Matisse : les « fauves » entrent ainsi dans les collections publiques. En 1905, alors que Dujardin-Beaumetz, auréolé d'une réputation de libéral, vient de prendre ses fonctions, l'Etat achète au Salon des indépendants des œuvres de Matisse, de Marquet, de Camoin, de Signac. Mais cette politique d'ouverture n'a pas de suite : dès le Salon d'automne de 1905, les achats de l'Etat se détournent des artistes modernes. Cet entracte est significatif, et il démontre que ce n'est pas par défaut d'information sur les formes récentes de l'art que l'Etat les écarte de ses achats et de ses « encouragements ».

Pour Jeanne Laurent, on assiste alors à une exceptionnelle dégradation de la politique d'achat de l'Etat, qu'illustrent, entre les deux guerres, l'affaire du séquestre Kahnweiler, qu'on examinera plus loin, et la place de l'art moderne dans les manifestations que l'Etat organise dans le cadre de l'Exposition internationale de 1937. Pour celle-ci les choix sont clairs : ils privilégient l'art du passé. Tandis que l'Ecole des beaux-arts présente une exposition où les points forts sont un panorama historique des prix de Rome et, pour la dernière fois, une « exposition des copies », le nouveau musée d'Art moderne accueille en effet une rétrospective de l'art français du XIVe au XIXe siècle. Seul le musée du Jeu-de-Paume, dirigé par André Dézarrois, organise une petite exposition, « Origine et développement de l'art international indépendant », qui rassemble 177 œuvres. C'est non pas l'Etat, mais la Ville de Paris qui prépare l'exposition la plus remarquée, « Les maîtres de l'art indépendant 1895-1937 » : 1 557 œuvres qui occupent tout le Petit Palais. Confiée à Raymond Escholier, cette exposition représente les artistes français (ou travaillant en France) contemporains, « indépendants » (c'est-à-dire sans lien avec la formation académique), autour de dix peintres : Bonnard, Braque, Derain, Dufy, Matisse, Picasso, Rouault, Dunoyer de Segonzac, Utrillo, Vuillard. Mais ce grand effort implique de faire systématiquement appel aux collectionneurs et aux marchands : rien ne pouvait mieux démontrer les lacunes des collections publiques, et donc justifier l'orientation que les jeunes conservateurs entendent désormais donner aux nouvelles acquisitions.

L'administration des beaux-arts est pratiquement encore dépendante de ses références à l'art académique et à ses institutions (l'Institut et l'Académie des beaux-arts, l'Ecole des beaux-arts, le prix de Rome).

On peut se demander si les représentants des institutions conservatrices ne cherchent pas à compenser par ces choix la grave perte d'autorité que représentait l'éclatement du Salon. Indéniablement, l'influence sociale et mondaine de ces institutions continue à jouer, y compris sur la Direction des musées.

La nouvelle administration des beaux-arts à ses débuts ouvre quelques chantiers de cet « art public » qu'évoquait Charles Blanc sous la IIe République. Sous la IIIe République, les commandes de l'Etat sont passées, pour le compte de la Direction des beaux-arts, par le Comité des travaux d'art. Aux peintres reviennent les murs des nouveaux édifices publics. Pour la décoration de la Sorbonne, de 1886 à 1900 environ, le choix porte sur de nombreux artistes, dont Puvis de Chavannes (grand amphithéâtre), Rochegrosse (escalier de la bibliothèque), Gervex (amphithéâtre de physique).

Les projets de grands monuments républicains n'ont pas en effet été réalisés ; à l'issue de la bataille pour l'installation de la République, le pouvoir lui-même abandonne les grands projets monumentaux : celui de la *Victoire de la République,* un groupe en plâtre sculpté par Falguière, posé au sommet de l'arc de triomphe de l'Etoile de 1880 à 1886, et qui ne sera jamais coulé en bronze ; celui, proposé en 1851 par Michelet, de consacrer la place de la Concorde à un monument aux grands hommes de la Révolution, un lieu pour les cérémonies civiques ; le projet est repris au conseil municipal de Paris en 1879, mais sans suite. En 1889, le centenaire de la Révolution ne produit pas de monument national. Pour les républicains opportunistes, la recherche d'un consensus l'emporte, et la prudence domine [1].

1. Voir Maurice Agulhon, *Marianne au pouvoir (1880-1914),* Paris, 1989.

La commande municipale

Comme l'a montré Maurice Agulhon à propos des images de Marianne, le décor des rues, des places et des édifices publics devient un enjeu pour les municipalités républicaines, pratiquement celles de toutes les grandes villes. Elles se proposent d'équilibrer par la représentation des figures et des valeurs républicaines la place prise par l'architecture religieuse, de célébrer et de commémorer les grands hommes de l'histoire républicaine, de fixer les images parlantes de la République. Ici ou là, comme à Calais avec l'exaltation de héros historiques, s'ajoutent les enjeux locaux, qui stimulent la volonté d'édification. Les nouveaux pouvoirs de délibération reconnus aux communes par la République en 1884 donnent évidemment un nouvel essor à la commande municipale. C'est ainsi la Ville de Paris qui passe commande à Dalou du groupe allégorique du *Triomphe de la République* (1879-1899). Dans la France entière, les sculpteurs en particulier sont mis à contribution, y compris dans les formes d'un art industriel, en fonte de fer, pour construire les symboles et les images de la République.

Dans la réalisation des édifices publics, le décor architectural implique aussi de nombreux sculpteurs ; mais ceux-ci, qui sont souvent proposés par l'architecte de l'édifice, dans le cadre d'une pratique de la commande directe, sont toujours sélectionnés sur la base des critères en vigueur dans l'architecture de l'éclectisme.

Par contre, pour le décor peint des édifices municipaux, où prévaut la pratique du concours, le programme de peintures décoratives que mettent en œuvre les communes montre une évolution de la demande sociale dans les années 1880, qui tend à compléter la fonction décorative par des représentations significatives, sur un éventail qui va des réalités locales, passées ou présentes, aux pratiques sociales et politiques. Aux différentes parties de l'édifice correspondent des programmes distincts, édifiants pour les salles des mariages, dans la perspective d'une morale civique et laïque, exaltant les principes démocratiques, le suffrage universel ou l'abolition de l'esclavage, dans les espaces de célébration, comme les escaliers d'honneur et les salles des fêtes [1].

Les programmes décoratifs deviennent des enjeux idéologiques, voire politiques, lorsque se pose la question de la composition du jury qui choisit les projets des artistes : aux partisans des commissions, où siègent des représentants des artistes, s'opposent ceux qui entendent faire juge le conseil municipal tout entier, sous « le contrôle de l'opinion publique [puisque] les esquisses et projets seront exposés pendant un ou deux mois : tout le monde pourra les visiter », réclame Hovelacque, un conseiller de Paris [2]. A Paris, pour le décor de l'Hôtel de Ville, dont la construction par Ballu s'est achevée en 1882, la mobilisation des élus sur cette question est d'autant plus forte qu'il s'agit de s'opposer aux pouvoirs de la commission administrative des beaux-arts, nommée par le préfet, et qui exprime la tutelle qu'exerce l'administration sur la ville de Paris. Entre 1883 et 1887, une large bataille oppose les élus à Ballu et à la commission administrative des beaux-arts, nommée par le préfet. Devant le projet de décor que Ballu fait approuver par la com-

1. Voir F. Folliot, « Les décors des mairies, origine et évolution », dans le catalogue de l'exposition « Le triomphe des mairies... », Paris, 1986, pp. 54-61.

2. Mentionné par D. Imbert, « L'hôtel de ville de Paris, genèse républicaine d'un grand décor », dans le catalogue de l'exposition « Le triomphe des mairies... », p. 67.

mission le 4 mars 1884, l'opposition du conseil municipal, menée par la gauche radicale et modérée, est telle que le préfet recule, et c'est le conseil municipal qui obtient d'avoir la responsabilité de la décoration et de la procédure retenue pour le choix des artistes[1].

Avec les enjeux politiques se combinent étroitement les enjeux artistiques. Ainsi à Paris, Viollet-le-Duc, conseiller municipal de Paris, dans un rapport, le 2 février 1879, préconise de confier le choix des sujets à la commission municipale spéciale, avant que soit prise la décision finale par l'administration préfectorale ; il propose de renouveler les thèmes traités par les artistes, en s'appuyant sur l'histoire de chaque quartier. Dans ce sens, Manet propose de peindre « une série de compositions représentant, pour me servir d'une expression aujourd'hui consacrée, le " Ventre de Paris ", avec les diverses corporations se mouvant dans leur milieu, la vie publique et commerciale de nos jours. J'aurais Paris-Halles, Paris-Chemins de fer, Paris-Pont, Paris-Souterrain, Paris-Courses et Jardins[2]. »

Approuvé par Viollet-le-Duc, ce programme, après la mort de celui-ci en 1879, est soumis par Manet à Ballu, l'architecte qui lui succède dans le pilotage de la décoration de l'Hôtel de Ville ; celui-ci éconduit Manet, qui rapporte avec virulence l'épisode à son ami Proust :

> Ah mon ami, M. Ballu m'a reçu comme un chien qui se permettrait de lever la patte sur un mur officiel. [...] Peindre la rue de Paris dans la maison de Paris. Allons donc ! L'allégorie, tout d'abord. Les vins de France par exemple, le vin de Bourgogne représenté par une femme brune, le vin de Bordeaux par une femme châtain, le vin

1. *Ibid.*, pp. 64-65.
2. E. Darragon, *Manet, op. cit.*, p. 414.

> de Champagne par une femme blonde. Ou encore Mercure et son caducée et autres balivernes. Puis l'histoire de Paris, l'histoire du passé, bien entendu. Comme qui dirait l'Ancien Testament. Quant au Nouveau, bernique[1] !

Les ensembles importants, le décor peint des mairies d'arrondissement à Paris, après 1880, et surtout le décor du nouvel Hôtel de Ville de Paris, montrent la difficile pénétration de la culture éclectique des architectes par le naturalisme et le réalisme, l'art défendu par les critiques proches des républicains libéraux et de la gauche socialiste. Au conseil municipal de Paris, après les élections de 1884, une majorité d'élus réclame une forte représentation de l'histoire de Paris, une minorité socialiste soutient vivement un projet fondé sur la réalité contemporaine, et qui prolonge le programme de Manet ; l'accord contre les prescriptions allégoriques de Ballu est très large, et se renforce du fait que Ballu représente la commission préfectorale, qui exprime la tutelle de l'administration sur la ville.

Mais ces batailles ne conduisent pas pour autant à une modernisation radicale, et on se contente en réalité d'une combinaison entre les formules allégoriques et le réalisme. L'éventail des ressources iconiques va du matériel symbolique classique au naturalisme. La célébration des vertus laïques et républicaines (le travail, l'instruction, le devoir civique) est souvent incarnée, dans les principaux programmes de la commande publique, par des figures allégoriques, actualisées par la représentation de la « Défense nationale » et le culte de la patrie par des drapeaux. D'où des rapprochements qui nous semblent aujourd'hui savoureux : peinte à l'Hôtel de Ville par Duez, « la *Physique*

1. A. Proust, « Edouard Manet (souvenirs) », *La Revue blanche*, 1er mars 1897.

est une femme pulpeuse, drapée de satin brillant, qui, demi-couchée, tient un téléphone relié à un générateur[1] ! ». Des compositions symboliques, mais traitées dans un style naturaliste, illustrent enfin le « réalisme républicain » des peintres en vue à la fin du siècle, Gervex ou Chabas.

De cette évolution sont donc encore exclus les artistes novateurs du moment ; subsiste l'écart des critères artistiques entre les décideurs de la commande publique, la culture académique et les décideurs du marché de l'art[2]. Souvent aussi la répartition de la commande entre les artistes souligne l'absence de style unificateur ; il arrive que s'installe la cacophonie, notamment chromatique, entre des formules qui ne sont plus vraiment liées par une discipline. Ce manque d'unité de la culture artistique éclectique à la fin du siècle est souvent évident dans la décoration des édifices publics. Pour le décor de l'hôtel de ville de Paris, la combinaison du système du concours libre et de la commande directe contribue à ce manque d'unité. L'affaiblissement des conventions académiques elles-mêmes parvient à mettre en question la signification du décor ; c'est le cas pour les figures sculptées sur la façade de la faculté des sciences et des lettres de Bordeaux (1880-1886). Alors que l'architecte demande et attend un ensemble de « personnages debout, drapés, d'allure sévère », les sculpteurs lui font envoi d'aimables figures de femmes à demi allongées, largement dévêtues, qu'il refuse, en alléguant, non sans humour, que « les déesses proposées qui président à l'enseignement de jeunes hommes ne sauraient se contenter du vêtement sommaire qui sied sans doute à

1. Thérèse Burollet, « Prolégomènes à l'étude du mur républicain », dans le catalogue de l'exposition « Le triomphe des mairies... », p. 34.
2. Thérèse Burollet ne se penche pas sur cet aspect de la question

la Vérité, mais parce qu'elle séjourne au fond d'un puits[1] ».

Les achats et les commandes de l'Etat (1918 à 1939)

Après 1918 débute un processus complexe, et la pratique de l'espace bâti met en question son potentiel d'informations : la sculpture figurée est moins présente dans l'espace public, dont la banalisation commence. Maurice Agulhon rappelle justement les souvenirs de Jacques Duclos lorsque celui-ci arrive à Paris en 1911 : « Paris me faisait l'effet d'un livre d'histoire aux gravures de pierre. »

Mais, après 1918, les batailles d'opinion des années 1880 sont loin. Le 14 juillet 1919, même la célébration de la victoire de 1918 ne produit pas de monument triomphal. Décidée au dernier moment par Clemenceau, l'édification d'un cénotaphe provisoire sous l'arc de triomphe de l'Etoile conduit le nouveau directeur des beaux-arts, Paul Léon, à improviser un grand chantier pour la construction en quinze jours d'un cénotaphe de plâtre peint et doré, construit par une quarantaine de sculpteurs, sous la direction de Louis Süe, de Gustave Jaulmes et d'André Mare. Chantier problématique et faiblement étudié, puisque, la veille du défilé, on constate que l'emplacement ne convient pas, que le cénotaphe gêne le passage des troupes sous l'arc ; le Génie se charge dans la nuit de déplacer la construction. Jules Romains remarque, dans *Les Hommes de bonne volonté*, que la fête de la Victoire, sur les Champs-Elysées, le 14 juillet 1919, est en réalité la fête des morts pour la patrie. Et justement, le caractère funéraire du monument pose un autre problème, ina-

1. Cité par Cl. Laroche et D. Dussol, « Les facultés de Bordeaux », in *La Sorbonne et sa reconstruction*, Paris, 1987, pp. 201-222.

perçu au préalable par les autorités, et qui surgit au terme du défilé du 14 Juillet. Paul Léon lui-même raconte :

> Les mères et les veuves en deuil y avaient apporté leurs offrandes et leurs fleurs. On assistait soudainement à la naissance d'un culte. Impossible de le célébrer sur la place en plein vent. Il fallut démolir d'urgence le monument pendant la nuit. Si l'on eût attendu, il aurait été trop tard[1].

Cet épisode sinistre montre bien le chemin parcouru : l'Etat, qui n'est plus en mesure d'associer art monumental et célébration, fait le choix de l'édification d'un décor provisoire, qui malgré tout devient un leurre où se cristallisent des pratiques improvisées de commémoration pieuse.

Notons bien que les architectes ne renoncent pas les premiers à la tradition du grand monument triomphal : plusieurs donnent à ce moment des projets grandioses. A Lyon, Tony Garnier travaille à plusieurs projets urbains de grands monuments à la Victoire ; à Marseille, les architectes Tournon et Castel produisent un projet de gigantesque monument à *La Marseillaise* ; à la pointe de Grave, près de Bordeaux, l'architecte Ventre dessine un projet de monument à la France. Aucun de ces projets n'est réalisé.

Après 1918, en dehors des monuments aux morts, un programme qui résume l'art commémoratif de la période, la désuétude et l'affaiblissement marquent les fonctions d'information incluses dans l'art monumental. Ainsi la signification faible des formes figurées dans le monument *A la Paix,* érigé en 1936 à Marseille pour commémorer l'assassinat en 1934 du ministre Louis Barthou et du roi Alexandre Ier de Yougoslavie

1. P. Léon, *Du Palais-Royal au palais Bourbon,* Paris, 1947, p. 192.

(Castel architecte, Sartorio, Botinelly et Vésien, sculpteurs). La statuomanie de la génération précédente est bientôt vue de façon critique ; Jules Romains, dès 1913, dans *Les Copains,* en se moquant des notables qui inaugurent une statue de Vercingétorix, annonce les jugements des hommes de 1925.

L'Académie des beaux-arts conserve longtemps pour ses membres le bénéfice de l'accès à la commande publique sur les fonds de l'Etat, en particulier grâce aux relations qu'elle entretient avec Paul Léon, directeur des beaux-arts de 1919 à 1933. En 1921, les peintres Gervex (à soixante-dix ans) et Flameng (à soixante-cinq ans) obtiennent encore d'importantes commandes, bien qu'on puisse s'interroger sur la place de ces artistes du XIXe siècle dans la culture moderne. Jeanne Laurent n'hésite pas à établir un rapport avec le fait que, dès 1922, Paul Léon est élu membre de l'Institut. On note que des artistes majeurs comme Bourdelle (1861-1929), dont les statues de *La France* restent inemployées, ou comme Maillol (1861-1944), ne trouvent pas alors dans les commandes de l'Etat français l'équivalent de leur audience à l'étranger ou chez les collectionneurs.

D'autres aspects évoquent l'étendue et la profondeur de cette crise : l'exclusion de fait de l'art moderne de l'Exposition des arts décoratifs en 1925, la faiblesse des relations entre les arts plastiques et l'architecture, sans parler de la médiocrité de l'action de l'Etat dans la commande architecturale, d'où les novateurs sont exclus (Le Corbusier).

Pour les manifestations de l'art français à l'étranger, tenues en main par l'Association française d'action artistique, mise en place par Paul Léon, les structures administratives semblent particulièrement favoriser les formes classicisantes. Il suffit souvent de faire en sorte que ce soient les architectes qui choisissent les artistes, et que jouent les affinités et la camaraderie nées à l'Ecole des beaux-arts ou à la villa Médicis. Pour le décor peint du pavillon de la France à l'Exposition internationale de New York en 1939, les architectes, Expert (qui est professeur à l'Ecole des beaux-arts) et Patout, portent leur choix sur Dupas (1882-1964), premier prix de Rome de peinture en 1910.

Les commandes municipales (1918-1939)

Après le coup de fouet que produit l'allégement de la tutelle de l'Etat, après 1884, sur les commandes municipales, la commande des monuments aux morts de la Grande Guerre, après 1918, procure à une armée d'artistes et de praticiens de la sculpture, de formation académique, un formidable répit, avant la chute de la commande des années trente.

En dehors de ce programme, la commande municipale entre les deux guerres est souvent marquée par une culture artistique décalée par rapport à l'actualité parisienne. A Marseille, la réalisation en 1925, différée par la guerre, de l'escalier monumental de la gare Saint-Charles, projeté en 1912 par des architectes locaux, est un bon exemple de la survie de l'esthétique académique éclectique, telle qu'elle fonctionnait à Paris en 1900 : une architecture de pierre, de socles et de pylônes, y est associée à la plastique néo-baroque de la sculpture, abondante au point de fournir du travail à une dizaine d'ateliers de praticiens locaux, dirigés par les professeurs de sculpture de l'école des beaux-arts de Marseille. Avec un coût de 13 % de l'ensemble du budget de la construction, l'intervention des sculpteurs sur ce chantier est à un niveau relatif très élevé, qui sera bientôt un archaïsme. Sa seule actualité est dans le choix des thèmes, qui illustrent la place de Marseille dans l'histoire coloniale française[1].

A Marseille, entre les deux guerres, la commande aux artistes dépend de la construction d'édifices publics, dans la procédure classique de l'association du sculpteur au projet de l'architecte, comme on le voit pour les édifices commandés à l'architecte Gaston Castel (1886-1971) ; grand blessé de la guerre de 1914-1918, Castel, ancien élève de l'école régionale d'architecture de Marseille, premier second grand prix de Rome en 1923, est nommé architecte du département des Bouches-du-Rhône. Après un séjour à Rio de Janeiro, son activité se circonscrit à des commandes locales, où il ne manque pas de faire une place aux reliefs et aux statues classicisantes de son ami le sculpteur Sartorio, dans le monument aux morts de l'armée d'Orient, dans la réfection de l'Opéra, dans les constructions du tribunal de commerce ou de la prison des Baumettes.

Dans la mesure où elle répond à des préoccupations électorales locales, ce qui semble fréquent, la commande publique municipale cherche à constituer des résultats flatteurs pour l'équipe municipale, à maintenir une image rassurante des traditions locales, à récompenser les artistes et les praticiens locaux. La réalisation de la Bourse du travail de Bordeaux est un bon exemple de l'utilisation politique du décor artistique d'un édifice communal, étudié par Joëlle Deyres[2]. Construite entre 1935 et 1938 par l'architecte Jacques d'Welles (1883-1970), elle répond à un engagement électoral prononcé en 1924 par Adrien Marquet (1884-1955), maire de Bordeaux de 1924 à 1940. Au fur et à mesure que celui-ci, élu en 1924 sur une liste socialiste,

1. Voir Gérard Monnier, « Deux chantiers de sculpture monumentale en 1925 à Marseille », *Marseille*, n° 136, 1984, pp. 20-31.

2. Voir Joëlle Deyres, *Le Décor mural en France entre les deux guerres*, mémoire de D.E.A., exempl. dactyl., université Bordeaux-III, 1989.

dérive progressivement vers des positions plus conservatrices (il devient un des animateurs du P.S.F.), le projet de Bourse du travail évolue lui aussi d'une modernité militante vers une monumentalité plus cossue et plus rassurante. Pour le décor, les interventions directes du maire sur les thèmes écartent la plupart des projets retenus par l'architecte en 1933, et après 1936 il remplace par exemple un projet de peinture, « L'histoire du travail : esclavage, corporation, isolement, syndicat », par des images qui associent l'évocation de la mythologie classique et l'exaltation de la prospérité locale, fondée sur des traditions artisanales et rurales : « le vin », « l'architecture bordelaise » ; ces thèmes, étranges dans une Bourse du travail que finalement la C.G.T. seule occupe en 1938, auraient été plutôt à leur place dans le palais d'une chambre de commerce. Quant au choix des artistes, il porte pour l'essentiel sur des artistes qui répondent à un double critère, celui de l'origine locale et celui de la consécration académique. Ainsi le sculpteur Louis Bâte (1898-1948), né à Bordeaux, a été élève de l'école des beaux-arts de Bordeaux, avant de « monter » à Paris en 1924, avec une bourse municipale, et d'obtenir le second prix de Rome de sculpture en 1927 ; le peintre François Roganeau, né à Bordeaux en 1883, premier grand prix de Rome en 1906, s'installe à Bordeaux à son retour de Rome, est nommé directeur de l'école des beaux-arts en 1928. Quant au peintre Dupas, né à Bordeaux en 1882, premier grand prix de Rome en 1910, ami d'enfance d'Adrien Marquet, il introduit dans l'équipe un de ses condisciples de Rome, le sculpteur Janniot, qui vient de bénéficier d'une série continue de commandes (hôtel de ville de Puteaux en 1933, décor du musée d'Art moderne de la Ville de Paris en 1937). On est frappé par la grande homogénéité entre ces œuvres, à la fois formellement modernisées et tournées vers le passé, et l'origine de leur production, liée à des groupes de notables, qui cachent leur programme conservateur sous l'apparence du dynamisme des élus et des élites : on ne voit pas de faille entre les notables du système académique et les couches sociales que représente le maire de Bordeaux.

Le Front populaire et les arts

Stagnante dans les années vingt, la politique menée à l'égard des beaux-arts évolue pendant le ministère Jean Zay, en 1937. L'inflexion de la politique de l'Etat vers de nouveaux objectifs est alors indéniable; Georges Huisman (1889-1957), un chartiste agrégé d'histoire, directeur des beaux-arts depuis 1934, annonce des objectifs qui sont déjà ceux d'un ministère de la Culture :

> En réalisant une politique de loisirs, en marquant sa volonté que toutes les classes de travailleurs soient amenées, par étapes successives, à une exacte compréhension de la culture, notre Démocratie entend rompre avec des erreurs qui ont trop duré [1].

Pour ce faire, on propose de décentraliser les instruments de la culture artistique, en particulier à travers les musées, d'aider les artistes novateurs, de faire participer le plus grand nombre à une culture artistique, à travers des dispositifs nouveaux, comme les centres d'éducation artistique, implantés dans chaque ville moyenne (qui préfigurent les maisons de la culture), que proposent les membres du « Groupe mai

1. G. Huisman, « Nouveaux rapports de l'art et de l'Etat », art. cité, p. 148.

36 » (Jean Cassou, Louis Chéronnet, Georges Henri-Rivière, etc.). Le projet d'associer les auberges de la jeunesse à l'utilisation de certains monuments historiques est révélateur : les objectifs visent la culture populaire, prennent leur distance avec l'élitisme et le corporatisme du système des beaux-arts.

Pour l'enseignement des arts appliqués, pour lequel on réclame des mesures nouvelles depuis la création des comités central et régionaux mis en place en 1916, de nouvelles orientations sont prises. Dans un contexte économique devenu difficile, « la relance du Comité central des arts appliqués scelle l'alliance entre la Direction de l'enseignement technique et la Direction des beaux-arts, que concrétise la création en 1937 d'une section artistique à l'Ecole normale supérieure de l'enseignement technique » (Stéphane Laurent). En 1938 est publié un programme d'enseignement des arts appliqués, qui comble une lacune du système de l'enseignement technique.

Dans les musées, à partir de 1937, se forge le projet d'une action culturelle démocratique. La Direction des beaux-arts prend des mesures pratiques, décide d'ouvrir les musées nationaux le soir, ce qui implique l'installation de l'éclairage électrique, notamment dans les salles du musée du Louvre. Georges Huisman, directeur général des beaux-arts, se prononce pour une animation intense des musées, pour un effort didactique, et, en constatant l'écart grandissant entre les musées parisiens et les musées de province, désuets et peu fréquentés, il réclame pour ceux-ci un effort de décentralisation, premier acte d'un nouvel avenir.

Pour les « encouragements de l'Etat », sous la direction de Georges Huisman, plusieurs mesures significatives amorcent des changements importants. Il revient à l'Etat d'aider les artistes novateurs ; il faut, propose Huisman, « que l'Etat ait l'audace de choisir ceux à qui il fournira une protection particulièrement efficace et persévérante et qu'il les choisisse surtout parmi ceux qui, ayant appris leur métier, regardent vers l'avenir et non vers le passé. Un art qui se fige dans une étude systématique des traditions et de la routine est un art infailliblement condamné à la décadence. [...] A l'Etat de choisir et d'agir en amateur passionné [1] ». Huisman a beau jeu de montrer que les commandes passées par l'Etat pour le décor du nouveau palais de Chaillot s'adressent à des artistes modernes, et il affirme que Braque et Derain n'ont pas voulu faire partie de l'équipe.

Effectivement, si l'architecture du nouveau palais de Chaillot est laborieusement issue d'un concours dont la gestion est très critiquée, le décor des constructions de l'Exposition internationale de 1937 mobilise de nombreux artistes (le Rapport général sur l'Exposition fait état de commandes passées à 464 peintres). Pour ce qui relève des grands édifices permanents, le décor du palais de Chaillot concerne 21 peintres (dont Bonnard, Dufy, Brianchon, Oudot, Chapelain-Midy, Vuillard), et celui du palais de la Découverte, 19 peintres (dont Léger, Lurçat, Lapicque, Gromaire, Coutaud, Lhote, Aujame). Pour les pavillons temporaires de l'Exposition, plusieurs des commandes sont passées par l'Etat à des artistes éloignés des pratiques académiques, et elles manifestent une très nouvelle ouverture vers l'art moderne, en consacrant Dufy (pour le pavillon de l'Electricité), Delaunay et Aublet (pour le palais des Chemins de fer et pour celui de l'Aviation).

Mais, pour répondre à la détresse d'un bon nombre d'artistes, atteints par les effets de la crise économique des années trente, une partie des commandes de l'Etat prennent la forme d'un programme de commandes

1. *Ibid.*, pp. 158-159.

publiques, à hauteur de 1,5 % du budget des constructions scolaires, un principe qui préfigure l'adoption du dispositif réglementaire, en 1951, du fameux 1 % aux artistes. En 1937-1938, plusieurs artistes reçoivent ainsi du ministère des commandes de peintures murales pour des établissements d'enseignement. A Paris, pour le Conservatoire des arts et métiers, André Lhote décore le grand amphithéâtre ; au Collège de France, Pierre Bompard intervient dans les nouveaux amphithéâtres (chimie et physique), Marcel Gromaire et Charles Dufresne décorent le grand amphithéâtre et les salles de la faculté de pharmacie ; pour le réfectoire de l'Institut des sourds-muets, Lucien Coutaud montre des *Jeunes Gens dans la nature,* et Francis Tailleux des *Enfants jouant sur la plage* ; pour le gymnase du lycée Janson-de-Sailly, Jean Dreyfus-Stern peint le *Départ d'un cross-country.* A Sceaux, sur le mur du salon du lycée Lakanal, Francis Gruber peint un *Hommage à Le Nôtre,* et à Saint-Brieuc, pour le lycée de jeunes filles, Tal-Coat figure des *Jeunes Filles jouant et dansant* ; à Valenciennes, pour le jardin d'enfants du lycée, Jean Aujame des *Jeux d'enfants.* Ce traitement social du chômage des artistes par la commande publique concerne surtout des artistes relativement jeunes : en 1938, et à l'exception de Charles Dufresne (soixante-deux ans), l'âge des artistes mentionnés ci-dessus s'échelonne de vingt-cinq ans (Tailleux) à cinquante-trois (Lhote). Parmi les bénéficiaires de ces commandes, on note plusieurs artistes indépendants de tout cursus académique (Lhote, Gromaire, Gruber)[1].

1. Georges Charensol, « Peintures murales commandées par l'Etat », *Art et décoration,* t. 67, Paris, 1938, pp. 121-128.

LE PLURALISME DES SALONS

Commencées à la fin du second Empire, on l'a vu, les pressions qu'exerce un nombre croissant d'artistes sur l'institution du Salon ne cessent de s'aggraver. En 1873, le directeur des beaux-arts, Philippe de Chennevières, qui succède à Charles Blanc, remplace la manière forte de celui-ci par une attitude plus compréhensive. De 1874 à 1878, le nombre de tableaux admis passe de 1 852 à 2 330 ; mais, la capacité du palais de l'Industrie ne dépassant pas 2 500 toiles, la marge de manœuvre disparaît, et la question du Salon entre de nouveau dans une phase difficile.

La crise du Salon unique

En 1879 et en 1880, une définition plus libérale du jury conduit à admettre respectivement au Salon de ces années, 3 040, puis 3 957 tableaux. Expression de cette intense demande sociale de débouchés qu'analysent dans leur ouvrage Harrison et Cynthia White, indice que la pression commerciale transforme le Salon en « bazar », ce qu'avait vu Zola dès 1874, cette pléthore justifie l'analyse lucide que proposait dès 1870 Philippe de Chennevières : l'Etat doit rompre ses liens avec le Salon. A cette situation quantitative, s'ajoute peut-être, suggère Pierre Vaisse, un facteur politique, puisque le président du jury, Bouguereau, se heurte en 1879 au sous-secrétaire d'Etat aux Beaux-Arts, Turquet, qui décide, contre l'avis des artistes, d'ouvrir le Salon jusqu'à 22 heures, en équipant le palais de l'Industrie de l'éclairage électrique. L'affaire vient à la Chambre, où un député de droite interpelle à ce sujet le responsable des beaux-arts, ce qui conduit Turquet à dénoncer un complot d'artistes contre l'administration républicaine.

Jules Ferry prend alors l'initiative, en réunissant le 27 décembre 1880 les artistes qui ont exposé au moins une fois au Salon. Ils élisent un comité de quatre-vingt-dix membres, chargé de mettre au point avec l'administration les mesures nécessaires au Salon de 1881. Le 17 janvier 1881, Turquet annonce aux membres du comité, au nom du ministre Jules Ferry, que l'Etat décide de leur remettre l'organisation et la gestion du Salon. Il faut attendre le 15 juin 1882 pour que les artistes constituent la Société des artistes français (S.A.F.), qui donne enfin corps au vieil idéal d'indépendance de la « Société des arts unis », dont rêvait Charles Blanc en 1860 dans la *Gazette des beaux-arts*. La S.A.F., dont les statuts seront approuvés par un décret du 11 mai 1883, bénéficie d'une reconnaissance officielle, puisque l'Etat met à sa disposition les lieux de l'exposition annuelle, pour 1 franc symbolique, et que le président de la République sera présent au vernissage.

Mais en quelques années, le Salon monolithique garant de l'unité de l'art perd sa cohésion et son influence, et il éclate au profit de nouveaux Salons, ouverts au nom de la liberté de l'artiste. Quelle part faut-il faire dans cette évolution à sa direction, confiée par élection à des artistes membres de l'Institut ? Quel rôle joue l'administration des beaux-arts, qui, à peine délestée de ce fardeau annuel, s'empresse d'installer en 1883 l'Exposition triennale ? La Triennale est décidée le 28 juillet 1882 :

> Une exposition nationale des ouvrages des artistes vivants aura lieu au Palais des Champs-Elysées du 15

> septembre au 31 octobre 1883. Elle sera ouverte aux œuvres les plus remarquables des artistes français et étrangers exécutées depuis le 1er mai 1878.

Dans le jury chargé de sélectionner les envois, on ne trouve aucun artiste élu, mais des académiciens ; un contingentement serré justifie à l'avance la rigueur de la sélection : 800 tableaux, 300 sculptures et médailles, 50 envois d'architecture, 150 gravures et lithographies. Machine de guerre destinée à préserver une haute qualité artistique en l'isolant mieux que jamais du tout-venant, après avoir fait la part du feu en accordant l'indépendance à un Salon devenu ingouvernable ? Appui de l'Etat à une démonstration publique de la légitimité de l'Académie des beaux-arts ? En tout cas, la Société des artistes français ne s'y trompe pas, qui attaque vivement cette « concurrence évidente ». Ouverte à la date prévue, l'exposition est un demi-succès public, puisqu'on compte seulement 350 000 entrées, malgré le report de la date de clôture au 30 novembre. La seconde Triennale est prévue pour le printemps 1886, ce qui est donc bien, compte tenu des chevauchements de dates, une déclaration d'hostilité aux Artistes français, qui organisent traditionnellement leur Salon au printemps. La Société des artistes français, par une campagne de presse, attaque avec vigueur la décision, qui est rapportée le 13 mai 1885, Turquet étant à nouveau secrétaire d'Etat. Exit la Triennale.

Le Salon des indépendants

En 1884, la création du Salon des « indépendants » est le premier signe de la désuétude de l'institution unique. C'est le dysfonctionnement de celle-ci qui est à l'origine de la crise, par les exclusions prononcées au Salon de la Société des artistes français de la même année ; si 2488 toiles ont pu être admises au palais de l'Industrie, le jury a prononcé, une fois encore, de nombreuses exclusions. Le 11 et le 16 avril, une réunion d'artistes se propose de se constituer en groupe pour avoir une « exposition libre, entièrement libre ». Ces artistes « indépendants », au nombre de deux cents environ, et qui savent pouvoir compter sur l'appui de la Ville de Paris, passent à l'acte, désignent une commission de quinze membres, chargée d'organiser une exposition « sans jury ni récompenses ». Quatre cent deux artistes envoient leurs œuvres, à raison de deux chacun, et l'exposition, hébergée dans des baraquements qui ont été construits dans la cour du Carrousel pour servir d'annexe au ministère des Finances, ouvre ses portes le 15 mai 1884. Invité, le président de la République, Jules Grévy, visite l'exposition le jour même. Mais, avant la fermeture de l'exposition, le 26 juin, et à la suite de comptes financiers restés obscurs, la discorde règne parmi les exposants ; les plus virulents d'entre eux, menés par le peintre et graveur Redon, mettent à profit le flou juridique du groupe précédent et constituent en bonne et due forme, le 9 juin, une « Société des artistes indépendants ». Celle-ci fait l'objet d'un appui officiel du conseil municipal de Paris, qui, par un vote du 14 septembre 1884, met à sa disposition le pavillon de la Ville, édifié sur les Champs-Elysées à proximité du palais de l'Industrie. En mettant en œuvre le règlement adopté le 15 novembre par une assemblée générale de sociétaires (chacun pourra présenter quatre œuvres), la première exposition de la société s'y tient du 10 décembre 1884 au 1er janvier 1885, et réunit 136 exposants et environ 280 œuvres ; alors que l'exposition du printemps, réunion de protestataires, avait été assez confuse, la première exposition de la Société des artistes indépendants, inaugurée par le président du conseil municipal et réservée aux sociétaires, est un manifeste où se trouvent réunis, autour de Guillaumin et de Dubois-Pillet (vice-président du comité de la société), Signac et Seurat, ceux qu'on nommera plus tard les néo-impressionnistes. Dernier avatar réussi de ces sociétés dans lesquelles les artistes du XIXe siècle avaient mis tant d'espoirs, la Société des indépendants devait enfin accomplir ce rêve d'une « exposition libre »; il n'est pas indifférent de constater que cet accomplissement doit sans doute beaucoup à l'environnement idéologique et aux personnalités républicaines du conseil municipal de Paris. Le Salon des indépendants se manifeste encore aujourd'hui chaque année.

La scission : Artistes français et Société nationale

En 1889, l'éclatement du Salon de la Société des artistes français et la création de la Société nationale des beaux-arts ne sont pas des épisodes parmi d'autres dans la chronique des institutions corporatives des artistes.

L'origine de la scission est dans la décision des membres de l'Institut de ne pas reconnaître « hors concours » pour les Salons suivants les bénéficiaires des récompenses décernées par le jury de l'Exposition universelle de 1889. Cette décision contestée est bien dans la tradition académique d'une sélection intransigeante, qui correspond de moins en moins aux critères d'un marché motivant et pluraliste. Emmenés par Meissonier, un large groupe d'artistes donne naissance à la « Société nationale des beaux-arts », fondée en 1890 par Meissonier, Puvis de Chavannes et Rodin.

Beaucoup d'artistes adhèrent à la nouvelle Société nationale, dont le président est Meissonier, et le vice-président Puvis de Chavannes. Chacune des deux sociétés organisera dorénavant son propre Salon. Cette scission consacre, avec l'affaiblissement des fonctions de l'institution académique, la fin des manifestations officielles de l'unité de l'art, et sa mise en question.

Et tandis que la Société des artistes français, qui expose au palais de l'Industrie, « se hâtait [de] ramasser deux mille quatre cents toiles pour écraser sa rivale », comme le remarque le critique Léopold Mabilleau, la nouvelle Société nationale des beaux-arts réussit la mise en œuvre de son premier Salon en 1890. Aidé financièrement par de riches amateurs, les collectionneurs May et Camondo, ce Salon de la Nationale est pris en main par trois peintres, Guillaume Dubufe, Carolus-Duran et Duez. Il s'installe au Champ-de-Mars, grâce à l'aide de la Ville de Paris, et les conditions matérielles de l'exposition permettent à 200 peintres de montrer 900 toiles ; l'accrochage agréable tranche avec les entassements de l'ordre alphabétique traditionnel du Salon. La critique est favorable aux résultats de cette scission. Pour l'Etat, la représentativité exclusive accordée à la Société des artistes français est en question ; il doit dès ce moment accorder des avantages similaires à chaque société. La difficile question du local est tranchée, à partir de 1901, lorsque l'Etat peut mettre le Grand Palais à la disposition du Salon des artistes français comme à celle du Salon de la Nationale.

Le Salon de la Nationale répond à la nécessité d'ouvrir très largement l'exposition aux tableaux de format courant : chaque sociétaire peut présenter chaque année, sans limitation, les tableaux de son choix. En supprimant les récompenses et les médailles traditionnelles, le Salon de la Nationale veut écarter les grandes machines, enjeux des rivalités des patrons d'atelier, par élèves interposés, mais qui sont des produits pratiquement hors commerce.

Après la scission

Paul Jamot, quelques années après la scission, résume en 1906 la situation :

> [Le Salon de la Nationale] est devenu une élégante oligarchie fortement hiérarchisée et fermée aux barbares. La Société des Artistes Français représente au contraire le principe républicain : c'est une démocratie où la vieille bourgeoisie des membres de l'Institut, des prix de Rome et des hors concours gouverne tant bien que mal un rassemblement prolétarien de jeunes dont les droits sont égaux aux siens [1].

Le Salon de la Société des artistes français devient dès lors, et plus que jamais, une annexe de l'Institut, où des maîtres règnent sur une piétaille de postulants innombrables. Les achats de l'administration, souvent médiocres, de l'aveu même de Gustave Larroumet, comme on l'a vu, suscitent des commentaires acides. Chaque année la critique, de plus en plus sceptique, passe en revue les contributions des prix de Rome successifs, le plus souvent professeurs à l'Ecole des beaux-arts. En 1910, par exemple, le critique de *la Gazette des beaux-arts*, Henry Bidou, dresse un constat sévère :

> Sur 2000 toiles et près de 1200 peintres, il n'y a presque rien à retenir. Mais ce manque de chefs-d'œuvre n'est pas défavorable à l'étude des masses. On y distingue une science apprise et non renouvelée ; peu de curiosité,

1. P. Jamot, « Les Salons de 1906 », *Gazette des beaux-arts*, p. 469.

> sinon peu d'effort ; une certitude de fabrication, un éloignement de la vision naïve, qui durera toute la vie ; une peinture qui meurt d'être détachée de la nature, et qui ne sait pas qu'elle est morte ; comme conséquence, une conformité effrayante à quelques types, une monotonie de bons devoirs. Il y a des centaines de portraits peints exactement de la même manière.

Il fait un sort au travail d'un sculpteur vu au Salon des artistes français :

> [Le groupe] de M. Villeneuve représente une jeune femme qui embrasse une vieille sur la joue et la tient dans ses bras ; la vieille appuie à son flanc malade la main de la jeune ; cette œuvre, qui n'est pas sans mérite, c'est la statue de *La Vigne française rajeunie par la Vigne américaine.* Il ne manque à cette femme âgée que les signes du phylloxera.

La médiocrité générale de cette production, « complètement inutile au progrès de l'art », comme l'écrit Bidou, est alors admise, mais ce qui est nouveau est qu'on l'identifie au produit des maîtres officiels eux-mêmes, et de toute l'institution académique.

Par contre il est clair que le nouveau Salon de la Nationale se propose d'être une manifestation ouverte aux critères de la réussite commerciale. En fait, ce Salon de la Nationale marque, sous l'apparence de l'évolution, le début d'un profond immobilisme, que seule la création de nouveaux Salons rendra tangible ; quelques années plus tard, la différence entre le Salon de la Nationale et celui des artistes français s'estompe en effet, car les nouveaux Salons, le Salon des indépendants et le Salon d'automne, représentent mieux l'innovation et l'art d'avant-garde.

Le Salon d'automne

Le Salon qu'organise la Société du salon d'automne, créée en 1903 par Frantz Jourdain, répond, comme le Salon de la Nationale, à la nécessité d'une représentation commerciale, mais avec le souci de marquer sa volonté d'ouverture et de modernité, en faisant une place à de jeunes artistes et en associant les élites culturelles du moment aux décisions du jury ; un critique pourra dire, en 1910 : « Le Salon d'automne, ce sont les Indépendants arrivés. »

Un dispositif compliqué tend à assurer la sélection des œuvres et en même temps à permettre la saisie des innovations, à éviter le blocage sur des positions corporatives, en ouvrant le jury à des personnalités attentives à l'actualité culturelle et qui ne sont pas des artistes. Seuls sont admis « les ouvrages n'ayant pas figuré dans les Salons de Paris », et les envois sont répartis en six sections (peinture, sculpture, architecture, gravure, arts décoratifs, dessin d'illustration). Si l'admission est libre, par roulement, pour un quart des sociétaires chaque année, les autres sociétaires et les non-sociétaires présentent leurs envois devant un jury renouvelé chaque année par tirage au sort parmi les membres fondateurs, les sociétaires et, pour un cinquième du jury, parmi les membres d'honneur ; ceux-ci sont des personnalités qui élargissent le jury au-delà du monde des artistes professionnels et de leurs conflits. Le Salon d'automne apparaît particulièrement attentif à représenter l'actualité : ainsi en 1912, les membres d'honneur sont Jacques Doucet, Anatole France, Claude Debussy, Paul Gallimard, Louis Barthou, André Gide, Daniel de Monfreid, la comtesse de Noailles, Marcel Sembat, Emile Verhaeren, et parmi les sociétaires on trouve, à côté de Renoir, de Bonnard et de Bourdelle, des jeunes artistes comme Gleizes, La Fresnaye, Metzinger, Jacques Villon, Vlaminck et Picabia.

Entre les deux guerres, les Salons ne brillent pas par leur éclat. Leur statut de lieu de confrontation et de polémique fait place à celui d'institutions qui tentent une survie obstinée. Le critique de la *Gazette des beaux-arts*, après la visite du Salon de la Société des artistes français de 1925, ne manque pas de lucidité :

> Mais comment ne pas dire [que ce Salon] n'offre plus qu'un très mince intérêt ? [...] Les Artistes français possèdent une clientèle fidèle, celle de la petite bourgeoisie. Elle manifeste sa dévotion pour l'art en allant le dimanche visiter « le Salon » en famille. [...] Il se peut que le Salon n'ambitionne pas d'autre succès.

Le Salon de la Nationale, après la création en 1923 du Salon des Tuileries, et qui n'accueille plus que 380 tableaux, « se meurt de consomption ». En novembre 1929, René Gimpel note que le Salon des indépendants est « très mauvais », et que le nouveau Salon des surindépendants est peut-être « celui de demain [1] ».

LA TRANSFORMATION DU MARCHÉ DE L'ART

Dans les années 1880, la prospérité du marché de l'art parisien, après un fléchissement momentané au lendemain de la guerre de 1870, ne fait aucun doute.

1. R. Gimpel, *Journal d'un collectionneur marchand de tableaux*, Paris, 1963, p. 400.

Pour les artistes modernes, aux réelles difficultés des années noires succède une progressive embellie. Claude Monet par exemple, après une période où il a été pour vivre dans la dépendance complète de ses amis, vend en 1880 à Durand-Ruel pour 21 000 francs de tableaux, et il obtient, à partir de l'année suivante, que Durand-Ruel lui assure des moyens d'existence suffisants. Le prix de ses tableaux augmente alors régulièrement, et en 1890, avec l'achat de la maison de Giverny, c'est le début d'une aisance confortable. Il en est de même pour Renoir. Pour les artistes à succès, pour Meissonier comme pour Boldini, pour Bonnat comme pour Forain, les années 1880 sont celles d'une éclatante réussite économique, qui leur donne les moyens de tenir dans la société parisienne une place brillante ; c'est le temps où les artistes à la mode font construire leurs ateliers dans les quartiers chics, entre la place Malesherbes et le bois de Boulogne. Les chroniqueurs et les écrivains, des Goncourt à Octave Mirbeau, établissent bien, pour cette période, la nouvelle osmose entre artistes arrivés et élite sociale.

Mais c'est aussi à ce moment que, de ce point de vue, s'opère un clivage progressif entre les techniques artistiques, celles du peintre de chevalet et du dessinateur de presse d'un côté, celles du sculpteur et du peintre de la commande publique de l'autre, restés, par force, plus proches des conditions prosaïques du chantier, du travail physique des praticiens, du matériau sale. Les visites de l'amateur dans l'atelier de l'artiste à cette époque mettent bien en évidence cet écart qui se creuse, entre l'atelier-salon du peintre esthète, et l'atelier, froid et humide, du sculpteur[1].

1. Dans les années vingt encore, Gimpel met en évidence, lorsqu'il évoque ses rencontres avec Bourdelle ou Zadkine, cette dimension physique du travail du sculpteur.

La nouvelle puissance du marché de l'art

La nouvelle puissance économique du marché donne progressivement aux marchands une plus grande autorité culturelle. Celle-ci s'exerce sur le public, mais aussi sur les artistes. Le peintre Bouguereau, dont les envois au Salon dans les années 1860 déçoivent la critique, voit sa carrière réorientée et relancée par l'aide qu'il trouve auprès de Durand-Ruel, puis auprès du marchand anglais Ernest Gambart (1814-1902); celui-ci, associé à Durand-Ruel, impose la peinture de Bouguereau sur le marché anglais, premier jalon dans une carrière commerciale internationale. Ambroise Vollard (1865-1939) raconte dans ses mémoires comment autour de 1900, face à une clientèle de capitaines d'industrie très riches, dans un contexte de rivalité avec les marchands et les collectionneurs étrangers, le rôle du marchand de tableau s'est modifié [1]. Le marchand devient une sorte de directeur artistique, qui conseille les artistes — « je devais demander à Vlaminck et à Derain d'aller me faire des vues de Londres » —, et qui les oriente vers de nouvelles activités, comme l'illustration des livres de bibliophilie, ou vers des techniques, comme la gravure, qui correspondent à de nouveaux débouchés commerciaux.

Le marché prend progressivement la place des institutions, de l'Académie, du Salon, qui jusqu'alors assuraient la reconnaissance sociale de l'artiste. Le marchand rivalise avec le collectionneur-mécène et avec l'Etat, puis l'emporte sur eux. Les convictions mais aussi le savoir-faire commercial d'un Durand-Ruel ne sont pas étrangers au succès des peintres impressionnistes. Ce n'est pas une coïncidence si, après 1880, le

1. Voir A. Vollard, *Souvenirs d'un marchand de tableaux*, Paris, 1937.

Salon unique et l'Académie des beaux-arts commencent à voir leur autorité dépérir ; les nouveaux Salons (le Salon des indépendants, à partir de 1884, le Salon d'automne, à partir de 1903) se substituent d'autant mieux aux institutions anciennes que, indépendants de l'institution académique, ils servent de vitrines pour les tableaux, de viviers pour les artistes, dont le marché de l'art assure ensuite la promotion et la commercialisation. Et c'est autour de ces Salons, et de leurs multiples ultérieurs, que se constituent les seuls groupements durables d'artistes.

En imposant ses propres critères, et en reconnaissant la diversité des formes artistiques, le marché de l'art permet surtout de répondre à la diversité des publics et des cultures, une réalité incompatible avec le concept ancien de l'unité de l'art. En agissant en profondeur sur les pratiques, en déterminant des pratiques nouvelles, le succès du marché de l'art agit sur les structures de l'art lui-même, impose la primauté de la valeur d'échange. Après 1880, le marché a besoin d'entretenir l'innovation artistique, de la renouveler, et il institue l'originalité, la nouveauté, comme une valeur. Il joue son rôle dans la métamorphose de l'actualité artistique en suite ininterrompue d'avant-gardes successives, et, à plus long terme, en suite d'événements.

Le marché de l'art met enfin en question le comportement et le statut de l'artiste. Après la ruine des positions de la hiérarchie artistique, « la dépendance accrue [de l'artiste] au système de marché va de pair avec la proclamation de liberté et d'autonomie créatrice [1] ». En désolidarisant l'artiste des structures corporatives et professionnelles antérieures, le rapport

1. A. Becq, *Genèse de l'esthétique française moderne. De la raison classique à l'imagination créatrice*, Pise, 1984, p. 23.

devenu étroit de l'artiste et du marchand détourne pour une longue durée l'artiste novateur des fonctions autres que directement productives, notamment d'une fonction sociale comme la formation ; l'artiste majeur, mis à l'écart du système académique, et tant que celui-ci conserve le monopole de la formation des artistes, cesse d'avoir des élèves, et cesse d'avoir cette présence sociale qui était celle de l'artiste académique dans les jurys, les concours et les conseils.

A la veille de 1914, cette dislocation de la participation des artistes à la vie sociale joue particulièrement en direction des artistes de l'avant-garde. Le double effet du marché de l'art et du maintien des structures académiques joue son rôle dans leur isolement, et en particulier à l'égard des cercles intellectuels et politiques. Comme le remarque Madeleine Rebérioux :

> [...] les milieux littéraires et artistiques d'avant-garde constituent de petites chapelles closes sur elles-mêmes. Peintres et écrivains se rencontrent dans les cafés de Montmartre ou, rue Ravignan, au *Bateau-Lavoir.* Le temps n'est plus où ils accédaient à *La Plume* ou à la *Revue Blanche.* [...] Jamais peut-être le goût de la vie publique ne leur a été aussi étranger. Picasso lui-même, dont les premières œuvres espagnoles ont été marquées par la violence sociale et la détresse ouvrière, s'oriente à Paris vers d'autres thèmes, vers d'autres amitiés. Leur désir de révolte, c'est dans l'écriture picturale ou littéraire que les jeunes créateurs l'expriment [1].

La question du faux

Corollaire de la substitution de la valeur d'échange à la valeur d'usage, la fabrication et la commercialisation des faux objets d'art deviennent une pratique

1. M. Rebérioux, *La République radicale, 1898-1914*, Paris, 1975, p. 187.

délictueuse courante. Après 1880, et en relation étroite avec le succès du marché de l'œuvre d'art originale, des affaires retentissantes mettent en évidence une véritable épidémie de faux tableaux : la vente à Alexandre Dumas fils de tableaux peints par le peintre Trouillebert et signés Corot, puis le scandale des faux Millet, avec le procès du faussaire Tesson, arrêté en décembre 1891, marquent l'époque. Le désordre est tel que le 9 février 1895 est adoptée une nouvelle loi sur les fraudes en matière artistique. Cependant la dimension industrielle de l'activité de ces faussaires produit, sous la forme d'une crise de confiance, des dégâts considérables sur le marché de l'art, avec des conséquences en particulier sur la valeur marchande des tableaux de Millet à cette époque. Dans les ventes à l'étranger, et en particulier aux Etats-Unis, le talent des faussaires, la légèreté de plusieurs marchands et la complaisance de soi-disant « experts » parviennent à truffer de faux d'importantes collections privées et, au-delà, à la suite de dons, les fonds de plusieurs musées. Souvent au contact de ces collections américaines entre les deux guerres, René Gimpel, dans son *Journal d'un collectionneur marchand de tableaux*, livre à ce sujet de nombreux et impressionnants témoignages. Et comme chacun sait, la chronique, bien que souvent discrète dans ce domaine, n'a cessé depuis d'établir la réalité permanente de l'endémie.

Une nouvelle organisation du marché, de nouveaux moyens

Après 1880, l'organisation du marché entre dans une nouvelle phase : la promotion des nouvelles valeurs artistiques devient plus systématique, et une nouvelle génération de marchands et de collectionneurs s'impose.

Durand-Ruel, après la chute de la banque l'Union générale, en 1882, remonte la pente ; il organise en 1883 la première exposition monographique de Monet et, en 1886, à New York, l'exposition « Impressionists of Paris ». En 1893, la constitution d'une nouvelle société, Durand-Ruel et fils, sans apport de capitaux extérieurs, confirme le redressement de l'entreprise. Les expositions de Monet et de Renoir dans les années 1890 sont un grand succès, et, comme le montre Anne Distel, c'est Durand-Ruel surtout qui oriente les choix de la seconde génération des collectionneurs de l'impressionnisme (Isaac de Camondo, Etienne Moreau-Nelaton, les Havemeyer).

La galerie la plus en vue est celle qu'ouvre rue de Sèze en 1882 Georges Petit (1856-1921), le fils d'un marchand enrichi sous le second Empire par le commerce des tableaux de Meissonier. Avec ses nombreuses salles luxueusement aménagées, l'installation de la rue de Sèze est utilisée pour les expositions personnelles ou pour celles des sociétés d'artistes ; à partir de 1883, les ventes publiques importantes y disposent d'un cadre plus agréable que l'hôtel Drouot. Rival à ce moment de Durand-Ruel, Georges Petit attire pour l'inauguration de son établissement l'exposition de la Société des aquarellistes français. C'est chez Georges Petit que se tient, en 1889, la fameuse exposition qui réunit les œuvres de Claude Monet et de Rodin.

Une autre galerie d'art moderne en vue sur la rive droite est la galerie Bernheim-Jeune ; elle est fondée par Alexandre Bernheim (1839-1915), un marchand de tableaux qui a commencé sa carrière à Bruxelles ; après sa venue à Paris, il associe ses deux fils à la marche de la galerie à la fin des années 1880 : Joseph (1870-1941) et Gaston (1870-1953) ; à partir de 1900 environ, la galerie Bernheim-Jeune se consacre aux impressionnistes et aux peintres modernes de la fin du siècle.

Le rapport entre la vie nocturne mondaine et les arts plastiques est à ce moment à son comble :

> Les galeries de la rue de Sèze constituèrent un rendez-vous très central pour le monde riche. Rien n'égalera le faste, l'élégance des vernissages nocturnes, « tenue de soirée » exigée comme au Foyer de la danse ; après minuit, les Coquelin, l'aîné et le cadet, avec Sarah Bernhardt, venaient faire leurs emplettes, en sablant le champagne. Albert Wolff écrivait sa chronique pour *Le Figaro* dans le cabinet du caissier principal ; la ville apprendrait le lendemain, en dépliant son journal, que Bastien-Lepage, Cazin ou Helleu, étaient des maîtres. On apprendrait aussi le titre des pièces de choix que les Coquelin avaient acquises, la veille. Des spéculateurs alléchés se précipitaient pour s'approprier le reste avant midi : « Mon cher, j'ai tout vendu, plus rien à faire », s'exclamait Petit [1].

Un marchand s'écarte cependant du modèle de la galerie de prestige, et non sans succès. Ambroise Vollard (1866-1939) ouvre en 1894, rue Laffitte, une modeste boutique ; privilégiant le rapport direct avec les artistes (Degas, Renoir, Cézanne), il n'investit à ses débuts que dans la peinture des impressionnistes, achetant en nombre des tableaux qu'il présente ensuite à la vente. C'est un précurseur, qui organise en 1895 une exposition Cézanne, en 1897 une exposition Van Gogh et qui, après 1897, achète à Gauguin, à Bonnard, à Vuillard.

Fait nouveau, les ventes publiques, entre 1880 et 1914, démontrent de façon de plus en plus éclatante la valeur des choix faits par les collectionneurs qui se

1. J.-E. Blanche, *La Troisième République*, *op. cit.*, pp. 115-116.

sont spécialisés dans la peinture récente. Elles établissent aussi le désintérêt complet des musées, et sa conséquence : lorsque les musées se manifesteront, ils ne pourront plus faire face à la montée des prix. La vente Manet organisée en février 1884 par son ami Théodore Duret suit de peu l'exposition rétrospective de l'Ecole des beaux-arts, appuyée par Antonin Proust. En l'absence d'achat par les musées, elle établit le succès du peintre auprès des collectionneurs. La collection Duret est mise en vente chez Georges Petit le 19 mars 1894 ; elle est achetée en partie par Durand-Ruel, et sa valeur a déjà décuplé les prix d'achat (Anne Distel). La vente de la collection Chocquet (chez Georges Petit, les 1er, 3 et 4 juillet 1899, 452 635 francs) consacre Cézanne (trente-deux numéros). On note aussi la vente de la première collection de Jules Strauss (1861-1943), un amateur de Sisley (hôtel Drouot, le 3 mai 1902, soixante et onze numéros).

A la vente Rouart (dans la galerie Manzi-Doyant, ex-Goupil, en décembre 1912, près de 6 millions de francs), Jacques Doucet achète 100 000 francs *Sur la plage* de Manet ; fait remarquable, le musée des Beaux-Arts de Lyon achète un grand Gauguin (31 500 francs). Les prix des tableaux de peintres encore vivants sont devenus très élevés : Durand-Ruel achète pour le compte de Mrs Havemayer les *Danseuses à la barre* de Degas, qu'il paie 435 000 francs. Ces résultats, qui justifient la spécialisation d'une collection dans la peinture moderne, peuvent expliquer en partie la décision de Jacques Doucet (1853-1929), qui, après avoir dispersé en 1912 une collection d'art du XVIIIe siècle, réunit ensuite une collection d'art moderne, de tableaux cubistes, dont les célèbres *Demoiselles d'Avignon*.

Les nouvelles fonctions du marché de l'art

A partir de la fin du XIXe siècle, les artistes et les amateurs trouvent dans le dynamisme du marché de l'art les aides et les ressources que le système académique et l'administration des beaux-arts, où se combinent anachronisme et impuissance, sont devenus incapables de fournir. Les contemporains lucides ont constaté les premiers cette aptitude du marché à se substituer aux institutions publiques ; ainsi le peintre Jacques-Emile Blanche (1861-1942), qui voit bien que les marchands ont su adapter leurs pratiques pour capter des responsabilités qui jusqu'alors n'étaient pas les leurs :

> La carence de l'Etat dans tout ce qui touche à l'esthétique, les erreurs de ceux qui gravitent autour de l'Institut et de la Direction des Beaux-Arts ont aidé les négociants en peinture à prendre la place qu'occupaient jadis nos rois et nos mécènes. Ce sont eux qui décernent les bourses, donnent du travail à leurs protégés ; au lieu de n'avoir qu'une villa Médicis, ceux-ci peuvent s'installer dans des villages de la Côte d'Azur, voyager au Maroc, en Orient, là où ils se sentent appelés [1].

Les activités de la galerie Bernheim-Jeune, entre 1900 et 1914, sont ainsi significatives de la nouvelle étendue des responsabilités culturelles d'un marché de l'art : la première rétrospective Van Gogh y a lieu en 1901, la rétrospective Cézanne en 1905 aussi (et au Salon d'automne). C'est avec Bernheim que Matisse signe son premier contrat en 1909 (il a quarante ans), et c'est dans cette galerie qu'exposent en 1912, pour la première fois, les peintres futuristes italiens (Boccioni,

1. *Ibid.*, p. 508.

Carra, Russolo et Severini). Ces repères montrent la diversité des fonctions assurées par une grande galerie parisienne à ce moment : la consécration et la célébration des grands artistes modernes de la génération précédente (Van Gogh, Cézanne), la découverte et la promotion commerciale contractuelle des artistes novateurs du moment (Matisse), la participation (avec éventuellement son contrôle commercial) à l'inventaire de l'actualité artistique internationale. Ce n'est pas un cas isolé : d'autres démonstrations claires du nouveau rôle culturel des marchands sont fournies par les activités de la galerie Georges Bernheim, qui organise en 1927 et en 1929 des « expositions internationales de sculpture contemporaine », et en 1932 une importante exposition du groupe italien du « Novecento ».

Un marchand de l'avant-garde :
Daniel-Henry Kahnweiler (1884-1979)

D.-H. Kahnweiler est né à Mannheim, dans une famille d'hommes d'affaires. De 1902 à 1904, le jeune Kahnweiler est à Paris, stagiaire dans une maison financière; il se plonge dans la culture parisienne, découvre les concerts, les musées, achète des lithos d'artistes, découvre les nouveaux Salons (Salon des indépendants, Salon d'automne), et se marie. A Londres de 1904 à 1906, il travaille dans l'agence d'un oncle propriétaire de mines en Afrique du Sud, où d'ailleurs il refuse de partir, décidant sa famille de l'aider à s'installer, à l'essai, comme marchand de tableaux modernes à Paris. C'était en fait le bon moment pour introduire de nouvelles pratiques commerciales, bien adaptées aux nouveaux courants de l'avant-garde.

En 1907, à vingt-trois ans, il loue un local rue Vignon et achète ses premiers dessins et tableaux : à Matisse, à Derain, à Vlaminck, à Van Dongen (c'est-à-dire aux « fauves »). Dès ce moment, il propose des contrats d'exclusivité à Derain, à Vlaminck, à Braque. Pendant l'été 1908, il rencontre Picasso et voit *Les Demoiselles d'Avignon*. Après l'échec de Braque au Salon d'automne, il lui propose une exposition particulière, du 9 au 28 novembre 1908, qui est à l'origine du baptême du cubisme. Il devient le marchand de Braque et de Picasso.

Il décide alors de ne plus faire d'exposition dans la galerie, qui sera un simple dépôt de tableaux, en accrochage permanent ; il demande aux peintres de ne plus envoyer de tableaux aux Salons (origine de difficultés diverses, de perte de temps, etc.) ; il ne fait pas de publicité pour la galerie, mais dès 1909, en publiant *L'Enchanteur pourrissant* d'Apollinaire, illustré de gravures sur bois par Derain, il mène une activité d'édition avec les écrivains d'avant-garde, et attire l'attention d'un public de connaisseurs et d'amateurs. A partir de 1910 enfin, il mène une politique d'envoi systématique de tableaux à l'étranger, chez des confrères. En 1912-1913, les contrats deviennent écrits : contrats de trois ans avec Braque, Picasso, Derain, puis de deux ans avec Vlaminck, Léger.

Dans ce système, les peintres sont déchargés de lourdes contraintes, ils n'ont plus à vivre les moments difficiles des Salons ni à craindre la confrontation avec un jury et un public. La célébrité des artistes de l'avant-garde se fait dès lors par d'autres voies : la critique, l'appui des intellectuels, la rumeur des collectionneurs. En outre, le système présente des avantages techniques précis ; les artistes peuvent quitter Paris pour des séjours importants ; outre son appui financier, le marchand peut apporter une aide technique :

Kahnweiler effectue régulièrement pour « ses » artistes les indispensables prises de vues photographiques des tableaux qu'il disperse, archives irremplaçables.

1914 : la guerre surprend Kahnweiler en Italie ; pacifiste, il passe le temps de la guerre en Suisse, mais sa nationalité allemande conduit le gouvernement français à mettre sa galerie sous séquestre. Au lendemain de la victoire, l'application de la loi sur les séquestres allemands entraîne la vente aux enchères, dans les pires conditions, d'une collection unique d'art moderne, par l'Etat, qui en était devenu propriétaire de fait. A ce sujet Jeanne Laurent dresse un constat accablant, lorsqu'elle établit que tel tableau cubiste de Braque, *L'Homme à la guitare,* vendu ainsi 2400 francs en 1921 par les Domaines, a été racheté par l'Etat en 1981, pour le compte du musée national d'Art moderne, au prix de 9 millions de francs[1].

C'est dans une nouvelle galerie, la galerie Simon, que Kahnweiler reprendra ses activités à Paris après la guerre.

Le marché de l'art à Paris entre les deux guerres

Les informations sont sans ambiguïté : à la fin de la Première Guerre mondiale, le marché de l'art est à Paris très actif, pour l'art ancien comme pour l'art contemporain. A la vente Leroux, le 5 mars 1918, deux tableaux de Hubert Robert, achetés 13000 francs en 1885, sont vendus 158000 francs ; quelques jours plus tard, la vente de l'atelier Degas rapporte 6 millions de francs. Cette insolente santé du marché répond aux récentes fortunes des industriels et des hommes d'af-

1. Voir J. Laurent, *Arts et pouvoirs, op. cit.*, pp. 115-120.

faires enrichis par le conflit : « On a tant gagné d'argent », remarque froidement le marchand de tableaux René Gimpel, le 6 décembre 1919.

Au lendemain de la guerre, stimulé par les moyens disponibles d'une clientèle en partie nouvelle et par le besoin d'innovation, le marché de l'art à Paris entre dans une nouvelle phase d'expansion et de renouvellement, lorsque les Cézanne, les Derain, les Matisse et les œuvres des cubistes, mais aussi les Utrillo et les sculptures de l'art nègre, trouvent leurs collectionneurs. Ce marché est incontestablement dopé par de nouveaux venus : que ce soient les riches amateurs américains, dont Alfred C. Barnes, qui en est l'exemple le mieux connu, fréquente beaucoup le marché parisien pour constituer la fondation qu'il inaugure en 1925 à Merion, près de Philadelphie ; que ce soit le marchand Paul Guillaume (1891-1934), qui, après une activité de courtier, ouvre sa première galerie en 1914 rue de Miromesnil. Il y expose de la sculpture africaine et de nouveaux artistes : Nathalie Gontcharova, Michel Larionov, puis, pendant la guerre, Modigliani, Van Dongen. Dans sa nouvelle galerie, ouverte en 1921 rue La Boétie, il expose De Chirico, Soutine. C'est chez Paul Guillaume, devenu le secrétaire général pour l'Europe de la fondation Barnes, que le docteur Barnes fait l'essentiel de ses acquisitions. En 1929, chez Bernheim-Jeune, Paul Guillaume, qui se pique d'être un marchand-collectionneur, montre ses tableaux, en une manifestation qui préfigure ce que devrait être une collection publique d'art moderne.

Aux Etats-Unis, les marchands parisiens effectuent d'importantes prises de bénéfices : d'après Gimpel, en février 1927, Wildenstein à New York vend une grande nature morte de Cézanne 1 500 000 francs, « mais comme en France aucun Cézanne ne peut faire plus de 400 000 francs, c'est un beau bénéfice ». Quant aux

Bernheim frères, « qui se sont installés cette année à New York [...] ils parlent de 20 000 dollars pour un Matisse. 500 000 francs-papiers. C'est plus de 400 000 francs de bénéfices. »

Si les marchands les plus en vue de l'art moderne, Bernheim-Jeune, Paul Guillaume, Daniel-Henry Kahnweiler, Léonce Rosenberg, se concentrent sur la rive droite et se rapprochent de la rue La Boétie et des galeries prestigieuses des grands anciens, Durand-Ruel et Georges Petit, sur la rive gauche s'ouvrent plutôt les petites galeries de découverte. La galerie Vavin, ouverte en 1925 par Alfred Daber et Max Berger, accueille la même année la première exposition d'œuvres de Klee. Jeanne Bucher (1872-1946), après avoir tenu une galerie-librairie dans le magasin du décorateur Pierre Chareau, en 1925, ouvre en 1929, 5 rue du Cherche-Midi, la galerie qui porte son nom. Elle y présente des œuvres de Lipchitz, de Marcoussis, de Masson, de Lurçat, d'Ernst, de Mondrian, et aussi d'André Bauchant. L'essentiel à ce moment est dans la diversité des expositions, qui montre que le marché ne se contente pas d'exploiter les valeurs acquises de la modernité, mais qu'il tente d'en produire d'autres. En 1923, dans sa galerie L'Effort moderne, Léonce Rosenberg expose pour la première fois à Paris les artistes du groupe De Stijl, et d'ailleurs sans succès auprès des collectionneurs, sinon auprès des artistes et des architectes ; la galerie Pierre, ouverte en 1924, accueille la première exposition surréaliste ; la galerie Van Leer, ouverte en 1925, présente en 1926 une exposition Max Ernst ; la galerie Myrbor, ouverte rue Vignon par Marie Cuttoli en 1928, se spécialise dans les tapisseries modernes, elle sera associée, au début des années trente, à la galerie Jeanne Bucher.

Les ventes publiques dans cette période, comme la vente de la collection du docteur Soubies (14 juin

1928), consacrent les impressionnistes, corrigent les effets sur les cubistes de la vente Kahnweiler, célèbrent Derain et Matisse.

Si la crise issue du krach de 1929 a été, aux Etats-Unis, vite enrayée en ce qui concerne le marché de l'art ancien, elle atteint lentement mais profondément la France, où toutes les activités de luxe sont touchées par la baisse des disponibilités des couches les plus riches. A Paris, le marché de l'art est particulièrement atteint, et de nombreuses galeries ferment leurs portes, par exemple la galerie Georges Bernheim et Cie (distincte de la galerie Bernheim-Jeune), qui est fermée en décembre 1934, et la collection vendue aux enchères le 7 juin 1935. L'édition aussi est touchée. Les *Cahiers d'art* doivent leur survie à la mise en vente publique, le 12 avril 1933, d'une cinquantaine d'œuvres d'artistes, dons amicaux de peintres modernes.

Mais les conséquences de la crise semblent cependant inégalement réparties. Les marchands les plus solides ont des disponibilités qui leur permettent d'attendre, et le marché des artistes vivants consacrés reste actif ; on note que c'est à ce moment que les sœurs Cone achètent à Paris la plus grande partie de leur collection, dont de nombreux et importants Matisse, qui seront ensuite légués au musée de Baltimore. En 1934, à l'occasion d'une visite dans l'atelier de l'artiste, Gimpel note : « Braque vend beaucoup. »

Les effets de la crise sont tout autres pour les marchands d'importance moindre, et pour les jeunes artistes ; par exemple, en mars 1930, Rosenberg espace ses achats à Marie Laurencin, qui s'inquiète. Après trois années de mévente, Jeanne Bucher, qui couvre de plus en plus difficilement ses frais, ferme sa galerie en décembre 1934[1]. Un an plus tard, dans un cadre plus

1. Voir R. Gimpel, *Journal d'un collectionneur marchand de tableaux*, *op. cit.*, pp. 417 et 445.

modeste, boulevard du Montparnasse, associée avec Marie Cuttoli, elle reprend son activité, expose Kandinsky, en 1936, Vieira da Silva, en 1937, puis Tanguy et Arp [1]. Alberto Giacometti, après 1935, est abandonné par les marchands. Pour les jeunes artistes, qui dépendent exclusivement du dynamisme et de l'ouverture du marché, qui sont dans la dépendance étroite des marchands et des collectionneurs, c'est une période très difficile qui commence : Tal-Coat, pour Gimpel, est en 1933 « dans la misère », et en 1934, alors qu'il est « au chômage », il vend ses dessins 50 francs pièce [2].

PARIS, CAPITALE ARTISTIQUE

Un centre cosmopolite

Entre 1800 et 1914, jamais le prestige de Paris, capitale artistique, n'a été aussi grand ; peintres et sculpteurs étrangers viennent y séjourner de toute l'Europe et des Etats-Unis. A côté de colonies, relativement stables, d'artistes venus pour se former et travailler, on trouve des artistes venus pour des séjours brefs ou pour exposer leurs œuvres. La vitalité du milieu artistique mais aussi l'activité du marché justifient le séjour permanent de plusieurs d'entre eux, qui s'identifient aux artistes parisiens ; ainsi le Belge Alfred Stevens (1823-1906), le Hongrois Mihaly Munkaczy (1844-1900), l'Italien Boldini (1842-1931), le Norvégien

1. Voir « Les expositions de Jeanne Bucher », dans l'ouvrage dirigé par Ch. Derouet, *Jeanne Bucher, une galerie d'avant-garde 1925-1946*, Genève-Strasbourg, 1994, pp. 41-86.
2. Voir R. Gimpel, *Journal d'un collectionneur marchand de tableaux*, *op. cit.*, pp. 437 et 454.

Frits Thaulow (1847-1906) donnent consistance à la première génération de ce cosmopolitisme sans précédent dans la population artistique de Paris. Le peintre finlandais Albert Edelfelt (1854-1905), ancien élève de Gérôme, en 1874, puis admirateur de Bastien-Lepage, devient un portraitiste parisien célèbre ; son *Louis Pasteur dans son laboratoire,* exposé au Salon de 1886, lui vaut d'être décoré de la Légion d'honneur, avant son retour en Suède.

Pour les artistes des pays scandinaves, Paris, entre 1878 et 1900, est le point de passage obligé dans la formation de l'artiste ; les artistes suédois, à Grez-sur-Loing, forment une colonie d'artistes comparable à celles de Barbizon et de Pont-Aven. La plupart des jeunes artistes scandinaves travaillent dans les ateliers des maîtres académiques, de Bonnat à Bouguereau, ou sont inscrits dans les grands ateliers libres de l'époque, à l'académie Julian, à l'académie Colarossi, à l'atelier Cormon. Les artistes trouvent aussi à Paris un ensemble de références pour la peinture naturaliste et symboliste, de Puvis de Chavannes à Bastien-Lepage et à Gauguin ; dans l'itinéraire du sculpteur norvégien Vigeland (1869-1943), le contact à Paris avec Rodin est essentiel.

Pour plusieurs de ces artistes, c'est à Paris, par la participation aux expositions, que s'opère le premier contact avec le public. Ainsi le Suédois Carl Larsson (1853-1919), après un premier séjour à Paris en 1877, y revient pour un séjour important ; installé à Grez-sur-Loing de 1882 à 1885, son envoi au Salon de 1883 est récompensé par une médaille. Le Norvégien Edvard Munch (1863-1944) séjourne à Paris grâce à une bourse en 1885, puis, en 1889 (il s'inscrit dans l'atelier de Bonnat en octobre), et encore en 1890 et 1891. Après un nouveau séjour à Paris en 1896, il expose au Salon des indépendants en 1896, 1897 et 1898.

L'importance du séjour des jeunes artistes à Paris est souvent de portée historique pour l'évolution de l'art dans leurs pays respectifs. On sait la place qu'occupe Paris dans la formation de l'art américain jusqu'en 1940, depuis les séjours à Paris de James Whistler (1834-1903) à ceux d'Edward Hopper (1882-1967). C'est après un séjour à Paris, du printemps 1928 à l'été 1929, et après un contact approfondi avec les œuvres récentes de Picasso et Léger, que Stuart Davis (1894-1964) devient le plus en vue des peintres américains modernes des années trente.

A la suite de Marinetti, au contact depuis 1893 avec les avant-gardes parisiennes, et qui publie dans *Le Figaro* du 20 février 1909 le *Manifeste du futurisme,* les artistes italiens, isolés dans une culture demeurée souvent provinciale, trouvent à partir de 1910 dans le cubisme parisien les ressources d'une avant-garde picturale, dans laquelle un Italien de Paris, comme Severini, qui réside à Paris depuis 1906, a joué un grand rôle.

Paris n'est pas seulement le lieu d'une initiation technique et artistique ; le séjour à Paris pour ces artistes est aussi le temps d'une prise de conscience de la place autonome de l'artiste moderne dans la société ; et après 1900, de retour dans leurs pays respectifs, les artistes nordiques sauront s'imposer auprès des institutions nationales et des élites sociales.

Après 1920, et bien que plusieurs initiatives majeures lui échappent en partie, réparties dans d'autres centres européens, Paris reste une très importante terre d'accueil, où les artistes transforment le quartier de Montparnasse en centre cosmopolite ; aux intérêts de la génération précédente s'ajoutent ceux-là mêmes du cosmopolitisme, de ces rencontres d'artistes qui un jour ne rentreront plus chez eux. Theo Van Doesburg vient des Pays-Bas, Chagall d'U.R.S.S., Calder des

Etats-Unis, Max Ernst d'Allemagne. Les sculpteurs en particulier, de Zadkine à Brancusi et à Giacometti, trouvent dans l'urbanisation hétéroclite du quartier de Montparnasse, le quartier des sculpteurs et de Bourdelle, des ateliers commodes.

L'hypertrophie du rôle national de Paris est identifié entre les deux guerres par les contemporains, par l'historien Charles Seignobos, pour qui Paris est ce « centre unique où se crée toute la production littéraire et artistique de la France », par Valéry, pour qui Paris est ce lieu « où la littérature et la science et les arts et la politique d'un grand pays sont jalousement concentrés ». Pour l'historien Claude Fohlen, Paris aurait, entre les deux guerres, asphyxié la vie intellectuelle du reste du territoire ; si ce point de vue doit être nuancé pour la vie littéraire, il semble moins contestable pour les arts plastiques, puisqu'aux effets anciens et puissants d'une centralisation des institutions publiques (Ecole des beaux-arts, le Salon) s'est ajoutée la concentration à Paris du marché, de la plupart des collections et des lieux d'échanges internationaux.

D'autres sont plus sensibles aux aspects dynamiques de ce cosmopolitisme, qui réunit les « révolutionnaires » en art, comme Jean Cassou, qui écrit en témoin ébloui :

> Comment se fait-il que ce soit dans ce pays le plus manifestement *bourgeois* que soit née à la fin du XIXe siècle et au cours du XXe cette Internationale qu'a été la révolution de l'art moderne, ou, d'un mot plus précis encore, l'école de Paris ? Paris, oui, capitale de la France bourgeoise, de la France officielle et pompière, a été le point du monde vers lequel, par l'effet d'un mirage, ont afflué d'innombrables artistes, venant de partout, Espagne, Italie, pays germaniques et pays scandinaves, Russie, Pologne, Europe Centrale, Balkans, Amérique anglo-saxonne et latine, Japon. Certains arrivaient parce

qu'ils étaient juifs et qu'on ne voulait pas de juifs chez eux. Mais d'autres sans aucune raison de force majeure comme celle-là, et seulement parce que, naguère, Van Gogh avait eu besoin de la lumière de la France et parce que les plus surprenantes inventions de l'art, dont l'impressionnisme, s'étaient produites en France. Et voilà, dès lors, quelques coins de Paris, Montmartre, Montparnasse qui s'emplissent de colonies d'intrus avec leurs jargons, leurs cuisines, leurs misères, leurs coutumes et les légendes de chez eux, et le plus souvent de leurs ghettos, et qui sont immédiatement admis dans ces quartiers et s'y sentent comme chez eux, je veux dire comme ils n'auraient pu se sentir s'ils étaient restés chez eux. Tout cela s'est fait comme un phénomène naturel. Et cependant tout cela est si bizarre et inattendu ! Au Bateau-Lavoir, il y avait Picasso et divers autres Espagnols. Dans les pauvres ateliers de la Ruche, tout le monde[1].

L'art moderne et ses appuis dans la France de l'entre-deux-guerres

Dans la société française de l'entre-deux-guerres, l'intérêt pour l'art moderne se situe dans des catégories sociales (collectionneurs, intellectuels, écrivains) qui sont indépendantes des structures officielles, et plus généralement institutionnelles ; cet intérêt prend des formes qui sont en relation avec le goût de l'œuvre « expérimentale » et de l'innovation.

Paradoxalement, alors que les dispositifs officiels les ignorent, jamais les artistes novateurs et leurs marchands n'ont disposé d'autant d'appuis de qualité, dans un milieu parisien cohérent de collectionneurs, d'amateurs, de critiques et d'écrivains. Quelquefois d'ailleurs ceux-là (les collectionneurs) emploient ceux-

1. Jean Cassou, *Une vie pour la liberté*, Laffont, Paris, 1981, p. 87.

ci (des jeunes écrivains) pour « découvrir » le tableau rare, l'œuvre marquante : ainsi le riche collectionneur Jacques Doucet, au début des années vingt, paie régulièrement Breton (alors en pleine saison Dada) et Aragon pour qu'ils jouent ce rôle de rabatteurs à son profit.

Ce parrainage initial de formes artistiques disponibles pour la spéculation intellectuelle, comme le cubisme ou le surréalisme, fonde pour une génération la relation forte des poètes et des écrivains contemporains avec les artistes. C'est la génération ouverte par Apollinaire (1880-1918), par Max Jacob (1876-1944), par Emile Tériade, par Pierre Reverdy (1889-1960), par Jean Paulhan (1884-1968), prolongée par Michel Leiris (1901-1991) et René Char (1907-1988). Des éditeurs pionniers comme Christian Zervos (1889-1970), des critiques comme Maurice Raynal (1884-1954) complètent l'activité des marchands Léonce (1877-1947) et Paul (1881-1959) Rosenberg, Paul Guillaume, Marie Cuttoli (1879-1973) en direction d'amateurs et de collectionneurs non conformistes, des Français comme le couturier et mécène Jacques Doucet, l'industriel Roger Dutilleul (1873-1956), Marie-Laure et Charles de Noailles, mais aussi des étrangers de Paris comme Gertrude Stein (1874-1947), Wilhelm Uhde (1874-1947), la baronne (née Eva Gebhard, 1886-1959) et le baron Gourgaud (1881-1944).

Dans le monde savant, quelques intellectuels sont des collectionneurs d'œuvres d'avant-garde, tels un jeune ethnologue de grand avenir, Georges Henri-Rivière, et le professeur Henri Laugier (1888-1973), spécialiste de la médecine du travail, antifasciste de la première heure et qui sera, en 1939, le premier directeur du C.N.R.S. Sa collection, réunie avec l'aide de Marie Cuttoli, se compose de tableaux de Braque, de

Léger, de Miró, de Picasso. Elle est exposée dans la nouvelle galerie Jeanne-Bucher, boulevard du Montparnasse, en décembre 1935. Ces collectionneurs, par leur attention aux artistes, par leur attitude de « découvreur » et par leur disponibilité, annoncent les grands collectionneurs d'art moderne de la génération suivante, les Douglas Cooper, Pierre Lévy, de Ménil.

Dans différents milieux, plusieurs personnalités amorcent les attitudes d'ouverture qui préparent les développements plus larges, après 1945. Le conservateur du musée de Grenoble, Pierre Andry-Farcy (1882-1950), accueille dès les années vingt des tableaux modernes, avec l'appui de la municipalité ; c'est à ce musée qu'est léguée la collection du député socialiste Marcel Sembat (1862-1922). Dans l'Eglise catholique, un dominicain, le père Couturier (1897-1954), animateur de la revue *L'Art sacré*, agit pour la rénovation de l'art d'église par l'art moderne ; appuyé par quelques artistes, il est à l'origine de l'évolution culturelle importante de l'Eglise, et au-delà, des milieux catholiques, que symbolise, à la fin des années trente, la mise en chantier de la fameuse église du Plateau-d'Assy, en Haute-Savoie ; pour la première fois, des artistes modernes (Rouault, mais aussi Léger, Lurçat, Matisse, Bonnard, Germaine Richier), dont plusieurs sont des incroyants notoires, sont appelés à apporter leur contribution à un nouvel art d'église (suspendu par la guerre, ce chantier sera achevé après 1945).

Les revues d'art

L'actualité artistique passe pour une part par les revues qui se créent à Paris dans l'entre-deux-guerres. Leur histoire, leurs enjeux et leur impact sont mis en valeur par la récente publication de l'étude exhaustive d'Yves Chèvrefils-Desbiolles [1]. On ne fera ici que donner les repères essentiels, en mettant l'accent sur les principaux éditeurs.

Commençons par les revues « militantes », qui sont indispensables à l'audience et à l'existence même de l'avant-garde artistique. Dans le milieu des écrivains et des artistes proches de Dada et des surréalistes, la plupart des tentatives éditoriales donnent des résultats éphémères : *Sic,* dirigée par Pierre Albert-Birot (publiée de 1916 à 1919), *Nord-Sud,* par Pierre Reverdy (publiée de 1917 à 1918), *Dada,* animée, entre autres, par Tzara et Arp (de 1917 à 1921). Avec Breton, Aragon et Soupault, *Littérature* (de 1919 à 1924) résiste plus longtemps, et les derniers numéros montrent un plus grand intérêt pour les arts plastiques, avec des illustrations de Picasso, de Duchamp, de Man Ray, de Max Ernst. Publiée de 1924 à 1929, *La Révolution surréaliste,* première revue spécifique du groupe, est animée par Pierre Naville, Benjamin Péret et Aragon ; elle fait une place à une réflexion sur les manifestations picturales du surréalisme. Lui succède, de 1930 à 1933, animée par Breton et Eluard, *Le Surréalisme au service de la révolution,* qui étend le débat à la question politique.

On retrouve André Breton dans les pages du *Minotaure,* une revue mensuelle luxueuse qui naît en 1933 de l'association d'Albert Skira, un professionnel de la bibliophilie, avec Emile Tériade, proche des surréalistes et critique d'art à *L'Intransigeant.* D'abord sous l'influence de Bataille et de Masson, l'éclectisme des intérêts de la revue pour l'art d'avant-garde, pour les arts primitifs, pour l'ethnologie, la discipline à la mode, fait place, à la fin de 1933, à une autre orientation, et, avec l'entrée de Breton et d'Eluard dans le

1. Yves Chèvrefils-Desbiolles, *Les Revues d'art à Paris, 1905-1940,* Paris, Ent'rvues, 1993.

comité éditorial, *Minotaure* devient l'ultime organe du groupe surréaliste, auquel collaborent Tzara et Dali, et que quittera Tériade en 1936. Celui-ci, après son départ du *Minotaure,* crée la revue *Verve,* publiée à partir de 1937.

Avec Paul Dermée, qui a depuis 1908 une expérience d'éditeur, Charles-Edouard Jeanneret et Amédée Ozenfant (éditeur de la revue *L'Elan,* de 1915 à 1916) fondent en 1919 la revue *L'Esprit nouveau.* Elle s'affirme, après le départ de Dermée, au troisième numéro, comme « revue internationale de l'activité contemporaine ». Centrée en fait sur les arts plastiques et l'architecture, la revue est moins un organe de découverte qu'un organe de légitimation des formes modernes destiné aux élites intellectuelles et industrielles. En argumentant sur les données économiques et technologiques de l'après-guerre, Jeanneret, dans des textes signés Le Corbusier, cherche à amplifier le succès réel de la revue (3 500 exemplaires) par la publicité et les abonnements ; en se tournant vers les milieux de la grande industrie, la revue cherche à devenir un instrument qui sollicite les maîtres d'ouvrage et les donneurs d'ordre. Avec une audience que relaie la publication, dans la collection « L'Esprit nouveau », chez l'éditeur Crès, des premiers ouvrages de Le Corbusier, issus des textes qu'elle a publiés, *L'Esprit nouveau,* qui disparaît en 1925, a permis à ce dernier d'avoir une activité d'entrepreneur culturel, tremplin pour l'accès à la commande d'architecture.

Fondée par Christian Zervos en 1926, les *Cahiers d'art,* revue mensuelle, fait le point sur l'ensemble des arts plastiques, l'architecture, l'ethnologie. Après l'expérience acquise comme secrétaire de rédaction de *L'Art d'aujourd'hui,* une revue trimestrielle publiée de 1924 à 1929, Zervos attire aux *Cahiers d'art* une élite internationale d'artistes, de critiques et d'écrivains, dont les textes, renforcés par la qualité de l'illustration, ont en commun l'intérêt pour le cubisme et l'art abstrait. Au succès intellectuel établi en France et à l'étranger répond une réussite commerciale, avec la publicité que lui confient une trentaine de galeries. Mais le déficit endémique de la revue, constamment compensé par les fonds personnels de Zervos, pèse lourd pendant les années de la crise, et en 1932 la revue échappe de peu au naufrage. La publication, suspendue en 1940, reprend après 1945, et se poursuit jusqu'en 1960.

Parmi les revues qui se consacrent à l'art abstrait, toutes éphémères, mentionnons *Cercle et carré*, dirigée par Michel Seuphor, dont trois numéros sont publiés en 1930 ; *Abstraction-création*, animée par Arp, Gleizes, Hélion, Kupka, (cinq numéros, de 1932 à 1936).

Autre aspect du militantisme, la revue *L'Art sacré*, publiée de 1935 à 1939, est la tribune des intellectuels et des artistes favorables à la mise à jour esthétique des commandes de l'Eglise ; fondée par deux dominicains, les pères Couturier et Regamey, Joseph Pichard étant rédacteur en chef, la revue passe en 1938 aux Editions du Cerf.

Publications militantes, mais avec des orientations déterminées par des intérêts commerciaux et par les objectifs des relations publiques de l'entreprise, plusieurs des bulletins édités par des marchands de tableaux ont un rôle historique : *Les Arts à Paris*, publié par Paul Guillaume (de 1918 à 1935), où écrivent Apollinaire, Waldemar George, Maurice Raynal ; *Le Bulletin de la vie artistique*, rédigé par Guillaume Janneau, Pascal Forthuny et Félix Fénéon, est publié par la galerie Bernheim-Jeune (de 1919 à 1926). Le *Bulletin de L'Effort moderne* est publié (de 1924 à 1927) par Léonce Rosenberg, propriétaire de la galerie L'Effort moderne, ouverte en 1918. Artistes d'avant-garde et écrivains y ont leur place : Mondrian, Léger, Van Doesburg, Herbin, etc.

Dans un second groupe, on trouve les revues d'information et de critique, qui mettent l'accent sur l'intégration de l'actualité dans la culture contemporaine. *L'Amour de l'Art,* fondée en 1920, est successivement dirigée par des critiques influents, Louis Vauxcelles et Waldemar George (jusqu'en 1924), puis, jusqu'à sa disparition en 1950, par des conservateurs de musée, d'abord par François Fosca, puis, à partir de 1931, par René Huyghe, jeune conservateur du Louvre (il a vingt-quatre ans), assisté de Germain Bazin. La nouvelle direction, avec une ligne modérée, attire de nombreux conservateurs et universitaires : André-Farcy, Jean Cassou, Henri Focillon, John Rewald. Mais, entre 1932 et 1935, la revue, avec son déficit endémique, est ballottée d'éditeurs en éditeurs, et ne survit que par les aides que cautionne un brillant comité d'honneur, où figurent Colette, David-Weil, Giraudoux.

Publiée par *Les Nouvelles littéraires,* éditées par Larousse, la revue *L'Art vivant* est créée en 1925 ; bimensuelle jusqu'en 1935, mensuelle ensuite, elle est animée par Florent Fels, critique artistique des *Nouvelles littéraires,* qui se propose d'atteindre, avec une formule intermédiaire entre la revue et le magazine, un lectorat plus large que celui des autres revues d'art. Ecartant les formes de l'avant-garde, consacrant les tendances des artistes modérés de l'« Ecole de Paris », la revue, après le départ de Fels, en 1936, adopte une ligne nationaliste, avant de disparaître en 1939. Autre revue bimensuelle, la revue *Beaux-Arts,* fondée en 1923 par Théodore Reinach, professeur au Collège de France (propriétaire également de la *Gazette des beaux-arts*), est jusqu'en 1928 le porte-parole officieux des musées nationaux. A la mort de Reinach, Georges Wildenstein devient propriétaire des deux revues ; en 1932, il redéfinit *Beaux-Arts*, à laquelle il donne la forme d'un hebdomadaire grand format vendu en kiosque, associé aux activités de la galerie Beaux-Arts — il est alors dirigé par Raymond Cogniat. Cet hebdomadaire adopte lui aussi des positions nationalistes à la fin des années trente.

L'évolution des fonctions de l'art

Quelle est la portée culturelle des pratiques qui subsistent de l'art académique, dans un pays comme la France, doté d'un régime démocratique, et qui entre, par l'urbanisation, la mécanisation et l'école, dans une civilisation qui n'est plus celle de la société d'ancien régime ? Au temps de la ville moderne, de la publicité, des nouveaux instruments de la culture de masse (le cinéma, la radio, la presse, la photographie), les fonctions réelles de l'art académique ne font plus guère que maintenir, à travers la commande publique, des positions corporatives. Mais cela ne signifie pas que l'art moderne, à l'opposé, soit du jour au lendemain capable de prendre le relais, de maintenir effective la fonction culturelle que les techniques des arts plastiques avaient encore au XIXe siècle. Le programme de l'aménagement de l'habitation absorbe complètement les recherches dans les arts décoratifs, absents des édifices publics, qui cessent d'être porteurs d'une demande sociale. La place de l'art dans la production et le renouvellement d'un inventaire géographique et topographique, si puissante au XIXe siècle, se réduit au point de devenir insignifiante. Où sont, après 1920, les « paysages » de Picasso, ceux de Matisse, malgré le voyage de Tahiti de celui-ci ? Cela ne prouve pas non plus que la peinture moderne devienne capable d'apporter les significations culturelles nouvelles adaptées à un moment qui est celui de l'entrée en scène des techniques industrielles de la culture de masse, de la radio et du cinéma. Les effets cumulés d'une pratique souvent individuelle de l'art, de l'affirmation nécessaire d'une expression originale et personnelle, ou, à défaut, de l'adhésion à l'esthétique de tel ou tel groupe, de la reconnaissance artistique et culturelle par un groupe social homogène mais étroit, semblent avoir des conséquences réductrices sur la portée culturelle de la peinture moderne de ce premier XXe siècle, qui ne recouvre plus qu'un champ limité de significations, éventuellement articulées les unes aux autres, où dominent, soit la célébration d'un art domestique, de son esthétique, d'une sorte de délectation bourgeoise du confort et de l'harmonie décorative (de Vuillard à Matisse), quelquefois intériorisé (Braque), plus ou moins sensuel (Bonnard), avec d'innombrables sous-produits, soit l'expérience néo-réaliste du monde industriel et de la ville moderne (Léger, Delaunay), soit le projet de la production de nouvelles réalités, sur un mode spéculatif, expressionniste ou subjectif, où s'investit la proclamation de la liberté de l'artiste.

Bien des fonctions traditionnelles de la peinture sont donc laissées de côté. Pour comprendre cette situation, il faut faire évidemment toute sa place au développement des techniques modernes de l'image, et à commencer par la photographie, qui occupe en force la plupart des territoires iconiques traditionnels : l'image du corps, l'inventaire des espaces et des lieux, la représentation des événements, la célébration des instants d'émotion, que ce soit le drame ou le bonheur. Tous ces domaines de l'information, exploités par les peintres au XIXe siècle, sont maintenant tenus par les photographes. La vraisemblance de la photographie, parce qu'elle est susceptible de tous les trucages, est même largement sollicitée pour fonder une bonne partie de l'imagerie politique de la période : on connaît les images falsifiées de Lénine, de Mussolini, de Hitler.

Et, si au XIXe siècle la photographie était souvent l'affaire des peintres, après 1918 un partage rigoureux s'instaure entre peintres et photographes, en particulier en France (la situation aux Etats-Unis est bien différente). Ce partage, qui prend la forme d'un « tabou » implicite et incontesté, fait que les peintres cessent en général d'avoir une pratique photographique, qu'ils la traitent avec discrétion lorsqu'ils en ont une (Bonnard, Matisse, Hartung) ou qu'ils dissocient totalement la pratique de la photographie de la pratique de la peinture (le cas de Wols, photographe de reportage professionnel et peintre abstrait « informel »). Cet interdit a son équivalent dans le refus des techniques picturales venues des autres métiers modernes de l'image, comme l'aérographe (on dit ainsi à Man Ray, qui en 1920 travaille à l'aérographe : « Ce n'est pas de la peinture »). En l'absence d'une enquête historique sur ce point, on ne peut qu'émettre l'hypothèse d'une réaction collective de défense des peintres contre les nouvelles techniques, dont ils perçoivent bien l'efficacité et les conquêtes.

Si la peinture moderne de cette période trace son chemin dans tous les domaines où la question de la représentation se relie à celle de l'interprétation et à une remise en cause des moyens et des techniques des arts plastiques, tout se passe comme si des limites implicites étaient respectées : il n'est pas permis de mettre en question le geste physique du peintre, le contrôle visuel et tactile des pratiques, le caractère traditionnel et manuel des techniques. Il faut insister enfin sur le fait que l'abstraction a peu d'adeptes en France entre les deux guerres, et que pour cette génération elle constitue souvent une limite à ne pas franchir, comme ce fut le cas pour D.-H. Kahnweiler.

Dans ce contexte apparaît d'autant plus remarquable le retour de Picasso au « grand sujet », avec *Guernica*, en 1937, qui est en fait la réponse du peintre à la demande d'amis républicains pour le pavillon de l'Espagne à l'Exposition de 1937. Alors que la Grande Guerre, qui a si nettement marqué les auteurs littéraires français, n'avait pas eu son Delacroix, ni même son Neuville, la véhémence de Picasso dans *Guernica* maintient la peinture en alerte devant les drames de l'actualité.

C'est d'ailleurs de ce côté, face aux problèmes du moment, que l'approche théorique de ces carences de l'art a une expression : la gauche politique n'abandonne pas le projet du témoignage et de l'intervention informatrice de l'artiste. Et avant même qu'émerge en France la démarche idéologique des partisans du réalisme socialiste, des jeunes peintres, comme Edouard Pignon ou Francis Gruber, posent la question d'une peinture réaliste.

IV

De Vichy à la IVᵉ République

L'ART DANS LA FRANCE OCCUPÉE

La période de l'Occupation est une période d'attente. Les institutions et les projets artistiques du régime de Vichy sont inconsistants, les perspectives de l'édification d'un art européen issu d'une collaboration des artistes français et des artistes allemands ne font illusion qu'un temps. Si l'intense activité du marché de l'art ne laisse aucun doute sur le maintien d'un intérêt économique pour l'investissement dans l'achat des œuvres d'art, la manifestation à Paris de l'existence des artistes modernes est, au-delà des ambiguïtés de cette période sous contrôle allemand, l'affirmation d'une tradition de l'indépendance nationale de l'art.

A la Libération, l'accès au pouvoir politique de la génération qui a fait la Résistance marque un tournant dans le projet culturel de l'Etat. A une conception bourgeoise des beaux-arts, ornement et décor de la vie sociale, succède le projet démocratique, issu des projets de 1937 et des mouvements de jeunesse du Front populaire. Il prend la forme de l'affirmation d'un droit, l'égal accès à la culture, inscrit dans le préambule de la Constitution de 1946. Renforcée par l'Occupation et la guerre, cette volonté d'une pratique démocratique de la culture s'est confondue avec l'image de la liberté politique, du moins tant que la gauche infléchit l'orientation de l'action gouvernementale, jusqu'en 1947.

Dans le gouvernement de Vichy, après l'éviction de Georges Huisman, la Direction générale des beaux-arts est successivement confiée à Louis Hautecœur, ancien conservateur du musée du Luxembourg, de juillet 1940 à mars 1944, puis à Georges Hilaire, ancien secrétaire général du ministère de l'Intérieur du gouvernement Laval. Leur activité, outre un appui à l'artisanat et aux manufactures, porte surtout sur des mesures de réorganisation administrative, sur le renforcement de l'autorité de la Direction des musées de France sur les musées de province. En ce qui concerne la protection du patrimoine, l'acte du 23 juin 1941 prévoit que « les objets présentant un intérêt national d'histoire ou d'art ne pourront être exportés sans une autorisation du secrétaire d'Etat à l'Education Nationale ». On verra plus loin que cette mesure n'a pas entravé le pillage des collections par les autorités d'occupation.

Des projets, restés sans suite, sont significatifs de la volonté de reconstruire un ordre social sur le principe des corporations de métiers ; ainsi celui d'un Ordre national des artistes (dont le conseil aurait été élu par l'Académie des beaux-arts) ; le projet d'une réforme de l'Ecole des beaux-arts reste aussi sans application pratique. La plupart des musées parisiens sont maintenus ouverts au public pendant l'Occupation, mais avec des collections réduites. Après la révocation de son conservateur Jean Cassou, le 27 septembre 1940, la réouverture du musée d'Art moderne, le 6 août 1942, est inattendue dans le contexte ; les collections présentées sont limitées, ignorent Picasso, mais font une place à Léger, à Gruber, à Pignon, et dans l'ensemble cherchent à donner une image réconfortante de la peinture française récente.

Les aspects politiques de l'actualité sont tels que l'administration de Vichy dans le domaine des arts n'a guère de prise sur la réalité de la vie culturelle, qui est évidemment marquée par les conséquences idéologiques et économiques de la guerre et de l'Occupation. Si cette période est celle d'une défaite et d'un effondrement moral, si dans le milieu des lettres et des spectacles les compromissions avec l'occupant ne sont pas rares, d'autres affichent une volonté de résistance. Dans la France de l'Occupation, de 1941 à 1944, tout en maintenant une activité professionnelle qui est nécessaire à leur survie économique, les jeunes artistes, peintres ou hommes de théâtre ou de cinéma, peuvent apporter un témoignage, manifester pour les traditions intellectuelles de la liberté.

On peut s'étonner, après coup, de l'activité des théâtres et des galeries de tableaux dans un Paris occupé par les armées allemandes. Dans le Paris de l'Occupation, où les spectacles et la vie de plaisir continuent, des témoignages dignes d'attention, en ce qui concerne les arts, conduisent à une vision plus nuancée : maintenir en activité les lieux culturels, c'est souvent tenir ouverts les seuls lieux où un public peut partager une anxiété et un espoir communs. Jean Vilar dira plus tard qu'un théâtre de cette époque était « un lieu de réunion et d'affection entre Français » ; le théâtre de Sartre (*Les Mouches*, en 1943) bénéficie de la complicité du public, engagé dans une conspiration culturelle avec une partie de la critique. Louis Parrot, dans *L'Intelligence en guerre*, publié en 1945, évoque alors, à propos du théâtre de Sartre, « la clandestinité en pleine lumière ». Les lieux de cette vie sociale deviendront célèbres : avec le succès de ses cafés, le Flore, les Deux-Magots, et de la brasserie Lipp, c'est à ce moment que le quartier de Saint-Germain-des-Prés fait son entrée dans la géographie culturelle de Paris.

Les années noires

La présence de l'armée allemande a des conséquences immédiates : dès le mois de juillet 1940, le contrôle des musées par l'occupant est acquis ; Otto Abetz utilise le musée du Jeu-de-Paume pour y réunir les œuvres confisquées. Toutefois les mesures prises dès septembre 1939 par la Direction des musées de France, sous l'autorité de Jacques Jaujard, ont permis de mettre à l'abri l'essentiel des collections du Louvre dans des châteaux du Centre et du Sud-Ouest. Sous le prétexte de la lutte contre les juifs et les francs-maçons, commence un intense pillage des collections privées, au profit des organismes nazis chargés de fournir en butin les dignitaires allemands amateurs d'art, comme le maréchal Goering. Un témoignage établit la destruction par le feu d'un lot important de tableaux (d'artistes « dégénérés » ?), le 27 mai 1943, devant le musée du Jeu-de-Paume.

La collaboration culturelle trouve sur le terrain des arts plastiques un champ privilégié, dans la mesure où une partie des élites sociales et artistiques, fort peu émues par l'Occupation, par sa réalité politique et par sa signification, entendent ne pas s'abstenir ; aux raisons mondaines et institutionnelles habituelles s'ajoutent pour plusieurs des motifs personnels, puisque, après la condamnation de l'art moderne, reconnu « art dégénéré », en 1937 en Allemagne, la revanche des classiques sur les modernes, à Paris, bénéficie d'un contexte inespéré. C'est le temps des règlements de compte, comme cette attaque violente de Vlaminck contre Picasso, dans le journal *Comœdia*, le 6 juin 1942 : « Pablo Picasso est coupable d'avoir entraîné la peinture française dans la plus mortelle des impasses, dans une indescriptible confusion. » Dans le Paris de l'Occupation, cette polémique contre Picasso, dont la présence à Paris tient au renouvellement d'un permis de séjour, est, au-delà d'une manifestation de revanche professionnelle, un dangereux appel à l'exclusion.

L'invitation officielle par la France du sculpteur allemand néo-classique Arno Breker, en mai 1942, pour une importante exposition de ses œuvres à l'Orangerie, reste un fait étonnant. Il révèle en particulier l'absolue inconscience politique d'un bon nombre d'artistes, d'écrivains et d'intellectuels français, qui ne ménagent pas l'expression de leur sympathie à un artiste choyé par le régime nazi. Est-ce parce que son académisme monumental rassure, et qu'il manifeste lui aussi la revanche du métier sur l'avant-garde ? Est-ce parce que cet art néo-classique leur semble préfigurer la voie d'avenir d'un art européen, fondé sur une entente franco-allemande, comme l'indique Laurence Bertrand-Dorléac[1] ? Les témoignages de cette sympathie pour Breker ne manquent pas dans la composition du comité d'honneur de l'exposition, qui comporte en effet Maillol (ancien maître de Breker), les sculpteurs Belmondo et Despiau, les peintres Van Dongen, Derain et Vlaminck, les architectes Perret et Walter ; on les trouve aussi dans l'enthousiasme de plusieurs écrivains (Cocteau, Brasillach, Chardonne), d'acteurs (Jean Marais), dans l'accueil de l'artiste à l'Ecole des beaux-arts de Paris par le sculpteur Landowski, et au musée Rodin par Louis Hautecœur, secrétaire général des beaux-arts.

Pendant l'Occupation, les artistes modernes les plus en vue ont émigré ou ont été, dans des formes et avec des degrés divers, des opposants de fait à l'occupant et à la culture nazie. Aucun ne se compromet, de près ou

1. Laurence Bertrand-Dorléac, *Histoire de l'art. Paris 1940-1944*, Paris, 1986, pp. 91-92.

de loin, dans les actions auxquelles se laissent aller des artistes et des écrivains qui acceptent une forme ou une autre de collaboration, comme Derain, Dufy, Vlaminck, ou Despiau, Landowski et Bouchard, qui participent en 1941 à un voyage de propagande en Allemagne organisé par le sculpteur allemand Arno Breker et l'ambassadeur Otto Abetz[1]. Léger est en exil aux Etats-Unis, Braque vit à Paris, Rouault, qui a soixante-neuf ans en 1940, Bonnard, soixante-treize ans, et Matisse, soixante et onze ans, vivent dans le Midi. La femme et la fille de Matisse, Marguerite, sont arrêtées par la Gestapo, et Marguerite est déportée, en juin 1944, pour avoir travaillé dans un réseau de résistance. Quant à Picasso, il choisit en 1940 de rester à Paris, jouant plusieurs fois à y berner l'administration allemande et refusant de participer à toute exposition.

En novembre 1940, le Salon d'automne, expurgé des toiles des artistes juifs, se tient au palais de Chaillot, dans les salles du musée de la Marine vidées de leurs collections; au printemps de 1941, le Salon des indépendants occupe le musée d'Art moderne de la Ville de Paris. Pour beaucoup d'artistes, et en particulier pour les jeunes, montrer la peinture, dans le Paris de l'Occupation, est d'abord une nécessité économique. Pour quelques-uns, c'est aussi un moyen d'expression politique. Dans les galeries parisiennes, plusieurs expositions de peinture moderne ont pour objet l'art des jeunes peintres, affiché comme expression d'une tradition artistique nationale. Ainsi l'exposition

1. Laurence Bertrand-Dorléac donne la liste de ces artistes : les sculpteurs Paul Belmondo, Henri Bouchard, membre de l'Institut, Charles Despiau, Paul Landowski, membre de l'Institut, directeur de l'Ecole nationale supérieure des beaux-arts, Louis Lejeune, qui sera membre de l'Institut en 1942 ; les peintres André Derain, Cornelis Van Dongen, André Dunoyer de Segonzac, Othon Friesz, Raymond Legueult, Roland Oudot, Maurice Vlaminck.

« Vingt peintres de tradition française », en mai 1941 à la galerie Braun, qui montre le travail de Lapicque (né en 1898), de Bazaine (né en 1904), de Manessier (né en 1911), d'Estève (né en 1904), de Pignon (né en 1905), etc. C'est la consécration de la vitalité d'une tradition française de modernité, d'un art subjectif, personnel, issu des références à Cézanne et au cubisme, souvent véhiculé par des intermédiaires (André Lhote). En général fidèle au programme d'interprétation des apparences, cet art débouche quelquefois sur l'expression gestuelle, sur le retour aux formes essentielles, sur l'abstraction. Dans ce sens, l'exposition consacrée à Fautrier par la galerie René-Drouin, en novembre et décembre 1943, avec un texte de Jean Paulhan publié dans le catalogue, est un manifeste discret du refus. D'autres pratiquent un style violent, comme Fougeron, qui interprète la misère de la population dans *Rue de Paris*, en 1943. Plusieurs expositions sont des défis aux critères que doivent faire respecter les organismes allemands de contrôle, comme l'exposition de peintures de Kandinsky par la galerie Jeanne-Bucher en juillet 1942, qui doit être rapidement suspendue ; mais en janvier et février, dans la même galerie, indique Laurence Bertrand-Dorléac, des gouaches de Kandinsky seront à nouveau exposées, mais sans autre publicité que la complicité active des visiteurs.

La guerre et l'Occupation, paradoxalement, donnent un véritable coup de fouet à toute une génération de peintres, pour qui les malheurs des temps légitiment une démarche qui continue la tradition de modernité, et qui font une synthèse. Plusieurs de ces jeunes peintres ont laissé des témoignages précis à ce sujet. Voici celui de Manessier :

> A mon retour [1940] de la guerre [...] sentant bien comment, en pareil moment de désespoir pour l'avenir

de la peinture française, il fallait plutôt élargir son amour que continuer à déchirer et à mordre sa propre chair, brusquement, à mon insu, les contraires se sont touchés ; ce qui me semblait une impossible opposition : Bonnard, Picasso, par exemple, s'est trouvé complémentaire. [...] j'insiste sur le caractère interne et souterrain de ce travail. Tout cela s'est déclenché depuis la guerre, par un effet des événements[1].

Et celui de Bazaine :

Avons-nous le droit de renoncer à tant de richesses retrouvées et de fermer obstinément les yeux ? [...] Ni fauve, ni cubiste, mais inconcevable sans ces derniers, la jeune peinture française contemporaine me semble se situer dans l'évolution de l'art français, et son effort prolonger logiquement celui de ses aînés[2].

Se constitue alors un nouveau territoire de rencontres poétiques, où se croiseront plus tard peintres et écrivains : Wols et les textes que lui consacre Sartre, l'œuvre de Michaux, de Dubuffet. Les observateurs de l'époque sont sensibles à la nouvelle portée humaine de la peinture, à la nouvelle étendue des références au pluralisme des expériences humaines, que revendiquent d'ailleurs les peintres eux-mêmes, comme Gischia :

Il ne s'agit pas pour nous de répudier le réel, mais bien de le recréer [...] de substituer en somme au réel imité un réel imaginé qui ait toute la vraisemblance, toute l'authenticité, toute l'évidence d'un fait de nature incontestable. D'où ce refus de l'hermétisme [...] et ce souci de la figuration qui doit nous permettre de dépasser les préoccupations strictement techniques et d'atteindre, le mo-

1. Cité par B. Dorival, « Les tendances de la jeune peinture contemporaine », in *Les Etapes de la peinture française contemporaine*, p. 297.
2. *Ibid.*, pp. 300-301.

ment venu, à une conception « totalitaire » de l'art (au sens où l'entend Sartre)[1].

De 1941 à 1944, les jeunes peintres interviennent en force dans les galeries parisiennes ainsi que dans les différents Salons, le Salon d'automne, le Salon des indépendants et le Salon des Tuileries, qui, avec les Salons traditionnels, se succèdent pendant l'Occupation non plus au Grand Palais mais au palais de Tôkyô. Au Salon d'automne de 1943, l'irruption des jeunes artistes leur permet de prendre date, et ils contrôleront complètement le suivant, qui sera, en octobre 1944, la première manifestation des artistes après la libération de Paris.

La prospérité du marché de l'art

L'Occupation donne aussi un coup de fouet à l'activité du marché de l'art, et en particulier des tableaux ; le marché est devenu un système de refuge pour une monnaie incertaine, dans une période où la collaboration économique et les trafics du marché noir donnent lieu à d'insolents enrichissements, qui contrastent avec le dénuement de la plupart des habitants des villes. L'activité des ventes à l'hôtel Drouot est intense en 1941 et 1942, et les prix témoignent du succès d'un art moderne classique, celui de Bonnard, de Braque et de Matisse, qui joue le rôle de valeur refuge. L'ouverture de nouvelles galeries à Paris (la galerie de France, ouverte en février 1942), le maintien en activité de galeries ouvertes à la veille de la guerre (galerie Drouin), et l'apparition de nouveaux marchands sur la Côte d'Azur (Maeght) indiquent avec force la vitalité

1. *Ibid.*, pp. 311-312.

du marché de l'art pendant l'Occupation, en particulier en zone libre, dans les villes du Midi[1]. C'est alors que se constituent, pour quelques-unes de ces galeries, les bases commerciales et financières d'un essor rapide après 1945.

Les activités de la galerie René-Drouin sous l'Occupation donnent des indications sur l'éclectisme de ce marché. Après des études d'ingénieur et une activité de décorateur, menée pendant les années trente, et après la publication de textes critiques dans *L'Architecture d'aujourd'hui* (entre 1937 et 1939), René Drouin (1905-1979) s'était associé en 1939 à Léo Castelli (alors de nationalité italienne) pour ouvrir une importante galerie d'art place Vendôme. Avec des toiles de Léonor Fini et de Max Ernst, l'inauguration de la galerie, au début de 1939, avait mis en évidence l'influence de la récente Exposition internationale du surréalisme. A partir de 1941, après le départ de Léo Castelli pour les Etats-Unis, René Drouin organise dans sa galerie des expositions sophistiquées et éclectiques : l'exposition « Rivages de France », avec une sélection de tableaux de Millet à Matisse, ouverte le 29 avril 1942, puis l'exposition des « Maîtres du XIXe siècle » (de Delacroix à Manet), en octobre 1942, suivie d'une exposition consacrée au peintre Cassandre, en novembre 1942 ; lui succède au printemps 1943 une exposition « Décors de nos grands-parents », suivie en juin-juillet 1943 d'une exposition du « Portrait français du XVe siècle à nos jours » (organisée avec l'aide de Louis Hourticq, membre de l'Institut, et de Louis Réau, professeur à la Sorbonne). Après une exposition des « Primitifs fran-

1. Sur le succès du marché de l'art à cette époque, voir Y. Bizardel, *Sous l'Occupation. Souvenir d'un conservateur de musée 1940-1944*, Paris, 1964. Sur le marché de l'art dans le Midi, voir le témoignage de M. Lafaille, *Chronique d'une galerie de tableaux sous l'Occupation*, Paris, 1988.

çais du xxe siècle », qui met l'accent sur le Douanier Rousseau, l'exposition en novembre-décembre 1943 des œuvres récentes de Jean Fautrier représente un tournant. En avril-mai 1943, l'exposition « Le nu dans la peinture contemporaine » réunit les tableaux de soixante-dix artistes, de Bonnard à Vlaminck, où on note la participation de Dubuffet. En juillet 1944, la dernière exposition de l'Occupation, consacrée surtout à des jeunes peintres, est celle de « Vingt et un paysages », où se côtoient, entre autres, Desnoyer, Dubuffet, Lhote, Lorjou, Manessier, Marchand, Pignon, Tal-Coat, Villon[1].

Jeanne Bucher, pour sa part, ouvre de nouveau sa galerie à la fin de l'année 1940. Fidèle à l'art d'avant-garde, son activité sans concession maintient dans le Paris de l'Occupation un bastion d'intérêt pour le cubisme, le surréalisme, l'art abstrait, les naïfs et les jeunes peintres, malgré les départs et les interdits. Elle consacre ainsi en 1941 des expositions à Bauchant, à Pignon et à Bazaine, à Lapicque, en 1942 à Laurens, à Kandinsky, à Déchelette, à Prinner, en 1943 à Vieillard, à Vulliamy (avec un texte d'Eluard), à Miró, à Marcoussis ; en 1944, des accrochages de groupe montrent de nouveau Kandinsky, De Staël, Domela, puis des dessins et des gravures de Bonnard, de Braque, de Fougeron, de Klee ; les dernières expositions de la période de l'Occupation sont consacrées, au printemps 1944, à Lanskoy, à Dora Maar. Avec le poète et libraire Georges Hugnet, Jeanne Bucher parvient, jusqu'en 1943, à publier des ouvrages illustrés.

Dans cette vitrine discrète d'une résistance intellectuelle, où Jeanne Bucher entend « faire le contre-pied de cette époque sordide », les exigences commerciales

1. Voir J. Ganem, *L'Histoire de la galerie René-Drouin 1939-1947*, mémoire de maîtrise, université Paris-I, 1981.

restent. Faute de disposer des revues d'avant-garde, toutes disparues, la galerie confie sa publicité à la presse de la collaboration, et même, jusqu'en 1943, au *Parizer Zeitung*, comme le montre Patricia Scheer[1]. Dans la galerie, qui reste fréquentée par quelques intellectuels et journalistes allemands, et bien que la presse limite strictement ses comptes rendus aux artistes les moins engagés et aux naïfs, l'activité commerciale est néanmoins réelle, en particulier grâce aux nouveaux collectionneurs ; ainsi en 1942 les vingt-quatre toiles disponibles de l'exposition Déchelette sont toutes vendues. L'essentiel est cependant ce que cette activité économique permet : la présence des habitués, en particulier à l'occasion des vernissages, dans ce lieu de rencontre entre antinazis, écrivains, critiques et artistes, porteurs d'une continuité nécessaire.

1944-1947 : LES DÉBUTS DE LA IVe RÉPUBLIQUE

La reconnaissance de l'art moderne

La période qui suit la Seconde Guerre mondiale place les principaux peintres modernes en France au premier rang d'une actualité culturelle. Si leurs œuvres étaient peu accessibles avant la guerre, tout semble changer avec l'ouverture du musée national d'Art moderne, le 9 juin 1947, lorsque Georges Salles proclame : « Aujourd'hui cesse le divorce entre l'Etat

1. Patricia Scheer, « Sous l'Occupation », in *Jeanne Bucher, une Galerie d'avant-garde, 1925-1946*, *op. cit.*, pp. 145-156.

et le génie. » Cette réconciliation proclamée ne fut pas en réalité dépourvue d'ambiguïté.

La métamorphose de Picasso en figure emblématique de ce qu'on se hasarde à nommer une culture de la liberté est un des événements de la période. Puisque l'artiste moderne le plus connu, Picasso, « a été un des rares peintres à se conduire comme il faut » (Eluard), et qu'il est, pour les intellectuels parisiens, le représentant le plus brillant d'une opposition culturelle à l'occupant, il devient « le symbole de la liberté retrouvée » (Brassaï), portant ainsi la modernité artistique aux avant-postes de l'événement. Les intellectuels qui ont été engagés dans la résistance armée, Jean Cassou, André Malraux et d'autres représentants de la Résistance, comme Aragon, Eluard ou Vercors, reconnaissent le moment venu les artistes modernes comme les leurs. C'est particulièrement net pour Picasso, qui commente son adhésion au parti communiste, annoncée le 5 octobre 1944, en disant : « Je suis de nouveau parmi mes frères. »

Dans la foulée de la libération de Paris, pendant l'été 1944, s'ouvre le Salon d'automne de la Libération, où une salle entière est réservée à Picasso. Il y montre soixante-quatorze tableaux peints depuis 1940, un rassemblement sans précédent d'œuvres de l'artiste. Cette exposition, qui fait l'objet d'un chahut agressif de quelques jeunes gens réactionnaires, événement qui ne peut que renforcer son potentiel de modernité, contribue à faire glisser la reconnaissance collective, par médias interposés, vers cet « homme du jour » qu'est Picasso, c'est-à-dire vers sa personnalité plutôt que vers ses œuvres.

Après Picasso, les autres artistes modernes, ses complices historiques dans l'invention de la modernité, deviennent collectivement l'incarnation de la liberté artistique. Si pour la plupart la liberté donne un sens nouveau à toutes les formes de la modernité, et les légitime, les critiques voient des lignes de partage plus subtiles :

> Qui dira pourquoi les « collaborateurs » se recrutèrent uniquement parmi les fauves et les réalistes ? [...] N'est-ce pas parce que l'abstraction est une position de liberté, qui engage tout l'homme et n'admet aucun pacte avec les puissances [1] ?

Les « Arts et Lettres »

L'ordonnance du 20 novembre 1944, en instaurant une Direction générale des arts et lettres (D.G.A.L.), au sein du ministère de l'Education nationale, modernise l'intitulé : aux « beaux-arts » de naguère, désuets et devenus un peu suspects, succède une terminologie sobre et sans ambiguïté, que l'organisation du ministère précise encore. La D.G.A.L. comporte cinq directions : une Direction des arts plastiques, une Direction des musées de France, une Direction des bibliothèques et de la lecture publique, une Direction des archives de France, une Direction des spectacles et de la musique, un Service des lettres. La Direction des arts plastiques devient en 1947 le Bureau de l'enseignement et de la production artistique. Ces différents services, qui fonctionnent avec des effectifs très réduits (quatre personnes, dont deux inspecteurs, pour l'ensemble des « travaux d'art », achats et commandes publiques), sont les parents pauvres du ministère de l'Education nationale.

Il faut attendre, en août 1951, la nomination d'André Cornu au poste de secrétaire d'Etat aux Beaux-Arts pour que réapparaisse la terminologie ancienne, qui

1. G. Bazin, *L'Amour de l'art*, n° 2, 1945, p. 27.

prélude à la mise à l'écart de Jeanne Laurent en 1953 et à la mise en sommeil des expériences novatrices ; en 1956, le départ de Georges Salles de la Direction des musées est l'amorce d'une période de stagnation.

Plusieurs mesures d'ordre social sont à noter à l'actif de la D.G.A.L. dans cette période : en 1951, l'ouverture longtemps différée de la « Maison des artistes », qui permet l'implantation des services sociaux et d'aide aux artistes dans un ancien hôtel particulier de la rue Berryer, et en 1954 l'ouverture de la maison de retraite des artistes de Nogent-sur-Marne. L'action législative porte sur la création d'un droit de suite pour les artistes plasticiens (3 % du prix de vente, au-dessus de 10 000 francs, loi du 11 mars 1957).

Les mesures plus directement liées à la création artistique sont la décision d'affecter à des travaux d'art une somme égale à 1 % de la subvention de l'Etat aux constructions scolaires et universitaires (une mesure expérimentée par le ministère Jean Zay avant la guerre, et que nous évoquerons en détail plus loin), et de créer en 1946, pour de jeunes artistes (moins de trente-cinq ans), le prix national des arts. Est-il, comme autrefois le prix du Salon, un « contre-prix de Rome » ? On peut le penser, tout au moins pour ses premières années. Attribué successivement à André Fougeron (1946), à Francis Gruber (1947), puis à Francis Tailleux, à Pierre Brun, à Claude Schurr, à Paul Aïzpiri, ce prix est supprimé en 1952 et remplacé par le grand prix national des arts, « destiné à récompenser [...] des artistes dont les travaux et la carrière déjà longue et affirmée honorent particulièrement le nom français ». La concurrence avec le prix de Rome est ainsi écartée. Ce prix est attribué successivement à Bissière (1952), au sculpteur Cornet (évinçant Laurens, en 1953), à André Masson (1954), à André Lhote (1955). Mais ces choix laissent intacte la tutelle de l'Institut sur l'Ecole des beaux-arts, dont le rôle dans la gestion du concours de Rome n'est pas mis en cause et qui, en 1946, cherche à retrouver une place statutaire dans les instances officielles, le Conseil supérieur des beaux-arts, où l'Académie des beaux-arts était représentée et qui avait été supprimé par Vichy. La question du renforcement de la pression de l'Institut sur les instances administratives est souvent évoquée, à l'époque, puisque plusieurs responsables de l'administration de la D.G.A.L. sont ou deviennent membres de l'Institut à cette époque : Raymond Subes, directeur de l'enseignement et de la production artistique, et Jacques Jaujard, qui est à la tête de la D.G.A.L.

Conséquence directe de l'autorité de Georges Salles, en charge de la Direction des musées, la nouvelle organisation des musées, définie par l'ordonnance du 13 juillet 1945, distingue les musées nationaux, les musées classés, les musées contrôlés, et précise que toute forme d'accroissement des collections publiques, achat, don ou legs, est contrôlée par l'Etat. La Direction des musées nationaux manifeste alors plus que les autres une volonté de renouveau, comme le montre la relation qu'elle établit avec les artistes vivants.

L'entrée de l'art moderne au musée

En 1947 s'ouvrent successivement le musée du Jeu-de-Paume, au mois de mai, et le musée national d'Art moderne, en juin. Ce sont des événements considérables et d'abord par l'accès du public, d'un coup, à un ensemble d'œuvres, qui s'étend de l'impressionnisme à l'actualité de l'art moderne. Dispersés jusqu'en 1939 dans quelques salles secondaires du Louvre, les tableaux des impressionnistes, rassemblés au musée du Jeu-de-Paume par René Huyghe et Germain Bazin, provoquent un grand enthousiasme dans le public. L'ouverture du musée national d'Art moderne, pour sa part, souligne le renouvellement de la politique d'acquisition de la Direction des musées. On doit à Georges Salles, directeur des musées nationaux, à Jean Cassou et à Robert Rey l'entrée des œuvres des artistes modernes de la première moitié du siècle dans les collections de l'Etat.

Invoquant les erreurs commises avec les impressionnistes, Georges Salles a demandé au Conseil artistique des musées nationaux, le 3 novembre 1945, d'« agir sans retard pour s'entendre avec les artistes tels que Matisse, Bonnard, Braque, Picasso, Rouault, pour effectuer avec leur aide un choix d'œuvres particulièrement significatives des différentes phases de leur carrière ». Georges Salles obtient, à chacune des réunions suivantes du conseil, les décisions d'achat pour les tableaux que propose Jean Cassou.

Plusieurs tableaux de Matisse et de Bonnard, de Braque et de Rouault, de Juan Gris et de Léger, entrent ainsi dans les collections nationales, à la suite d'arrangements consentis par les artistes sur les prix. Picasso, quant à lui, fait don de dix tableaux. Cependant, cette entrée au musée, si remarquée, des fondateurs de l'art moderne reste ambiguë. Elle est peut-être moins la caution de l'Etat à un art nouveau que la légitimation historique par une instance officielle des artistes de la liberté. Dette morale de la communauté envers des hommes longtemps écartés, elle n'est pas d'abord la reconnaissance de l'actualité de l'art moderne. Et comment ces peintres sans élèves pourraient-ils être consacrés par l'Etat comme des maîtres, si l'Etat se refuse à toute intervention dans le domaine réservé de la formation des artistes ?

Mais, en consacrant de façon éclatante la liberté de l'artiste, la nouvelle orientation des musées permet au critique Jacques Lassaigne d'attirer l'attention sur l'immobilisme de l'Académie des beaux-arts :

> Combien d'histoires odieuses, bouffonnes et coûteuses marquent les rapports entre le monde officiel et cet art qui triomphe aujourd'hui sans réserve ! Or, si depuis une quinzaine d'années, nos musées nationaux sont enfin revenus à des hommes compétents et compréhensifs, n'est-il pas stupéfiant de penser que des grandes institutions comme l'Académie des Beaux-Arts et les musées qui en dépendent (le musée Jacquemart-André...), que tout l'enseignement des Beaux-Arts et le système des récompenses officielles demeurent entre les mains des héritiers de ceux qui ont montré un aussi incroyable aveuglement : ils continuent imperturbables à incarner le contre-art. Aucun accommodement n'est possible avec eux. Il faudra bien tout de même un jour balayer tout cela au souffle salubre de nos musées [1].

Pesanteurs et limites

En réalité, en dehors du domaine des musées, la politique artistique de l'Etat, tributaire, dans le cadre du ministère de l'Education nationale, d'une lourde Direction générale des arts et lettres, n'est pas longtemps attentive à la modernité. Malgré la reconnaissance d'un droit à l'égal accès à la culture, la IVe République ne se donne pas beaucoup de moyens pour le mettre en œuvre : en dehors du théâtre, où Jeanne Laurent, fonctionnaire à la Direction des arts et lettres, et quelques professionnels du théâtre (Vilar, Dasté) ouvrent des voies nouvelles à l'interprétation d'un patrimoine rendu accessible à beaucoup, et procèdent à une réelle décentralisation, dans tous les autres

1. J. Lassaigne, *Panorama des arts 1947*, Paris, 1948, p. 107.

domaines, le livre, la musique, les arts plastiques, l'affirmation d'une politique culturelle nouvelle est modeste. Manifestement, les moyens, les idées et les hommes manquent. La tutelle du pesant appareil du ministère de l'Education nationale n'arrange pas les choses.

D'ailleurs, dans tous les domaines, et à commencer par celui de la reconstruction immobilière, les pesanteurs culturelles des corporatismes l'emportent, et marginalisent les créateurs. Si les exemples majeurs de cette situation ne sont pas perdus de vue (Le Corbusier est écarté des programmes de la « reconstruction », et il en est de même pour Perret, jusqu'à ce que ses élèves prennent les choses en main), les exemples mineurs, qui sont moins connus, sont au moins aussi éloquents : en 1947, on écarte le projet d'un monument aux déportés et aux résistants, à construire à Compiègne, présenté par des artistes modernes, l'architecte Bruyère et le sculpteur Auricoste ; en 1951, dans l'exposition des œuvres de Zadkine qu'organise le musée national d'Art moderne à Paris, le sculpteur montre une maquette pour un monument à *La Ville détruite* ; ce n'est pas une ville française qui passe au sculpteur la commande du monument définitif, mais la ville de Rotterdam. Si l'histoire ramène dans ses fourgons la liberté, si la liberté conduit l'art moderne au musée, elle ne le conduit pas plus loin.

Jamais en fait la culture artistique en France n'a été à ce point éclatée, complexe et contradictoire. Les initiatives novatrices, qui dépendent trop souvent de quelques personnalités, ne mettent pas en œuvre des perspectives durables. L'écart se creuse entre Paris et le reste du territoire. On a souvent oublié par exemple que, avant d'être le lieu d'un festival de théâtre, Avignon est en 1947 le lieu d'une grande exposition de peinture moderne; initiative de Mme Zervos, cette exposition rassemble, pendant tout l'été, dans la chapelle Clémentine du palais des Papes, une très remarquable sélection de tableaux modernes, qui montre non seulement en abondance les œuvres des héros de l'art moderne (Braque, Matisse, Picasso), mais aussi les tableaux de peintres plus jeunes. Exceptionnelle, par sa « qualité » et par son objectif déclaré de jouer la décentralisation culturelle, cette exposition reste aussi sans lendemain, et il faudra attendre 1969 pour qu'une exposition comparable se reproduise à Avignon. A l'intense activité des peintres et du marché à Paris, au trop-plein des références anachroniques qu'offrent les nouveaux musées, correspond en réalité l'absence d'une politique de la culture artistique, et notamment l'absence de la commande publique.

Plusieurs épisodes de la chronique artistique de cette période peuvent de ce point de vue prêter à confusion. Le travail de Picasso dans le château des Grimaldi, à Antibes, pendant l'été 1946, n'est pas une commande, mais un accord avec le conservateur sur un lieu de travail commode offert à l'artiste. Et d'ailleurs, les panneaux qu'y peint Picasso n'ont rien d'une commande, et rien non plus d'un art monumental.

La démarche de Matisse, dans la chapelle de Vence (1949-1951), n'est pas une réponse à une commande ecclésiastique, mais une initiative personnelle. La nostalgie de l'art mural hantait depuis longtemps Matisse, qui disait à Aragon en 1943 : « Peut-être que je crois sans le savoir à une seconde vie, dans quelque paradis où je ferai des fresques [1]. » Aucune commande ne lui est confiée par les pouvoirs publics après la guerre. Et l'unique tentative de l'Etat pour passer une commande, en 1951, à Braque se termine par un conflit

1. Cité par L. Aragon, *Matisse-en-France*, p. 27.

majeur, autour des plafonds de la salle des Etrusques du musée du Louvre, dans lequel Georges Salles doit peser de toute son autorité pour sauver le projet de l'artiste.

Au moment des intenses et nombreuses manifestations qui célèbrent Picasso, au début des années cinquante, aucune commande de l'Etat ne vient stimuler l'artiste (la seule commande est celle que l'Unesco passe à l'artiste pour le décor de son siège parisien). Pour le critique John Berger, cette carence a eu des conséquences sur l'itinéraire du peintre, et elle alimente, à travers une véritable crise du sujet, ce « maniérisme de l'art moderne », que le peintre révèle peut-être dans ses confrontations, à partir de 1954, avec les maîtres anciens, avec Delacroix, avec Vélasquez[1]. Cette hypothèse n'est pas démentie par l'épisode célèbre du *Portrait de Staline,* qui souligne les limites de la compréhension de l'artiste par ses amis politiques eux-mêmes. Et lorsque Hélène Parmelin chante le succès de l'artiste à Vallauris, on peut s'interroger sur la portée et sur la réalité de cette popularité[2]. L'artiste est fêté, mais l'œuvre est-elle toujours partagée ?

Dans *Situation de l'art moderne,* un essai publié en 1950, Jean Cassou, après s'être interrogé sur la réintégration de l'art vivant dans la société, réclame alors le couronnement de l'activité artistique moderne par la monumentalité, mais aucune structure en France n'est alors en mesure de franchir l'étape d'un art monumental moderne.

1. Voir J. Berger, *La Réussite et l'échec de Picasso,* Paris, 1968.
2. Voir H. Parmelin, *Picasso sur la place,* Paris, 1959.

PEINDRE À PARIS : PRATIQUES ET CONFRONTATIONS

A partir de 1945, le marché de l'art est florissant à Paris ; c'est lui qui assure la promotion de l'actualité artistique ; les nouvelles galeries ouvertes en 1945 (galerie Maeght, galerie Denise-René) sont souvent articulées avec des tendances artistiques distinctes, qu'on retrouve dans les nouveaux Salons, nombreux et actifs : le « Salon de mai », fondé en 1943, juxtapose les générations ; le « Salon des réalités nouvelles », fondé en 1946, est le Salon de l'art abstrait ; le « Salon de la jeune peinture », fondé en 1950, prend la suite du « Salon des moins de trente ans », fondé en 1941 ; le « Salon des peintres témoins de leur temps », fondé en 1951.

Les débats

Les critiques d'art jouent dans cette période un grand rôle, décernent chaque année un « prix de la Critique » (accordé en 1948 à Lorjou et Buffet). La presse donne beaucoup d'importance à l'actualité artistique : dans des hebdomadaires culturels comme *Arts*, comme *Les Lettres françaises*, qui n'ont pas leur équivalent aujourd'hui, la place des arts plastiques est remarquable, comme elle l'est aussi dans les quotidiens, par exemple dans *Combat*. Les critiques ont une responsabilité particulière dans cette période, où se développent les débats théoriques entre « art abstrait » et « art figuratif », entre « art réaliste bourgeois » et « art réaliste socialiste ». La reconnaissance des artistes en effet s'effectue souvent par l'intermédiaire de groupes, animés par des critiques, qui sont des partisans, des auteurs de manifestes, des organisateurs d'expositions dans des galeries. Ainsi Michel Tapié organise la promotion de la nouvelle peinture abstraite avec les expositions « Véhémences confrontées » en 1951, « Signifiants de l'informel », « Un art autre » en 1952, tandis que Charles Estienne montre les « Peintres de la Nouvelle Ecole de Paris » également en 1952, et Michel Ragon « L'aventure de l'art abstrait » en 1957.

L'absence d'institution centrale, l'arrivée d'une nouvelle génération de peintres, le nombre énorme de galeries actives, la dispersion des initiatives, le succès de la peinture dans des couches sociales diversifiées, autant de facteurs qui expliquent le pluralisme exceptionnel des formes et des contenus de l'activité picturale de cette période, lorsque, aux artistes de la première génération des modernes, encore actifs, vient s'ajouter une nouvelle génération, souvent éloignée des recherches précédentes. Les enjeux du marché et les enjeux politiques que représentent les choix culturels pour la classe moyenne, pour les intellectuels, en pleine « guerre froide », se combinent pour exacerber les différences, pour alimenter des affrontements majeurs. L'abstraction géométrique s'oppose à l'abstraction informelle, un réalisme expressionniste et misérabiliste (après Gruber, celui de Lorjou, de Rebeyrolle, de Buffet) est confronté avec un réalisme poétique (qui fait référence à Bonnard) et à un réalisme militant, directement articulé sur la lutte des classes, et que vient stimuler la commande à Fougeron par la C.G.T. d'une série de tableaux, « Au pays des mines », en 1951.

Pendant l'épisode du réalisme militant, entre 1948 et 1953, inspiré par la doctrine soviétique du réalisme socialiste, les points de vue doctrinaires sur les pratiques artistiques, non seulement sur la finalité de l'art mais aussi sur ses moyens, ne parviennent pas à mobiliser tous les artistes progressistes ; l'anathème absurde et maladroit lancé par la presse communiste sur tous les aspects de la peinture moderne depuis 1860 heurte beaucoup de peintres fidèles aux formes de l'art moderne et aux indices de liberté qu'elles représentent. Le revirement vient brutalement, avec la condamnation par Aragon, dans un article des *Lettres françaises,* du tableau de Fougeron, *Civilisation Atlantique,* exposé au Salon d'automne de 1953.

Le dernier point remarquable à signaler est la faiblesse des rapports de la peinture française avec la peinture étrangère, toutes tendances confondues. Les artistes étrangers semblent n'avoir d'existence que lorsqu'ils viennent s'installer à Paris, malgré les expositions consacrées à l'actualité étrangère, qui sont de moins en moins rares : rétrospective Kandinsky à la galerie Drouin en 1946, rétrospective Klee au musée national d'Art moderne en 1948, exposition Miró à la galerie Maeght en 1948, puis Calder, Sutherland, Pollock, Tapies, etc. Au printemps de 1947, une première exposition de peintres américains à la galerie Maeght donne l'occasion à la critique parisienne d'affirmer une fois de plus la suprématie de la peinture moderne française. Dans l'ensemble, on croit encore beaucoup, à Paris, à une hégémonie durable du marché parisien de ce qu'on nomme alors l'école de Paris, bien qu'on enregistre en même temps des revirements curieux, comme celui des critiques du journal *Carrefour,* comme le montre Serge Guilbaut. Après avoir dénoncé en avril « l'absence de style et l'effrayante sécheresse de l'âme » des envois américains à la galerie Maeght, ce journal au mois d'août écrit :

> Une visite de la section américaine du Salon des Réalités Nouvelles ne laisse aucun doute sur l'ampleur et la vigueur d'un mouvement qui déferlera peut-être un jour sur nous [et] qui n'a déjà plus rien à apprendre de l'Europe[1].

L'euphorie du marché de l'art

Ce marché porte sur la peinture, et les sculpteurs ne bénéficient pratiquement pas de cette tendance euphorique. L'effervescence de la peinture à Paris est en effet en relation avec une hausse des prix des tableaux, surtout après 1950, avec une accélération forte après 1954 pour les jeunes peintres, mais qui plafonne en 1960-1962. Raymonde Moulin, qui a étudié en sociologue le marché de la peinture de cette période, évoque la « pictomanie » de ce moment, favorisée par le dynamisme de l'économie, la conjoncture fiscale, la généralisation du contrat d'exclusivité qui lie l'artiste à un marchand. C'est le triomphe d'un marché spéculatif, d'autant plus actif qu'il s'appuie sur la reconnaissance de nouvelles valeurs picturales, l'abstraction des fondateurs comme celle des jeunes peintres, mais aussi sur les nouvelles formes du réalisme (Buffet, Lorjou). Situation sans précédent, comme le montre Raymonde Moulin :

1. E. Frank, « L'art abstrait en Amérique », *Carrefour*, 6 août 1947, p. 7. Pour Serge Guilbaut, ces opinions devenues soudain favorables ne peuvent qu'être en rapport avec les efforts de la propagande des Etats-Unis, qui, sur le terrain idéologique de la guerre froide, savent dans les instances du marché de l'art et de la presse organiser et payer les appuis nécessaires à la manifestation à Paris d'un art moderne américain : S. Guilbaut, *Comment New York vola l'idée d'art moderne*, Nîmes, 1989, pp. 198-201.

> Toute la peinture contemporaine [...] s'est fort bien vendue pendant dix ans. Le succès financier de la peinture qui ne rompt pas avec les habitudes visuelles, qui n'offre pas au regard du spectateur des recherches étranges ou agressives, s'explique aisément par l'accueil favorable de la majorité du public. Le paradoxe des années cinquante a été que la peinture aventureuse et offensante a atteint des cotes très élevées et supérieures à celles de la peinture traditionnelle[1].

Les peintres nés dans le premier quart du XXe siècle bénéficient surtout de cette situation : Hartung, Poliakoff, Soulages, Dubuffet. Raymonde Moulin souligne que, dans cette génération, la spéculation joue à fond sur des peintres décédés encore jeunes :

> Les œuvres des artistes morts prématurément, Wols (1913-1951), Nicolas de Stael (1914-1955), Pollock (1912-1956), Atlan (1913-1960), ont connu un mouvement de hausse particulièrement fort, [parce que] outre les effets de « conspiration » auxquels elles pouvaient donner lieu au même titre que celles des artistes vivants, le phénomène de fixité de l'offre jouait en leur faveur[2].

A partir de 1962, l'essoufflement succède assez brutalement à la spéculation à la hausse, puis vient une baisse ; on parle alors de « crise ». Les prix obtenus en vente publique ne confirment plus les prix demandés par les marchands, et ceux-ci rompent de nombreux contrats, n'étant plus en mesure, du fait de la mévente soudaine, de faire face à leurs obligations à l'égard de « leurs artistes ». Plusieurs galeries parisiennes en vue ferment leurs portes à ce moment : la galerie Drouin en

1. Raymond Moulin, *Le Marché de la peinture en France,* Paris, 1967, pp. 467-468.
2. *Ibid.,* p. 466.

1962, la galerie Daniel-Cordier en 1964. Il semble bien que la surproduction de nombreux peintres, abstraits ou non, emportés par la facilité, ait joué son rôle :

> Les caractères d'une partie de la création artistique contemporaine, l'apologie de la vitesse d'exécution, la part abandonnée au hasard accentuent les risques de l'inflation à la production[1].

Le contexte international fera le reste. En effet, à partir du début des années soixante, l'importance que prennent les marchands américains sur le marché international de la peinture moderne, en particulier auprès des collectionneurs et des nouveaux musées d'Allemagne fédérale, et la « découverte » de jeunes artistes américains mettent en question les positions acquises dans les années cinquante. Le succès de la culture britannique moderne des années soixante (les Beatles) avait ouvert la voie aux formes internationales du « pop art », et à travers elles, à d'autres solutions que celles qu'explorait la peinture à Paris dans les années cinquante.

Car la crise de l'art à Paris n'est pas seulement économique, elle porte aussi sur la fonction culturelle de la peinture. La peinture des années cinquante était un art de l'expression, de l'ineffable, et cet art répondait sans doute, après la longue période des malheurs (de 1930 à 1945), aux aspirations des élites, convaincues de vivre un moment d'épanouissement humaniste, dans une phase qui est celle de la reconstruction matérielle et morale de l'Europe occidentale. La modernité se confondait, nous l'avons vu, avec la liberté de l'artiste, les valeurs impliquées étaient individuelles, sensuelles, oniriques, ludiques. Mais

1. *Ibid.*, p. 471.

cette phase était aussi un moment de « reflux correspondant à une perte de conviction à l'égard du prodigieux appareil industriel et technique qui prenait possession de nos vies et de nos villes [quand] la modernité prenait un visage méridional » (André Chastel).

Et lorsque la liberté de l'artiste débouche sur des confrontations avec le passé, avec ses techniques (Picasso et la céramique) comme avec ses thèmes (Picasso et les Ménines, Picasso et les Femmes d'Alger), la prise de distance avec la modernité est une crise des rapports avec l'actualité.

D'autres aspects de l'art moderne des années cinquante renforcent cet écart, soulignent la distance de la peinture avec la modernité urbaine (Soulages), et l'élitisme de l'art abstrait, sans base sociale large, est sans grand rapport avec les réalités d'une reconstruction sociale que le cinéma interprète mieux.

Les expressions les plus achevées de l'art abstrait débouchent souvent sur les formes du décor élégant et de bon goût des résidences de luxe : ce n'est pas par hasard si la fondation Maeght (début des travaux en 1962) s'installe dans un bâtiment qui suit le modèle d'une résidence d'été somptueuse, et non pas dans l'architecture d'un palais public. Le moins qu'on puisse dire est que l'art moderne, là où il est admis, n'est plus cet « art de défi » qu'il avait été, et que, ailleurs, il ne scandalise plus. L'ironie du pop art, son actualité face aux nouveaux problèmes de la ville et de la culture de masse, ont donc, au début des années soixante, le champ libre.

V

La Ve République : les arts plastiques au temps de la Culture

Dès le début de la Ve République, la création d'un ministère des Affaires culturelles, confié le 8 janvier 1959 à un ministre d'Etat, André Malraux, fait date. L'organisation du nouveau ministère est l'occasion de formuler de façon officielle les objectifs de l'action de l'Etat dans le domaine des arts ; le décret du 22 juillet 1959 précise en effet que le ministère de la Culture a pour objet « de rendre accessibles les œuvres capitales de l'humanité et d'abord de la France, d'assurer la plus vaste audience à notre patrimoine culturel et de favoriser la création des œuvres de l'art et de l'esprit qui l'enrichissent ». C'est la manifestation, à la fois gaullienne par sa vision nationale et internationale, et républicaine par l'accent mis sur l'élargissement de l'accès et de la diffusion, de la volonté de mettre les affaires culturelles au premier plan des actions de l'Etat.

On discute encore aujourd'hui sur ce que le projet doit à la volonté des hommes de progrès qui, depuis le Front populaire, poussaient à l'élargissement d'un appareil culturel resté souvent élitiste ; mais l'affirmation d'un équilibre nouveau, entre une politique du patrimoine, traditionnelle, une organisation de la diffusion et une aide attentive à la création, est incontestablement neuve. Message codé, la formule « affaires culturelles », en écartant de nouveau le terme « beaux-arts », renoue avec la rupture des premiers mois de la IVe République.

La structure qui se met en place à ce moment ouvre une phase historique nouvelle dans l'action de l'Etat en direction des arts. Longtemps freinée par des moyens stagnants, cette même structure, le moment venu, donnera une nouvelle portée à l'action publique, lorsque le budget passera de 0,38 % du budget de l'Etat en 1960 à 0,86 % en 1990.

Depuis 1959, l'histoire politique de la Ve République a marqué fortement le devenir, les attributions, les moyens et les transformations successives du ministère de la Culture. A Malraux, ministre d'Etat en charge du ministère des Affaires culturelles de 1959 à 1969, sous la présidence du général de Gaulle, succèdent, sous la présidence de Georges Pompidou, de 1969 à 1974, Edmond Michelet, André Bettencourt, Jacques Duhamel, Maurice Druon, puis, sous la présidence de Valéry Giscard d'Estaing, de 1974 à 1981, Alain Peyrefitte (ministre des Affaires culturelles et de l'Environnement), Michel Guy (secrétaire d'Etat à la Culture) et Françoise Giroud, puis Michel d'Ornano (ministre de la Culture et de la Communication). Depuis l'élection de François Mitterrand à la présidence de la République, en 1981, sont en charge des affaires culturelles Jack Lang (ministre de la Culture et de la Communication), puis François Léotard (1986-1988), et de nouveau, depuis 1988, Jack Lang (ministre de la Culture, de la Communication et des Grands Travaux). Les phases de notre étude découlent de cette histoire, et son découpage en quatre parties correspond aux présidences successives de la République.

ANDRÉ MALRAUX ET LA CRÉATION DU MINISTÈRE DE LA CULTURE

La place éminente donnée au ministre de la Culture dans l'équipe gouvernementale tranche avec toutes les situations antérieures. Le nouveau ministère semble se rapprocher, dans le cadre d'un régime présidentiel inédit, d'une surintendance d'Ancien Régime. Les contemporains sont fascinés ou furieux, « ravis ou inquiets », comme le rappelait récemment André Chastel. Beaucoup seront sensibles aux formules lyriques de Malraux, à la « grandeur » et au « grand large » qui passent dans le projet; celui-ci est à la mesure de la personnalité exceptionnelle de Malraux, de son itinéraire, qui va du Comité des intellectuels antifascistes à la guerre d'Espagne, à la Résistance, puis au gaullisme, de sa vision métaphysique de l'art et de sa problématique de la culture, dialogue entre les hommes et les œuvres. Le rôle que lui confie de Gaulle correspond à la place éminente et originale de Malraux parmi les intellectuels des années cinquante, qui est à la fois celle d'un écrivain, d'un spécialiste des arts, d'un militant gaulliste fervent, mais aussi d'une personnalité capable de signer en avril 1958, aux côtés de Martin du Gard, de Mauriac et de Sartre, un appel contre la torture.

La définition des objectifs est ambitieuse; elle répond à la vision chez Malraux d'une communauté des nations unie par le musée imaginaire, d'une communauté des hommes réunis par la grandeur de l'œuvre d'art, qui pour lui transcende le langage; elle prolonge une vision planétaire qui implique la primauté donnée à la spiritualité dans le rapport des hommes à l'art. Mais le choix essentiel de Malraux, sur lequel il faut insister, est de quitter le mode de l'écriture pour celui de l'action, et d'y mettre en œuvre les moyens que donne le pouvoir politique.

L'organisation du ministère

Les obstacles, institutionnels ou financiers, sont immédiatement consistants et majeurs. Dans la France de 1959, les priorités de la bataille politique et économique, ainsi que le coût financier et diplomatique de la guerre d'Algérie, laissent peu de place et bien peu de chances à un ministère dont l'existence durable est mise en doute par beaucoup de fonctionnaires et d'hommes politiques. Pour quelques observateurs, ce ministère est confié à une sorte d'agitateur, officiel et convaincu, mais qui n'évite pas toujours la grandiloquence, et dont le comportement est quelquefois celui d'un politique amateur ; de bons esprits pensent que l'épisode n'aura pas de lendemain. Dans ce contexte, on comprend que le ministère de l'Education nationale mette beaucoup d'obstacles au transfert des emplois et des personnes ; de leur côté, les ministres des Finances successifs traitent de haut les demandes de crédits de la Culture, souvent faiblement argumentées d'un point de vue technique par Malraux, qui n'a sans doute pas, sur le terrain de la présentation d'un budget, la présence et la pugnacité nécessaires.

Les débuts du ministère de la Culture sont donc difficiles, et d'abord en raison des problèmes rencontrés pour édifier le dispositif d'une administration générale, par manque de moyens, de compétences, d'hommes disponibles. De 1959 à 1966, progressivement étoffée par des personnalités venues souvent de l'administration coloniale, se rassemble une équipe de hauts fonctionnaires, autour de Gaétan Picon, d'Antoine Bernard, de Moynot, de Biasini, qui défendent avec acharnement les innovations d'un ministère qui cherche à imposer une autre image que celle des « beaux-arts ».

On ne peut ici passer sous silence la constitution d'un appareil administratif et son adaptation progressive à de nouvelles tâches : la mise au point de l'organisation administrative est en France le préalable à l'attribution de moyens budgétaires et aux actions sur le terrain. En 1959, le ministère de la Culture comprend la Direction générale des arts et lettres (Sous-direction des spectacles et de la musique, Service des enseignements, Service des lettres, Direction des musées), la Direction de l'architecture, la Direction des archives, héritées du ministère de l'Education nationale, et le Centre national de la cinématographie, hérité du ministère de l'Industrie. Cette organisation primitive sera transformée et complétée par la Direction du théâtre, de la musique et de l'action culturelle (1961), par le Service de la création artistique (1962), par la création de l'Inventaire général (1962), d'un Service des fouilles et des antiquités (1964), du Centre national d'art contemporain. Dans cette période, les effectifs qui relèvent du ministère passent de 3 986 personnes en 1960, à 6 233 en 1969.

Le projet et l'action

Avec le recul, le rôle de Malraux, qui a la charge de ce ministère sur une période significative, de 1959 à 1969, est à la fois décevant et constructif. Décevant sur le plan des moyens investis, puisque les crédits stagnent, mais aussi sur les limites institutionnelles mises en place, puisque les liens forts entre la Culture et l'Education nationale font défaut, et puisque la Culture est sans relation avec la radio et la télévision, encore contrôlées par un ministre de l'Information. Constructif par les orientations très fermes données à l'action de l'Etat dans plusieurs secteurs, selon un échelonnement dans le temps imposé par un budget limité : la politique d'aide au théâtre et au cinéma (système d'avance sur recettes en 1959), la création des maisons de la culture (inauguration du musée-maison de la culture du Havre, juin 1961), la mise en route d'un effort budgétaire en faveur des Monuments historiques, sous la forme d'une première loi-programme pour la période 1962-1966, l'extension de la Sécurité sociale aux artistes en 1964, la construction d'un nouveau dispositif musical (création d'un Service de la musique, en 1966, confié à Marcel Landowski) qui sera l'outil d'un puissant décollage ultérieur de la pratique musicale en France.

Pour ce qui relève des arts plastiques, le bilan, comme le montrera plus loin l'analyse détaillée des différentes initiatives, est paradoxal. Il y a d'un côté des actions majeures : en direction des collections publiques (musées, loi sur les dations [1]), en direction du patrimoine monumental (monuments historiques, création de l'Inventaire général), d'une part ; et d'autre part en direction de l'art contemporain, par toute une série d'actions volontaristes (création de la Biennale de Paris, et du Centre national des arts plastiques, rénovation de la commande publique). D'un autre côté, on constate une étonnante absence d'action (et donc de résultats) dans le domaine des structures d'enseignement, sur sa relation au système académique, dans la

1. Votée en 1968, la loi sur les dations permet de substituer au paiement des droits de succession la dation d'œuvres d'art, destinées aux collections publiques. Elle jouera un grand rôle, par exemple dans le cadre de la succession Picasso.

décentralisation et la démocratisation de l'accès aux œuvres, sans parler des carences impressionnantes dans l'action en direction de l'architecture. La réponse à une demande sociale de formation, qui sera, le moment venu, si bien mise en œuvre dans le domaine de l'enseignement musical, reste dramatiquement absente de l'action du ministère dans le domaine de l'enseignement des arts et de l'architecture ; et au moment de la crise, en 1968, à cet égard, le retard pris dans l'analyse et dans l'action aura les plus grandes conséquences. Il est possible que, dans ce domaine, les hommes au pouvoir aient manqué des contacts positifs avec les artistes, et que ceux-ci aient été aussi moins disposés que dans d'autres secteurs (le théâtre, la musique) à prendre des responsabilités institutionnelles dans la formation des artistes, des responsabilités devenues étrangères à la culture de l'artiste moderne, à dominante sociale et économique.

A l'étranger, l'audience de l'art français ne semble pas avoir tiré de grands bénéfices de la nouvelle action de l'Etat, au contraire. A la Biennale de Venise, par exemple, qui, de 1948 à 1956, avait constamment consacré par des prix attribués à des artistes français la tradition d'une prééminence de la France sur le terrain de l'art moderne, la situation change à partir de 1958 ; en 1960, la critique italienne fait un bilan sévère de la sélection française, « en net déclin » (Giulio Dorfles), dénonce « l'arrogance » du choix du peintre Fautrier, qu'on identifie à un candidat officiel de Malraux. A l'antipathie que la gauche italienne voue au régime gaulliste et à son rôle dans la poursuite de la guerre d'Algérie s'ajoute la méfiance de couches plus larges pour « l'officialité » d'un art d'Etat présumé, que l'on croit produit par un dispositif ministériel dont le jacobinisme flagrant est incompréhensible pour les Italiens de cette période.

Pour une part, le nouveau dispositif a voulu tirer la leçon de la politique démocratique volontariste menée par la Direction des arts et lettres au début de la IVe République : l'insistance mise par Malraux sur la dimension démocratique des maisons de la culture, qui doivent quelque chose au laboratoire d'idées que fut dans ce domaine le Front populaire, ne fait pas de doute. Mais la situation économique de l'Etat, engagé dans la guerre d'Algérie, puis dans la construction de la force de frappe, limite la réalisation effective de cette ambition. Une politique budgétaire trop souvent subie n'est pas vraiment cohérente avec l'ambition d'une grande politique culturelle et avec la création d'un ministère d'Etat ; pendant le ministère Malraux, les crédits pour la Culture restent mesurés, et, sur l'ensemble des années soixante, ils sont au mieux stagnants par rapport aux autres budgets de l'Etat (ils varient de 0,38 % en 1960 à 0,42 % en 1969, avec un creux à 0,36 % en 1966). Si l'on tient compte des entreprises nouvelles que lance le ministère, comme les maisons de la culture, financées à 50 % par le budget de l'Etat, comme l'Inventaire ou les lois-programmes pour la conservation des monuments historiques, il est clair que la stagnation du budget est contradictoire avec l'extension des missions. On conçoit que dans ces conditions le budget des arts plastiques soit réduit à la portion congrue ; le grand dessein d'André Malraux, les maisons de la culture (Le Havre, Amiens, Bourges, Grenoble, Saint-Etienne), qui dans un premier temps semblait concerner fortement les arts plastiques, comme au Havre, dérive dans la pratique surtout vers les arts du spectacle.

On peut se demander enfin si les goûts littéraires du président de la République en exercice de 1959 à 1969, le général de Gaulle, ont particulièrement incité le gouvernement à faire un effort important dans des domaines aventureux comme celui des arts plastiques ou de l'architecture, qui lui sont restés étrangers. Au-delà de cette question sur l'intérêt personnel du chef de l'Etat, il semble que sa culture, celle du verbe et du texte, qui s'accommode si bien des moyens modernes de la diffusion (la radio, la télévision, les célèbres conférences de presse), soit conforme à la culture dominante de sa génération qui avait bien fait son deuil, depuis le début de la IIIe République, de tout projet d'une production symbolique officielle.

Le patrimoine

Priorité lourde du ministère, sans doute parce que Malraux avait, en tant que gaulliste, une conscience forte de ce que représentait la tradition nationale, la protection du patrimoine monumental, à partir des années soixante, vient au premier plan des préoccupations culturelles de la République. Le patrimoine mobilise plus de 50 % du budget du ministère, de 1959 à 1968. La première loi de programme, en 1962, décide de porter l'effort sur sept monuments nationaux de premier plan : Versailles, le Louvre, les Invalides, Vincennes, Fontainebleau, Chambord et la cathédrale de Reims ; s'ajoute la restauration du Grand Trianon, menée à bien entre 1964 et 1967. Une seconde loi de programme, en 1967, concerne une centaine de monuments, dont la cathédrale de Strasbourg, Notre-Dame de Paris, l'abbaye de Fontevraud.

A ces mesures classiques, qui concentrent les moyens sur un petit nombre de monuments (et cela sera critiqué), s'ajoutent des innovations. Pour les abords des monuments historiques, au lieu des pastiches et des tristes architectures d'accompagnement, on admet de faire une place aux formes récentes de l'architecture. Le 4 août 1962, le vote de la loi sur les « secteurs sauvegardés » étend la notion de patrimoine à des ensembles urbains menacés par la rénovation (Avignon). Le 4 mars 1964, remettant sur le métier un vieux projet républicain, un décret institue une « Commission nationale pour l'Inventaire des monuments et des richesses artistiques de la France », dont Julien Cain est président, André Chastel vice-président.

Ces dispositions, complétées par d'autres, moins fondamentales, mais spectaculaires, comme le ravalement des monuments de Paris, font entrer les problématiques du patrimoine dans l'actualité culturelle et scientifique.

Les arts plastiques

Avec l'Académie des beaux-arts, le nouveau ministre de la Culture rencontre très tôt des difficultés, dès qu'il tente de faire évoluer les concours du prix de Rome. Il est manifeste que cette question préoccupe vivement Malraux, puisqu'il intervient dans ce domaine dans les premiers jours du ministère. Autre indice de son attention, lorsque les élèves architectes se rebellent en mai 1959 contre l'organisation du concours de Rome, le ministère ne prend pas de sanction. L'action s'engage sous la forme d'une série de retouches dans la composition du prix de Rome de peinture ; l'arrêté du 12 février 1959 modifie le règlement du concours, prévoit de compléter le jury par des peintres extérieurs, nommés par le ministre sur une liste choisie par l'Académie. En 1960, le ministre décide donc de compléter le jury de membres de l'Institut par six jurés adjoints nommés directement par lui, et qui sont des peintres modernes reconnus (Beaudin, Chastel, Masson, Pignon, Singier et Soulages) ; mais l'entreprise tourne court, puisque ces jurés adjoints, minoritaires, démissionnent avant la fin du concours, et que le jury d'académiciens peut délibérer, désigner les lauréats. L'Académie reste en fin de compte maîtresse du terrain. Le jury du prix de Rome de sculpture, le 1er juillet 1960, annule d'une autre façon la présence de jurés adjoints, en refusant d'attribuer le prix de Rome. Autant d'épisodes qui établissent bien le climat de guerre ouverte de l'Académie contre le ministre, qui doit faire marche arrière et attendre 1970 pour avoir le dernier mot en supprimant, dans le droit fil des événements de 1968, les prix de Rome. L'histoire de cette bataille, qui reste à faire, établira un jour les données réelles et l'étendue de ce conflit, qui mettait peut-être en cause d'autres intérêts, politiques et sociaux, que la gestion du prix de Rome.

Le ministère concentre son action sur quelques axes spécifiques : la protection sociale des artistes, l'organisation de l'art français à l'étranger, la commande publique, la reconnaissance de l'art contemporain. Pour les musées, plusieurs grands projets sont formulés, mais qui restent alors sans suite, comme l'évacuation du pavillon de Flore par le ministre des Finances, proposée dès 1960, et la création à la Défense d'un ambitieux musée du XXe siècle ; en 1961 ce projet, sur un programme étudié par l'équipe des conservateurs du musée national d'Art moderne (Jean Cassou, Bernard Dorival et Maurice Besset), est confié à Le Corbusier. Les réalisations effectives seront plus modestes et se limitent à l'implantation de musées spécialisés : à Paris le musée des Arts et Traditions populaires, le musée Fernand-Léger à Biot et le musée-mémorial Chagall à Nice. A la transformation réussie du musée des Beaux-Arts de Besançon par l'architecte Louis Miquel répond l'échec du projet ambitieux de l'implantation d'un musée d'Art moderne sur le site de la Bastille à Grenoble, proposé par le conservateur Maurice Besset et Louis Miquel.

Pour le musée national d'Art moderne, la transformation de son activité commence par une importante exposition historique, un bilan sur le passé proche, avec l'exposition internationale sur « Les sources du XXe siècle », en 1961, dirigée par Nikolaus Pevsner et Jean Cassou. Mais la relance d'une politique d'achat pour le musée national d'Art moderne se heurte à l'inertie d'un dispositif qui fait dépendre étroitement ce musée de la Direction des musées de France, revenue à des positions qui privilégient l'art ancien ; cette situation est d'ailleurs à l'origine des premières analyses qui esquissent l'autonomie du musée national d'Art moderne.

Les commandes d'œuvres d'art

Le ministère institue la Commission de la création artistique (arrêté du 8 février 1963), chargée de proposer au ministre de la Culture « l'acquisition ou la commande d'œuvres d'art » et de « donner son avis sur les projets de décoration des édifices publics ». Cette Commission de la création artistique est à l'origine d'un nouvel intérêt donné à l'acquisition d'œuvres récentes pour les collections publiques, commencée par la IIIe République en 1875, et d'un net développement de la commande d'œuvres, de sculptures en particulier, pour le décor des constructions scolaires et universitaires, si nombreuses dans cette période.

A partir de 1965, en précisant la procédure de l'étude des « projets de décoration » des bâtiments scolaires, en l'adaptant à la gestion déconcentrée de ces constructions, et en créant les conseillers artistiques régionaux (bénévoles), chargés de l'étude sur place de toutes les questions concernant la création artistique, le ministère met en place un dispositif plus efficace. En 1969, le ministère de la Culture donne de nouveaux moyens d'agir au Service de la création artistique, en charge d'une véritable relance de la commande publique au titre du 1 %, qui donne des résultats importants. L'examen des projets de décoration par le Conseil des bâtiments de France est supprimé, et est instituée une Commission nationale du 1 % (arrêté du 2 janvier 1969) ; elle est chargée de donner son avis sur la valeur des projets artistiques présentés. En 1970, la composition de la commission met en évidence le renouvellement du personnel : des artistes en vue (le sculpteur Lardera) y côtoient des critiques engagés (Pierre Gaudibert, Gérald Gassiot-Talabot) et des architectes qui, dans leur propre travail, savent faire place à l'intervention des artistes contemporains, comme Pierre Parat et Michel Andrault. A ces changements correspond la transformation des critères de jugement ; les techniques utilisées dans les réalisations évoluent alors rapidement, les peintres présentent des projets de décors en matériaux résistants (mosaïque), les formes abstraites dominent les projets.

La documentation produite en 1970, à l'occasion de l'exposition « Bilan et problèmes du 1 % », montre le chemin parcouru : l'augmentation des crédits utilisés est rapide à partir de 1960, le nombre d'artistes qui reçoivent une commande est de plus en plus important (pour 1 510 artistes ayant reçu une ou plusieurs commandes de 1951 à 1970, 223 l'ont reçue dans la seule année 1970). Les sculpteurs sont, de loin, les principaux bénéficiaires de ces commandes, en nombre (50 %), et plus encore en valeur (pour l'année 1970, 60 %)[1]. Pour de nombreux artistes, ces commandes

1. Voir le catalogue de l'exposition « Art et architecture, bilan et problèmes du 1 % », Paris, 1970.

sont les premières manifestations économiques de leur carrière. Pour quelques-uns, elles sont le début d'une suite continue de réalisations, qui feront d'eux les professionnels du 1 %, les « unpourcenteux ». Il est certain que la nouvelle organisation du 1 % a littéralement permis à plusieurs sculpteurs de survivre, et à beaucoup d'entre eux de trouver les rares occasions de préserver leur statut d'artiste, quitte à ce que la réalisation matérielle du projet absorbe quelquefois tout le budget.

Si les objectifs apparents du 1 % sont à la fois ceux, traditionnels, de la commande publique, « l'encouragement » de l'artiste, et la prise en charge par l'Etat d'un supplément de travail « artistique », caractéristique de l'édifice public, les objectifs réels nouveaux que se propose le Service de la création artistique ont été de faire l'apport, estimé bienfaisant, d'œuvres modernes dans le milieu éducatif, et de tracer des voies pour l'accès d'un nombre important d'artistes au territoire protégé par la tutelle de la Culture. Mais la procédure, construite sur un schéma qui privilégie la décision d'experts (l'architecte de l'édifice, qui a l'initiative du choix de l'artiste, comme le conseiller artistique, ou les membres de la commission), ignore toute concertation avec les usagers (à l'exception — hiérarchie sociale oblige — des conseils d'universités, auxquels on soumet par courtoisie les projets) et méprise le temps de l'artiste, obligé d'attendre longtemps (quelquefois des années) la décision sur son projet, au prix, dans une période d'inflation vigoureuse, d'une disqualification du devis.

Cette procédure reste archaïque, puisqu'elle concentre la décision dans une procédure indépendante des instances locales, qui va du choix de l'artiste par l'architecte aux avis des experts nationaux ; elle isole socialement la pratique du 1 % qui, malgré un évident effort de l'Etat, n'atteint pas souvent ses buts : le 1 %, souvent captif d'une médiocre approche architecturale, est bien loin de devenir cet « art public », ce projet des républicains de 1848 [1].

La Biennale de Paris

C'est dans un contexte parisien favorable à l'actualité artistique, mais avec les contraintes d'un budget limité, qu'est décidée en avril 1959 la Biennale de Paris, destinée à attirer et récompenser des jeunes talents [2]. Le conseil d'administration de la Biennale associe l'Etat, la Ville de Paris et le département de la Seine. Alors que les grandes manifestations internationales, la Biennale de Venise et la Biennale de São Paulo (créée en 1951), rendent hommage à des artistes consacrés, il s'agit, avec des moyens plus restreints, d'accueillir à Paris les artistes de moins de trente-cinq ans qui seront présentés par les pays invités ; le règlement de la Biennale précise que la délégation française sera en partie composée d'artistes invités par le délégué général, en partie d'artistes admis après examen par un jury. Un jury international délivrera des bourses de séjour et des prix.

La première « Biennale de Paris — Manifestation internationale des jeunes artistes » est inaugurée par André Malraux, le 2 octobre 1959, au musée d'Art moderne de la ville de Paris ; le délégué général est

1. Sur le 1 % et l'art public, la documentation existante est dispersée ; pour le 1 %, voir les deux publications du ministère de la Culture, *Art et architecture, bilan et problèmes du 1 %, op. cit.*, et *L'Art et la Ville, art dans la vie*, Paris, 1979 ; pour l'art public, voir F. Chatel *et al.*, *L'Art public*, Paris, 1981 ; Monnier *et al.*, *Actualités de l'art public*, Marseille, 1985 ; ainsi que la revue semestrielle *Les Dossiers de l'art public*, Tours (depuis 1983), dirigée par Hervé Bechy.

2. La documentation sur la Biennale de Paris se trouve dans les catalogues de la Biennale et dans l'ouvrage collectif, *Biennale de Paris, une anthologie : 1959-1967*, Paris, 1977.

Raymond Cogniat, inspecteur principal des beaux-arts. Quarante pays ont répondu à l'invitation. Associées à la Biennale, plusieurs manifestations prennent place dans les galeries et au musée Rodin, avec la participation de la Radiodiffusion, et une section « Jeunesse des maîtres » montre des œuvres de trois générations antérieures. Pour la délégation française, on aboutit à un résultat d'un intérêt incontestable en interprétant avec souplesse le règlement ; la sélection par le jury prévu est habilement issue de trois composantes : 23 artistes ont été choisis par un jury de jeunes critiques (G. Boudaille, M. Conil-Lacoste, P. Descargues, M. Ragon, G. Weelen, Y. Taillandier), 60 artistes ont été invités par un jury de 10 jeunes artistes représentatifs d'écoles d'art et de Salons ; pour sa part, le conseil d'administration a invité 55 artistes, et il a en outre chargé trois groupes d'artistes de « composer des ensembles en fonction d'une architecture donnée ».

Malgré son faible budget, cette première Biennale, mise en scène par l'architecte Pierre Faucheux (un ancien de l'agence de Le Corbusier), est un succès : d'abord par la pertinence de la sélection, qui rassemble des artistes qui seront des personnalités de premier plan dans les années suivantes, comme Rauschenberg, Tinguely, Agam, Klein, Cueco, etc. Les récompenses, de la même façon, se portent sur des artistes dont plusieurs marqueront leur temps, par exemple Anthony Caro (prix de sculpture), Gio Pomodoro (prix de sculpture), Rebeyrolle (prix de peinture). Ensuite, en jouant manifestement l'ouverture, en accueillant des formes d'expression très diversifiées, et en admettant, sinon en encourageant, des interventions en dehors des techniques traditionnelles, les organisateurs de la Biennale ouvrent la voie à des productions expérimentales spectaculaires, qui fixent l'attention des médias et de l'opinion : le *Stabilisateur méta-matic nº 15* de Tinguely suscite la verve des journalistes, et la Biennale attire un public d'amateurs et de curieux. Enfin, pour la première fois à Paris, dans le cadre d'un musée, on propose à bonne échelle une exposition authentiquement consacrée à l'actualité internationale de l'art, ce qu'aucun autre lieu ne peut alors proposer. Cette première Biennale, en mettant fin à une représentation étroite de l'école de Paris, ouvre un nouveau chapitre dans l'inventaire des situations géopolitiques de la culture.

Dans les années suivantes, la Biennale ne décevra pas, en parvenant à tenir un difficile équilibre entre les envois spectaculaires et les tendances profondes de l'actualité internationale, de mieux en mieux illustrées par les commissaires nationaux. Dans l'ensemble, elle représente bien le renouvellement rapide des démarches artistiques dans les années soixante : en 1961, en montrant Arman et les nouveaux réalistes, le pop art anglais et Hockney; en 1963, avec soixante pays représentés, en montrant une moto empaquetée de Christo, des peintures de Peter Blake, de Gilles Aillaud, et des activités expérimentales collectives, avec le Groupe d'art visuel (G.R.A.V.); en 1965, en faisant une place à des artistes alors marginaux, Titus-Carmel, Le Gac, Raynaud, Klapheck, tandis que le jury récompense Velickovic et Buren. Une fausse note : comme un écho de la minceur extrême du nombre de leurs artistes mentionnés au palmarès les années précédentes, cette année-là aucune délégation ne représente les Etats-Unis et l'U.R.S.S. A partir de 1967, avec Jacques Lassaigne, qui succède à Raymond Cogniat, la Biennale prend un second souffle et s'étend sur plusieurs expositions parallèles; cette année-là, c'est la Biennale que choisit pour sa manifestation le groupe B.M.P.T. (Buren, Mosset, Parmentier, Toroni).

A partir de 1971, le principe des sélections nationales est abandonné. La Biennale, dont le délégué général est devenu Georges Boudaille, se poursuivra jusqu'en 1985.

Manifestation qui tient et de la tradition française du Salon et de la libre confrontation de délégations nationales, comme à la Biennale de Venise, la Biennale de Paris ne peut être dissociée de la conjoncture et des enjeux du moment. Compenser la sclérose dans la reconnaissance de l'actualité par le marché parisien était une nécessité, répondre à la médiocrité d'une exploitation commerciale de l'abstraction une urgence. D'où cette sorte de sainte alliance d'une partie de la critique parisienne et d'une administration dont on peut penser qu'elle cherchait, avec la Biennale, à construire au moindre coût une défense diplomatique de la culture française, d'où cette reprise en main par les structures publiques, pour un temps, des fonctions de reconnaissance de l'actualité, sans les limites qu'à l'époque un marché de l'art parisien essoufflé s'imposait.

L'implantation de la Biennale en 1959 au musée d'Art moderne de la ville de Paris ouvre la voie à une intervention du musée sur le terrain de la reconnaissance immédiate de l'actualité. A partir de cette date, ce musée accueille plusieurs grandes expositions qui mettent en évidence les formes artistiques du moment, comme la nouvelle figuration, avec l'exposition « Mythologies quotidiennes », en 1964.

LE TEMPS DES CRISES : LES ANNÉES SOIXANTE

Les années soixante sont marquées par de grands bouleversements dans les pratiques culturelles et dans les significations de l'art. Une fois close, en Europe, la phase de la « reconstruction » des années cinquante, une fois écartées, en France, les tensions des guerres coloniales apparaissent les attitudes et les problèmes nouveaux d'une période qui a pour fond à la fois les conditions économiques des Trente Glorieuses (prospérité, plein emploi, urbanisation accélérée) et l'affrontement idéologique Est-Ouest. Mais sociologues et historiens s'accordent pour reconnaître une rupture en 1965, quand débutent et la « Seconde Révolution française » (Henri Mendras) et une « transformation essentielle des comportements collectifs et des pratiques socioculturelles » (Jean-François Sirinelli). Rien d'étonnant que se place *grosso modo* à ce moment une évolution marquée de la demande de l'art, déterminée par la fin de l'hégémonie de l'école de Paris et la crise du marché de l'art parisien. Pour y répondre, la confrontation des artistes aux pratiques et aux techniques de la communication de masse comme la redéfinition du musée et de sa mission pèsent sur la transformation des institutions.

La crise du marché

Sur le marché parisien des années cinquante, la reconnaissance tardive mais soutenue des maîtres de la génération précédente se télescope avec la promotion des peintres incontestables apparus depuis la guerre (Soulages, de Staël) ; cet encombrement, que le marché de l'art aux Etats-Unis ignore, rend plus fragile la promotion des jeunes peintres à Paris. Dès la fin des années cinquante, la surproduction des œuvres abstraites disponibles sur le marché de l'art à Paris, l'envahissement de la profession par des marchands peu compétents et par des achats spéculatifs ont des effets négatifs sur le maintien de la valeur des tableaux récents. A l'automne de 1960, la sanction vient de plusieurs ventes publiques, à New York, à Londres et à Paris, lorsque les cours de plusieurs peintres abstraits en vue s'effondrent. On admet ici ou là « les duperies de l'art actuel » (J.-A. Cartier dans *Combat*).

Au marasme du marché parisien de l'art répondent des innovations stratégiques, qui tentent de provoquer le renouvellement des produits et des groupes, et de tenir compte de la nouvelle distribution internationale du marché et des centres de décision, mais aussi de la naissance d'un art critique et militant, pour l'essentiel hors marché.

« Nouveaux réalistes » et « événements »

Le critique Pierre Restany devient ainsi en 1960 le « producteur » d'un nouveau groupe, où il rassemble un petit nombre d'artistes (Klein, Hains, Tinguely, Arman, Raysse, etc.) qui deviennent les acteurs d'une sorte de pop art à la française, dans un « mouvement », le « nouveau réalisme », dont la nouvelle réalité est surtout faite d'une forte couverture médiatique, de « manifestes », d'« événements » et d'« actions-spectacles » : en 1960 et en 1961, les expositions du « plein » et du « vide » (galerie Iris-Clert), la manifestation des « pinceaux vivants » de Klein (des modèles nus, le corps enduit de peinture, fixent en public, sous la

« direction » du peintre Yves Klein, leur empreinte sur des toiles) empruntent beaucoup à la forme américaine des happenings. Le ralliement du sculpteur César à ce groupe se fait à partir de l'exposition de ses premières « compressions » au Salon de mai de 1960, largement reproduites et commentées par la presse, puisqu'elles font à leur manière scandale (compression d'une moto Honda). Les prestations de plusieurs de ces artistes s'orientent rapidement vers New York et vers le marché américain, mais avec un succès inégal.

Cette intervention de l'artiste peintre ou sculpteur dans ce qu'il faut bien nommer le domaine du spectacle pose évidemment des problèmes nouveaux, puisque l'artiste tend à être, non plus le producteur d'un objet durable, échangeable, mais plutôt l'auteur et l'organisateur d'un spectacle, temporaire et fugace. Situation en fait ambiguë, car l'artiste, qui était le producteur d'une marchandise à forte valeur ajoutée, s'il tend à devenir le prestataire de services, rémunéré à l'acte, n'entend pas pour autant devenir tributaire du rapport direct au public qui est la base du succès économique des métiers du spectacle. Protégé par l'image historique de producteur de l'innovation, il n'entend pas faire dépendre son succès du public, mais des seuls connaisseurs, qui partagent avec lui le privilège élitiste de la reconnaissance sociale de l'innovation. François Nourissier, dans son roman *L'Empire des nuages*, consacre quelques années plus tard, sous le masque de la fiction, à cette crise de l'art moderne une chronique riche de nombreux aspects authentiques[1].

1. Voir François Nourissier, *L'Empire des nuages*, Paris, 1982.

Un tournant : le Salon de la jeune peinture (1964-1978)

Les années soixante voient aussi la percée d'un art militant, d'un questionnement sur la fonction de l'artiste, sursaut étonnant d'un art porteur d'une signification et d'actualité, et de prises de position politiques ; par là, les artistes parisiens témoignent de la profondeur de la crise culturelle qui débouche sur les événements de mai 1968. Ces variations ont souvent en commun l'emploi des techniques de la figuration à des fins critiques, mais aussi elles proposent quelquefois, dans la réduction de l'art à ses constituants élémentaires, une réflexion radicale sur l'art, sur le non-art, sur l'anti-art.

Le Salon de la jeune peinture, créé en 1953, avait succédé au Salon des jeunes peintres, qui réunissait depuis 1949 les peintres de moins de trente ans [1]. Après avoir été dominé par Rebeyrolle et les peintres de la Ruche, soucieux de réalisme populaire et critique, le Salon de la jeune peinture, de 1956 à 1963, est devenu le territoire de peintres modérés, d'élèves de l'Ecole des beaux-arts marqués par l'enseignement de Gromaire et de Legueult.

Regroupés depuis 1964 dans le Salon de la jeune peinture, les jeunes artistes, contestataires et critiques, remettent en question, par l'association de la théorie et de la pratique, un binôme essentiel dans cette période, le travail de l'artiste, son rapport à la vie sociale :

> Après quinze ans de non-participation au spectacle du monde, d'expériences informelles, de narcissisme outrancier, nous abordons une phase neuve, l'art qui

1. Voir la documentation réunie dans l'ouvrage de Francis Parent et Raymond Perrot, *Le Salon de la jeune peinture, une histoire, 1950-1983*, Montreuil, 1983.

> engage plus l'esprit de l'art que son vocabulaire. Nous entendons participer totalement au réel. C'est-à-dire accuser, dénoncer, clamer et ne pas fuir les sujets tabous tels que la politique ou la sexualité [1].

> Le Salon de la Jeune Peinture est un Salon de combat [...]. On ne fait pas de la bonne peinture avec de bons sentiments mais plus certainement avec de mauvais sentiments. Il ne faut craindre ni l'horreur ni les cris [2].

Avec le critique Michel Troche, les peintres Cueco, Tisserand, Latil, Arroyo, Aillaud, Fromanger, Recalcati, et beaucoup d'autres, constituent une redoutable force de frappe critique dans ces années marquées par les grandes tensions culturelles et politiques qui préparent 1968. Le Salon de 1965 de la jeune peinture (la J.P.) illustre la césure entre la tradition d'un art moderne, préoccupé de qualités formelles, et la brutalité d'un art de peindre qui retrouve les techniques mimétiques et narratives pour produire l'image frappante nécessaire à une contestation culturelle et à une critique sociale. Non seulement les peintres manient des contenus agressifs, mais ils ne respectent pas les tabous techniques que les artistes admettent depuis le début du siècle ; ainsi, les ressources des professionnels de l'image, comme la photo, sont largement et explicitement utilisées comme base technique du tableau, par exemple chez Fromanger, ou chez Aillaud, qui exploite systématiquement les images de la captivité des animaux sauvages.

Ces formes, souvent inspirées par la narration cinématographique, sont à ce point étrangères aux conventions de l'art de peindre que les critiques, sur tout l'éventail politique, les récusent comme non artisti-

1. Arroyo, en 1964.
2. Tisserand, en 1964.

ques : Boudaille déplore l'« avilissement de la peinture », Besson ne voit que « vide absolu ». Pratiquement, seul Gassiot-Talabot voit l'importance de cette nouvelle peinture et son actualité. Ce Salon 1965 de la jeune peinture, qui commence à faire place à la peinture collective, est à l'origine d'un *Bulletin du Salon de la jeune peinture*, véritable manifeste pour une « ligne » qui remplace la revendication de la liberté de l'art par un programme d'action par l'art.

Après 1965, le Salon de la jeune peinture devient une plate-forme pour les prises de position les plus radicales. En 1967, Buren et ses amis Mosset, Parmentier, Toroni, qui, après avoir affirmé : « Puisque peindre est un jeu [...], nous ne sommes pas peintres », se retirent le jour même de l'ouverture du Salon. Aux positions communistes orthodoxes de Parré, Cueco, Latil, répondent celles des militants de la « pensée Mao », l'abstraction matériologique de Viallat réplique à la figuration narrative et critique d'Arroyo. En 1968, et bien que le Salon ne puisse se tenir (il était prévu en juin), le fonctionnement du Comité de la jeune peinture conduit à une manifestation militante, indépendante du Salon, qui est la tenue en février 1968 d'une exposition, la « Salle rouge pour le Viêt-nam ». En mai-juin 1968, la contribution de nombreux peintres de la jeune peinture aux Ateliers populaires des beaux-arts, puis, en décembre 1968, la publication d'un bulletin marquent l'exceptionnelle insertion de l'équipe de la jeune peinture dans les couches en mouvement alors. Cette situation, à peu près sans précédent dans la société française, se maintiendra plusieurs années, mettant en relation forte le secteur le plus dynamique de la communauté artistique avec le mouvement des idées et de la société. Après les débats qui mènent à la création en 1977 du Syndicat national des artistes plasticiens (S.N.A.P.-C.G.T.) s'estompe l'importance historique de la jeune peinture, déchirée par les rivalités politiques internes.

L'action culturelle au musée

La création par la Ville de Paris d'une nouvelle Direction de l'action culturelle, en 1965, ouvre la voie à la mise en route d'une expérience pour ouvrir l'espace d'un musée à des activités distinctes de la célébration des valeurs établies. Disposant du musée d'Art moderne de la Ville de Paris, ouvert en 1961, cette Direction de l'action culturelle confie, en 1967, à Pierre Gaudibert, conservateur adjoint du musée, le projet « Animation, recherche, confrontation » (l'A.R.C.). Occupant une partie du musée, des salles d'exposition et une salle polyvalente, progressivement équipée pour d'autres manifestations que les arts plastiques, appuyé sur la complicité active de quelques critiques, Gérald Gassiot-Talabot, José Pierre, Jean Clair, l'A.R.C. est d'abord un lieu d'accueil pour des expositions itinérantes, produites à l'étranger, et qui manquaient jusqu'alors de point de chute à Paris. Il permet ensuite l'accrochage d'expositions de groupes, d'expositions thématiques ou d'expositions individuelles, destinées à montrer l'« art vivant » à Paris. Pour des jeunes artistes enfin, l'A.R.C. offre la possibilité d'une première rencontre avec le public. Il organise alors de nombreuses expositions novatrices, qui rencontrent un net succès auprès du public ; la fréquentation des seules expositions d'arts plastiques passe de 55 000 entrées en 1968 à 84 000 en 1970 : une dimension qui fait bonne figure à côté de la fréquentation du musée national d'Art moderne, qui est alors de l'ordre de 100 000 visiteurs par an.

Mais cet espace, voué au débat, est aussi un « forum », que Pierre Gaudibert analyse lucidement :

> Abcès de fixation, où l'on cristallise dans un lieu clos un certain nombre de tensions, d'enthousiasmes, de contestations, qui ne s'expriment pas alors au-dehors ; par conséquent on permet à un public donné une fête limitée et partielle de type « soupape de sûreté ». C'est un lieu bien plus tolérant que d'autres, privés ou publics, la rue par exemple. La contradiction vient de ce que cet espace, dans la mesure où il est le lieu d'expression de l'actualité, peut être un lieu de contestation du système, mais en même temps, du fait que cette contestation reste bloquée à l'intérieur de l'enceinte, elle est institutionnalisée et relativement désamorcée [1].

Préfiguration d'une nouvelle distribution des tâches pour le musée, conservation des formes historiques et confrontation des propositions de l'actualité, l'A.R.C., comme « musée-forum », bute cependant, faute de moyens, sur l'absence d'ateliers et de matériaux pour les artistes, idéalement prévus. Retour aux sources du musée, lieu de travail et de formation des artistes, dans ce temps de crise de l'enseignement artistique, recherche d'un nouveau public, celui des classes moyennes, celui des étudiants, expérience sociale d'un « mode de vie autre », nouvelle approche des arts par l'actualité, afin de porter un regard critique sur les arts du passé, l'inventaire de ce qui se joue à l'A.R.C. à la fin des années soixante est riche. Mais le musée peut-il être le lieu d'expérimentation d'une contre-société ? L'aventure est nourrie aussi des contradictions et des risques : Pierre Gaudibert, après le décrochage sur ordre du préfet de Paris, pendant le vernissage d'une

1. Entretien de Pierre Gaudibert avec Yann Pavie, dans *Opus international*, n° 28, 1971, pp. 28-33.

exposition, en 1971, de deux toiles de Mathelin, se retire de l'A.R.C. en 1972. Suzanne Pagé et A.R.C. 2, de 1973 à 1988, ont ensuite en charge cette institution latérale du musée.

La nouvelle presse artistique

La période est celle du renouvellement de la presse artistique. Aux hebdomadaires généraux de l'après-guerre, comme *Les Lettres françaises* ou *Arts,* qui disparaissent, sans doute victimes de l'écart qui se creuse entre l'héritage et l'actualité, succèdent des revues, bimestrielles ou mensuelles, au tirage plus modeste. *Opus international,* à partir de 1967 (dirigé par Georges Ball puis, à partir de 1981, par Jean-Luc Chalumeau), *Chroniques de l'art vivant* (dirigé par Jean Clair à partir de décembre 1970), et *Art-Press,* à partir de 1973 (dirigé par Catherine Millet), s'imposent par leur proximité avec les batailles en cours, et par leur projet, qui est de compter au nombre des acteurs, de construire une influence capable de peser sur l'évolution de l'art. Plus spécialisées, toujours proches, sinon complices, par leurs auteurs, de quelques-unes des formes artistiques en train de se faire, ces revues participent à l'échange des idées, elles témoignent de l'importance nouvelle du commentaire des actes et des produits artistiques, elles sont un relais indispensable pour qu'existe la mise en rapport des arts plastiques avec les autres aspects de la culture. Dans une phase suivante, à partir de 1983, la publication d'un magazine artistique à grand tirage, imprimé en couleurs, *Beaux-Arts magazine,* fait entrer l'actualité artistique dans le domaine des matériaux exploitables par une entreprise de presse ; la stratégie, différente de celle de la revue, est essentiellement commerciale et se propose de construire une représentation journalistique des événements, de mettre ceux-ci, plus passivement, à la portée d'un vaste public, invité à consommer l'information, ainsi que, comme dans tout organe de presse, des pages de publicité. Le succès de l'entreprise montre que, dans les années quatre-vingt, la presse artistique n'est pas à l'abri de l'emprise croissante de l'économie sur le monde de l'art[1].

L'enseignement des beaux-arts après 1968

Haut lieu de la contestation des étudiants, l'Ecole nationale supérieure des beaux-arts et ses institutions ne sortent pas indemnes des événements. La suppression des concours du prix de Rome est suivie d'une réforme profonde dans l'organisation des études : séparation de la formation des architectes de la formation des artistes, mise en question de la fonction même de l'Ecole des beaux-arts. En novembre 1968, Malraux retient l'hypothèse de la disparition pure et simple de l'Ecole des beaux-arts, qui serait compensée par un renforcement de l'enseignement des arts appliqués, assuré par l'Ecole des arts décoratifs et complété par la création d'un Institut de l'environnement. La mission de l'Etat se limiterait à « un enseignement de haut niveau sur l'histoire de la pensée sur l'art » et à « la mise à disposition des créateurs de facilités pratiques (locaux de travail, modèles, etc.) ». Mais, si ce choix exprime bien le pessimisme de Malraux quant à l'enseignement artistique, la situation évolue autrement, l'Ecole des beaux-arts étant, par la force des choses, pour quelque temps hors de toute atteinte ;

1. Pour une liste exhaustive des publications périodiques de cette période, voir dans l'ouvrage collectif, *25 ans d'art en France, 1960-1985*, Paris, 1986, pp. 340-347.

l'Institut de l'environnement a une existence éphémère, et le ministère de la Culture, qui doit faire face aux réalités plus menues des écoles d'art dans les départements, charge l'administration d'y injecter un sang neuf et de proposer une réforme des études, qui est conduite de 1970 à 1973.

Par ailleurs, la crise de la formation des professeurs de dessin de l'enseignement secondaire conduit à la suppression des classes préparatoires du lycée Claude-Bernard et à l'ouverture inattendue de sections d'arts plastiques dans les universités, à Paris-VIII-Vincennes, puis à Paris-I et, dès 1970, à Aix, à Rennes, à Strasbourg. La voie prometteuse, mais pleine d'embûches, d'une insertion des études artistiques dans l'Université est ouverte.

GEORGES POMPIDOU ET LES ARTS (1969-1974)

L'impact des événements de 1968 dans le domaine de la culture est considérable ; artistes et intellectuels sont fortement présents dans la contestation d'une société bloquée, et ils ont beau jeu de dénoncer des structures particulièrement vieillies et sclérosées. D'où les importantes conséquences de mai 68 sur les institutions de la culture les plus exposées : la séparation de la formation des artistes et des architectes, la suppression des concours du prix de Rome, ultime privilège de l'Institut. L'élection présidentielle de 1969 place Georges Pompidou à la tête de l'Etat ; son profil intellectuel et d'anciennes pratiques culturelles en font un bon représentant des élites des années trente, des collectionneurs de l'art moderne « classique ». Amateur d'art, le nouveau président confie à Pierre Paulin la décoration de plusieurs salons et de la salle à manger de l'Elysée.

Ce profil personnel de l'amateur et de l'intellectuel, combiné avec la politique intense de modernisation du pays que conduit Georges Pompidou, donne à l'action de l'Etat dans le domaine de la culture une forme nouvelle, celle d'une action directe du président de la République : c'est avec Georges Pompidou que commence le temps où le président de la République prend dans le domaine culturel les grandes initiatives, fixe les orientations de l'action publique et quelquefois détermine personnellement les choix ; mais ces choix ne portent pas sur l'encouragement de tel ou tel courant artistique, il n'est pas question d'un art officiel, et le président a beau jeu d'affirmer lui-même qu'il n'est pas question de créer « un style majoritaire ».

A l'initiative directe de Georges Pompidou, des décisions spectaculaires sont prises par l'Etat, dans le but déclaré de reconstruire à Paris un centre artistique international : une exposition-bilan, « 12 ans d'art contemporain en France », et la création du centre Beaubourg, qui portera son nom.

Avec le temps, nous voyons mieux aujourd'hui que ces actions du président de la République inaugurent un déplacement sans précédent de la production symbolique et imaginaire, qui n'est plus l'œuvre d'art ou le monument parlant, mais qui se confond avec la production de l'institution culturelle elle-même. Le centre Georges-Pompidou, comme espace voué par l'Etat à la culture contemporaine, est, pour la population nationale et pour le monde entier, un lieu symbolique, et son architecture, par l'interprétation imagée, du logo graphique à l'image animée, aide à fixer dans l'imaginaire de notre temps, non pas un objet monumental, mais un instrument culturel.

L'exposition « 12 ans d'art contemporain en France »

En 1972, Pompidou confie la préparation d'une grande exposition sur l'actualité artistique à François Mathey, conservateur du musée des Arts décoratifs. Destinée à montrer la vitalité de la production artistique des douze années écoulées à Paris, installée dans les galeries nationales du Grand Palais, elle doit tendre à la manifestation de prestige ; soixante-douze artistes sont invités à exposer. Mais l'actualité artistique en question, mal évaluée par Pompidou, conduit à un conflit majeur : plusieurs artistes, suivant le mot d'ordre du Front des artistes plasticiens, bien que sélectionnés, refusent de participer à une « vitrine mystificatrice », à une « manipulation du pouvoir bourgeois ». Le 16 mai, la manifestation organisée par ces artistes, le jour de l'inauguration de l'exposition, est violemment dispersée par la police. Par solidarité, de nombreux exposants retirent alors leurs toiles, le tout bien entendu au milieu d'un grand tumulte et sous l'œil photographique vigilant de la presse : chacun peut voir que l'exposition est ouverte sous la protection de la police. A ce point pénalisée, largement critiquée par la presse progressiste (dans *Combat,* Pierre Bourgeade évoque sans tendresse « l'expo-flic ») et aussi par la presse conservatrice, choquée de l'esprit de dérision et l'agressivité des œuvres exposées, l'entreprise est enfin « lâchée » par Georges Pompidou, qui s'abstient de visiter l'exposition dont il a eu l'initiative ; il commentera ainsi cette situation plusieurs mois après :

J'en viens aux critiques, telles qu'elles se sont manifestées par des articles, des déclarations publiques, exprimant avec violence une véritable indignation devant les œuvres exposées. Je précise tout de suite que je me suis abstenu volontairement de visiter l'exposition. Je ne voulais, étant donné les querelles qu'elle avait provoquées, ni l'avouer ni la désavouer. Mais j'ai bien étudié le catalogue et lu les critiques. Ainsi que je l'avais craint, le parti retenu par M. Mathey et ses conseillers conduisait à donner trop de place à des formes d'art brutal, souvent provocantes, et d'une qualité parfois incertaine [...]. De plus, les regrettables incidents de l'inauguration ont incité quelques exposants à accentuer ce caractère et les organisateurs à tolérer des excès pour manifester leur libéralisme [...].

Il est exact aussi que l'art récent tend souvent vers la laideur systématique, vers une saleté agressive, morale et matérielle. Mais regardons autour de nous, jusque dans l'habillement et le comportement d'une partie de la jeunesse [...]. Plutôt que tout repousser en bloc, ne vaudrait-il pas mieux s'interroger sur les causes ? N'est-ce pas un signe, entre autres, d'un malaise, d'une crise des consciences ? [Le problème] est lié à la société industrielle, technique et scientifique [1].

La création du centre Georges-Pompidou

L'autre grande décision est plus connue : « Je voudrais passionnément que Paris possède un Centre culturel, à la fois musée et centre de création » (Georges Pompidou, 1972). Après les projets velléitaires de Malraux pour un musée du XXe siècle à la Défense, la décision, prise en décembre 1969, de situer le nouvel équipement dans le quartier des Halles ouvre

1. Voir le texte de l'entretien de Georges Pompidou avec Jacques Michel, publié dans *Le Monde*, 17 octobre 1972.

la voie à une réalisation méthodique et rapide. Après une étude complexe de programmation nécessaire pour dominer la multiplicité des fonctions envisagées, un concours international d'architecture est organisé ; le jury, présidé par un non-architecte, Jean Prouvé, retient le projet, d'une modernité flagrante, des architectes Rogers et Piano, devenus depuis des vedettes de l'architecture internationale.

La conception et le statut du centre Georges-Pompidou innovent. On tend à substituer à la notion de politique culturelle (agir, plus ou moins au coup par coup, sur les agents culturels) celle d'incitation à des pratiques culturelles, définies et orientées par les équipes qui animent les équipements, établis à une échelle qui est celle d'une « industrie culturelle » ; les pouvoirs de décision y sont confiés à des personnalités indépendantes, périodiquement renouvelées « pour éviter la technocratie culturelle », comme l'énonce Claude Mollard [1].

La réunion dans le même lieu d'activités relevant de disciplines différentes, le musée national d'Art moderne (MNAM), la Bibliothèque publique d'information (B.P.I.), le Centre de création industrielle (C.C.I.) et un centre musical, l'IRCAM, illustre la conception d'une « action culturelle concertée », qui correspond aux orientations proposées par Pontus Hulten, premier responsable du centre :

> Nous savons aujourd'hui que le cloisonnement entre l'art, la littérature, la science et la vie est une notion qui n'appartient pas au futur, et que les anciennes institutions n'ont pas toujours la possibilité de se transformer [...]. Beaubourg offrira plus de chances d'explorer ce qui rapproche et sépare différentes disciplines, et permettra

1. Voir Claude Mollard, *L'Enjeu du centre Georges-Pompidou*, Paris, 1976.

d'entreprendre des projets de collaboration plus vastes que ceux auxquels les institutions traditionnelles nous ont habitués.

Pour le musée national d'Art moderne, cette nouvelle orientation, cette évolution de l'institution en dehors du cadre des Musées nationaux ne va pas sans déchirement ; Jean Cassou, demeuré responsable du musée jusqu'en 1973, voit de façon très critique cette transformation du musée en « institution à statut exceptionnel [...] emportée par les développements de plus en plus impérieux de la publicité et de la technocratie[1] ».

On connaît le succès général du centre Georges-Pompidou depuis son ouverture en 1976. Avec un nombre d'entrées (entrées gratuites au centre) qui passe de 6 millions en 1977 à 7 700 000 en 1983, sa fréquentation désigne à elle seule la nouvelle dimension populaire et internationale de l'entreprise. Pour le musée national d'Art moderne, la comparaison avec l'ancienne localisation du quai de Tôkyô fait apparaître qu'au lieu des 100 000 visiteurs annuels (moyenne du nombre de la fréquentation de 1963 à 1976), le musée installé au centre Georges-Pompidou accueille de 1977 à 1983 de 1 200 000 à 1 500 000 visiteurs par an. L'importance et la fréquence des grandes expositions organisées par le musée national d'Art moderne soulignent enfin l'étendue des changements.

La réforme des études artistiques

Dans les écoles, qui ne sont plus « des beaux-arts », mais « d'art », la réforme, menée par l'Inspection générale de l'enseignement artistique, porte à la fois

1. J. Cassou, *Une vie pour la liberté*, *op. cit.*, p. 307.

sur l'organisation des études et sur le recrutement de nouveaux enseignants. Entre 1970 et 1973 se mettent progressivement en place un cycle d'initiation de deux ans et un cycle de spécialisation de trois ans, qui lui fait suite. Distribuée en unités de valeur, la formation initiale insiste sur des enseignements de base, sur le graphisme, la couleur, sur la « compréhension des phénomènes plastiques », sur l'« acquisition des langages techniques » ; les exercices de représentation en tant que tels ne figurent plus dans le programme. Un décret du 9 novembre 1973, signé par le ministre Maurice Druon, engage une réforme progressive du cycle de spécialisation, en concentrant ces spécialisations sur trois départements : art, communication, environnement. La réforme s'applique aux écoles nationales d'art, aux écoles régionales et municipales d'art habilitées par le ministère de la Culture.

La réforme est d'abord une modernisation, une mise à jour, justifiée par la nécessité de répondre aux « métamorphoses de l'art et à l'évolution des techniques contemporaines », et aussi à la « prise de conscience de ces mouvements » par les enseignants et les étudiants. Le projet maintient un enseignement sanctionné par un diplôme d'Etat, tout en favorisant une large autonomie de chaque école sur le plan pédagogique, technique et thématique. Le projet propose une refonte du système pédagogique, puisqu'il remplace l'enseignement par atelier, qui favorise l'isolement, par le « brassage et la circulation des idées » ; est affirmée l'importance de la culture générale, qui sera souvent confiée à de jeunes enseignants venus des universités. Réaliste, la réforme reconnaît la fin des « Beaux-Arts », liquide sans beaucoup de précautions le charisme du maître, admet tout, ou à peu près, de ce qui s'est déjà introduit depuis 1968 dans la pratique des institutions. Mais la réforme est aussi idéaliste, lorsqu'elle laisse croire à un élargissement tel des techniques que la peinture, la gravure, la sculpture ne seront plus que des moyens parmi d'autres. Dans les faits, la différence de finalité instaurée entre les départements, la « recherche artistique » pour le département art, la formation à des métiers pour le département de la communication et de l'environnement, déséquilibre le système. A une pédagogie expérimentale, et à « l'expression libre », voulue pour le département art, s'oppose une professionnalisation sans moyens pour les autres. Marquée à la fois par un scepticisme qui est celui de Malraux et par un volontarisme engendré par une réflexion menée trop loin du terrain et des besoins de formation, la réforme laisse pour sa mise en œuvre le champ libre aux acteurs et à leurs partenaires municipaux.

Pour rendre effectifs les nouveaux contenus, le recrutement d'artistes-enseignants renouvelle en partie le personnel des écoles d'art et bat en brèche les restes d'académisme. Mise en œuvre par l'Inspection générale de l'enseignement artistique, la réforme rencontre des obstacles divers, quelques oppositions de principe, mais surtout et d'abord le manque de moyens, puisque les crédits proviennent pour l'essentiel (90 %), et comme devant, des municipalités. Ce sont autant de sources de tensions, qui vont progressivement attirer l'attention des élus et de la presse.

UNE POLITIQUE ARTISTIQUE LIBÉRALE (1974-1981)

Les décisions prises pour le patrimoine sont suivies, après la disparition de Georges Pompidou, par des initiatives de Valéry Giscard d'Estaing qui les complètent. Après deux lois-programmes consacrées, en 1962 et en 1967, au patrimoine bâti, une nouvelle loi de programme est préparée pour les musées.

Les musées

La loi de programme pour les musées est votée le 11 juillet 1978. Ses attendus esquissent une mise à jour de l'institution. La politique des musées, outre la mission traditionnelle de conservation du patrimoine artistique, archéologique ou historique de la France, doit « dégager les lignes directrices d'une présentation rationnelle [des collections] dans des bâtiments ou des installations spécialement aménagés à cette fin [et] susciter ou favoriser, notamment par des incitations financières, les programmes d'animation culturelle portant sur les richesses artistiques [des musées] [afin de] permettre à tous la communion avec les témoins de la création artistique et culturelle ». Ce dernier point résume ce qui est l'axe principal de la « modernisation » de l'institution, cette volonté d'une « animation culturelle » appliquée aux collections publiques.

Cette loi de programme prévoit sur cinq années (1978-1982) un budget total de 1 407 000 francs ; dans l'affectation des dépenses, elle donne la priorité à la restauration et à l'aménagement des musées nationaux « protégés au titre des monuments historiques ». L'exécution des travaux montre que le musée du Louvre (30 % des autorisations de programmes), le musée de Versailles (21,90 %) et, dans une moindre mesure, les musées de Fontainebleau, de Compiègne, de Pau, d'Ecouen, de Saint-Germain et de La Malmaison, utilisent la majeure partie des crédits pour des travaux d'architecture et la réalisation d'équipements muséographiques[1]. Certains de ces travaux correspondent à des opérations ponctuelles qui seront depuis dépassées, comme « l'amélioration de l'accueil au musée du Louvre ». Vient ensuite la création du musée d'Orsay, puis les autres chantiers parisiens, comme la création du musée Picasso (mais le chantier n'ouvre qu'en 1983), celle du musée des Arts de la mode et le réaménagement du musée des Arts décoratifs.

La subvention pour la construction de nouveaux musées dans les départements et pour la modernisation des musées classés et contrôlés représente le solde, fort minoritaire. Dans les villes, en dehors de Paris, le retard pris par les musées depuis le début du siècle est tel que les effets de cette loi-programme semblent aujourd'hui bien limités. 60 % des crédits, attribués à la modernisation des musées existants, sont répartis sur de nombreuses opérations moyennes ou petites. Les ambitions et les moyens alors dégagés restent très au-dessous de ce qui est nécessaire ; à Aix-en-Provence, en 1989, la plupart des chefs-d'œuvre du musée Granet sont encore montrés au public dans des salles privées d'éclairage électrique ; à Lyon, au musée des Beaux-Arts, par exemple, les 45 millions de francs engagés en 1980 devaient porter sur dix ans de travaux ; médiocrement définis, ils conduisent à ce qu'on a pu nommer des « replâtrages désordonnés » (Geneviève Breerette) tels que toute l'entreprise est suspendue par la Direction des musées de France en 1986, avant d'être reprise sur de nouvelles bases, et avec de nouveaux budgets, en 1989.

L'affectation des subventions à la construction de nouveaux musées, souvent retardée par la complexité des études préalables, débouche sur quelques opéra-

1. Voir le *Rapport d'exécution 1978-1982 de la loi de programme sur les musées [...]*, ministère de la Culture, 1983.

tions importantes, à la mesure de l'intérêt nouveau des collectivités locales pour le rôle du musée dans la cité : à Saint-Etienne, la création du musée d'Art moderne ; à Nice, la construction du musée d'Archéologie ; ailleurs, l'apport d'une donation importante stimule la municipalité : ainsi pour le musée d'Art contemporain de Dunkerque (donation de l'Association pour l'art contemporain de Dunkerque), pour le musée de Villeneuve-d'Ascq (donation du collectionneur Masurel), pour le musée de Troyes (donation Lévy).

A Paris, la décision prise par Giscard d'Estaing d'ouvrir le musée d'Orsay, consacré à l'art du XIXe siècle, et celle d'aménager le musée Picasso poursuivent avec éclat la modernisation de l'équipement muséal de Paris. Mais le projet initial de ces deux musées, qui mettent l'accent sur des valeurs sûres du patrimoine artistique parisien et qui sont destinés à une fréquentation touristique intense, relève bien davantage de l'exploitation culturelle et économique du patrimoine artistique existant que d'une orientation innovante et productrice d'effets nouveaux.

La décision d'ouvrir le musée d'Orsay est prise en 1978 ; la loi de programme sur les musées lui affecte trois cent soixante-trois millions de francs. A la suite d'un concours d'architecture lancé en octobre 1978, l'équipe lauréate des architectes Bardon, Colboc et Philippon remet un avant-projet détaillé en juillet 1980. Modifiée à la demande de Valéry Giscard d'Estaing, l'étude remise en juillet 1981 sera à nouveau transformée pour tenir compte des effets sur le programme du projet du « Grand Louvre », apparu entre-temps, depuis l'élection de François Mitterrand. Le nouvel avant-projet définitif est remis en juillet 1982. Mais à cette époque, le coût du projet atteint déjà près de 1,1 milliard de francs, soit trois fois le budget prévu. A ce moment, l'équipe d'architectes est déchargée de sa responsabilité de maîtrise d'œuvre, c'est-à-dire de la conduite des travaux, et la décoratrice Gae Aulenti reçoit commande des aménagements intérieurs. Le musée est ouvert en 1986.

Le musée d'Orsay est installé dans une gare désaffectée, construite au début du siècle par l'architecte Laloux, et dont la conservation a paru s'imposer comme une mesure nécessaire, sinon expiatoire, après la fâcheuse destruction des Halles. Il rassemble tout ce qui, au Louvre et au musée du Jeu-de-Paume, s'inscrivait dans la période qui va de 1848 à 1906, et ce fonds a été complété par des acquisitions nombreuses. Le grand débat qui a opposé les partisans d'une approche plus historique du XIXe siècle aux représentants d'une muséographie forte a été tranché : l'œuvre d'art, et d'abord l'édifice lui-même, l'ont emporté, même si l'architecture intérieure envahissante et tapageuse ne s'accorde pas toujours avec les formes domestiques ou intimes de l'art du XIXe siècle ; les responsables du musée cherchent à équilibrer son statut dominant de lieu du tourisme de masse en mettant l'accent sur l'organisation de petites expositions thématiques qui entretiennent l'attention des amateurs et des connaisseurs.

Cohérente avec la politique d'enrichissement des collections publiques, dont les effets sont patents depuis l'application de la loi sur les dations de 1968, la création de ces musées met au premier plan les formes modernes de l'accès au musée, qui sont relatives aux transformations en cours des comportements socioculturels dans la société française et à l'émergence d'une « consommation culturelle ». De ce point de vue est remarquable, comme signe avant-coureur, l'indéniable succès des expositions qu'organise la fondation Maeght, à Saint-Paul-de-Vence (statuts approuvés en 1974), dans un site au contact du séjour touristique du nouveau public que constituent les classes moyennes.

La politique de conservation est en effet dès lors largement complétée par la stratégie de « l'animation », qu'illustre le succès des importantes expositions temporaires, organisées avec de gros budgets par les Musées nationaux. Ce succès est spectaculaire dans cette période ; si on compare la fréquentation moyenne journalière des seules expositions d'art contemporain, on constate que pour les expositions du musée national d'Art moderne, de 1954 à 1958, le chiffre variait de 39 (Ensor, en 1954) à 570 (rétrospective Matisse, en 1956), tandis qu'il saute, pour les galeries nationales du Grand Palais à 6 224 (Picasso, en 1966-1967) et à 9 199 (Centenaire de l'impressionnisme, en 1974).

Ces célébrations de masse, mais qui ne concernent pas pour autant la masse de la population, ont des aspects économiques importants, par les recettes directes et par les retombées touristiques sur l'industrie hôtelière de la capitale. D'autres aspects économiques et institutionnels sont moins connus, comme la conséquence de ces manifestations sur le marché du livre d'art ; prévendu, bénéficiant d'un statut d'édition institutionnelle, d'un prix de vente modéré, d'un tirage très élevé et d'une bonne qualité technique, le catalogue de chacune des grandes expositions organisées par les Musées nationaux prend une forte place sur le marché du livre d'art, et il contribue à un bouleversement de l'édition d'art. Par le nombre d'exemplaires vendus, par la modernisation de leur diffusion, confiée au secteur commercial, les éditions des Musées nationaux se placent depuis cette période en tête de l'industrie française du livre d'art.

Si les objectifs d'une utilisation intense des équipements culturels sont atteints, on peut se demander si la question de l'accès du plus grand nombre à la culture est encore posée. Un élément de réponse est fourni par la faiblesse de la mise en relation de ces équipements avec la télévision ; l'audience de celle-ci, qui est sans commune mesure avec la fréquentation des musées, oblige de relativiser les quantités de la fréquentation des musées ; ainsi, sur Antenne 2, l'émission mensuelle de Pierre Daix, consacrée à l'actualité artistique, *Désir des arts,* qui avait 760 000 spectateurs, soit 2 % d'écoute, est supprimée ; mais ce chiffre, pour la fréquentation d'une exposition, correspondrait à un niveau exceptionnel[1].

La politique culturelle de l'Etat glisse à ce moment vers la gestion étatique de la consommation culturelle des valeurs établies, au détriment de l'aide à la promotion des valeurs nouvelles, et en négligeant ce qu'il est convenu de nommer la création artistique. Ainsi l'attention délibérée donnée aux artisans d'art, à la suite du *Rapport au président de la République sur les métiers d'art* présenté en 1975 par un membre de l'Institut, M. Dehaye, conduit à l'organisation en 1980, par le musée des Arts décoratifs, d'une exposition ambiguë, « Les métiers de l'art », où d'excellentes productions côtoient des fabrications plus ternes.

L'art public

C'est dans les villes, en province ou dans la région parisienne, et aussi dans les villes nouvelles, que le problème de l'insertion de l'art contemporain dans la cité est le mieux pris en compte, en particulier sous la forme des commandes d'œuvres d'art public. Si celles-ci, à travers la pratique du 1 %, a été en partie renouvelée par l'action du ministère de la Culture

1. Mentionné dans Jean-Luc Chalumeau, *L'Art au présent,* Paris, U.G.E., Coll. 10/18, 1985, p. 201.

depuis les années soixante, où la Commission nationale du 1 % porte plus fréquemment son choix sur des artistes significatifs du moment, et notamment sur des sculpteurs majeurs, toute opération menée dans ce cadre reste largement tributaire de la culture ou de l'intérêt de l'architecte maître d'œuvre du bâtiment public, dont le rôle, dans le choix initial de l'artiste, n'est que faiblement équilibré par celui du Conseiller artistique régional, dont le statut et les moyens restent longtemps insuffisants.

Assez nettement en marge de l'action de l'Etat, avec leurs propres ressources, et avec leur propre problématique, plusieurs villes organisent alors un intéressant développement de la commande publique.

A Grenoble, le coup d'envoi avait été donné en 1967. Un symposium international de sculpture avait réuni des sculpteurs venus d'horizons différents et permis de confronter le travail du sculpteur contemporain aux nouveaux espaces urbains. Et en 1968, dans le cadre de la préparation de la ville à l'accueil des jeux Olympiques, de grands chantiers, menés en associant les moyens de l'Etat et ceux de la ville, avaient installé des œuvres majeures d'art public : les blocs de pierre travaillés en taille directe par le Japonais Yasuo Mizui prennent place au village olympique, à côté des bétons moulés de Patkaï ; le mobile monumental en acier de Calder est planté sur la place de la nouvelle gare, et des panneaux en métal de Vasarely décorent le stade olympique. Origine d'une dynamique municipale, ces réalisations ouvrent la voie à une stratégie cohérente, définie par Bernard Gilman, alors adjoint au maire de Grenoble. Dans le cas de la « décoration » d'une construction scolaire, alors que l'intervention de l'Etat est calculée sur la base de 1 % de sa participation au budget de la construction, la ville de Grenoble complète ce budget à hauteur de 1 % du budget total de la construction. Le choix du programme et celui des artistes sont assurés par une commission municipale, réunie à l'initiative du conseiller qui a la charge de la culture et où siègent les représentants du ministre de la Culture, de la Société d'aménagement de l'Isère, divers experts (conservateurs de musée) et les architectes en charge du projet.

A Vitry, sur la proposition du conseiller aux arts plastiques, Serge Guillou, nommé en 1968, la ville développe et complète le principe d'une commande correspondant effectivement au 1 % du budget de construction, comme à Grenoble, l'étend à tous les édifices publics dont la ville est maître d'ouvrage, stimule les autres maîtres d'ouvrage, publics ou privés, pour qu'ils appliquent aussi ce principe à leurs constructions. L'intervention permanente du conseiller artistique tranche avec la désinvolture de la procédure du 1 % de l'Etat. Par exemple :

> On choisit l'artiste sur dossier, sur référence. On ne fait pas du choix de l'artiste une affaire de suffrage universel, mais on fait prendre des décisions aux élus, au conseil municipal. On demande à l'artiste de faire une maquette dans la mesure où on le paie pour cela[1].

A Ivry, à partir de 1979, est instituée une Bourse d'art monumental. Gérée par le Centre municipal d'art contemporain, dirigé par Thierry Sigg, cette bourse est mise au concours tous les deux ans, selon une procédure raffinée, étendue dans le temps, qui respecte l'artiste et qui articule les phases de sélection et d'exposition en autant de moments didactiques, préalables à la commande. Les étapes sont les suivantes : d'abord la sélection sur dossier de six lauréats, invités

1. Extrait de « Vitry : 10 ans d'efforts pour intégrer l'art dans la Cité », *H. Revue de l'habitat social*, n° 37, 1979.

à exposer leurs œuvres (tous les frais étant pris en charge par la ville), suivie du choix du boursier, qui reçoit une bourse de 20 000 francs au début de l'année suivante, puis l'exposition personnelle des œuvres du boursier, le choix par la ville d'une œuvre, et enfin la commande d'une œuvre d'art public, sur proposition d'un site par la ville. Cette procédure, qui combine la production de l'œuvre avec la prestation de service (l'exposition), remporte un grand succès : des œuvres importantes de Clareboudt, d'Amado, ont été édifiées à Ivry dans le cadre de cette Bourse d'art monumental ; et l'attrait est réel auprès des artistes, puisque, en 1989, six cent quatre-vingt-dix-sept candidats envoient un dossier.

La polémique sur la réforme des écoles d'art

Dans les années qui suivent la mise en œuvre de la réforme des enseignements, les écoles d'art sont, de 1978 à 1988, un cheval de bataille pour les élus locaux, et l'objet de virulentes campagnes de presse. Les maires, sur l'ensemble de l'éventail politique, protestent contre la minceur des subventions de l'Etat au fonctionnement des écoles d'art, découvrent, pour le critiquer, ce transfert de charge qu'est le financement par les communes de diplômes nationaux. Pour les milieux conservateurs, l'enseignement artistique devient un enjeu, et on dénonce, à partir de 1978, le laxisme de l'enseignement dans les écoles d'art. Puis, lorsque la droite est dans l'opposition, elle découvre la crise de l'éducation artistique au collège et au lycée.

La première phase, qui nous occupe ici, est celle d'une vive réaction à la réforme des écoles d'art mise en place entre 1970 et 1973. Pendant le premier semestre de 1978, la tension qui règne dans quelques écoles menacées de fermeture, par exemple à Metz, est relayée par une campagne de presse véhémente du *Figaro* qui ne cache pas sa volonté de revanche et de reconquête. En janvier 1978, ce journal dénonce et le laxisme introduit par la réforme à l'Ecole nationale supérieure des beaux-arts et, partout ailleurs, la disparition d'un enseignement organisé. En juillet, *Le Figaro* mobilise dans sa campagne des membres de l'Institut, dont Georges Mathieu, pour qui il faut « rétablir avant tout de véritables enseignements dans l'Ecole des Beaux-Arts [...]. L'on doit s'en tenir à la technique et au métier *académique* [...]. Il faut rendre à l'Académie des Beaux-Arts les responsabilités qui sont les siennes depuis ses origines, depuis 1648 ! Il faut lui rendre aussi l'Académie de Rome et rétablir le prix de Rome ! ». A quelles batailles internes à la majorité qui exerce le pouvoir et qui, par ministre de la Culture interposé, Maurice Druon, a eu la responsabilité de la réforme, correspondent ces attaques ?

Pour l'Ecole nationale supérieure des beaux-arts, le ministre répond en menant une nouvelle politique ; en 1978, Jean Musy, nommé directeur, entreprend une habile politique de persuasion, et avant d'agir dans les domaines de l'enseignement et de la recherche, il organise, pour mettre en valeur les collections de l'Ecole et sa bibliothèque, des expositions historiques, comme celle consacrée au « Voyage d'Italie de Viollet-le-Duc » en 1980, qui redonnent quelque brillant et quelque prestige à l'établissement.

Par contre, pour la masse des écoles d'art, qui accueillent près de trente mille élèves à temps complet ou à temps partiel et qui emploient près de mille deux cents enseignants, la politique suivie est beaucoup plus terne. Le ministre de la Culture, Lecat, qui ne dispose pas des crédits nécessaires pour que l'Etat prenne en charge une partie significative des dépenses des municipalités, temporise et suggère à celles-ci de se tourner pour leur financement vers les Régions. Trois ans après encore, les 11 et 12 mars 1981, l'Association des maires de France, qui tient à Avignon un colloque sur la culture, continue à attirer l'attention sur la « situation alarmante des écoles d'art », sur la charge trop élevée que ces établissements exercent sur le budget culturel des villes, dont elle représente souvent 15 à 25 %. Considérant que ces écoles assurent en partie une fonction d'enseignement supérieur, qui relève de l'Etat, les maires menacent, à la suite de M. Poher, de « refuser toute nouvelle inscription [d'élèves] en vue d'obtenir des diplômes nationaux[1] ». La question de l'enseignement artistique, une affaire d'Etat sous la IIIe République, commence sa dérive vers une problématique locale.

LA GAUCHE AU POUVOIR (1981-1992)

Depuis 1981, depuis l'élection de François Mitterrand à la présidence de la République et d'une majorité de gauche à l'Assemblée nationale, l'effort de l'Etat en direction de la culture est considérable. Dans le domaine des arts plastiques, à la dimension nouvelle des budgets disponibles pour l'action de l'Etat s'ajoute la mise en œuvre d'un dispositif opérationnel nouveau, la Délégation aux arts plastiques, équivalant à une direction, et qui s'efforce de tenir compte des réalités concrètes et des points de vue des artistes.

L'élargissement du champ des arts plastiques

1. *Départements et communes*, mai 1981, pp. 8-9.

(objets, techniques, concepts) est un des résultats apportés par la nouvelle équipe, dans la production, la formation, la conservation ; cet élargissement s'applique à la B.D., au design et à la photographie. En outre, et bien que les investissements de l'Etat à Paris continuent à aggraver l'écart avec le reste du territoire, une attention particulière à la décentralisation des actions modifie de façon quelquefois spectaculaire la place des arts plastiques dans les régions, stimule et accompagne les initiatives des collectivités et des institutions locales. Enfin, accompagnant la mise en œuvre d'une « économie mixte », l'Etat, en continuant à encourager le mécénat, encourage les actions où le secteur privé et le secteur public, associés, sont les partenaires d'une production artistique.

Dans l'ordre quantitatif, la part du budget de l'Etat consacrée à la culture double dès 1982. Entre 1980 et 1990, cette part du budget de l'Etat passe de 0,38 % à 0,86 %. Pour un analyste du ministère, Jean-François Chougnet, cette progression est comparable à celle que la IIIe République réalise pour la construction du système scolaire entre 1880 et 1890, période pendant laquelle le budget consacré à l'Instruction publique passe de 3,7 % à 7,1 % du budget national.

Dans l'ordre qualitatif, l'action du ministre Jack Lang dans le champ des arts plastiques renouvelle les méthodes et, en partie, les objectifs qui étaient ceux de « la culture » depuis Pompidou, en mettant l'accent sur l'attention donnée aux artistes et sur l'insertion des arts dans la vie sociale. La construction d'ateliers d'artistes, l'attribution aux artistes de bourses de voyage et de séjour, et le financement de projets contribuent à détendre les rapports entre les artistes et les pouvoirs publics. La question de l'enseignement dans les écoles d'art est abordée avec de nouveaux moyens : la subvention de l'Etat au budget des écoles d'art municipales passe de 3 millions de francs en 1980 à 36 millions de francs en 1986. La formation artistique de base, dans les enseignements primaires et secondaires, fait à partir de 1983 l'objet d'une action commune des deux ministères concernés.

Dans un contexte marqué par les difficultés du marché de l'art vivant en France, confronté à des initiatives étrangères (allemandes, italiennes) fort agressives sur ce terrain, les actions du ministère de la Culture sont, dans le domaine des arts plastiques, relativement complexes et diversifiées ; leur caractère dominant affirme, à côté d'une ambitieuse politique muséale (le « Grand Louvre »), une intervention forte sur le terrain de l'actualité artistique. L'action du ministère, appuyée par des opérations comme la « Ruée vers l'art », tend aussi à repousser les limites de la popularité d'un secteur resté, à la différence de la musique, surtout institutionnel et économique.

Attaquée au début du septennat par l'opposition au nom de la défense du patrimoine et de l'enseignement artistique, la politique suivie par le ministère de Jack Lang ne sera pas vraiment reconsidérée dans l'épisode de la cohabitation de 1986-1988. François Léotard, ministre de la Culture dans le gouvernement de Jacques Chirac, s'il est plus actif dans le domaine de l'audiovisuel, ne bouleverse pas à ce moment les choix antérieurs dans le secteur des arts plastiques, maintient la Délégation, conserve jusque dans leur forme les actions de propagande du ministère, comme « La Ruée vers l'art ». La bruyante préparation d'une loi sur les enseignements artistiques, votée le 6 janvier 1988, met surtout en évidence la minceur de son contenu. Sans mettre vraiment en question la commande publique, on met une sourdine, après l'agitation entretenue à propos des fameuses « colonnes » de Buren, en direction de l'insertion de l'art contemporain dans les monuments historiques. L'accent est surtout mis sur le patrimoine et, non sans démagogie, le ministre lance au printemps 1988 une souscription publique pour l'acquisition du tableau *Saint Thomas,* de Georges de La Tour, par le musée du Louvre.

Des « états généraux des arts plastiques » à la commission Troche

Dans les jours qui suivent l'élection de François Mitterrand, une ébullition impatiente s'empare des artistes et des critiques :

> On connaissait les ambitions culturelles de la gauche et l'on s'en félicitait généralement. On craignait cependant qu'une fois de plus, par manque d'information, les nouveaux responsables passent à côté d'une occasion historique de réintégrer les artistes dans la société [1].

Au café *Le Zimmer,* place du Châtelet, un lieu déjà consacré quinze ans auparavant par les réunions des comités de la jeune peinture, artistes, critiques et représentants d'organisations d'artistes lancent un appel à une assemblée préparatoire aux états généraux des arts plastiques, fixée le 25 juin 1981 au Forum des Halles, qui réunit deux cent cinquante participants. Le groupe chargé de l'organisation (dont Gérard Bignolais est président, Edgar Naccache vice-président, Claude Picart trésorier et Jean-Luc Chalumeau secrétaire), accompagné de Roger Forgas, qui représente le Syndicat national des artistes plasticiens (S.N.A.P.-C.G.T.), est reçu le 29 juin par le nouveau chargé de

1. J.-L. Chalumeau, *L'Art au présent, op. cit.,* 1985, p. 11. Ecrit par un témoin très proche des événements, cet ouvrage donne un panorama détaillé de l'action de la Délégation aux arts plastiques jusqu'en 1985.

mission du ministère, Claude Mollard. Comme la volonté de la base de s'exprimer croise le souci du ministère de s'informer, Claude Mollard s'engage à aider la réalisation des états généraux. Le 21 novembre 1981, ceux-ci réunissent plus de deux mille artistes à la Maison des arts de Créteil, où l'allocution du ministre consacre l'ouverture du dialogue nouveau de l'Etat avec les artistes. Entre-temps, le 25 juillet, le ministre, conscient que « la situation des artistes plasticiens et les relations entre l'art et le public sont préoccupantes », a chargé Michel Troche de dresser un état des lieux et de proposer les lignes directrices et les structures de gestion nécessaires à un renouvellement de l'action de l'Etat. Organisée en huit groupes de travail thématiques, qui recoupent pratiquement tous les problèmes (de la « vie professionnelle » au « marché de l'art » et à la « politique culturelle à l'étranger »), la « Commission de réflexion sur les arts plastiques » (commission Troche) sollicite les contributions de nombreux artistes et professionnels, et remet au ministre son rapport en février 1982.

De cette phase et de ces consultations approfondies se dégage une attitude dominante, faite de lucidité et d'interrogation sur la place que les arts plastiques peuvent occuper dans la société contemporaine. Sans revendiquer une assistance statutaire (sur le modèle des Pays-Bas), les artistes réclament le droit de contrôler une intervention de l'Etat dont on admet largement la nécessité (le niveau d'organisation du milieu des plasticiens permettait-il ce contrôle ?). Mais, pour une fois, les formes de la contestation agressive, encore fort bien représentées aux états généraux de Créteil, ne parviennent pas à étouffer, chez beaucoup d'artistes, les espoirs d'une transformation devenue possible et substantielle.

Au terme des travaux de la commission qu'il préside,

Michel Troche dresse un constat réaliste qui procède d'une bonne vision des carences de la situation antérieure : si les nouvelles conditions politiques permettent d'aboutir à « une meilleure liberté pour l'art, les artistes et ce qu'on appelle encore d'une manière restrictive le public », c'est à travers la prise en charge de la dimension sociale de l'activité artistique que l'intervention de l'Etat peut « l'enrichir de relations nouvelles [...] qu'on ne saurait identifier [...] à la naissance d'une nouvelle bureaucratie, d'un " assistanat " irresponsable, d'un nouvel art officiel, ou d'un corporatisme envahissant [1] ».

En soulignant la place réduite des arts plastiques dans le système culturel et l'absence presque totale de décentralisation, en particulier en ce qui concerne le marché de l'art, le rapport trace les axes qui vont effectivement être ceux des principales lignes de l'action.

La Délégation aux arts plastiques

Les premières décisions concrètes sont présentées par le ministre le 20 juin 1982 à Lille, sous la forme de *72 mesures pour les arts plastiques*. En octobre et novembre suivants se mettent en place les dispositifs et une équipe. L'organisation est nouvelle, qui réunit l'ensemble des missions de l'Etat dans le secteur des arts plastiques dans un service unique, la Délégation aux arts plastiques, confiée à Claude Mollard de 1981 à 1986, tandis que la plupart des crédits d'interventions, anciennes et nouvelles, sont mis en œuvre par un établissement public à caractère administratif, le « Centre national des arts plastiques ». Dans le même temps est créé un efficace bulletin de liaison, *Arts info*,

1. Commission de réflexion sur les arts plastiques, *Premier rapport*, ministère de la Culture, exempl. dactyl., Paris, 15 février 1982.

véritable « mode d'emploi » de la Délégation aux arts plastiques, destiné à tenir informés de façon détaillée les artistes et les responsables d'activités culturelles sur les moyens disponibles, les procédures et les calendriers. Tandis que les opérations qui portent sur la formation (les écoles d'art) et l'éducation (l'enseignement artistique) sont lentement mises en route, on accélère au contraire la mise en route emblématique des dispositifs nouveaux qui concernent la création et la décentralisation.

Réunis dans le Centre national des arts plastiques, ce sont le Fonds d'incitation à la création (Fiacre), en charge du financement de projets individuels ou collectifs, les vingt-deux Fonds régionaux d'art contemporain (Frac) et les Fonds régionaux d'acquisition pour les musées (Fram) qui se mettent rapidement en place et qui, pour la période 1981-1984, assurent la participation de l'Etat à hauteur de 65 % de l'ensemble des acquisitions, hors musées nationaux ; le Centre national d'art contemporain regroupe aussi des dispositifs plus anciens, comme le Fonds national d'acquisition d'art contemporain (Fnac) et le Fonds pour la commande publique.

Le double objectif d'une aide substantielle à la création, mais aussi d'un renouvellement du rapport avec le public, explique la plupart des aspects de la politique mise en œuvre. On note d'abord l'essor très important des différentes formes de l'achat et de la commande d'œuvres à partir de 1983, avec un budget qui passe de 5,5 millions de francs en 1981 à 26,46 millions de francs en 1984, puis à 46,48 millions de francs en 1988[1]. Parallèlement à l'extension du 1 % à la

1. Les informations de cette partie sont issues des rapports annuels d'activité du Centre national des arts plastiques, publiés depuis 1982 par la Délégation aux arts plastiques, et d'une plaquette, *La Commande publique, 1983-1989*, Délégation aux arts plastiques, juin 1989.

plupart des bâtiments publics construits par l'Etat, cet effort renouvelle le nombre, la dimension et la nature des œuvres disposées pour la plupart dans l'espace public. Ventilées par nombre de réalisations annuelles, les commandes publiques passent de 5 en 1983 à un nombre annuel moyen de 40 pour chacune des années 1986-1987-1988. Elles sont l'occasion de lancer un programme d'œuvres commémoratives de personnalités de la France contemporaine : statues de Georges Pompidou, par Derbré, de Rimbaud, par Ipousteguy, de Jean Moulin, par Jean-Clos, le monument à Picasso, par César, au capitaine Dreyfus, par Tim, ou l'insertion dans le patrimoine ancien d'œuvres-manifestes d'aujourd'hui : le double plateau de Buren au Palais-Royal, mais aussi les vitraux de la cathédrale de Nevers. Si la sculpture demeure la technique qui domine la commande publique (135 réalisations sur un ensemble de 272, de 1983 à 1989), la variété des réalisations montre que la commande publique s'étend à des secteurs techniques où elle n'était pas représentée jusqu'à présent, comme les décors et les rideaux de scène (10 réalisations), les vases en verre (29 réalisations, menées à bien dans le cadre du Centre international de recherche sur le verre et les arts plastiques, Cirva), ou les estampes (61 réalisations). Un des axes récents de ce nouvel effort sur la commande publique est la stimulation des collectivités territoriales pour les commandes cofinancées ; des projets remarquables de sculpture monumentale sont ainsi commandés en 1989, à Jean Amado pour Marseille, à Christian Renonciat pour Aytré, à Patrick Saytour pour Nevers.

Mais l'effort de l'Etat met en évidence un problème de répartition territoriale. Prenons le cas de l'acquisition des œuvres pour les musées. D'une part l'écart se creuse entre les dépenses qui aboutissent à Paris et celles qui concernent le reste du territoire : quand les

Fram dépensent en crédits d'Etat 81 millions de francs en 1981-1984, les acquisitions des musées parisiens bénéficient de 174 millions de francs. D'autre part, les plus gros budgets d'Etat vont aux régions les plus riches, les mieux équipées... et capables de moins dépenser : ainsi lorsque l'Etat dote le Fram de Rhône-Alpes de 2,96 millions de francs, la région dépense 300 000 francs ; lorsque l'Etat dote le Fram d'Aquitaine de 1,74 millions de francs, la région dépense 200 000 francs. Par contre, lorsque la région Poitou-Charentes investit 600 000 francs dans les achats des musées, le Fram reçoit de l'Etat 500 000 francs [1]. En raison de ces effets (dont on aimerait connaître les causes exactes), la distribution territoriale de l'action de l'Etat pose question.

La décentralisation : accompagnement ou incitation ?

Dans les communes, des pratiques substantielles avaient en partie montré la voie. Comme on l'a vu plus haut, à Ivry et dans le département du Val-de-Marne, à Grenoble, sous l'impulsion de Bernard Gilman, plusieurs collectivités territoriales depuis les années soixante avaient montré que des responsables de terrain pouvaient conduire la commande municipale sur le territoire de l'art contemporain le plus actuel, et non seulement sous la forme d'art public, puisque, dans le Val-de-Marne, un fonds départemental d'art contemporain accueille des œuvres acquises par le département.

Ces exemples font tache d'huile après 1981, et en particulier sous la forme de l'art public : c'est le temps des murs peints, que de nombreuses collectivités, de la

1. Ces chiffres sont extraits de l'ouvrage collectif, *La Politique culturelle en France*, Paris, 1986.

plus petite commune (Saint-Martin-de-la-Brasque, dans le Vaucluse) aux plus importantes (Paris, Lyon, Marseille), mettent en œuvre, avec des résultats objectifs souvent impressionnants, mais que négligent trop souvent la critique d'art et les médias, soumis aux conventions et aux critères de la réussite en galerie. Malgré cela, des commandes importantes, passées à des artistes comme Fabio Rieti, à Paris, à Ernest Pignon-Ernest, à Grenoble, marquent le renouveau spectaculaire d'une production de sens dans l'espace visuel urbain. A Martigues, les commandes municipales, en 1983, combinent à l'occasion de l'inauguration du nouveau musée l'œuvre murale décorative (escalier du musée), l'œuvre éphémère (affiches), dans des réalisations d'Ernest Pignon-Ernest, qui démontrent de façon exemplaire que les méthodes d'intervention de l'artiste peuvent se transformer pour répondre à la nouvelle commande sociale. Le dynamisme de cette période, sur ce terrain expérimental des nouveaux objectifs et des nouvelles procédures de l'art public, n'a pas de suite positive : les projets d'agence d'art public ne voient pas le jour, les collectivités territoriales, soit parce qu'elles ne saisissent pas les enjeux culturels et urbains, soit parce qu'elles préfèrent soutenir, à travers la mise en place des Frac, les formes plus établies de la peinture « de chevalet », consacrent à nouveau la hiérarchie conventionnelle des techniques, des artistes et des territoires, privilégient le modèle de l'artiste qui réussit (dans les expositions, dans la vente des œuvres), écartent de toute gratification sociale l'artiste et le maître d'ouvrage qui œuvrent dans l'espace urbain, dont en même temps on déplore l'appauvrissement.

Dans les années soixante, seules les villes de plus de cent cinquante mille habitants disposaient en général d'un service culturel. Amorcée dans les villes moyennes après les élections municipales de 1971, développée ensuite après la consultation de 1977, l'organisation de services culturels municipaux gagne massivement les villes petites et moyennes après les élections de 1983. Quelques chiffres permettent de situer les activités consacrées aux arts plastiques dans ce cadre. Si dans le nombre de leurs activités, les services culturels privilégient les arts plastiques, qui viennent en tête, devant la musique, de tous les secteurs culturels, le classement des secteurs selon leur rang dans les budgets renverse la situation. Les arts plastiques (musées des beaux-arts compris) viennent en cinquième place seulement (avec 9 % des dépenses), derrière « la musique et la danse » (première avec 23 %), « l'animation polyvalente » (deuxième avec 22 %), « le livre et les bibliothèques » (troisième avec 14 %), « les spectacles divers » (quatrième avec 12 %). Manifestement, les expositions, les commandes publiques, les acquisitions dans les musées représentent en valeur peu de chose par rapport aux dépenses des « spectacles vivants » (pour ne rien dire des dépenses impressionnantes, hors budget culturel, des services des « espaces verts »)[1].

La décentralisation administrative, à partir de 1983, transfère aux collectivités locales la part de la commande publique qui relève du 1 % ; les études manquent à ce sujet, mais bien des indices montrent qu'il faudra quelque temps avant que la pratique du 1 % dans les édifices scolaires retrouve le niveau qui était le sien dans les années soixante-dix. Les régions, en particulier, ne semblent pas avoir pris, en ce qui concerne les commandes artistiques dans la construction des lycées, le relais de l'Etat. Il n'apparaît pas, ici

1. Ces indications proviennent de l'ouvrage collectif *Les Politiques culturelles des villes et leurs administrateurs*, Paris, 1989.

non plus, que le niveau d'organisation des artistes soit, sur le plan syndical de la défense de leurs intérêts, à la mesure de l'instabilité nouvelle du dispositif.

Répondant à une attente des artistes, exprimée lors des états généraux de 1981, la décentralisation de l'action de l'Etat est un objectif évident de l'action de la Délégation aux arts plastiques. Elle vise à appuyer, à compléter et à généraliser les initiatives des collectivités territoriales dans le domaine des arts plastiques. A côté du cofinancement de la commande publique, et des opérations déconcentrées, les Fonds régionaux d'art contemporain (Frac) jouent le principal rôle dans la décentralisation. Organisés eux aussi sur la base d'un financement paritaire, ici Etat-Région, ils ont pour but de constituer dans chacune des vingt-deux régions administratives une collection d'œuvres d'artistes vivants ; géré par une association, dont le président est en général un élu régional, chaque Frac confie à un comité technique, où le conseiller artistique régional joue toujours un rôle important, la mission de présenter au conseil d'administration des projets d'acquisition. En réunissant un volume important d'achats (5 139 œuvres achetées au 1er décembre 1985), en faisant participer les régions à leur financement, en stimulant des expositions régionales, fixes ou itinérantes, des dépôts et des échanges, l'édition de catalogues, en posant le problème de leur installation dans des locaux permanents, les Frac ont depuis 1983 une présence réelle, plus ou moins intense selon leurs responsables et selon les régions.

Mais dans la pratique, en achetant pour une large part (en valeur) les œuvres en galerie (en nombre, 29 % des œuvres sont acquises en galerie, mais ce sont en général les œuvres les plus coûteuses, et on aimerait connaître le rapport en valeur), en constituant leur comité technique avec des personnalités qui, lorsqu'elles ont une compétence professionnelle, n'ont pas toujours une autonomie suffisante par rapport au marché de l'art, les Frac ont un rôle complexe. D'une part ils ont contribué à élargir et à déconcentrer la reconnaissance artistique, en puisant les membres des comités techniques, pour une part, en dehors du potentiel parisien et en augmentant le nombre des intervenants dans la procédure de la reconnaissance des artistes (on estimait en 1985 à deux cent vingt personnes le nombre total des membres des comités techniques), d'autre part ils ont aidé le marché de l'art, essentiellement parisien, à trouver des débouchés. Pour ses défenseurs, « l'institution [des Frac] a été miraculeusement bénéfique au " paysage créatif français ". Oxygène pour les jeunes artistes, marché plus ouvert pour les galeries, facteur de sensibilisation pour la presse, pour les élus régionaux, facteur d'émulation pour les musées, c'est tout le " système " français qui a bougé et celui des autarcies locales qui s'est ouvert, enfin, à l'actualité internationale[1] ».

Mais les Frac ont-ils renouvelé pour autant les critères de sélection produits par la microsociété des quelques centaines de professionnels qui appliquent les conventions en vigueur ? Ont-ils tiré toujours parti des ressources locales ? Ils ne semblent pas avoir eu d'effet sensible sur la décrépitude des structures du marché hors Paris. Jugés quelquefois sévèrement par les conservateurs de musée en région, qui n'avaient pas tous attendu 1981 pour découvrir l'art contemporain, l'existence et l'activité des Frac posent aujourd'hui la question de leur articulation avec les autres instances, musées, centres d'art contemporain. On peut craindre

1. Extrait du catalogue de l'exposition « Vivent les F.R.A.C. », le Nouveau Musée/Centre international d'art contemporain, Villeurbanne, octobre-décembre 1988.

que le récent alourdissement, dans le budget de certains Frac, du « fonctionnement » au détriment des « acquisitions », conduise en dehors de la voie tracée ; des coordinations doivent être trouvées pour éviter de disperser les efforts régionaux. Mais qu'ils soient des dispositifs permanents, ou des organisations temporaires, les Frac, outre les conséquences économiques générales de leurs achats, ont fait participer plusieurs régions à une actualité culturelle dont elles étaient auparavant écartées.

Les centres d'art contemporain constituent aussi un volet remarquable de la décentralisation. Depuis 1984, le Cnap participe à la création de deux centres internationaux, le Centre international de la bande dessinée et de l'image (Cibdi) à Angoulême, qui dispose enfin (janvier 1990) de ses propres installations, et le Centre international de recherche sur le verre et les arts plastiques (Cirva) à Marseille ; celui-ci met à la disposition des artistes des équipements et des techniciens, leur offre de participer à la création d'objets en verre inédits, de prototypes qui sont ensuite présentés aux industriels pour une mise en production. Le Cnap exerce aussi sa tutelle sur les Centres nationaux d'art contemporain (Cnac) de Villeurbanne, de Nice, de Grenoble.

D'autres centres d'art contemporain ont une origine locale, comme en Bretagne le Centre d'art contemporain du domaine de Kerguehennec, près de Vannes. Installé dans un grand domaine boisé aménagé au XVIIe et au XIXe siècle, devenu en 1972 propriété du département du Morbihan, le Centre est consacré à la sculpture contemporaine. Résultat d'un financement apporté conjointement par le conseil général, le conseil régional et par le ministère de la Culture, ce Centre d'art contemporain, en tant que musée de plein air, accueille des œuvres commandées par la Délégation aux arts plastiques et la Direction du patrimoine, au titre de la commande publique dans les monuments historiques, et d'autres qui sont des acquisitions du Frac. Des locaux hébergent un centre de documentation sur la sculpture actuelle et permettent des expositions temporaires ; cinq expositions ont été ainsi organisées en 1988 par le Centre.

Avec la création de ces dispositifs nouveaux, nationaux ou régionaux, la tentative de dégager des centres nouveaux de décision est réelle. Plusieurs des solutions retenues introduisent un changement sans doute durable dans le rapport des institutions et de l'art vivant, dans la remise en cause des frontières de l'art et des pratiques professionnelles, dans la promotion de l'art graphique, de la publicité et du design, qui reçoivent un bon coup de fouet.

Un élément neuf est le dynamisme des collectivités locales, qui semblent quelquefois prêtes à construire un projet durable dans le domaine des arts plastiques. Alors que, des années soixante au milieu des années quatre-vingt, c'est dans les municipalités de gauche, presque exclusivement, que se formaient les pratiques et que se rassemblaient les moyens d'une action sur les arts plastiques, la place qu'occupent sur ce terrain des collectivités territoriales contrôlées par la droite est maintenant spectaculaire. Au point que l'observateur est rempli d'émerveillement devant les récents enthousiasmes de grands notables politiques pour les formes artistiques les plus sophistiquées, patronage médiatique des Frac oblige.

Mais certains projets tournent court, comme celui d'un musée d'art contemporain à Fréjus (Var), lancé par la ville en 1988, François Léotard étant maire. Organisé avec la collaboration du galeriste parisien Daniel Templon, le projet impliquait la construction d'un équipement important, objet d'un concours international d'architecture (lauréat le Japonais Arata Isozaki). Mais le site choisi se révèle juridiquement inconstructible, et, malgré l'importance des frais engagés (et malgré, notamment, l'épisode d'un musée temporaire géré par Daniel Templon pendant trois ans), la ville fait marche arrière et annule définitivement le projet en janvier 1992[1].

Mais pour plusieurs villes importantes, dirigées par des équipes de tendance conservatrice-libérale, l'accent est mis avec conviction sur des opérations d'équipement ou de formation. A Nîmes, après l'élection d'une majorité de droite aux élections municipales de 1983, la venue à la mairie de Jean Bousquet, un industriel rompu aux pratiques de la publicité, est à l'origine d'importants investissements dans le domaine des arts plastiques. Après le concours, déjà mentionné, pour un centre culturel multimédia, gagné en 1984 par l'architecte Norman Foster, vient une ambitieuse série d'interventions, sous la forme de commandes d'art public, confiées à Martial Raysse et à Philippe Starck, et de travaux de décoration intérieure dans les édifices municipaux confiés à l'architecte-designer Jean-Michel Wilmotte. L'aménagement d'une galerie d'art municipale, la galerie des Arènes, et surtout la restauration, matérielle et morale, de l'école des beaux-arts, complète la panoplie. Dirigée par l'artiste Claude Viallat, l'ancien leader des batailles du groupe Support/Surface dans les années soixante-dix, la nouvelle « école de Nîmes », en attendant la mise en service de la médiathèque, pour laquelle la ville procède à l'acquisition d'œuvres récentes, a en charge d'assumer la « dimension européenne » d'une relance voyante de la politique artistique municipale :

1. Voir Robert Marmoz, « Le propriétaire d'une galerie parisienne demande des comptes à la mairie de Fréjus », *Le Monde*, 24 décembre 1992.

> L'Ecole a recruté des plasticiens de premier plan, qui ont pris pour option de ne former que des artistes, avec ce que cela comporte d'aventure et d'incertain — les autres techniques, stylisme, design, B.D., publicité, etc., étant exclues. Reflet de ses maîtres, lieu de vérité et de remise en cause, l'Ecole de Nîmes a créé une effervescence dans la région. Provocation et institution, elle commence à attirer de toute l'Europe des jeunes gens avides de s'affronter aux grands problèmes de la création contemporaine[1].

Interprétation économique d'un phénomène de mode ? Stimulation d'un marché local ? Accompagnement et caution d'un effort budgétaire municipal important, et/ou message en direction du ministère de la Culture, dont on attend une aide ? Mais ce qui pouvait apparaître comme une intervention culturelle municipale pertinente dans le secteur de la formation des artistes tourne court, et, après le départ de Claude Viallat, au début des années quatre-vingt-dix, les grandes ambitions de la ville de Nîmes pour son école d'art s'estompent.

A Lyon, le musée d'Art contemporain, ouvert depuis octobre 1984, est confié à un conservateur-animateur de choc, Thierry Raspail. Ce musée, qui est en attente d'une implantation définitive, sans doute dans la périphérie, devra le moment venu disposer de 10 000 mètres carrés, surface nécessaire pour abriter et présenter une importante collection d'art actuel, en cours d'acquisition par la ville. Par ailleurs, la ville de Lyon finance chaque année une importante série de manifestations, l'« Octobre des arts », qui a pour originalité d'associer les établissements municipaux et les galeries privées autour d'un thème. En 1988, l'« Octobre

1. Christian Liger, *Nîmes sans visa*, Paris, Ramsay, 1987, pp. 254-255.

des arts » organise ainsi la fédération d'une centaine d'expositions consacrées à « La couleur seule. L'expérience du monochrome ». La ville de Lyon organise enfin, à partir de l'hiver 1991-1992, une nouvelle « Biennale d'art contemporain ».

Les musées et le patrimoine

Le domaine des musées et du patrimoine, qui pendant le premier septennat de François Mitterrand fournit argument à l'opposition, en réalité ne souffre pas particulièrement de la venue de la gauche au pouvoir, au contraire. Pour le patrimoine, le nombre d'édifices classés et le nombre d'édifices inscrits montrent l'activité de la décennie. La création des Commissions régionales pour le patrimoine historique, architectural et ethnologique (Corephae), ouvertes, sur un principe tripartite, aux experts, aux élus et aux représentants de l'administration, avait pour objet de déconcentrer la production des avis dans la phase initiale de la protection des monuments historiques, l'inscription sur l'Inventaire supplémentaire. Leur mise en place dans les régions n'a pas été suivie de la catastrophe que de mauvais augures annonçaient. On craignait l'amateurisme, c'est au contraire l'ardeur de nouveaux experts qui s'imposa. Mieux liées au territoire régional, capable de fournir des points de vue neufs sur les nouveaux objets du patrimoine, sur l'architecture industrielle, sur l'architecture du XXe siècle, les Corephae ne purent que constater que les nouvelles propositions de protection, plus nombreuses, tendaient seulement à submerger la machine administrative et les budgets disponibles pour les travaux. Mais les Corephae ne font qu'apporter un correctif à l'ancienne procédure, et la situation actuelle démontre que les collectivités territoriales participent faiblement, si ce n'est contradictoirement, à une protection du patrimoine demeurée pour l'essentiel l'affaire de l'Etat. La décentralisation sur ce terrain reste encore à inventer.

Un nouvel âge d'or pour les musées

Pour les musées, après l'achèvement des projets en cours à Paris à la fin des années soixante-dix (musée d'Orsay, musée Picasso), débute une véritable phase nouvelle. En effet, dans les années quatre-vingt, le musée devient le programme dans lequel s'investit la production symbolique de l'Etat, qui est rapidement suivi par les collectivités territoriales. Les élus trouvent en effet dans le musée un instrument commode pour croiser les nouvelles ambitions des politiques culturelles municipales avec les nouveaux moyens dont dispose le ministère de la Culture. Héritage de la tradition républicaine du service public des beaux-arts, le musée est, pour Jack Lang, un « lieu de mémoire, d'intelligence et de plaisir », mais aussi un « investissement d'avenir » qui doit contribuer à attirer les « investisseurs ». Message qu'entendent bien ceux des élus locaux qui ont compris la place que pouvaient tenir la politique culturelle et, dans celle-ci, le musée, comme institution de prestige, dans la construction d'une image de la ville [1].

Le développement matériel de l'institution du musée est intense : la Direction des musées de France fait état en 1992 de cent cinquante chantiers ouverts en dix ans, édification de nouveaux musées et réaménagement de

1. Voir à ce sujet Philippe Poirrier, « Les politiques culturelles municipales des années soixante à nos jours », *Bulletin des bibliothèques de France*, t. 39, n° 5, 1994, pp. 8-15.

musées anciens. A ces chantiers, ouverts avec la participation du ministère de la Culture, s'ajoutent ceux qui dépendent du ministère de l'Education nationale, la rénovation du musée du Conservatoire des arts et métiers et celle du Muséum d'histoire naturelle. A ce développement matériel répondent en 1990 la revalorisation des carrières des personnels et la création du corps des conservateurs du patrimoine. Les procédures de recrutement sont redéfinies, dans le cadre des concours qui donnent accès à la nouvelle Ecole nationale du patrimoine, école d'application destinée à compléter la formation professionnelle des conservateurs.

Au premier rang de cet effort, le chantier du Grand Louvre, ouvert en 1983, et qui sera achevé en 1997 ; il fait passer la surface utile de 30 000 à 52 000 mètres carrés et permet une redistribution complète de l'espace destiné aux collections, ainsi que l'aménagement d'importants espaces d'accueil. Les surfaces commerciales imposantes, directement dépendantes du musée ou destinées à des magasins extérieurs, confirment la nouvelle place de l'économie marchande dans l'institution. Le budget d'ensemble est de 6,3 milliards de francs [1]. Après les polémiques, qui semblent aujourd'hui dérisoires, sur la fameuse « pyramide », la réalisation, souvent grandiose, est largement appréciée.

Ajoutée à l'effort déjà consenti, ou juste engagé, sur les autres musées de la capitale, cette concentration importante des crédits de l'Etat à Paris rendait néces-

1. Pour situer ce montant par rapport aux autres dépenses du budget de l'Etat, notons des ordres de grandeur : les dépenses d'investissement du Grand Louvre sont dix fois supérieures au coût d'un grand ouvrage d'art (viaduc de Cheviré, près de Nantes : 550 millions de francs), dix fois inférieures au coût d'un porte-avions tout équipé (porte-avions Charles-de-Gaulle, avec son groupe aérien : 71 milliards de francs).

saire un effort équivalent dans le reste du territoire, où l'incitation de l'Etat et sa participation financière (entre 25 et 50 % du montant des travaux) sont à l'origine de la plupart des chantiers. Ceux-ci portent d'abord sur la rénovation des musées existants. A Ajaccio, à Amiens, à Avignon, à Bordeaux, à Lille, à Lyon, à Nantes, à Quimper, à Rouen, les travaux de réhabilitation et d'extension du musée des beaux-arts, engagés dans les années quatre-vingt, transforment d'importants équipements, souvent hors d'âge ou qui avaient jusqu'alors fait l'objet de travaux limités. Aux travaux s'ajoute la restauration des collections, qui donne un nouvel attrait au musée.

Dans les villes moyennes, la création de nouveaux musées est souvent confiée à des architectes en vue ; elle met en évidence la spécialisation des nouveaux musées en secteur culturels : les seuls nouveaux musées généralistes (mais ils abritent des collections existantes) semblent être ceux de Clermont-Ferrand (60 millions de francs, A. Fainsilber architecte) et de Grenoble (180 millions de francs, O. et A. Felix-Faure, P. Macary, architectes). Pour l'archéologie, les principaux sont les musées d'Arles (132 millions de francs, H. Ciriani architecte), de Saint-Romain-en-Gal (132 millions de francs, Philippe Chaix et Jean-Paul Morel architectes). Pour les musées d'histoire, sont consacrés aux deux guerres mondiales le musée-mémorial de la bataille de Normandie, à Caen (120 millions de francs), et l'historial de la Grande Guerre, à Péronne (60 millions de francs). Le bataillon le plus serré est celui des musées d'art moderne et d'art contemporain, construits ou en chantier, à Nice, à Nîmes, à Marseille, à Saint-Etienne, à Strasbourg (en cours), à Villeneuve-d'Ascq. La rénovation et l'extension des musées Léger, à Biot, Matisse, à Nice, ont été menées à bien. Des musées ou des centres d'art contemporain ont tiré parti de la réhabilitation de sites industriels, à Bordeaux, à Rochechouart, à Lyon (en cours), à Toulouse (en cours).

La conjoncture locale et l'action culturelle menée sur la longue durée déterminent quelquefois la genèse des projets. Ainsi pour le musée d'Art moderne de Saint-Etienne, riche d'un fonds exceptionnel accumulé en vingt-cinq ans, depuis l'impulsion initiale donnée par son conservateur Maurice Lallemand, poursuivie par Bernard Ceysson et son équipe. Le nouveau musée, appuyé sur le mécénat industriel local (une firme de la grande distribution), développe son action sur plusieurs registres : mettre à la disposition du public régional une collection permanente, présentée en accrochages successifs ; enrichir la collection par des acquisitions nouvelles ; entretenir l'intérêt national par des expositions originales ; multiplier les actions d'animation et de formation en direction de l'institution scolaire. Aux images ternes, héritées d'une institution passive, succède la notion d'un musée dynamique, qui équilibre les fonctions patrimoniales avec la production d'événements, qui tient sa place dans un réseau prestigieux, national et international, d'équipements sophistiqués et rares, et dont la réussite contribue à qualifier la ville.

Mais, après ces efforts des années quatre-vingt, les collectivités locales auront-elles les moyens de leurs ambitions ? Depuis 1990, les difficultés nées de la conjoncture mettent en évidence le poids sur le seul budget municipal du fonctionnement d'équipements dont les dépenses d'investissement ont été largement cofinancées par l'Etat, la région, le département.

L'ensemble des opérations réalisées depuis 1980 dans le sud-est de la France est édifiant : petits ou imposants, les nouveaux musées fixent et révèlent un effort sans précédent des collectivités locales, qui n'ont jamais dans ce domaine concentré autant d'opérations dans un si bref laps de temps. Plusieurs de ces réalisations, par les enjeux qu'elles contiennent, inscrivent le musée au cœur de la vie politique locale. La plupart manifestent aussi l'écart qui se creuse entre les villes, selon qu'elles font ou non une place à l'institu tion du musée, et selon l'investissement qu'elles lui consentent.

A Nîmes, le projet d'un musée d'art contemporain associé à une bibliothèque municipale est lancé par le maire de la ville, Jean Bousquet, en 1984, dès le début de son premier mandat. Issu d'un concours international largement médiatisé, le projet de l'architecte Norman Foster se substitue aux restes du théâtre municipal, incendié en 1952 ; défendus becs et ongles, ces vestiges du portique néo-classique sont au centre d'une intense polémique, que le maire tranche en les déplaçant sur une aire de repos de l'autoroute A55. Symbole de la modernisation très volontaire d'un centre historique, le nouveau bâtiment, longuement étudié, permet d'associer avec délicatesse une fréquentation sociale importante à l'espace remodelé que domine la Maison carrée.

A Martigues, la rénovation d'une ancienne caserne des Douanes donne un cadre agréable à la présentation des collections de tableaux et de dessins du peintre Ziem, complétée par une présentation d'art contemporain et par des objets issus des récents chantiers archéologiques. Cet effort a pour résultat la récente donation au musée d'un important ensemble de tableaux et de dessins de Ziem. A Arles, le musée d'Arles antique, inspiré par le conservateur Jean-Maurice Rouquette, illustre le renouvellement des fonctions du musée : présenter et traiter les collections, informer le public, former des spécialistes. Le corrolaire est la transformation de la gestion : le nouveau dispositif, placé sous l'autorité d'un directeur (le musée aura cependant un conservateur à sa tête), sera une société d'économie mixte, dont le budget, municipal, sera de l'ordre de 10 millions de francs.

A Marseille, les musées de la ville s'enrichissent coup sur coup d'un musée de la Mode, ouvert en 1993 sur la Canebière, et d'un musée d'Art contemporain, ouvert en 1994 dans les quartiers sud. Produits de la volonté municipale de mobiliser les équipements culturels pour corriger l'image d'une cité affaiblie par les difficultés de l'économie industrielle et portuaire, ces deux musées sont à la fois sophistiqués et d'ampleur limitée.

A Nice, alors que la rénovation du musée Matisse, menée à bien sur un programme tracé par le nouveau conservateur Xavier Girard, stimule une nouvelle donation, la création du musée d'Art moderne et contemporain est un projet très volontaire lancé par le maire de la ville, alors Jacques Médecin, soucieux de combler sur ce terrain les lacunes de l'image internationale de Nice. Autour de collections réunies par Claude Fournet depuis 1975, ce musée, construit entre 1988 et 1990, est le seul, parmi les nouveaux musées, à prétendre encore à la monumentalité urbaine, en affichant le luxe des matériaux et le formalisme tapageur de la structure métallique ; mais une monumentalité en porte à faux, compte tenu du site, la couverture du Paillon, où il forme un îlot, traversé et cerné de tous côtés par la circulation automobile ; et un luxe qui prend un sens inattendu, puisque la collection, qui rassemble, des années soixante à aujourd'hui, les manifestes de l'agression et de la dérision, habituels dans la production de la période, en souligne la futilité. Les péripéties de l'inauguration du musée, au printemps 1990, ont été au cœur d'une bataille qui a vu de nombreux artistes, puis le ministre de la Culture lui-même, suivre le peintre Arman dans son refus de cautionner les prises de position antisémites du maire, Jacques Médecin. Philippe Poirrier a montré comment, au-delà de ces événements, la tension politique, sur le territoire du musée, entre l'Etat, la ville et les artistes, focalisait le conflit idéologique et moral, et se prêtait à des prolongements médiatiques considérables [1].

L'économie des musées

Les musées d'art, dans l'ensemble, ne sont pas en France des activités équilibrées sur le plan économique : pour le centre Georges-Pompidou, par exemple, sur un budget global de 419 millions de francs en 1989, les droits d'entrée ne rapportent que 20 millions de francs. Et il n'est pas question, jusqu'à présent, d'envisager l'amortissement des investissements dans le Grand Louvre. En outre, le musée n'exploite souvent qu'indirectement les activités économiques induites ; dans la plupart des cas, la création de services, comme l'ouverture de cafétérias, de restaurants ou de librairies, se fait sous le régime de la concession à des entreprises. Seul parmi les musées nationaux, le musée Rodin atteint l'autofinancement, avec 38 millions de francs de chiffre d'affaires en 1988, grâce à la vente de reproductions et à l'édition des bronzes de Rodin, dans la limite du tirage de douze exemplaires [2].

Mais l'enjeu économique est de plus en plus pris en compte dans le développement des rapports avec le public, dans une stratégie qui associe la recherche du profit à la production d'une nouvelle image de marque, vivante et dynamique. Souvent à la suite du modèle américain, plusieurs musées en France, et les plus

1. Voir Philippe Poirrier, « L'inauguration du musée d'Art moderne et contemporain à Nice en 1990 », *Vingtième siècle*, n° 38, avril-juin 1993, pp. 62-73.

2. Le musée Rodin a depuis 1919 le statut d'établissement public.

importants, ont fait une large place, dans la dernière période, à des dispositifs commerciaux : la « boutique » du musée tend à devenir une « grande surface de vente ». Cette activité commerciale porte non seulement sur des produits en rapport direct avec les collections (les catalogues d'exposition et les reproductions), mais aussi, à l'imitation des grands musées américains, sur des produits signés (les cravates du Metropolitan Museum de New York sont célèbres).

La Réunion des musées nationaux, qui regroupe 33 musées en France, comporte maintenant un département commercial de 800 salariés, qui n'ont pas le statut de fonctionnaire ; son chiffre d'affaires est de 180 millions de francs en 1988, soit, à peu de chose près, l'équivalent des droits d'entrée (190 millions)[1]. Pour 1990, on attend un bond en avant : à elle seule, l'ouverture de la nouvelle librairie du musée du Louvre devrait porter ce chiffre d'affaires à 240 millions. Les bénéfices sont consacrés à l'acquisition d'œuvres pour les collections. L'édition de catalogues et de livres, qui représente la moitié du chiffre d'affaires, porte sur les catalogues d'exposition (25 millions), les livres illustrés (24 millions), les guides (11 millions), les cartes postales (15 millions) ; l'activité de librairie porte sur 57 millions de francs. Avec ses 3 millions de chiffre d'affaires, la chalcographie (édition de gravures) fait figure de parent pauvre, à côté d'activités plus récentes, comme l'édition de bijoux et cadeaux (13 millions) et de moulages (17 millions). En 1990, l'emprunt à la vente par correspondance de la technique de la vente sur catalogue (gratuit) confirme le triomphe du marketing au musée.

Pour leur part, le centre Georges-Pompidou et le

1. Voir l'enquête d'Anita Rudman, « Les musées ouvrent boutique », *Le Monde*, supplément « Affaires », 1er avril 1989, pp. 4-6.

musée des Art décoratifs, en plus des boutiques où sont vendues des sélections d'objets contemporains, mettent au point l'édition de « lignes » d'objets commercialisés sous leur marque, vendus sur place mais aussi chez des concessionnaires de qualité. Mais jusqu'où iront ces activités commerciales ? Le musée doit-il chercher sa légitimité dans l'excellence de son image de marque et de ses réalisations publiques ? Dans son dynamisme ? Et si le musée doit se justifier par le dynamisme de sa gestion, ne sera-t-il pas tenté un jour de mettre en question le caractère inaliénable de ses collections ? Sur un terrain proche, en voisins peut-on dire, les responsables des Frac se sont déjà posé cette question.

L'enseignement des arts plastiques et la formation

En 1981, le nouveau ministre de la Culture hérite dans ce domaine d'un contentieux ouvert entre l'Etat et les municipalités. La solution est cherchée dans plusieurs directions. Pour la subvention de l'Etat, le projet de loi de finances de 1982 introduit le principe de subvention par l'Etat à 50 % des dépenses impliquées par la préparation des diplômes nationaux. En fait, le montant de ces subventions passe de 3 millions de francs dans le budget de 1981 à 36 millions de francs en 1986. Pour ce qui concerne l'organisation de l'enseignement, l'accent est mis, non sans difficultés, sur les finalités professionnelles des formations plastiques, sur « les métiers d'art, terreau nécessaire à la création » (Claude Mollard). Dans le cadre d'un plan quinquennal pour les écoles d'art, établi en mars 1983, est prévue l'introduction des « technologies nouvelles » et la création, en petit nombre, de « Centres de recherches et de création ».

Préoccupés par le retard pris dans la formation à différentes formes modernes de l'industrie de la culture, les responsables de la Délégation aux arts plastiques agissent de plusieurs façons, par l'incitation à utiliser les techniques récentes dans les établissements existants et par la création d'établissements nouveaux. Pour les écoles d'art, une soixantaine, qui relèvent de statuts le plus souvent municipaux, la Délégation aux arts plastiques, qui se refuse à faire une nouvelle réforme, choisit la manière empirique, souhaite la recomposition de la fonction des écoles d'art dans le contexte local et régional, renforce leurs directions. La tutelle de la Délégation continue à peser avec légèreté sur des populations, d'enseignants et d'élèves, d'autant plus jalouses de leur indépendance qu'elles étaient captives depuis longtemps d'un statut social d'assistance qui les maintenait, pour le meilleur et pour le pire, à l'écart des problèmes et des contraintes de la formation professionnelle. Attachés à défendre l'autonomie des départements art contre l'utilitarisme de formation à des métiers, des enseignants s'élèvent contre la nouvelle orientation. Le soin de contrôler les projets pédagogiques et les réalisations, confié à des conseillers artistiques régionaux, soulève ici ou là des inquiétudes. L'éventualité d'une tutelle plus lourde des collectivités locales inquiète. Mais dans l'ensemble, cet empirisme qui renforce l'autonomie des établissements, en ouvrant des perspectives sur la relation avec les collectivités locales, confirme l'évolution amorcée au début des années soixante-dix, mais cette fois, compte tenu des moyens mis en œuvre, avec des chances nouvelles de réussite.

Pour l'Ecole nationale supérieure des beaux-arts cependant, le ministère, poursuivant une politique engagée depuis plusieurs années, pilote directement la modernisation, en confiant depuis 1983 des ateliers à des « créateurs » reconnus ; 8 ateliers de peinture, 9 ateliers de sculpture, 5 ateliers de dessin, 5 ateliers de gravure, 2 ateliers pluridisciplinaires et divers ateliers techniques forment un ensemble solide. Contre la routine qui guette toute institution scolaire, est ouvert depuis 1983 un « atelier d'artistes invités », selon le modèle du *visiting professor* des universités américaines. Par ailleurs, les fonctions culturelles générales de l'Ecole des beaux-arts ont été renforcées par l'organisation d'expositions et par des fonctions d'édition. La récente nomination d'un universitaire, Yves Michaud, un philosophe, au poste de directeur, illustre la stratégie menée, qui manifestement cherche à tirer l'établissement par le haut. La proportion très élevée des étudiants étrangers (plus de 25 %) donne à l'Ecole une fonction internationale, qui diminue d'autant le poids de l'insertion des diplômés sur le marché national du travail.

Pour les établissements qui visent à qualifier des professionnels, la politique de la Délégation est plus énergique. L'Ecole nationale supérieure des arts décoratifs, traditionnellement stimulée par le rapport avec les professions, est tenue au contact de l'évolution des techniques récentes : l'Atelier d'image et d'informatique, créé en 1986, ouvre la voie aux techniques de l'image de synthèse, tandis que l'Atelier national de création typographique, en relation avec l'Imprimerie nationale, permet de faire participer l'Etat à la défense d'un secteur, le graphisme et la typographie, où les entreprises françaises avaient perdu l'initiative.

De façon plus nette encore, la création de toutes pièces de l'Ecole nationale supérieure de création industrielle, dite Les Ateliers, manifeste l'attitude volontariste de la Délégation aux arts plastiques face à un problème, la formation de designers, où les solutions antérieures n'apparaissent pas pleinement satisfaisantes. La nouvelle Ecole nationale de photographie, ouverte à Arles en 1982, vise moins à former des créateurs qu'à répondre au problème de la formation des responsables de l'industrie de la communication. Dans la plupart des cas, l'analyse contient le constat que l'Etat doit prendre le relais de professions plus ou moins gravement sinistrées, où les entreprises n'ont plus la capacité de l'innovation, ni de la recherche et encore moins de la formation. Après la création d'un atelier expérimental à la manufacture de Sèvres en 1982, l'ouverture à Marseille du Centre international de recherche sur le verre et les arts plastiques va dans ce sens : il met à la disposition d'artistes sélectionnés les équipements et les techniciens qui leur permettent d'élaborer des réalisations nouvelles qui, le cas échéant, sont proposées comme prototypes à la fabrication industrielle.

Pour l'enseignement artistique à l'école, la signature le 10 mars 1983 par les ministres Savary et Lang d'un protocole d'accord engage les ministères de l'Education nationale et de la Culture à une collaboration nouvelle pour que « l'art entre à l'école ». L'Education nationale est conduite à réaffirmer ses objectifs : assurer les enseignements artistiques dans la formation de base des enfants, rénover les contenus, les programmes et les modalités de l'enseignement, diversifier les disciplines (s'ajoutent en 1982 les arts appliqués, en 1983 le théâtre, en 1984 le cinéma et l'audiovisuel) et ouvrir les enseignements sur l'environnement culturel. Une mission, confiée à Pierre Baqué, permet d'expérimenter un enseignement artistique optionnel et ouvre la voie à une collaboration des artistes à la formation en milieu scolaire.

En 1990, le bilan de cette collaboration est positif : la diminution des horaires d'enseignement artistique au collège est enrayée, plus de 2000 « ateliers de pratique artistique » réunissent les élèves, leur enseignant et un professionnel, et près de 400 lycées offrent la filière qui mène au baccalauréat A3. L'évolution la plus significative est dans le dépérissement de la domination du dessin dans l'enseignement artistique, qu'exprime l'élargissement des disciplines artistiques optionnelles aux domaines de l'architecture, du design, de la photographie, du cinéma, du théâtre, de la danse, des arts du cirque, du patrimoine. Un baccalauréat professionnel « artisanat et métiers d'art » et un B.T.S. des techniques de l'audiovisuel permettent à l'Education nationale, au titre de l'enseignement technique, de prendre pied dans des domaines que négligent les écoles d'art. A terme, le développement de cette collaboration entre les deux ministères pourra-t-il connaître des rapprochements plus étroits ?

L'art et l'économie

Après la crise, dans une période de rétablissement de l'économie et, surtout, de flambée des marchés financiers, les relations sont à nouveau fortes entre l'art et le marché. Bénéficiant des importantes plus-values industrielles et financières que le monde des affaires produit en Occident et en Extrême-Orient ces dernières années, le marché de l'art, à Paris, à Londres, à Tôkyô et à New York, s'emballe, ses performances sont des événements dans l'information quotidienne. Les formes de l'art actuel ont leur place dans cette effervescence du marché.

Pour l'Etat, ignorer ce nouveau contexte n'était pas compatible avec le projet d'un apaisement politique sur le terrain de l'économie de la culture, apaisement que consacre la mise à l'écart des œuvres d'art dans le patrimoine, imposables au titre des grandes fortunes.

Réconcilier le monde de l'économie avec le secteur culturel public est un des objectifs de l'action gouvernementale, même si les résultats restent dans l'ensemble modestes.

L'incitation fiscale au mécénat des personnes ou des entreprises, en cas de soutien à des œuvres ou à des organismes de caractère culturel, est inscrite dans les lois budgétaires de 1982, de 1985 et de 1987. Ici ou là, des résultats concrets manifestent l'association des entreprises à la production artistique.

On connaît le cas de Renault Art Industrie, qui met depuis longtemps des moyens importants à la disposition d'artistes. Les nouvelles dispositions fiscales, qui conduisent à favoriser le mécénat de l'entreprise associée au secteur public, sont à l'origine, à Reims, d'un groupement d'industriels réunis dans une association, Prisme, qui parvient à mener à bien, en 1989, avec le concours de la municipalité de Reims et d'un lycée technique, la réalisation d'un monument électronique d'art urbain, le *Luchrone* (Alain Leboucher, sculpteur) ; l'investissement d'entreprises locales dans la fabrication et le montage est une caractéristique de cette opération, avec l'importance accordée au traitement de l'information périphérique par des professionnels de la communication industrielle. Cette opération est renouvelée en 1990-1991, après concours, avec un projet de sculpture en fonte d'acier de Christian Renonciat, pour réhabiliter une place de la ville. L'intérêt du monde de l'industrie pour les recherches qui mettent la technologie au centre de la production artistique est l'apport incontestable de la situation actuelle ; mais, dans une conjoncture de transformation rapide des techniques, il arrive que l'intérêt des « techniciens » prenne quelquefois le pas sur les compétences des « culturels », qui parviennent difficilement à pénétrer sur le territoire des techniques industrielles récentes. Le Festival des arts électroniques de Rennes a été suspendu en 1990. Au printemps de 1991, la brillante exposition que le Centre national art et technologie de Reims a consacrée à un bilan international des recherches des artistes sur la lumière électrique a été encouragée par la fondation Electricité de France, mais ignorée par les fonctionnaires de la culture et par une partie de la presse nationale. Au détriment des artistes et de leur travail, et d'une bonne gestion du potentiel d'invention qu'ils représentent.

Aujourd'hui, la logique de l'économie pose son empreinte sur toutes les activités artistiques. Et que ce soit dans la gestion des collections publiques ou que ce soit dans les modalités de la reconnaissance sociale de l'artiste, les critères de l'économie se sont imposés, au point de transformer la place de l'art dans la vie sociale. Le renouvellement des produits, la recherche d'efficacité dans l'occupation des territoires économiques de l'art, et donc la compétition, le souci de construire et de contrôler une image forte commodément saisie et diffusée par les médias : ces éléments du marketing industriel sont devenus monnaie courante, si l'on peut dire, dans le monde de l'art.

Le musée d'art contemporain, en contribuant avec des budgets publics aux mouvements du marché de l'art vivant, produit des fonctions inédites d'assistance, financière et symbolique, et il participe à la reconnaissance des nouvelles valeurs artistiques[1].

1. Voir R. Moulin, « Le marché et le musée. La constitution des valeurs artistiques contemporaines », *Revue française de sociologie*, XXVII, 1986, pp. 369-395.

Force et faiblesse du marché de l'art

Dans la dernière période, le marché de l'art a atteint un niveau d'organisation sans précédent[1]. Le marchand dispose aujourd'hui de moyens d'action qui lui permettent de faire circuler les œuvres dans un marché mondial, dont les pôles sont les capitales de l'économie. Dans un territoire qui se confond avec les pays où l'enrichissement dégage les gains et les plus-values, la fixation de la valeur dépend de l'attrait logique qu'un investissement spéculatif sur l'art contemporain exerce sur des élites souvent récentes, dont la capacité d'investissement peut faire face au mécanisme financier redoutable d'un marché qui, de 1988 à 1990, s'emballe. En vente publique, les prix des tableaux impressionnistes doublent entre 1987 et 1990 ; la valeur des œuvres de Jean-Michel Basquiat, mort à vingt-huit ans en 1988, « double tous les deux mois[2] » ; et ainsi de suite.

Publicitaires, créatifs de la communication, « golden boys », mais aussi collectionneurs établis ne se satisfont plus du prestige de la possession de l'œuvre, une des preuves les plus raffinées de la réussite sociale, et cherchent à réaliser une plus-value rapide. Aidés par des banques imprudentes, marchands et courtiers, parmi lesquels les nouveaux venus ne sont pas rares, rivalisent avec les commissaires-priseurs pour faire monter les cours. La fixation de la valeur d'échange ne repose plus que sur le mécanisme arbitraire d'une offre et d'une demande, dans un marché où la rareté, à la différence de ce qui se passe pour l'art ancien, est une

1. Voir l'important chapitre que Raymonde Moulin consacre à cette question « Les transformations du marché de l'art », dans *L'Artiste, l'Institution et le Marché,* Paris, Flammarion, 1992, pp. 167-246.

2. Mentionné par Emmanuel de Roux, « Le marché de l'art à découvert », *Le Monde,* 3 octobre 1991, pp. 18-19.

convention dont on recule toujours les limites (voir la flambée des prix sur les suiveurs de l'impressionnisme). Faute de capitaux propres, des territoires entiers sont exclus de ce marché : événement culturel mondial il y a trente ans, qui se soucie aujourd'hui de la Biennale de São Paulo ?

Un facteur récent d'instabilité est dans la tendance à une redistribution des rôles : les commissaires-priseurs, s'ils se défendent d'être des concurrents des marchands, ont une part de plus en plus grande sur le marché de l'art. Telle étude parisienne procède à dix ventes d'art contemporain par an à Drouot, pour le compte des artistes, qui rechignent de moins en moins à adopter cette façon expéditive de se faire connaître, et surtout pour le compte des galeries, qui disposent par là d'un moyen rapide pour écouler leur stock, une procédure satisfaisante tant que les prix sont à la hausse.

Après l'euphorie, la chute. Après les difficultés du marché de l'art à Londres puis à New York en 1990, le marché de l'art à Paris s'effondre en 1991 : le volume total des transactions baisse, la valeur d'échange de nombre d'œuvres récentes s'écroule, au point de les exclure du marché. A Paris, le chiffre d'affaires de l'hôtel Drouot pour les six premiers mois de 1991 s'établit à 1 581 MF, contre 3 101 MF pour la même période de 1990, soit une baisse de l'ordre de 50 %. Dans ces chiffres, la part des tableaux « modernes » est, en chiffres ronds, de 219 millions de francs contre 1,655 milliards l'année précédente.

Le temps des foires

Les institutions les plus florissantes, dans ces conditions, sont les foires artistiques. A Paris, la Foire internationale de l'art contemporain (Fiac), après un début incertain, connaît un développement rapide. Créée en 1974, elle est alors hébergée à la Bastille, dans une gare désaffectée, où 80 marchands et éditeurs reçoivent 9000 visiteurs. A partir de 1975, un comité d'organisation, présidé par Daniel Gervis, réunit plusieurs galeries importantes ; en 1976, la Fiac s'installe au Grand Palais, et son audience s'élargit à des galeries étrangères. A partir de 50000 visiteurs en 1978, les 90000 sont dépassés en 1982, 140000 en 1989. Ce chiffre n'a d'ailleurs qu'une signification relative. En 1989, l'équilibre exact du nombre des galeries françaises (76) et étrangères (76) justifie enfin l'ambition internationale de la manifestation.

En effet, si la Fiac, animée maintenant par Daniel Lelong, est inaugurée régulièrement par le président de la République, accompagné de quelques ministres, si elle a, le jour de l'inauguration, une apparence mondaine qui semble renouer avec les fastes du vernissage, dans la tradition et dans le cadre même des Salons du début du siècle, elle n'est pas un Salon, ni même une exposition, avec ce qui reste à cette manifestation de générosité aventureuse. La Fiac est un lieu de mise en vente des produits disponibles, présentés sur leurs stands par des marchands. Ce qui compte, c'est la démonstration, par la publicité donnée au chiffre d'affaires, que la Fiac s'impose parmi les foires internationales de l'art. Ce chiffre atteint 400 millions de francs en 1989, le double du chiffre d'affaires de 1988 : le succès est en vue. Sur 7000 œuvres exposées, 5000 ont été vendues. Et qui donc s'inquiéterait de la fiabilité de ces chiffres ?

A l'exception de l'initiation de nouveaux collectionneurs, qui peuvent trouver dans une première visite à la Fiac le frisson mondain stimulant qui pousse à l'achat spontané, la fréquentation par le public n'est ici en réalité qu'un sous-produit, utile dans la mesure où il donne une fonction secondaire, culturelle à la manifestation. Il n'y a évidemment plus rien à la Fiac de cette compétition corporative qui faisait que, dans les Salons d'autrefois, artistes et jury se tenaient comme la corde tient le pendu : ici règne le marché, et l'artiste, à condition qu'il soit présentable (et pourquoi ne le serait-il pas, depuis qu'on a mis de côté quelques ivrognes encombrants ?), est au mieux un instrument de relation publique. Et puis, puisque rien n'impose ici le critère de l'artiste vivant, admettons, comme le note ce marchand et comme pour les Indiens des westerns, que le meilleur artiste est l'artiste mort.

D'ailleurs, comme le révèle implicitement le dossier de presse de la Fiac, la présence des artistes ou la mention de leurs œuvres n'est pas la question principale ; ce qui importe davantage, c'est bien la présence des marchands importants. Longtemps absentes, les galeries européennes et américaines les plus en vue prennent leurs distances avec un marché français jugé secondaire ; leur présence est donc un enjeu, et le comité d'organisation de la Fiac fait de grands efforts pour les attirer ; il se félicite de la présence en 1989 de vingt-trois galeries allemandes et de la venue en 1990 de galeries américaines.

Ces stratégies économiques cherchent maintenant à diversifier leurs implantations pour donner réalité à un marché resté longtemps virtuel. A Nice, la volonté de créer une foire internationale prend la forme en juillet 1986 de « Art Jonction International, foire de l'art contemporain ». Manifestation estivale, implantée dans le nouveau palais des Expositions, où elle dispose de 4000 mètres carrés, la Foire accueille une centaine de stands. En 1987, la participation encore très minoritaire des galeries étrangères, environ 20 % de l'ensemble, limite le caractère international de la manifestation. A Lyon, après l'essai en 1986 d'une « Quadriennale du design », heureusement renouvelé en 1991, c'est une « Biennale européenne des jeunes artistes », sur le modèle d'une foire commerciale, qui est lancée à l'automne de 1989 et qui regroupe 62 jeunes artistes, de 9 pays, dans la phase qui suit leur sortie des écoles et des centres de formation.

Face à ces conditions nouvelles, que font les artistes ? A propos des jeunes artistes, un commissaire-priseur spécialisé dans l'art contemporain déclare :

> Ils n'ont plus rien de soixante-huitards. Les Cueco et les Raysse d'hier ont fait place à des artistes « américanisés », qui n'ont plus de complexe vis-à-vis de l'argent. La vente publique est devenue pour eux un bon moyen de vendre et de se faire connaître[1].

Beaucoup assistent avec quelque stupéfaction à ces rapprochements inattendus entre « la vie et l'art », où la vie s'identifie à l'économie et aux médias, beaucoup restent étrangers au nouveau système, qui implique un sens des relations publiques et des stratégies étranger à la culture de l'artiste plasticien.

Mais les artistes d'aujourd'hui ne sont pas rares qui répondent à la nouvelle situation par une organisation personnelle adéquate. Le press-book, des dossiers de presse tenus à jour, le téléphone sur répondeur, un emploi du temps bien géré, des contacts utiles : toutes ces astuces du show-biz sont maintenant passées dans le mode de vie des peintres. Apparents Yuppies, mais qui semblent souvent dépendre avec docilité du système, et qui admettent d'être privés de voix, de quelle marge de manœuvre disposent-ils ? Des entreprises flatteuses leur proposent de gérer les projets artisti-

1. Entretien avec Alice Cedar, *Le Monde,* 30 juin 1989.

ques, des conseillers en mécénat s'interposent pour construire des projets de financement ; ici ou là des stages de formation à la gestion du projet artistique proposent de transformer l'artiste néophyte en praticien du marketing.

L'organisation des pratiques : l'ingénieur culturel

Lorsque la collectivité devient maître d'ouvrage dans le domaine des arts plastiques, la question se pose : quels agents ont en charge le dossier ? Autrefois, la réponse était dans le recours à l'architecte ou au conservateur du musée local ; ce n'est plus tout à fait la règle. Pour répondre aux nouvelles formes de la demande sociale, pour construire des projets, pour monter des dossiers, pour établir les devis, pour obtenir les subventions, pour joindre et convaincre les donneurs d'ouvrage, pour organiser la réalisation, pour médiatiser l'entreprise et les résultats : qui a en charge aujourd'hui ces tâches ? Dans le cadre du secteur public, au début des années quatre-vingt, on estimait que l'*agence,* conçue comme un groupe léger d'intervention, pouvait avec profit se substituer au dispositif, plus administratif, du *centre,* pour stimuler les donneurs d'ouvrage publics et organiser la production ; si ce schéma était pertinent pour des domaines cohérents comme l'art public, la variété des projets, la disponibilité des maîtres d'ouvrage, en particulier des élus, associée à la minceur des compétences locales, a créé l'offre, celle de l'ingénierie culturelle, qui a trouvé en quelques années sa place au contact des institutions publiques et qui a, subsidiairement, sécrété l'offre de la formation adéquate.

Si l'importance des budgets disponibles dans le secteur de la culture n'est pas étrangère à ce glissement vers l'intervention de compétences nouvelles, à un niveau intermédiaire, il est vrai que la complexité des procédures, administratives et financières, qui peuvent apparaître comme autant d'obstacles à la réalisation de projets institutionnels, rend cette intervention nécessaire. Si l'action de l'ingénieur culturel dans le domaine des arts plastiques est, à côté de ce qui l'attend dans l'animation du patrimoine, secondaire, elle n'est pas négligeable ; elle peut s'appliquer à la définition et à la réalisation d'une exposition, à la préparation et à l'édition du catalogue, à la mise en œuvre d'un concours de projets plastiques ou monumentaux, à la recherche du financement et des sponsors, à l'étude d'un projet de musée, à la constitution d'une collection, à la réalisation d'un colloque, etc. Toutes ces activités, qui relevaient naguère de l'amateurisme plus ou moins bien inspiré, ou du bénévolat, impliquent des compétences et un savoir-faire réels, qui justifient tout à fait aujourd'hui la spécialisation. Le corollaire de cette intervention de l'ingénieur culturel est bien entendu dans son rapport à l'artiste : collaborateur, agent, complice ? ou au contraire intermédiaire abusif, imprésario manipulateur, ou même marchand d'influence ? Dans ce sens, les excès de plusieurs commissaires d'exposition ont déjà retenu la critique[1].

Délits et conflits

Résultat désastreux de l'intense activité économique qui a l'art pour objet et indice du manque de rigueur morale qui perturbe le monde de l'art, les délits se sont

1. Y. Michaud, *L'Artiste et les commissaires*, Nîmes, 1989. L'auteur, pourtant homme du sérail, épingle un de ces nouveaux intermédiaires : le commissaire d'exposition, dont l'intervention s'impose quelquefois par excès, au détriment de l'œuvre et de l'artiste, lorsque la mise en scène domine tout le reste.

multipliés et aggravés. En 1991 et 1992, les tribunaux ont eu à traiter le cas de l'insolente production, à l'échelle industrielle, de fausses sculptures de Rodin, de faux meubles de Giacometti. Ces procès ont mis en valeur le déploiement à l'échelle internationale d'un marché peu rigoureux et les facilités que ces trafics trouvent chez des professionnels de l'art peu scrupuleux[1]. Plus inquiétant encore, le procès d'assises conduit à l'occasion de l'« affaire Canson », en octobre 1991, qui a révélé les implications criminelles d'une captation d'héritage[2].

Les chambres des comptes régionales critiquent la gestion de plusieurs centres d'art contemporain, lorsque cette dernière s'écarte par trop du modèle du musée. D'une tout autre nature, des conflits majeurs opposent dans des fondations créées autour des œuvres d'artistes vivants les artistes, ou leur ayant-droits, aux administrateurs de l'établissement. Ils jettent un éclairage cru sur les enjeux que des personnalités, qui ne sont pas toujours locales, peuvent trouver dans l'utilisation de l'institution. En 1992, la fondation Vasarely, à Aix-en-Provence, et en 1994, la fondation Mentor, à La Seyne-sur-Mer, sont ainsi entrées sans discrétion dans la chronique judiciaire[3].

1. Voir à ce sujet les chroniques substantielles de Loïc Chauveau, dans *Libération*, notamment les 23 et 25 octobre 1991, et 21 février 1992.

2. Voir les chroniques de Guy Porte, *Le Monde*, les 16 et 25 octobre 1991.

3. Sur l'affaire de la fondation Vasarely, retenons, entre autres, l'article de Roland-Pierre Paringaux, « La guerre des Vasarely », *Le Monde*, 27-28 juin 1993 ; sur l'affaire de la fondation Mentor, lire le reportage d'Hervé Gattegno, *Le Monde*, 5 août 1994.

Les institutions à un tournant ?

L'évolution récente des institutions et des pratiques sociales, sur le territoire resté fragile des arts plastiques, produit un malaise. Après l'authentique enthousiasme du début des années quatre-vingt, les expressions de l'inquiétude se multiplient [1]. Quelques-uns, comme Pierre Gaudibert, se tournent vers le tiers monde pour y chercher les bases d'une nouvelle légitimité de l'art. Henri Cueco, un ancien champion des luttes homériques de la « Jeune Peinture », devenu depuis professeur à l'Ecole des beaux-arts, dénonce l'exploitation par le capitalisme financier du territoire de l'art, cet espace de liberté conquis au XXe siècle par les artistes :

> Ce territoire est aussi miné, aussi menacé de disparition que la forêt amazonienne. Nous en sommes les derniers Indiens.

La métaphore, pour brillante qu'elle soit, est bien approximative : si le territoire de l'art est celui où pénètre le capitalisme financier, il n'y trouve pas que des victimes, mais aussi des alliés, dont le comportement devant l'ennemi ne s'organise pas exactement en terme de fuite, ni même de défense ; les artistes, des Indiens ? Mais à qui fera-t-on croire que l'art, magnifié par l'argent, soit une dépouille ? Une enquête récente suggère que, devant « un champ de l'art dévasté par le néo-libéralisme », les artistes seraient prêts à faire

1. H. Cueco et P. Gaudibert, *L'Arène de l'art,* Paris, 1988. H. Cueco, « La peinture, dernière valeur-refuge ? », *Le Monde diplomatique,* juin 1989, p. 25.

jouer à l'Etat le rôle de bouc émissaire[1]. Encombrés d'une liberté de l'artiste sans précédent, vidés de tout ressort idéologique, ces artistes, se demandent les responsables de l'enquête, ne sont-ils pas fascinés par une alliance secrète avec les « voyous » du marché ?

Les pouvoirs publics, au niveau de l'Etat, marquent le pas. Après la décevante Biennale de 1985, dotée d'un budget lourd (20 millions de francs), et au lieu d'en tirer la leçon pour un nouveau départ, vient la suppression. La Délégation aux arts plastiques s'absorbe dans la gestion, ne produit plus beaucoup de projets. Pour saluer la mort du dessinateur Reiser, le ministre de la Culture Jack Lang évoquait, et justement, « ce grand artiste de notre temps ». Mais quels sont les témoignages de Reiser conservés par nos instances culturelles ? Où sont les acquisitions des musées ? Et si ceux-ci ne conviennent pas, où sont les bons instruments, capables de célébrer l'œuvre ? Et quel rapport entre une telle production imaginaire, populaire et porteuse de sens, qui a marqué son temps, et les pratiques souvent élitistes des vedettes reconnues ?

Dans le cadre de la célébration du bicentenaire de la Révolution, pour une « mise en scène » octroyée à des plasticiens, celle, discutée, de la commémoration de Valmy, c'est à un professionnel de la publicité qu'est confiée la parade grandiose du 14 Juillet sur les Champs-Elysées : déplacement significatif des compétences, transfert des inventions, qui consacrent la place et la portée d'une industrie culturelle, et peut-être montrent qu'un renouvellement des arts visuels est en cours en dehors de la distribution admise des techniques et des territoires institutionnels.

1. Voir Y. Hélias et A. Jouffroy, « Portrait idéologique de l'artiste fin de siècle », *Le Monde diplomatique*, janvier 1990, pp. 22-23. Un colloque, « Peut-on encore entretenir la croyance en l'art ? » (Apt, 24-25 février 1990), a prolongé cette enquête.

Mais depuis le changement de majorité et de gouvernement, en 1993, les indices d'une stagnation dans le domaine des arts plastiques l'emportent. D'une part, le nouveau ministre de la Culture, Jacques Toubon, hérite de la gestion des grandes opérations lancées par son prédécesseur dans d'autre secteurs que celui des arts plastiques et, d'autre part, il doit faire face aux pressions d'une conjoncture qui privilégie la gestion des outils existants. Les nouvelles institutions publiques, la Cité de la musique, et surtout la Bibliothèque nationale de France, bientôt en service, imposent un important effort budgétaire de fonctionnement, captent mécaniquement les efforts sur la création des emplois, et bien entendu fixent pour une période l'attention. L'accent mis par le nouveau ministre sur la gestion de son département (budget de 1994), puis sur les créations d'emplois (budget de 1995) ne donne pas de grande marge de manœuvre. Certes, le ministre affirme, avec la nécessité d'une « culture pour tous » et la volonté d'associer la culture à l'aménagement du territoire, une démarche républicaine, qui n'est pas en rupture avec celle de son prédécesseur. Mais le déplacement des initiatives vers d'autres secteurs que celui des arts plastiques est sensible : aux grands travaux qui s'achèvent, et où les musées avaient une large place, succéderaient des projets en région, comme cette « maison de la mémoire », prévue à Reims. Le changement de personne à la tête de la Direction du Patrimoine signifie la volonté de fixer à la protection du patrimoine monumental des objectifs plus traditionnels; il est prévu de lui faire jouer un rôle dans l'aménagement du territoire, et la création d'une Fondation du patrimoine, en 1995, devrait permettre une meilleure coordination avec les collectivités territoriales.

Dans le même temps, la révélation brutale du mauvais état du Grand Palais et la nécessité de consacrer quelque budget à l'entretien du centre Georges-Pompidou ont valeur emblématique : pour les arts plastiques, l'urgence est dans l'entretien et la rénovation des instruments existants. D'où ces chantiers, qui mobilisent, avec la rénovation de l'opéra Garnier, des moyens importants. Et si l'on ajoute la nécessité d'investir aussi beaucoup d'efforts, dans le monde des musées, pour « numériser les collections » et préparer l'entrée sur les fameuses « autoroutes de l'information », on comprend comment la réponse aux urgences d'une actualité technologique conduit à déplacer les intérêts, mais aussi, peut-être, à fermer en même temps d'autres horizons.

ÉPILOGUE

ET SI LES ARTS PLASTIQUES AVAIENT HÉRITÉ DES BEAUX-ARTS ?

Observer, analyser, interpréter les transformations successives des institutions de l'art n'interdit pas de porter un regard critique sur la pertinence de leur mise en œuvre et sur leurs fins.

L'autorité du marché est aujourd'hui incontestable : matériellement et idéologiquement, il « libère » l'artiste, qui rêve d'y trouver la reconnaissance de la compétence, l'indépendance de l'entrepreneur, l'autonomie de l'auteur. Comme pour le non-artiste la façon de penser l'art prend pour modèle la façon de penser du collectionneur, pour l'artiste le statut de producteur de marchandises est le modèle de référence. Dans les deux cas, c'est le marché qui représente le mieux le terrain d'exercice de la mobilité sociale accomplie.

Le marché, mais pas seulement le marché des produits, le marché du travail aussi. Et on ne soupçonne pas toutes les ressources que celui-ci offre aujourd'hui aux praticiens, parce qu'il peut être le mécanisme privilégié pour adapter l'offre aux variations de la demande, sur le plan des compétences et des techniques, et sur celui du renouvellement des donneurs d'ouvrage. Dans ce marché du travail, combien d'artistes font des itinéraires confortables et décents, en dehors des territoires balisés par les conventions des arts, dans les arts graphiques, dans la communication, dans les industries culturelles ? La reconnaissance par les institutions de leur autorité culturelle, de leur rôle de « créateur », vient plus tard ; et les exemples récents ne manquent pas : le décorateur des films de Prévert, Alexandre Trauner, les dessinateurs Savignac et Reiser, etc. Et quant au marché des produits, on méconnaît les possibilités qu'offrent les filières qui conduisent la production vers les amateurs, là où ils sont, vers les amateurs japonais, entre autres, qui sont aujourd'hui au marché ce que les amateurs américains étaient au marché du siècle dernier.

Mais le marché polarise l'activité de l'artiste dans des limites strictes, et ne lui donne pas toujours la dimension sociale utile : on l'a vu avec Picasso, avec Matisse, cette autonomie se paie quelquefois d'un isolement social. Mais le marché, on le voit aujourd'hui avec ses crises cycliques, n'assure pas la continuité. Mais le marché, avec ses polarités, opère des sélections drastiques parmi les techniques.

Malgré l'emprise de l'économie sur la production et les échanges dans le domaine de l'art, les institutions publiques en France continuent donc, sinon à prendre des initiatives fortes dans l'histoire de l'art en train de se faire, tout au moins à y faire figure. Elles assurent, en complément des interventions du marché, des tâches de régulation, de socialisation, de représentation, et elles les assurent sans doute aujourd'hui moins mal qu'auparavant. Spécificité nationale, cette capacité originale et peut-être unique parvient à combiner encore une fonction régalienne d'encouragement aux artistes, héritée de la monarchie, avec les traces d'un idéal républicain d'égalité devant la culture. Etonnante permanence de l'intervention volontariste de l'Etat, qui implique, depuis Quatremère de Quincy, le pessimisme académique devant l'ingrate nature des choses et devant la faible capacité des hommes à produire le geste artistique ; de ce pessimisme, devenu « pessimisme culturel d'Etat », impensable dans d'autres secteurs comme celui de la production littéraire où suffit le marché, quitte à établir des règles pour celui-ci, découlent la stimulation des talents, la sélection des meilleurs, les commandes. Bref l'élitisme républicain.

Mais par quelles instances ? Ce n'est donc plus un collège académique, ni une corporation, institutions désuètes, disparues ou écartées. Ni le jury d'un concours, appelé par le maître d'ouvrage à lui proposer ses choix. Ni le public d'un Salon, établi dans ses opinions par des critiques vigilants ou, à rebours, affirmant, contre la critique savante et les cuistres, ses enthousiasmes. De ce point de vue, les foires de l'art nous apprennent que les jeux sont déjà faits, ailleurs, par d'autres, et que le visiteur n'est plus admis qu'à un constat.

En parallèle aux mécanismes du marché, ce sont des fonctionnaires de la culture, agents délégués, inspecteurs de la création, conseillers en arts plastiques, qui opèrent. Beaucoup, avec talent, lucidité, cherchent avec les artistes les moyens de faire avancer le projet, se placent au niveau d'une indispensable complicité avec le créateur, bref respectent les artistes. Mais pas tous : tous n'ont pas les moyens, les compétences, le temps, la générosité. Beaucoup d'artistes estiment que cette délégation de pouvoir est d'essence académique, et que cette tradition qui fonde une élite de responsables culturels, dépositaires à vie de cette capacité à stimuler les talents et à en disposer, ne correspond plus au pluralisme de notre temps. D'où une résistance devant des choix institutionnels qui, mécaniquement, ne peuvent qu'enregistrer des rapports de force qui ne sont pas ceux de l'invention dans la production, mais qui perpétuent les situations acquises, les mécanismes identitaires, la hiérarchie. Les pesanteurs du goût, les retards, l'information sélective sont les fruits d'une organisation administrative trop étroite, où les rapports de force eux-mêmes limitent l'affirmation de différences, le renouvellement.

Pour ce qui est de la gestion de la création et de la formation, les arts plastiques ont hérité des beaux-arts. Les formes ont changé, le fond reste stable, avec le sentiment d'appartenir à une élite restreinte, et l'illusion d'une autonomie. La formation est isolée dans des structures indépendantes, qui encouragent la consanguinité, attachées à maintenir l'artiste en dehors des territoires des sciences et des techniques, en dehors des espaces mêmes, les universités, où se préparent les futurs cadres de la gestion des affaires culturelles, du marché, de la communication. Il est frappant de voir, à côté de secteurs où le dynamisme moderne a fini par s'imposer comme dans la gestion du théâtre, en osmose avec des forces vives, les associations, les universités, que dans les arts plastiques les schémas obsolètes de l'artiste créateur isolé se sont maintenus, qui limitent la portée de l'action publique : ainsi la « création » dans les arts plastiques ne connaît-elle que des artistes individuels, sans autorité sur une équipe, sans insertion locale, sans projet dans la durée. Rien d'équivalent, dans les arts plastiques, à un Planchon, responsable du théâtre de Villeurbanne depuis trente-trois ans, avec les résultats qu'on lui connaît. En dehors des centres d'art contemporain, comme le Cirva, qui innove dans ce sens, nulle part l'administration n'est en mesure d'appuyer dans la durée un projet, un budget, une équipe. Les écoles d'art auraient pu jouer un rôle dans ce sens : après toute une série de réformes successives, les fonctions d'expérimentation et de création continuent à y jouer les utilités.

Deux exceptions, cependant : l'Ecole nationale des beaux-arts, dont le directeur, Yves Michaud, maintient toujours la pression d'une ardente volonté de réforme ; et la création d'une école d'art au Fresnoy, à Tourcoing, qui se propose, sous la houlette du ministère de la Culture et de la Région, de réunir les arts plastiques et l'audiovisuel, la formation et la création, la production et la diffusion.

Tout se passe comme si on se méfiait encore des artistes, comme si les arts plastiques étaient encore, dans une hiérarchie non écrite, mais réelle, la branche des métiers manuels, proches des métiers mécaniques, une branche douteuse de la famille Culture, des parents pauvres, à côté de secteurs plus nobles, le spectacle vivant, le patrimoine, la recherche. Peut-être Henri Cueco a-t-il raison, de ce point de vue, les artistes sont comme les Indiens. Et puis, pourquoi ne pas le dire, les enjeux se sont déplacés, et dans le ministère lui-même : les médias, la communication, le secteur audiovisuel, les industries culturelles, voilà qui est autrement sérieux, et la crise de l'audiovisuel public, la crise du film, autrement passionnant. Ici aussi, les arts plastiques ont hérité des beaux-arts le climat délétère du déclin.

Faute de trouver les réponses institutionnelles fortes à la question du pouvoir des créateurs plasticiens, la Culture a trouvé dans la tradition républicaine les réponses à la question de sa légitimité, qui sont le patrimoine et la diffusion, où déposer les dépenses structurelles majeures, où construire la production symbolique ; ce qui permet de considérer avec sérénité, autant que faire se peut, la véhémence du marché et ses « voyous ». Mais on voit bien ce qui sépare l'ardente « Fête de la musique » de « La Ruée vers l'art ». Le précédent directeur des musées de France, Jacques Sallois, mettait l'accent sur le « service public de diffusion culturelle » ; l'économie des musées nationaux se développe avec éclat, au risque de faire passer la gestion avant la conservation.

Les inquiétudes nées de la conjoncture récente ne manquent pas : la dégradation du marché, dont on ne mesure pas encore les effets sur l'activité des artistes vivants, les difficultés d'une grande institution comme le musée national d'Art moderne, les inconnues des systèmes de formation, la faiblesse des relations avec les médias, déséquilibrent une action publique conçue comme accompagnement d'un marché établi. Celui-ci est maintenant en repli. Les grandes études spécialisées dans les ventes publiques sont sur la défensive, et la prudence, au mieux, domine un marché où le triomphalisme tapageur des récentes années n'est plus qu'un souvenir, et où pèsent lourd les conséquences de la récession financière.

Les conditions sont peut-être réunies pour une définition nouvelle de l'intervention de l'Etat et des collectivités territoriales dans ce domaine sinistré. Mais s'agira-t-il d'une solution technocratique, d'une nouvelle gestion ? Fera-t-on ici aussi l'économie de l'analyse des blocages ? Attendra-t-on une issue d'un marché européen de la création, de la formation ? Les choix chercheront-ils à renforcer un élitisme fragile ?

Le service public peut-il, au nom d'une tradition respectable, se limiter à ses missions générales de formation, de diffusion, de conservation, alors que la création s'égare ou s'épuise ? Il n'est pas sain que l'action en faveur du patrimoine et des musées l'emporte à ce point sur le reste. Mais peut-on relancer la création sans la stimuler par la recherche d'une audience nouvelle, auprès d'un public populaire, au sens que Vilar donnait à ce mot ? Trop peu d'initiatives, depuis les efforts de Pierre Gaudibert, ont porté dans ce sens. Ce support populaire, qui fait l'audience de l'activité sportive... ou du championnat d'orthographe, cette forme de participation à un patrimoine, n'aurait-il pas sa place dans les arts ? Il l'a eue autrefois, et les souscriptions pour les *Bourgeois de Calais* en témoignent. Et pourquoi négliger l'attention portée aux intérêts et aux pratiques d'une population d'amateurs, qu'on accepte pour la musique, qu'on refuse pour les arts plastiques ? Est-elle à ce point innocente, ou suspecte, ou dangereuse ? Et pourquoi ne pas ouvrir les pratiques des arts plastiques sur le jeu, la performance, l'humour ? S'il est bon de faire intervenir les artistes d'aujourd'hui dans les monuments historiques, transformer cette intervention en fer de lance de la commande publique est une fausse bonne idée. La finalité de la création ne se conçoit-elle que dans la componction, l'ascèse, sinon l'obscurité et l'ennui ? Si les arts plastiques doivent donner des résultats culturels différents de ceux des beaux-arts, le moment est venu d'inventer des dispositifs nouveaux.

Octobre 1994.

BIBLIOGRAPHIE

ART ET SOCIÉTÉ

Chroniques

BLANCHE, Jacques-Emile, « Les arts plastiques », in *La Troisième République. 1870 à nos jours*, Paris, Les Editions de France, 1931.

CHALUMEAU, Jean-Luc, *L'Art au présent*, Paris, U.G.E., coll. 10/18, 1985.

Études historiques

AGULHON, Maurice, « Imagerie civique et décor urbain » (1975) et « La " statuomanie " et l'histoire » (1978), in *Histoire vagabonde*, Paris, Gallimard, 1988, t. I, pp. 101-136 et 137-185.

BECKER, Howard S., *Les Mondes de l'art*, Paris, Flammarion, 1982.

BERTRAND-DORLÉAC, Laurence, *Histoire de l'art, Paris, 1940-1944*, Paris, Publications de la Sorbonne, 1986.

— *L'Art de la défaite*, Paris, Ed. du Seuil, 1993.

COMMENT, Bernard, *Le XIXe Siècle des panoramas*, Paris, Adam Biro, 1993.

CRESPELLE, Jean-Paul, *La Vie quotidienne des impressionnistes, 1863-1883*, Paris, Hachette, 1981.

— *La Vie quotidienne à Montparnasse, 1905-1930*, Paris, Hachette, 1976.

FOUCART, Bruno, *Le Renouveau de la peinture religieuse en France, 1800-1860*, Paris, 1987.

GUIRAUD, Jean-Michel, *La Vie artistique et intellectuelle à Marseille, à l'époque de Vichy et sous l'Occupation*, Marseille, C.R.D.P., 1987.

LETHÈVE, Jacques, *La Vie quotidienne des artistes français au XIXe siècle*, Paris, Hachette, 1968.

MARCHAL, Gaston-Louis, et WINTREBERT, Patrick, « Arras et l'art au XIXe siècle », *Mémoires de la Commission départementale d'histoire du Pas-de-Calais*, t. XXIV, Arras, 1987.

MONNIER, Gérard, *Des beaux-arts aux arts plastiques*, Besançon, La Manufacture, 1991.

— « Les arts en Provence aux XIXe et XXe siècles », in *La Provence contemporaine de 1800 à nos jours*, Rennes, Ed. Ouest-France, 1994, pp. 189-261.

PINGEOT, Anne (dir.), *La Sculpture française au XIXe siècle*, catalogue de l'exposition du Grand Palais, Paris, Réunion des musées nationaux, 1986.

RAGACHE, Gilles et Jean-Robert, *La Vie quotidienne des artistes et des écrivains sous l'Occupation, 1940-1944*, Paris, Hachette, 1988.

ROBICHON François, « Le Panorama, spectacle de l'Histoire », *Le Mouvement social*, n° 131, avril-juin 1985, Paris, Editions ouvrières, pp. 65-86.

ROSENTHAL, Léon, *Du romantisme au réalisme* (1914), rééd. Paris, Macula, 1987.

TABARANT, Adolphe, *La Vie artistique au temps de Baudelaire*, Paris, Mercure de France, 1942 (rééd. 1963).

CARRIÈRE ET VIE SOCIALE DES ARTISTES

Études d'ensemble

BOUILLON, Jean-Paul, « Sociétés d'artistes et institutions officielles dans la seconde moitié du XIXe siècle », *Romantisme*, n° 54, 1986, pp. 89-113.

LA GORCE, Jérôme de, LEVAILLANT, Françoise, MÉROT, Alain, et coll., *La Condition sociale de l'artiste*, actes du colloque du groupe des chercheurs en histoire moderne et contemporaine du C.N.R.S., Saint-Etienne, Cierec, 1987.

MOULIN, Raymonde, « De l'artisan au professionnel : l'artiste », *Sociologie du travail*, n° 4, 1983, pp. 388-403.

— (dir.), *Les Artistes. Essai de morphologie sociale*, Paris, 1985.

— *L'Artiste, l'Institution et le Marché*, Paris, Flammarion, 1992.

MENGER, P.-M., *Portrait de l'artiste en travailleur*, Paris, coll. « La république des idées », Seuil, 2002.

WHITE, Harrison et Cynthia, *Canvases and Careers : Institutional Change in the French Painting World*, New York, 1965 ; trad. française, *La Carrière des peintres au XIXe siècle*, préface de Jean-Paul Bouillon, Paris, Flammarion, 1991.

Approches monographiques

BERGER, John, *La Réussite et l'échec de Picasso*, Paris, Denoël, 1968.

DAIX, Pierre, *La Vie de peintre de Pablo Picasso*, Paris, Ed. du Seuil, 1977.

HEINICH, Nathalie, *La Gloire de Van Gogh. Essai d'anthropologie de l'admiration*, Paris, Minuit, 1991.

LEMOINE, Serge (dir.), Catalogue de *l'exposition De Puvis de Chavannes à Matisse et Picasso. Vers l'art moderne*, Paris, Flammarion, 2002.

SUTTER, Jean, *Maximilien Luce, 1858-1941, peintre anarchiste*, Paris, Galerie des Vosges, 1986.

Collectif, *Henri Gervex, 1852-1929*, publié à l'occasion des expositions Henri Gervex (Bordeaux, Paris, Nice, 1992-1993).

Témoignages

BONVIN, François, *Le Peintre François Bonvin, lettres et souvenirs*, Blois, C. Mijault, 1897.

BRASSAÏ, *Conversations avec Picasso*, Paris, Gallimard, 1969.

BRETON, Jules, *La Vie d'un artiste*, Paris, Leumerre, 1890.

CUECO, Henri, et GAUDIBERT, Pierre, *L'Arène de l'art*, Paris, Galilée, 1988.

RENOIR, Jean, *Pierre-Auguste Renoir, mon père*, Paris, Hachette, 1962 ; rééd. Gallimard, coll. Folio, 1981.

ZAMACOÏS, Miguel, *Pinceaux et stylos*, Paris, Fayard, 1948.

ÉDITION ET CRITIQUE

BOUILLON, Jean-Paul (dir.), *La Critique d'art en France, 1850-1900*, Saint-Etienne, Cierec, 1989.

— (dir.), *La Promenade du critique influent, Anthologie de la critique d'art en France, 1850-1900*, Paris, 1990.

BUDILLON-PUMA, Pascale, *La Critique d'art italienne devant les apports étrangers à la Biennale de Venise*, thèse pour le doctorat d'Etat, université Paris-VIII, exempl. dactyl., 1989.

Collectif, *Apollinaire critique d'art*, catalogue de l'exposition, Paris, Paris-Musées et Gallimard, 1993.

CHÈVREFILS-DESBIOLLES, Yves, *Les Revues d'art à Paris, 1905-1940*, Paris, Ent'revues, 1993.

LETHÈVE, Jacques, *Impressionnistes et symbolistes devant la presse*, Paris, Armand Colin, coll. Kiosque, 1959.

RIOUT, Denys, *Critique d'avant-garde, Théodore Duret*, Paris, Ecole nationale supérieure des Beaux-arts, 1998.

ENSEIGNEMENT ET FORMATION DES ARTISTES

Documents

GUILLAUME, Eugène, *Idée générale d'un enseignement élémentaire des beaux-arts appliqués à l'industrie*, Paris, Union centrale des beaux-arts appliqués à l'industrie, 1866.

LECOQ DE BOISBAUDRAN, Henri, *Education de la mémoire pittoresque*, Paris, 1848.

NIEUWERKERKE, Alfred-Emilien, *Rapport sur l'Ecole impériale et spéciale des beaux-arts*, Paris, 1863.

VIOLLET-LE-DUC, Geneviève, « Viollet-le-Duc et l'Ecole des Beaux-arts : la bataille de 1863-1864 », dans Eugène VIOLLET-LE-DUC, *Esthétique appliquée à l'histoire de l'art*, Paris, Ecole nationale supérieure des beaux-arts, 1994.

VITET, Louis, et VIOLLET-LE-DUC, Eugène, *A propos de l'enseignement du dessin* (1864), préface de Bruno Foucart, Paris, Ecole nationale des beaux-arts, 1984.

Études

BOIME, Albert, *The Academy and French Painting in the Nineteenth Century*, Londres, Phaidon, 1971.

DOLLE Catherine, *Les écoles académiques de Valenciennes (1785-1914)*, Paris, Ecole des Chartes, 1994.

GENET-DELACROIX, Marie-Claude, et TROGER, Claude, *Du dessin aux arts plastiques, histoire d'un enseignement*, Orléans, C.R.D.P., 1994.

GRUNCHEC, Philippe, *Les Grands Prix de peinture. Les concours des prix de Rome de 1797 à 1863*, Paris, Ecole nationale des beaux-arts, 1983.

LAURENT, Jeanne, *A propos de l'Ecole des beaux-arts*, Paris, Ecole nationale des beaux-arts, 1987.

LAURENT Stéphane, *L'art utile. Les écoles d'arts appliqués sous le Second Empire et la Troisième République*, Paris, L'Harmattan, 1998.

LAURENT Stéphane, *L'Ecole Boulle*, Thionville, Editions Gérard Klopp, 1998.

SAUER, Marina, *L'Entrée des femmes à l'Ecole des beaux-arts*, Paris, Ecole nationale des beaux-arts, 1990.

SECKEL, Hélène, « L'académie Matisse », *Paris New York*, Paris, Centre Georges-Pompidou et Gallimard, 2e édition, 1991, pp. 316-320.

SERGRE, Monique, *L'Art comme institution, l'Ecole des beaux-arts, XIXe-XXe siècle*, Cachan, Ecole normale supérieure de l'enseignement technique, 1993.

THERRIEN Lyne, *L'histoire de l'art en France. Genèse d'une discipline universitaire*, Paris, Ministère de l'Education Nationale, de la Recherche et de la Technologie, Comité des Travaux Historiques et Scientifiques, 1998.

SALONS ET EXPOSITIONS

ANGRAND, Pierre, *Naissance des artistes indépendants, 1884*, Paris, 1965.

JOURDAIN, Frantz, et REY, R., *Le Salon d'automne*, Paris, 1906.

MICHAUD, Yves, *L'Artiste et les Commissaires*, Nîmes, Jacqueline Chambon, 1989.

MORICE, Charles, « Salons et salonnets », *Mercure de France*, janvier 1894, pp. 62-70.

MOULIN, Raymonde, « Les bourgeois amis des arts, les expositions des beaux-arts en province en 1885-1887 », *Revue française de sociologie*, vol. XVIII, 1976, pp. 383-422.

SPEIR-SEMMLER, Andrea, *Die Maler am Pariser Salon 1791-1880*, Kiel, 1984.

VACHON, Marius, « Etudes administratives : le Salon », *Gazette des beaux-arts*, février 1881, pp. 121-134.

MÉCÉNAT ET COLLECTIONS

BÉGUERIE, P., « La collection Personnaz du musée Bonnat de Bayonne », *Destins d'objets*, Paris, 1988, pp. 139-146.

BERGOT, F., « Note sur la collection de tableaux du président de Robien au musée de Rennes », *Annales de Bretagne*, 1962, t. LXIX, pp. 153-159.

BOIME, Albert, « Les hommes d'affaires et les arts en France au XIXe siècle », *Actes de la recherche en sciences sociales*, n° 28, 1979, pp. 57-75.

BREBISSON, G. de, *Le Mécénat*, Paris, P.U.F., coll. Que sais-je ?, 1986.

Catalogue de l'exposition *La collection Havemeyer. Quand l'Amérique découvrait l'impressionnisme*, Paris, Réunion des musées nationaux, 1997.

CHAPON, François, *Mystère et splendeur de Jacques Doucet, 1853-1929*, Paris, Lattès, 1981.

DISTEL, Anne, *Les collectionneurs des impressionnistes. Amateurs et marchands*, Paris, La Bibliothèque des arts, 1989.

HAINARD, J., et KAEHR, R., *Collections passions*, Neuchâtel, 1982.

REINACH, Salomon, *Essai d'une histoire de la collection Campana*, Paris, Leroux, 1905.

RHEIMS, Maurice, *L'Enfer de la curiosité*, Paris, 1979.

Collectif, *Les Donateurs du Louvre*, catalogue de l'exposition du musée du Louvre, Paris, Réunion des musées nationaux, 1989.

— *L'Anticomanie. La Collection d'antiquités aux XVIIIe et XIXe siècles*, Paris, E.H.E.S.S., 1992.

ÉCONOMIE DE L'ART

Témoignages

BINOCHE, Me, *De la peinture moderne en général, de la spéculation en particulier*, Paris, Pré au Clerc, 1991.

CUECO, Henri, « La peinture, dernière valeur refuge? », *Le Monde diplomatique*, juin 1989, p. 25.

FABIANI, Martin, *Quand j'étais marchand de tableaux*, Paris, Julliard, 1976.

GIMPEL, René, *Journal d'un collectionneur marchand de tableaux*, Paris, Calmann-Lévy, 1963.

GREFFE, Xavier, *Arts et Artistes au miroir de l'économie*, Paris, UNESCO/ Economica, 2002.

KAHNWEILER, Daniel-Henry, *Mes galeries et mes peintres. Entretiens avec Francis Crémieux*, Paris, Gallimard, 1961.

LAFAILLE, Maurice, *Chronique d'une galerie de tableaux sous l'Occupation*, Paris, Galerie Fanny Guillon-Laffaille et Marval, 1988.

MILLET, Catherine, *Conversations avec Denise René*, Paris, Adam Biro, 1991.

VOLLARD, Ambroise, *Souvenirs d'un marchand de tableaux*, Paris, Albin Michel, 1937.

Études

ASSOULINE, Pierre, *Grâces lui soient rendues. Paul Durand-Ruel, le marchand des impressionnistes*, Paris (Plon, 2002), Gallimard, collection Folio n° 3999, 2004.

— *L'Homme de l'art D.-H. Kahnweiler, 1884-1979*, Paris, Balland, 1988.

BERNIER, Georges, *L'Art et l'Argent. Le Marché de l'art au XXe siècle*, Paris, Robert Laffont, 1977.

BERTRAND-DORLÉAC, Laurence (dir.), *Le Commerce de l'art*, Besançon, La Manufacture, 1992.

BOUBLIL, Alain, *L'Etrange Docteur Barnes. Portrait d'un collectionneur américain*, Paris, Albin Michel, 1993.

DEROUET, Christian (dir.), *Jeanne Bucher. Une galerie d'avant-garde 1925-1946*, Genève-Strasbourg, Skira et Musées de la ville de Strasbourg, 1994.

GIRAUDON, Colette, *Paul Guillaume et les peintres du XXe siècle, de l'art nègre à l'avant-garde*, Paris, Bibliothèque des Arts, 1993.

GREEN, Nicholas, « Circuit of Production, Circuits of Consumption : the Case of Mid-Nineteenth Century French Art Dealing », *Art Journal*, n° 1, 1989, pp. 29-34.

HOOG, Michel et Emmanuel, *Le Marché de l'art*, Paris, P.U.F., coll. Que sais-je ?, 1991.

MOULIN, Raymonde, *Le Marché de la peinture en France*, Paris, Ed. de Minuit, 1967.

— « Le marché de l'art », *Encyclopedia Universalis*, Corpus, 3, Paris, 1984, pp. 46-49.

— « Le marché et le musée : la constitution des valeurs artistiques contemporaines », *Revue française de sociologie*, vol. XXVII, 1986, n° 3, pp. 369-395.

— *La valeur de l'art*, Paris, Flammarion, 1995.

REVERDY, Anne, *L'Ecole de Barbizon. Evolution des prix des tableaux de 1850 à 1960*, Paris-La Haye, Mouton, 1973.

ROUGET, Bernard, SAGOT-DUVAUROUX, Dominique, et PFLIEGER, Sylvie, *Le Marché de l'art contemporain en France : prix et stratégies*, Paris, La Documentation française, 1991.

SELIGMAN, Germain, *Merchants of Art 1880-1960*, New York, Appleton, 1961.

WHITELEY, Linda, « Art et commerce d'art en France avant l'époque impressionniste », *Romantisme*, n° 40, 1983, pp. 65-75.

Collectif, *Daniel-Henry Kahnweiler*, catalogue de l'exposition du Mnam, Paris, Centre Georges-Pompidou, 1984.

— « L'art et l'argent », *Art Press*, n° 118, 1987.

ART ET INDUSTRIE

ITO-NAGASHIMA Satomi, « L'art, la reproduction et les musées. L'installation de la Maison Braun au Louvre », Revista de Historia de Arte et Archéologia, Campinas (SP, Brésil), Universidade de Campinas, n° 2/1995-96, pp. 149-163.

LABORDE, Léon de, *L'Union de l'art et de l'industrie*, Paris, 1856.

LAFONT-COUTURIER Hélène, « La maison Goupil ou la notion d'œuvre originale remise en question », *Revue de l'art*, n° 112/1996-2, pp. 59-69.

VACHON, Marius, *Les Ecoles et les musées d'art industriel en France*, Nancy, 1897.

PATRIMOINE ET MUSÉES

Documentation

CABANNE, Pierre, *Guide des musées de France*, Paris, Bordas, 1984.

FRÊCHES, José, *Les Musées de France*, Paris, La Documentation française, n° 4539-4540, 1979.

MUNTZ, Eugène, « Le musée de l'Ecole des beaux-arts », *Gazette des beaux-arts*, t. III, 1890, pp. 273-289.

Collectif, *Chantiers 1981-1991*, Paris, Ministère de la Culture, Direction des musées de France, 1992.

Pour un musée d'art vivant. Une enquête de L'Art vivant, rééd. Paris, Séguier/Réunion des Musées nationaux, 1996 (avec une préface d'Yves Michaud).

Approches historiques

ALARY Luc, *De l'art vivant à l'art moderne : genèse du Musée National d'art moderne,* thèse de doctorat, Université de Paris I Panthéon-Sorbonne, ex. dactyl., 1997.

ANGRAND, Pierre, *Le Comte de Forbin et le Louvre en 1819,* Lausanne-Paris, Bibliothèque des arts, 1972.

— « La distribution des œuvres d'art en Province (1840-1900); Chalon-sur-Saône », *Gazette des beaux-arts,* février 1977, pp. 73-78.

— *Histoire des musées de province au XIXe siècle,* Les Sables-d'Olonne, t. I, 1984, t. II et tome III, 1985.

BAZIN, Germain, *Le Temps des musées,* Liège-Bruxelles, 1967.

BERGEON, Annick, « Ouverture du musée Goupil, Conservatoire de l'image industrielle », *Nouvelles de l'estampe,* n° 118-119, oct. 1991, pp. 42-45.

BONNEFOY, Françoise (dir.), *Jeu-de-Paume, histoire,* Paris, Réunion des musées nationaux, 1991.

BORDES, Philippe, et MICHEL, Régis (dir.), *Aux armes et aux arts ! Les Arts et la Révolution, 1789-1799,* Paris, Adam Biro, 1988.

BOYER, Jean, « Le Directoire et la création des musées des départements », *Bulletin de la Société d'histoire de l'art français,* 1972, pp. 325-330.

CALLU, Agnès, *La Réunion des musées nationaux, 1870-1940. Genèse et fonctionnement,* Paris, Champion, 1994.

CANTAREL-BESSON, Y., *La Naissance du musée du Louvre,* Paris, Réunion des musées nationaux, 1981.

CHATELAIN, J., *Dominique Vivant Denon et le Louvre de Napoléon,* Paris, Librairie Académique Perrin, 1973.

CROCE S., *Le Musée du jeu de Paume entre les deux guerres,* mémoire de maîtrise, Université de Paris I Panthéon-Sorbonne, ex. dactyl., 1995.

CUZIN, J.-P. (dir.), *Copier-créer, de Turner à Picasso. 300 œuvres inspirées par les maîtres du Louvre,* catalogue de l'exposition du musée du Louvre, Paris, Direction des musées de France, 1993.

EDDE Caroline, *Les copies au Musée du Luxembourg entre 1872 et 1935,* mémoire de maîtrise, Université de Paris I Panthéon-Sorbonne, ex. dactyl., 1994.

ERLANDE-BRANDEBOURG, Alain, « Alexandre Lenoir et le musée des Monuments français », in *Le Gothique retrouvé,* catalogue de l'exposition, Paris, 1979, pp. 75-78.

GEORGEL, Chantal (dir.), *La Jeunesse des musées. Les Musées de France au XIXe siècle,* Paris, Musée d'Orsay, 1994.

HUDSON, K., *A Social History of Museums,* Londres, 1975.

LACAMBRE, Geneviève, *Le Musée du Luxembourg en 1874,* catalogue de l'exposition du Grand Palais, Paris, 1974.

LAWLESS, Catherine, *Musée national d'Art moderne. Historique et mode d'emploi*, Paris, Centre Georges-Pompidou, 1986.

LELIÈVRE, Pierre, *Vivant Denon*, Paris, Picard, 1993.

LUSSY F. (Dir.), *Jean Cassou (1897-1986). Un musée imaginé*, Paris, Bibliothèque Nationale/Centre Georges Pompidou, 1995.

MONNIER, Gérard, « Les acquisitions du Fonds régional d'art contemporain [Frac Paca], in *Avis de recherches*, Marseille, 1985, pp. 30-35.

MONNIER, Gérard, POULOT, Dominique, et d'autres auteurs, « Musées : sous le signe de la professionnalisation », dans POIRRIER, Philippe (dir.), *Les collectivités locales et la culture. Les formes de l'institutionnalisation, XIXe-XXe siècles*, Paris, Comité d'histoire du ministère de la Culture/La Documentation française, 2002, p. 203-311.

NIEUWERKERKE, Alfred-Emilien, *Rapport sur la situation des musées impériaux pendant le règne de S.M. Napoléon III, 1853-1869*, Paris, 1869.

POMMIER, Edouard, « Naissance des musées de province », *Les Lieux de mémoire*, Paris, Gallimard, 1987, t. II, *La Nation*, pp. 451-495.

POULOT, Dominique, *Le Passé en révolution. Essai sur les origines intellectuelles du patrimoine et la formation des musées. 1774-1830*, thèse de doctorat en histoire, université Paris-I, ex. dactyl., 1989, 5 vol.

— « L'avenir du passé, les musées en mouvement », *Le Débat*, n° 12, mai 1991, pp. 105-115.

— *Bibliographie de l'histoire des musées de France*, Paris, C.T.H.S., 1994.

— *Musée, nation, patrimoine, 1789-1815*, Paris, Gallimard, « Bibliothèque des histoires », 1997.

— *Patrimoine et musées. L'institution de la culture*, Paris, Hachette, 2001.

QUENTIN-BAUCHART, M., *Les Musées municipaux*, Paris, 1912.

ROY, A., *Les Envois de l'Etat au musée de Dijon (1803-1815)*, Paris, 1980.

SCHAER, R., *L'Invention des musées*, Paris, Gallimard, coll. Découvertes, 1993.

SHERMAN, D. J., « The Bourgeoisie, Cultural Appropriation, and the Art Museum in Nineteenth Century France », *Radical History Review*, n° 37, New York, 1987, pp. 38-58.

VINCENT Henri, *Andry-Farcy, un conservateur novateur. Le musée de Grenoble de 1919 à 1949*, catalogue de l'exposition, 28 juin/11 octobre 1982, Grenoble, Musée des beaux-arts, 1982.

Pour les études monographiques sur les musées de province, consulter GEORGEL, Chantal, *La Jeunesse des musées, op. cit.*, pp. 396-400.

Muséologie

CHATELAIN, J., *Administration et gestion des musées*, Paris, Réunion des musées nationaux, 1984.

DAGOGNET, François, *Le Musée sans fin*, Seyssel, Champvallon, 1984.
FOCILLON, Henri, *La Conception moderne des musées*, actes du Congrès d'histoire de l'art, Paris, 1921.
HAUTECŒUR Louis, « Architecture et aménagement des musées », *Mouséion*, n° 3-4, 1933, rééd. sous le titre *Architecture et aménagement des musées*, Paris, Réunion des Musées nationaux, 1993.

Témoignages

BIZARDEL, Yvon, *Souvenirs d'un conservateur de musée, 1940-1944*, Paris, 1964.
CASSOU, Jean, *Une vie pour la liberté*, Paris, Laffont, 1981.
DARCEL, A., « Les musées, les arts et les artistes pendant le siège de Paris », *Gazette des beaux-arts*, 1870-1871, pp. 414-429.
— « Les musées, les arts et les artistes pendant la Commune », *Gazette des beaux-arts*, 1872, pp. 41-65, 140-150, 398-401.
SALLES, Georges, *Le Regard*, Paris, 1939 ; rééd. Paris, Réunion des musées nationaux, 1993.

Essais

CHOAY, Françoise, *L'Allégorie du patrimoine*, Paris, Ed. du Seuil, 1992.
LENIAUD, J.-M., *L'Utopie française. Essai sur le patrimoine*, Paris, 1992.
RIEGL, A., *Le Culte moderne des monuments*, rééd. Paris, Ed. du Seuil, 1984.

ART ET POUVOIRS PUBLICS

Documentation

DUPRÉ, P., et OLLENDORF, G., *Traité de l'administration des beaux-arts*, Paris, 1885.
Collectif, *La Commande publique*, texte de Michel Nurisdany, Paris, Réunion des musées nationaux, coll. Enjeux-Culture, 1991.

Essais

BOUBLIL, Alain, *Le Pouvoir de l'art*, Paris, Belfond, 1991.
COUYBA, Maurice, *L'Art et la Démocratie*, Paris, 1902.
FUMAROLI, Marc, *L'Etat culturel. Essai sur une religion moderne*, Paris, Ed. de Fallois, 1991.
GAUDIBERT, Pierre, *Action culturelle : intégration et/ou subversion*, Paris, Casterman, 1972.
HUISMAN Georges, « L'art et l'Etat », *Europe*, n° 174-1937, pp. 145-172.
LARROUMET, Gustave, *L'Art et l'Etat en France*, Paris, Hachette, 1895.

LAURENT, Jeanne, *La République et les Beaux-Arts*, Paris, Julliard, 1955.
MOLLARD, Claude, *Le Mythe de Babel. L'Artiste et le Système*, Paris, Grasset, 1984.
PAUL-BONCOUR, Joseph, *Art et démocratie*, Paris, Paul Ollendorf, 1912.
PROUST, Antonin, *L'Art sous la République*, Paris, Charpentier, 1892.
RIGAUD Jacques, *L'exception culturelle : culture et pouvoirs sous la Vᵉ République*, Paris, Grasset, 1995.
VAISSE, Pierre, *La Troisième République et les peintres*, Paris, Flammarion, 1995.

Témoignages

CHENNEVIÈRES, Philippe de, *Souvenirs d'un directeur des beaux-arts*, Paris, Arthéna, 1979 (rééd. de la publication initiale, dans *l'Artiste*, de 1883 à 1889).
HAUTECŒUR, Louis, *Les Beaux-Arts en France, passé et avenir*, Paris, Picard, 1948.
LÉON, Paul, *Du Palais-Royal au palais Bourbon, souvenirs*, Paris, 1947.
MOLLARD, Claude, *L'Enjeu du centre Georges-Pompidou*, Paris, U.G.E., coll. 10/18, 1976.
— *La Passion de l'art*, Paris, Ed. de la Différence, 1986.

Monographies

Coll., *Les affaires culturelles au temps d'André Malraux, 1959-1969*, Paris, Ministère de la Culture et de la Communication, Comité d'histoire, 1996.
Coll., *Les affaires culturelles au temps de Jacques Duhamel, 1971-1973*, Paris, Ministère de la Culture et de la Communication, Comité d'histoire, 1995.
Coll., *Georges Pompidou, homme de culture*, Paris, Editions du Centre Georges Pompidou, 1995.
Coll., *Jean Zay 1904-1944*, catalogue de l'exposition itinérante, 1994.

Études

AGULHON, Maurice, *Marianne au combat. L'Imagerie et la symbolique républicaine de 1789 à 1880*, Paris, Flammarion, 1979.
— *Marianne au combat. L'Imagerie et la symbolique républicaine de 1880 à 1914*, Paris, Flammarion, 1989.
ANGELO, Mario D', et coll., *Les Politiques culturelles des villes et de leurs administrateurs*, Paris, 1989.
ANGRAND, Pierre, « L'Etat-mécène, période autoritaire du second Empire, 1851-1860 », *Gazette des beaux-arts*, mai-juin 1968, pp. 303-348.

CASCARO, D., « La politique des arts plastiques entre Paris et la province, 1959-1999 », dans POIRRIER, Philippe, et RIOUX, Jean-Pierre (dir.), *Affaires culturelles et territoires*, Paris, Comité d'histoire du ministère de la Culture/La Documentation française, 2000, p. 293-314.

FOULON, Charles-Louis, « Des beaux-arts aux affaires culturelles », *XXe siècle*, n° 28, oct.-déc. 1990.

GENET-DELACROIX, Marie-Claude, *Art et Etat sous la IIIe République. Le Système des beaux-arts, 1870-1940*, Paris, Publications de la Sorbonne, 1992.

GEORGEL, Chantal, *1848, la République et l'art vivant*, Paris, Fayard/Réunion des musées nationaux, 1998.

HOOG, Michel, « La Direction des beaux-arts et les fauves », *Art de France*, Paris, 1963, pp. 363-366.

— Collectif, « L'art et l'État », *Le Monde*, 25-28 mai 1993.

LAURENT, Jeanne, *Arts et pouvoirs en France, de 1793 à 1981. Histoire d'une démission artistique*, Saint-Etienne, Cierec, 1982.

MESNARD, André-Hubert, *La Politique culturelle de l'Etat*, Paris, P.U.F., 1974.

MICHAUD, Yves, « L'art éclaté et le rôle de l'Etat », *Le Monde*, 24 décembre 1992, p. 2.

RONCHAUD Louis, « De l'encouragement des beaux-arts par l'Etat », *La Nouvelle Revue*, tome XXXIII, mars-avril 1885, pp. 130-161.

ORY Pascal, *La belle illusion. Culture et politique sous le signe du Front populaire, 1935-1938*, Paris, Plon, 1994.

POIRRIER Philippe (dir.), *La naissance des politiques culturelles et les rencontres d'Avignon (1964-1970)*, Paris, Ministère de la Culture et de la Communication, Comité d'histoire, 1997.

VAISSE, Pierre, « Le Conseil supérieur de perfectionnement des manufactures nationales sous la seconde République », *Bulletin de la Société d'histoire de l'art français*, 1974, pp. 153-172.

— « Considérations sur la seconde République et les beaux-arts », *Bulletin de la Société d'histoire de la révolution de 1848 et des révolutions au XIXe siècle*, 1985, pp. 59-85.

— *La Troisième République et les peintres*, Paris, Flammarion, 1995.

INDEX

DU MÊME AUTEUR

L'ARCHITECTE HENRI PACON, 1882-1946, Aix-en-Provence, Publications de L'Université de Provence, 1982.

ACTUALITÉ DE L'ART PUBLIC (s.d.), Marseille, Parenthèses, 1985.

LE CORBUSIER, Lyon, La Manufacture, 1986; nouv. éd. mise à jour, 1992.

LA VILLA NOAILLES (avec Cécile Briolle et Agnès Fuzibet), Marseille, Parenthèses, 1990.

L'ARCHITECTURE MODERNE EN FRANCE, 1918-1950. UNE HISTOIRE CRITIQUE, Paris, Philippe Sers, 1990.

DES BEAUX-ARTS AUX ARTS PLASTIQUES, Besançon, La Manufacture, 1991.

HISTOIRE DE L'ARCHITECTURE, Paris, Presses Universitaires de France, coll. Que sais-je?, 1994.

L'ARCHITECTURE DU XXe SIÈCLE, Paris, Presses Universitaires de France, coll. Que sais-je?, 1997.

LES GRANDES DATES DE L'ARCHITECTURE EN EUROPE DEPUIS 1850, Paris, Presses Universitaires de France, coll. Que sais-je?, 1999.

Composition et impression Bussière
à Saint-Amand (Cher), le 25 octobre 2004.
Dépôt légal : octobre 2004.
1er dépôt légal dans la collection : avril 1995.
Numéro d'imprimeur : 042428/1.
ISBN 2-07-032865-1./Imprimé en France.

90479